中国人文社会科学期刊AMI综合评价（集刊）入库集刊

中国学术期刊综合评价数据库来源期刊（中国知网，CNKI）

超星学术期刊『域出版』来源期刊

倫理學術

作为生活艺术的哲学

与康德式美德伦理

邓安庆　主编

2024年春季号

总第016卷

上海教育出版社

本书获评

"复旦大学哲学学院源恺优秀著作奖"
由上海易顺公益基金会资助出版

《伦理学术》*Acadēmia Ethica*

主编

邓安庆:复旦大学哲学学院教授

Editor-in-chief:Deng Anqing,Professor of Philosophy,Fudan University

学术委员会(按照姓氏汉语拼音字母顺序排列)

Academic Board

陈家琪:同济大学哲学系教授

Chen Jiaqi:Professor of Philosophy,Tongji University

陈卫平:华东师范大学哲学系教授

Chen Weiping:Professor of Philosophy,East China Normal University

菲威格:德国耶拿大学教授

Vieweg Klaus:Professor of Philosophy,Friedrich-Schiller-Universität Jena

佛斯特:德国法兰克福大学政治学、哲学教授

Forst Rainer:Professor of Political Theory and Philosophy,Goethe-Universität Frankfurt am Main

郭齐勇:武汉大学哲学学院教授

Guo Qiyong:Professor of Wuhan University

郝兆宽:复旦大学哲学学院教授

Hao Zaokuan:Professor of Philosophy,Fudan University

何艾克:美国犹他大学哲学系副教授、研究生主任

Eric L. Hutton:Associate Professor of Philosophy,University of Utah

黄勇:香港中文大学哲学系教授

Huang Yong:Professor of Philosophy,The Chinese University of Hong Kong

黄裕生:清华大学哲学系教授

Huang Yusheng:Professor of Philosophy,Tsinghua University

姜新艳:美国雷德兰兹大学哲学系教授

Jiang Xinyan:Professor of Philosophy,University of Redlands

克勒梅：德国哈勒大学教授

Heiner F. Klemme：Professor of Martin-Luther-Universität Halle-Wittenberg

理查德·伯克：剑桥大学历史系与政治系教授，英国国家学术院院士，剑桥大学政治思想史研究中心负责人

Richard Bourke：Professor of the History of Political Thought，Fellow of King's College

李文潮：德国柏林勃兰登堡科学院波茨坦《莱布尼茨全集》编辑部主任

Li Weichao：Chief Editor of *Leibnitz Edition Set* by Berlin-Brandenburgische Akademy by Potsdam

廖申白：北京师范大学哲学系教授

Liao Shenbai：Professor of Philosophy，Beijing Normal University

林远泽：台湾政治大学哲学系教授

Lin Yuanze：Professor of Philosophy，National Chengchi University

刘芳：上海教育出版社副社长

Liu Fang：Vice President of Shanghai Educational Publishing House

罗哲海：德国波鸿大学中国历史与哲学荣休教授，曾任德国汉学协会主席

Heiner Roetz：Emeritus Professor at the Department of History and Philosophy of China，Ruhr-Universität Bochum，Former President of the German Association of Chinese Studies

孙向晨：复旦大学哲学学院教授

Sun Xiangchen：Professor of Philosophy，Fudan University

孙小玲：复旦大学哲学学院教授

Sun Xiaoling：Professor of Philosophy，Fudan University

万俊人：清华大学哲学系教授

Wan Junren：Professor of Philosophy，Tsinghua University

王国豫：复旦大学哲学学院教授

Wang Guoyu：Professor of Philosophy，Fudan University

杨国荣：华东师范大学哲学系教授

Yang Guorong：Professor of Philosophy，East China Normal University

约耳·罗宾斯：剑桥大学社会人类学系特聘教授，剑桥马克斯·普朗克伦理、经济与社会变迁研究中心主任，三一学院院士

Joel Robbins：Sigrid Rausing Professor of Social Anthropology；Director of Max Planck Cambridge Centre for Ethics，Economy and Social Change；Fellow of Trinity College

让中国伦理学术话语融入现代世界文明进程

邓安庆

当今世界最严重的危机是世界秩序的日渐瓦解。美国作为西方世界领头羊的地位岌岌可危,而之前把欧盟作为世界平衡力量之崛起的希冀也随着欧盟的自身难保而几近落空。中国作为新兴大国的崛起,却又因其缺乏可以引领世界精神的哲学,非但自身难以被世界接纳,反而世界感受着来自中国的不安和焦虑。因此,今日之世界,说其危机四伏似乎并非危言耸听,文明进步的步履日渐艰难,野蛮化的趋向却显而易见。

所以,当今世界最为迫切的事情莫过于伦理学术,因为伦理学担负的第一使命,是以其爱智的哲思寻求人类的共生之道。哲学曾经许诺其思想即是对存在家园的守护,然而,当它把存在的意义问题当作最高的形而上学问题来把握和理解的时候,却活生生地把存在论与伦理学分离开来了,伦理学作为道德哲学,变成了对道德词语的概念分析和道德行为规范性理由的论证,从而使得伦理学最终遗忘了其"存在之家"。哪怕像海德格尔那样致力于存在之思的哲人,却又因不想或不愿涉及作为人生指南意义上的伦理学,而放任了存在论与伦理学的分离。但是,当代世界的危机,却不仅是在呼唤存在论意义上的哲学,而且更为紧迫的是呼唤"存在如何为自己的正当性辩护",即呼唤着"关于存在之正义的伦理学"。"伦理学"于是真正成为被呼唤的"第一哲学"。

不仅欧美与伊斯兰世界的矛盾正在呼唤着对存在之正当性的辩护,中国在世界上作为新兴大国的崛起,中国民众对于现代政治伦理的合理诉求,都在呼唤着一种为其存在的正当性作出辩护的伦理学!

然而,当今的伦理学却无力回应这一强烈的世界性呼声。西方伦理学之无能,是因为在近一个世纪的反形而上学声浪中,伦理学早已遗忘和远离了存在本身,它或者变成了对道德词语的语义分析和逻辑论证,或者变成了对道德规范的价值奠基以明了该做什么的义务,或者变成了对该成为什么样的人的美德的阐明,总而言之,被分门别类地碎片化为语言、行为和品德的互不相关的分类说明,岂能担负得起为存在的正当性辩护的第一哲学之使命?!

中国伦理学之无力担负这一使命,不仅仅表现在我们的伦理学较为缺乏哲学的学术性,更表现在我们的伦理学背负过于强烈的教化功能,在一定程度上损伤了学术的批判品格和原创性动力。但是,为存在的正当性辩护而重构有意义的生活世界之伦理秩序,发自中国的呼声甚至比世界上任何地方都更为强烈地表达出来了。

如果当今的伦理学不能回应这一呼声,那么哲学就不仅只是甘于自身的"终结",而且也只能听凭科学家对其"已经死亡"的嘲笑。

我们的《伦理学术》正是为了回应时代的这一呼声而诞生!我们期望通过搭建这一世界性的哲学平台,不仅为中国伦理学术融入世界而作准备,而且也为世上的"仁心仁闻"纳入中国伦理话语之中而不懈努力。

正如为了呼应这一呼声,德国法兰克福大学为来自不同学术领域的科学家联盟成立了国际性的"规范秩序研究中心"一样,我们也期待着《伦理学术》为世界各地的学者探究当今世界的伦理秩序之重建而提供一个自由对话和学术切磋的公共空间。中国古代先哲独立地创立了轴心时代的世界性伦理思想,随着我们一百多年来对西学的引进和吸纳,当今的中国伦理学也应该通过思想上的会通与创新,而为未来的"天下"贡献中国文明应有的智慧。

所以,现在有意义的哲学探讨,绝非要在意气上分出东西之高下,古今之文野,而是在于知己知彼,心意上相互理解,思想上相互激荡,以他山之石,攻乎异端,融通出"执两用中"的人类新型文明的伦理大道。唯如此,我们主张返本开新,通古今之巨变、融中西之道义,把适时性、特殊性的道德扎根于人类文明一以贯之的伦常大德之中,中国伦理学的学术话语才能真正融入世界历史潮流之中,生生不息。中国文化也只有超越其地方性的个殊特色,通过自身的世界化,方能"在—世界—中"实现其本有的"天下关怀"之大任。

【General Preface】

Let the Academic Expressions of Chinese Ethics Be Integrated into the On-Going Process of the World Civilizations

By the Chief-In-Editor Prof. Deng Anqing

To us the most serious crisis in the present world is the gradually collapse of the world order. The position of America as the leading sheep of the western world is in great peril, meanwhile the hope that the rising European Union can act as the balancing power of the world is almost foiled by the fact that EU is busy enough with its own affairs. It is true that China is a rising power, but due to the lack of a philosophy to lead the world spirit, it is not only difficult for the world to embrace her, but also makes the world feel uneasy and anxious instead.

Thus, the most urgent matter of the present world is nothing more than ethical academic (acadēmia ethica), since the prime mission taken on by ethics is to seek the way of coexistence of the human beings through wisdom-loving philosophication. Philosophy once promised that its thought was to guard the home of existence, but when it took the meaning of existence as the highest metaphysical issue to be grasped and comprehended, ontology and ethics were separated abruptly from each other, resulting in such a fact that ethics as moral philosophy has being becoming a conceptual analysis of moral terms and an argument for the normal rationale of moral acts, thus making ethics finally forget its "home of existence". Even in the case of the philosopher Martin Heidegger who devoted himself to the philosophical thinking of existence, because of his indisposition or unwillingness to touch on ethics in the sense as a life guide, he allowed for the separation of ontology from ethics. However, the crisis of the present world is not merely a call for a philosophy in the sense of ontology, but a more urgent call for "a self-justification of existence", that is, call for "an ethics concerning the justification of existence." Consequently "ethics" truly becomes the called-for "prime philosophy".

Not only does the conflict between Europe and America on one part and Islamic World on the other call for the justification of their existence, but also China as a new rising great power, whose people cherishing a rational appeal to a modern political ethic, calls for a kind of ethics which can justify her existence.

Alas! The present ethics is unable to respond to the groundswell of such a call voice of the world. The reason of western ethics' inability in this regard is because ethics has already forgotten and distanced itself from existence itself with the clamor of anti-metaphysics in the past nearly a century, thus having become a kind of semantic analysis and logic argumentation, or a kind of foundation-laying of moral norms in order to clarify the duty of what should be done, even or a kind of enunciation of virtues with which one should become a man; in a word, ethics is fragmented under categories with classification of language, act and character which are not connected with each other; as such, how can it successfully take on the mission of the prime philosophy to justify existence?!

The disability of Chinese ethics to take on this mission not only show in the lack of philosophical academic in a sense, but also in our ethics has on its shoulder comparatively too much stronger functions of cultivation, thus injuring the critical character of academic and the dynamics of originality. However, it is much stronger the call sounded by China than that sound by the world to justify existence in order to reconstruct the ethical order of the meaning world.

If the present ethics fails to respond to such a calling voice, then philosophy not only allows herself to be close to "the end" happily, but also let scientists to laugh at her "already-dead" willingly.

Our *Acadēmia Ethica* is just born in time to respond to such a call of the times. Through building such a worldwide platform, we are wishfully to prepare for the Chinese ethical academic to be integrated into that of the world, and try unremittingly to incorporate the "mercy mind and kind exemplar" in the world into Chinese ethical terminology and expression.

To responded to such a call, just as Frankfurt University of Germany has established an international Center for Studies of Norm and Order for the federation of scientists and scholars from all kinds of academic fields, we hope the brand new *Acadēmia Ethica* to facilitate a common room for those scholars who investigate the issue of reconstructing the ethical order of the present world to dialogue freely and exchange academically.

Ancient Chinese sages originated independently a kind of world ethical system in the Axial Age; with the introduction and absorption of the western academic in the past more than a hundred years, the present Chinese ethics should play a role in contributing the wisdom of Chinese civilization to the future "world under the heaven" by thoughtful accommodation and innovation.

Thus, at present time the meaningful philosophical investigations are definitely not to act on impulse to decide whether the west or the east is the winner, whether the ancient time or the present time is civilized or barbarous, but to know oneself and know each other, understand each other in mind, inspire each other in thought, with each other's advice to overcome heretic ideas, thus making an accommodation of a great ethical way of new human civilization, "impartially listening to both sides and following the middle course". Only out of this, we advocate that the root should be returned to and thus starting anew, the great changes of ancient and modern times should be comprehended, the moral principles of west and east should be integrated into each other, any temporary and particular moral should be based on great permanent ethical virtues of human civilizations, so and so making the academic expressions of Chinese ethics with an everlasting life integrated into historical trends of world history. Only through overcoming the provincial particulars of Chinese culture by her own universalization can she "in the world" undertake her great responsibility — "concern for the world under heaven".

目　　录

�▌【规范秩序研究】

▌【书评】

Contents

生活艺术、实践智慧与康德式美德伦理学

邓安庆①

当我最后把这一卷论文整理好交给出版社时,心中顿时无比惊喜。这一卷几乎又可以说是大家云集,学术精深,思想前沿。这是我们《伦理学术》致力于守护一种专业化、哲学化的纯粹伦理精神的基石与目标。

现代伦理学术随专业分工而愈益精细,工匠式学问家远远多于思想家,这已是我们学术领域之常态,不足为奇,但作为哲学工作者的我们一刻也不可忘记的一个哲学基本问题是:当我们在做貌似很有专业性的学术讨论时,其意义不由我们所要辩护的立场或"进路"所决定,而是由我们所辩护的思想在多大程度上能够有效地解答"存在之意义"来决定我们自己的思想品质。就此而言,伦理学术看似要通过为某一哲学"进路"作辩护来体现学问之功底(类似于知识之功夫),但最终的意义却取决于是否推进了关于存在之意义的思想(这才体现为智慧)。如果学问只停留在为某一"进路"辩护而失去哲学的思想品格,这种辩护的意义就不大,因为哲学作为思想的最终使命关乎存在的意义。

伦理学术不仅要思存在之意义,而且要思这种有意义的存在是如何存在的,揭示其应该如此存在的机制,正如物理学揭示自然存在的规律一样。因而,亚里士多德把"第一哲学"称之为"存在之为存在"(tò òn hê ón)的学问,"理论哲学"追问存在者"是什么","实践哲学"(伦理学)追问"如何是",这是追问同一种"真"的两种不同方式。前者单纯思考"存在"是什么,但存在又不是任何存在者意义上的"什么",当且仅当"存在自身"的"所

---

① 主编简介:邓安庆,复旦大学哲学系教授,博士生导师,主要研究领域为德国哲学、西方伦理学通史和应用伦理学。

是"全部"实现"出来,变成"现实"了,存在所是之真,才与自身等同。因而,理论哲学之真与实践哲学之真,只是同一中存在之真的两种不同的知识面向。但伦理学要揭示出人类存在"是其所是"之"行动"的真,亚里士多德的"存在论"揭示出了这种存在的机制:"依凭自身(kath hauto)"成为其自身。这在本体论上理解为每一存在者具足自身本性之实现自身,是自由的存在之道。而伦理学或实践哲学按照其自然目的论把这种自由的存在之道作为人类生存的伦理之义,来确立比"自然"更高的自由之正义,度量和规范人类的日常生活。

在此意义上,亚里士多德的实践哲学就是揭示人类道义实存的机制。我们当然也可以说,"本体论"是普遍的存在学,而伦理学是特殊的,即人类的存在学。因为亚里士多德强调,伦理学只是致力于探究通过"实践/行动"才可实现的善,但要透彻地阐释人类存在之善,不可能脱离普遍的存在之真,这是自然的存在之道。很多人以为亚里士多德的伦理学涉及人类日常生活方式,因而是"经验科学",就是一个大的误解。它是哲学,是实践哲学,但最高贵的实践却是"思辨活动"。这倒是我们理解亚里士多德伦理学的困难。化解这一困难,我们还是要回到亚里士多德本体论对于实体生命的理解,弄懂他关于"第一实体"与"第二实体"的讨论,穿透单纯学术性范畴,去领悟道行之而成的存在或生命性。这种高贵是实体自身之神性的表达,是构成生命之内在"灵魂"的高贵,当然比我们在世俗的实践领域内所能活出的世俗善更为高贵。理解这一关系,我们才能说透彻地理解第一哲学与伦理学的关系,也才能理解亚里士多德为什么在伦理学的论证中,要坚持"自然目的论的论证框架"。只有在这种论证框架中,我们才能把握他在《形而上学》中所言的哲学有两种不同的求真方式:"理论哲学"(思辨哲学)的"真"和实践哲学的"真"是同一种"存在"之"真"。

真虽然是同一种真,但善却有其等级,思辨的活动更为高贵。我们认真地去领会亚里士多德在《尼各马可伦理学》最后第十卷中的论证,就可以看出,他的实践哲学并不把哲学视为一种单纯的理论活动,即不把哲学视为一种形而上学的理论学问,而是视为一种生活方式。也正是在生活方式上,"存在之为存在"是亚里士多德不仅没有"遗忘",反而致力于探究如何让其更美好、更高贵地实现自身的卓越性的生命之学。在这里,"思辨"直接成为"生活",他将思辨活动作为最好的生活方式,甚至是最接近于神性的生活方式。这样,伦理学的实践之真,作为"活出来的"生命之美善,就超出了政治实践和习俗生活的善,而是思辨生活本身,一切都因其自身之故、依凭自身灵魂的生命原理而成为自身之所是,成就自身之卓越,这当然是最类似于神性的高贵。这一论证使伦理学在"第一哲学"

中赢得了其本有的尊严、思想的尊严。被古人确立为生活方式的学问,确立为实践智慧,也就是在亚里士多德这里才真正有其根源。

中国文化由于缺乏纯粹思辨传统,一切思维的意义统统落实为"经世致用",因而很长时间以来,"中国哲学的合法性危机"成为中国哲学界的一种思想焦灼,许多人的辩护其实在根本上就找错了靶子,是无效的辩护。因为只要我们不自觉地以亚里士多德思辨的"第一哲学"概念来定义哲学,我们的辩护就是无力的。在思辨的水平上,虽然黑格尔也认为《易经》达到了很高的水平,但这种思辨依然不纯粹,不是基于发达的逻辑学,不是立足于求真的知识论,因而也就没有单纯从学理上去追问万事万物"第一因"意义上的理论哲学,这些"欠缺"是不容否认的历史"事实",我们怎么可能成功为之辩护呢? 但是,如果我们能透彻理解亚里士多德的实践哲学,透彻理解他的哲学还影响到了西方哲学另一个根深蒂固的古代传统,即作为生活方式、作为伦理学的实践传统①,那么,我们才能真正立足于中国哲学(梁漱溟说的"伦理本位"的哲学,牟宗三说的"生命的学问")"道,行之而成"的生命实践的"第一哲学",也即道义实存论的"第一哲学",当代西方哲学所称的"伦理学第一哲学"来为之辩护。这样才不仅能够真实地解决"中国哲学的合法性危机",也能够为被片面理解的西方思辨的"第一哲学"传统带来一种新的气象。

为了确立这一伦理学作为道义实存的"第一哲学"的思维品质,我们需要证明这一哲学传统是如何从古代流传至今的,那种单纯把思辨的"第一哲学"视为唯一正宗的偏见,就可自行消除。为了提供有根有据的论证,我邀请我的同事、专攻中世纪哲学的青年副研究员贺腾博士主持了一个重点专栏:古代中世纪的生活方式理论,分上、下两期发表,这里发表的 4 篇论文,展示了中西学者关于古代哲学最前沿的思想成果和学术洞见。

法国国家科学研究中心米歇尔·沙斯(Michael Chase)副研究员发表的论文《皮埃尔·阿多论古代哲学:我们还能同宇宙休戚与共吗?》,介绍并讨论了法国古代哲学史家皮埃尔·阿多(Pierre Hadot)对古代哲学的一个基本界定:哲学作为一种"生活方式"(Way of Life)。阿多以丰富的史料证明,古代哲学从来不是单纯的思辨活动,似乎是为了提供理论,不为了"阐释学说",是师徒之间的"精神操练",一种道义的实践,一种自我觉醒中对世界或进行领悟中的自我转变,一种高贵存在的修行。他指出,这一作为生活方式的哲学传统,在中世纪神学哲学中被中断。中世纪的形而上学逐渐成为关于存在的论述,已经不再是"实践",而是一种信仰的证明,概念及其话语的逻辑论证取代了实践的内在宁静

---

① 除了本论论文外,《伦理学术》第 15 卷上发表了特恩·蒂莱曼的《早期斯多亚学派与亚里士多德的伦理学》考察了这一影响史(陶涛译,上海:上海教育出版社,2024 年,第 127 - 143 页)。

以及本真自由的生活方式的本体地位。

牛津大学约翰内斯·扎克胡伯(Johannes Zachbuber)教授在《作为一种生活方式的早期基督教神学?:反思皮埃尔·阿多》的文章中,对哲学的"基督教化"以及古代关于生活方式的实践哲学传统的"中断",继而在神学中转变为纯形而上学的思辨深表惋惜,于是他从阿多对早期基督教哲学的阐释入手,分析神学与世俗化哲学之间的演变逻辑,试图揭示出早期基督教中注重生活方式的修身传统,并特别关注哲学基督化的公共生活维度。

德国明斯特大学古代教会史方向讲席教授、国际奥利金协会主席阿尔冯·福尔斯特(Alfons Fürst)的《解经作为一种生活方式:亚历山大里亚的奥利金的圣经灵性》,将讨论重点对准了公元 3 世纪最重要的基督教思想家奥利金。此人的重要性在于重新定位了神学与哲学的恰当关系,从而复兴了作为生活方式的哲学传统的地位。他既不简单地将基督教神学的任务等同于哲学,也没有简单地把异教哲学当作神学的婢女。作为神哲学家,他自然力主神学是一门独立的学科,且拥有比一般哲学更高的立场,但他洞识到,基督徒传播的真理是一种生活(生命)的真理,与古代哲学追求真理具有内在的、高度的一致性。道德实践作为善恶之感受和灵魂之净化,不是通往神性生命的预备阶段,而本身就已经通过静观上帝,亦即静观一种道成肉身的生命(圣子),确立一种高贵而纯洁的灵性生命之意义。通过模仿基督的智慧、真理、爱与正义等美德,人的灵魂分有了这些美德价值。但要把神性的美德价值变成人本身的美德,必须通过实践。只有在实践中,爱的主导地位才能凸显,没有实际的爱的行为,对上帝的静观就失去了其价值。爱邻人是通过模仿基督静观上帝的实践途径。解经这种看似纯粹理智的活动,也同时作为生活方式,就成为道义之实践,在这种生活方式中,照料自己的灵魂与照料他人相结合,使得一种爱的正义之生活成为可能。

在德国图宾根大学取得神学博士学位的香港中文大学文化及宗教研究系助理教授任卓贤在《巴西尔与古代晚期对动物理性的讨论》中,以巴西尔借助于斯多亚主义哲学框架对《创世六日》的《布道书》中关于动物理智问题的讨论,突出了他关于动物灵魂与人类灵魂之区别的特征,认为他既借助于造化神学超越了斯多亚主义,也让基督教对动物不友好的刻板印象得到了实质性的修正。

如此展现的作为生活艺术和实践智慧的古代哲学传统,虽然每位哲学家所瞩目的重点不同,有时思考的是生活处境中具体的、内心的、隐秘而细致的问题,但正如李约瑟所说,科学在方法论上的最大发现是,那些表面上微不足道且纯粹令人好奇的东西,可能正是理解最深的自然原则之线索,那些神秘的精神修炼者所纯粹好奇且感受到单纯思辨乐趣的东西,也正是通往理解最高深的伦理原则即人类存在机制的通道。有了这样行上行下贯的存在原则,我们才能理解亚里士多德和康德两位古今伦理学之典范创立者的伦理学思想体系的意义。

今年是康德诞辰 300 周年,世界各地都在研讨康德对于现代世界的意义。康德哲学的命运反映的就是人类理性的命运,科学、理性、自由与尊严构成了现代伦理的基本概念,对康德而言,最令人惊奇和敬重的就在于,自从他的哲学诞生之后,就不断地受到各个时代的各种潮流、各位主将的批判,但到头来,批判者无一不被批判,他们或者误解了康德,或者显示出自身思想的深度远不及康德,如同当代美德伦理都以批康德为旗帜,但美德伦理的重要复兴者麦金泰尔却公允地说,现代"伦理学成了一门以康德的术语来解说的学科。对于许多从未听说过什么是哲学,更不消提及康德的人来说,道德不过就是康德所说的东西"。① 在此意义上,本来我们觉得根本无须对当代美德伦理学家的康德批判作过多的回应,但鉴于美德伦理学试图突破康德对于德性论伦理学的经典界定而做出一种全新的替代性方案,我们不得不认真对待他们的康德批判,我们需要理性地分析他们的批判是否有理,他们的替代性方案是否成功。为此,本期《伦理学术》刊登了两位著名的康德研究专家回应美德伦理学的文章,一篇是美国教授艾伦·伍德的《康德和行动者取向的伦理学》,一篇是德国教授霍恩的《康德德性伦理学中爱的概念》。前者回应了美德伦理学对康德伦理学的第一个指控——不从一个有美德的行为者为出发点;后者回应了对康德伦理学的另一个指控——康德伦理学没有重视道德情感。

艾伦·伍德温和而客气地说,美德伦理学家针对康德提出的某些指责,似乎是建立在对康德理论的流行误解之上的。因为他们对康德的解释,并不来自康德的原著,更多的是从英美学者的解释即二三手文献来阅读康德。这就如同早期英国直觉主义者靠联想法理解康德那样,西季威克在《伦理学方法》中,就曾指出了直觉主义者对康德的误读,他自己通过对康德伦理学著作的认真阅读,发现了康德伦理学的有价值之处。而伍德更发现,美德伦理学者过于强调决疑论的吹毛求疵所产生的后果,围绕哪些准则是可以普遍化的,哪些又不能做到这一点。他们似乎就认为"康德式伦理学"仅仅指代那种基于所谓的定言命令程序,规定哪些行动是正当的行为规范主义伦理学,而康德的德性论他们根本视而不见。所以,他说:"当我们考察并非基于这类令人绝望的错误的指控时,留给我们来考察的就不是有关康德不重视行动者的道德品质(例如行动者的美德)的这类指控,而毋宁是如下异议,即认为他并未采取如同'我们'的方式思考有关行动者的道德品质问题(尤其是

---

① [美]阿拉斯代尔·麦金泰尔:《伦理学简史》,北京:商务印书馆,2003 年,第 253 页。

美德),这里所谓我们的方式,就是人们认为亚里士多德的方式,或者是美德理论家们认为我们应该采取的方式。只有通过考察康德有关行动者的道德品质真正采取的方式,和考察为何他要以这种方式思考它们的理由,才能更好地理解和评价这一异议。"

而霍恩的文章表面上看不是直接针对美德伦理学者的批评,而是直接讨论康德伦理学对道德情感,即爱的情感的处理,但实际上他就是针对美德伦理学对康德的指控而写该文的。康德一直反对把道德情感与病理学情感不加区别地视为一类,因而,霍恩也指出,在爱的情感上,康德"反对将诫命解释为要求我们实践'病理学的爱'(pathological love)并指出《圣经》真正要求的是'实践的爱'(practical love)"。因此,他进一步指出,"在《德性论》中,康德区分了两种同情的情感,他使用了 'humanitas practica' 和 'humanitas aesthetica' 两个术语(《道德形而上学》Ⅵ.456-7)。前者指一个人将自己的情感传达给他人的能力,后者指一个人对他人情感的接受能力。康德通过提醒我们斯多亚派智者的理想来接受第一种能力。这种能力使我们有可能过上道德英雄的生活。然而,他拒绝接受第二种能力,他之所以反对是因为这种情感不必要地增加了世界上的罪恶。在康德看来,道德上的刺激或受动状态并不具有内在价值。所有有价值的道德情感都必须来自实践理性"。这无疑就表达了康德道德情感的根本特点:自发而自由的情感。这是所有经验主义的道德心理学所无法达到的对于情感尤其是道德情感的哲学阐释。

本期关于康德伦理学,我们还发表了马彪副教授的一篇文章,他选取了一个一般很少注意到的角度,从英国近代著名诗人蒲柏的《人论》,考察人文主义诗歌对康德伦理思想的影响。他判断说,在某种程度上可以说,蒲柏之于康德的重要意义无异于荷尔德林之于海德格尔,这显然是有道理的。我们从这种影响也能更深入地理解,康德在《判断力批判》中所提出的"美是道德之象征"的论断,也能深入地理解自由如何在"存在巨链"中开辟出伦理生活的可能性,也就是在自由情感的基础上,人类理性才能从巨大的自然存在的必然性链条中,建立起人类社会的一条巨大的"仁爱之链"(the chain of love),将每个自由的生命连接在一起,从最伟大的生命到最卑微的生命构成一个有序的世界。从这里我们似乎可以看见康德成熟的哲学体系中自然领域和自由领域,也即必然的物理世界和自由的伦理世界之划分的影子。当然,康德当时还没有这种明确的意思,不过他特别提出"自爱只有与爱上帝和爱邻人结合起来,才能构成人的幸福。这样的爱越大、扩展得越远,其幸福也就越大"的思想,显然可以让我们清楚地窥见康德早期哲学对于爱的情感的思维向度,这打开了进一步探究康德情感哲学的思维空间。

这三篇文章都可以视为对美德伦理学的康德批判的回应。回应的主要人物,熟悉当代美德伦理学发展的人都清楚,其实就是回应美国迈阿密大学的教席教授迈克尔·斯洛特(Michael Slote),这些批评实际上都是他提出来的。但遗憾的是,我们没法在这一卷约他撰文回答这些回应中对他的间接批评。

在我们长期设立的"规范秩序研究"栏目中,王思远副教授的《"修昔底德无陷阱"——论黑格尔国际法思想及其逻辑基础》一文,指出我们需要从黑格尔国家理念的逻辑结构入手来理解其国际法思想的新思路。他认识到,黑格尔早期国际法思想局限在主权国家之间战争层面上讨论,战争作为伦理法权的否定性力量出场,但通往绝对精神的路径被限定在艺术、宗教与哲学之中。而直到《哲学全书》体系的形成,黑格尔才通过象征主权国家的"诸民族精神"勾画出了世界精神形成的辩证图景,精神法权的逻辑结构才得以合理地建立。因此,国际法权的逻辑是精神法权的展开,区别于国内法权作为伦理法权之展开,所以,他得出的结论是,"永久和平"在黑格尔国际法思想中不是一个"应当"的理念,而是自由精神认知自身并解放自身的运动过程。

谢宝贵副教授的书评,反驳迈克·桑德尔在《优绩的暴政》中提出的"绩优制伦理"(meritocratic ethic)的《何种绩优,谁之暴政?》,这一标题让我想起了这种流行语式的始作俑者麦金泰尔的《何种正义,何种合理性?》。每一个共同体主义者在建立某个伦理规范时,其规范行之有效的前提,就是某个特殊共同体历史形成的"伦理精神"或者共同习俗所支撑的"共同善",而"何种"之问,暗示了起规范作用的"伦理",代表的是共同体中某一阶层的特殊伦理,而非普遍有效的伦理原则。因此,任何对其句型的反驳如果不从普遍伦理入思,我们可以承认有一定程度的合理性,但依然是以一种正当性反驳另一种正当性。就像列维纳斯对海德格尔存在论即伦理学的反驳,说他是"存在的暴力"一样,能够解决这一问题的方式,就是当我们不立足于"向来属我性"的"此在"之存在,而是面对无法被归入"属我性"的"他人的脸"能够向其证明"存在之正义",这才是有效的基础伦理学的证明。

或许我们从这种意义上,能够更好地理解陈家琪教授关于"价值判断与道德判断"的区分。他的论文本来是讨论瑞典思想家约纳斯·奥尔松的《道德错误论:历史、批判、辩护》以及麦凯在《伦理学:发明对与错》中所表达的"道德投射主义"(moral projectivism),既然休谟、罗素、维特根斯坦等这些我们都熟悉的哲学家都认为,道德只是人内在情感的外在投射,那么道德问题上如何能有客观的价值判断呢?没有客观性的道德,又如何能说有"道德错误论"呢?陈家琪教授想借助于黑格尔的判断理论,即借助于下判断时的概念规定来讨论道德判断的客观性来源。因为黑格尔既强调了"概念"是"生命的原则",体现了一种实体之生命的自身造化的形式,同时黑格尔也强调了"概念"是"自由的原则",因为"概念"具有"依凭自身的规定"把自身所隐含、潜伏的"内容"在实现自身的过程中都展现出来的能力,因而概念的运动就是自身实体生命的"自由实现"的过程,但对于"元伦理"的讨论,几乎完全抛弃了黑格尔的这条思辨的自由生命的本体论,这样的评价如何能够令元伦理信服呢?

我们只能提供从各种不同进路来思考伦理问题的平台,我们相信,自由地思考与讨论比提供一个无比正确的理论要重要得多。

【原典首发】

康德以来的目的论①

[德]尼　采(著)

韩王韦②(译)

【摘要】1868 年,尼采计划写一篇博士论文,主题为"康德以来的有机概念"。次年他获得了巴塞尔大学古典学教职,这篇计划中的博士论文流产。本文系尼采为其博士论文写的笔记。内容大致可分为四类:(1)对前人(康德、歌德、叔本华等)观点的归纳和引用;(2)对相关问题的思考,以及自我观点的提出;(3)论文框架的草拟;(4)参考文献及待读书目(不仅涉及休谟、康德、谢林、所罗门·迈蒙、叔本华、洛采等哲学家,还涉及施莱登、奥肯、魏尔肖、卡鲁斯、赫尔姆霍兹等科学家)。这份手稿一方面透露出早期尼采对科学进展,尤其是生物学进展的开放态度,另一方面也透露出他早期的思想转向,为其研究兴趣从古典学转向哲学和科学埋下了伏笔,具有重要的参考价值。

【关键词】目的论,合目的性,有机体,机械体,形式

论目的论(*Zur Teleologie*)

特伦德伦堡:《逻辑研究》第二版,莱比锡,1862 年,第 II 卷,第 65 - 66 页。

---

① 本文是上海市哲学社会科学基金一般项目(项目编号:2022BZX002)的研究成果。1868 年,尼采计划写一篇主题为"康德以来的有机概念"(der Begriff des Organischen seit Kant)的博士论文。他在给好友保罗·多伊森(Paul Deussen)的信中透露,自己的博士论文的"准备工作已经差不多完成了",它"一半是哲学的,一半是自然科学的"。见《尼采书信集》第二卷第 269 页(KSB, B.2, S.269)。本文翻译以 Beck 版《尼采早期手稿》第三卷中的内容为主(Friedrich Nietzsche, *Frühe Schriften*, B.3, Herausgegeben von Hans Joachim Mette und Karl Schlechta, München: Verlag C. H. Beck. S.371 - 395),同时也参照了 Musarion 版《尼采全集》第一卷的相关内容(Nietzsches Gesammelte Werke, B. 1, München: Musarion Verlag, 1922, S.406 - 428),此外还在一定程度上(尤其是部分脚注)参考了英译本("On Teleology" or "Teleology since Kant": *A Natural Science Dissertation Draft*, 1868, Translated, and with a Introduction, by Paul Swift, Nietzscheana #8, North American Nietzsche Society, 2000)。因为是手稿的形式,所以译文保留原文的形式,只作翻译,不作内容的编辑加工。

② 译者简介:韩王韦,哲学博士,上海社会科学院哲学研究所副研究员,主要研究方向为 19 世纪德国哲学(以尼采为主)、德性伦理学。

(Trendelenburg log. Untersuch. 2 Aufl. Leipz. II. S. 65 f.)

古斯塔夫·施耐德:《亚里士多德的目的因》,柏林,1865 年。(Gustav Schneider De Causa Finali Aristotelea. Berol. 1865.)

休谟:《自然宗教对话录》(德文版),施赖特尔(Karl Gottfried Schreiter)译,莱比锡, 1781 年。(Hume Dialogues concerning natural religion deutsch von Schreiter Leipz. 1781.)①

康德:《纯粹理性批判》(Krit. d. r. V.)

《判断力批判》(Krit. d. Urtheilskr.)

罗森克朗兹:《康德哲学史》(Rosenkranz Gesch. der Kant, Philos.)②

库诺·费舍尔:《康德》等(Kuno Fischer Kant etc.)③

论目的论(Z⟨*ur*⟩ T⟨*eleologie*⟩)

康德试图证明,"我们有必要将自然机体(Naturkörper)思考为预定的,即根据目的的概念的"。④ 我仅仅能够承认,这是目的论得到解释的一种方式。

在目的论之外,人类经验的类推法(die Analogie)还是提供了一些偶然性,即它不会设想合目的性的出现,譬如在天赋和命运的幸运相逢中,在彩票抽奖中,(不可辨读)

由此可见:在现实案例的无尽倾注里,必然会有一些有益的或合乎目的的情况出现。

康德所讲的强制(Nöthigung)对于我们时代而言几乎已经不存在了,但需要思考的是,"就连伏尔泰也认为目的论证明是无可辩驳的"。⑤

乐观主义和目的论携手并进⑥:两者都着眼于否认不合乎目的者是某种确实不合乎

---

① Ueberweg, *Grundriss* 3, 122(宇伯维格:《哲学史概要》第 3 卷,第 122 页):*Dialogues concerning natural religion by David Hume, deutsch (von Schreiter) nebst einem Gespräche üb. D. Atheismus von E. Platner*, Lpz. 1781. ——Beck 版注

② Karl Rosenkranz, *Geschichte der Kant'schen Philosophie*, Lpz. 1840 (*I. Kant's Sämmtliche Werke. Hg. v. K. Rosenkranz u. Fr. W. Schubert. 12. T.*).-s. Ueberweg, *Grundriss* 3, 285.——Beck 版注

③ 要么是 *Kant's Leben und die Grundlagen seiner Lehre, drei Vorträge*(《康德生平及其教义的基本原理:三场讲座》), Mannh. 1860;要么是 *Immanuel Kant Entwicklungsgeschichte und System der kritischen Philosophie*(《伊曼纽尔·康德批判哲学的发展历史和体系》), Mannh. 1860(K. Fischer, Gesch. d. neuern Philos. 3. u. 4. Bd.)-s. Ueberweg, Grundriss 3, 128。——Beck 版注

④ 叔本华:《作为意志与表象的世界》,附录"康德哲学批判"。中译本见[德]叔本华:《作为意志与表象的世界》,石冲白译,北京:商务印书馆,1982 年,第 724 页。

⑤ 这句话出现在《作为意志与表象的世界》第二卷第 26 章"论目的论"和附录《康德哲学批判》中。尼采在引用时做了字词上的变动(譬如将"unwiderleglich"变为"unbezwinglich")和句式上的调整。其引文是:"das selbst Voltäre den teleolog. Beweis für unbezwinglich hielt."叔本华原文是:"hielt doch sogar Voltaire den physikotheologischen Beweis für unwiderleglich."("论目的论");"Wenn man die große Scheinbarkeit des physikotheologischen Beweises bedenkt, den sogar Voltaire für unwiderleglich hielt;"("康德哲学批判")。

⑥ 参见 K. Fischer, Kant 1, 544。——Beck 版注

目的的东西。

一般而言,反对目的论的武器是:不合目的之证据(Nachweis des Unzweckmäßigen)。

但以这种方式也仅仅能够证明,最高理性只是偶尔在发挥作用,依然存在着某个供较低理性发挥作用的地带。因此并不存在统一的目的论世界:存在的是某种创造性智能(eine schaffende Intellegenz)。

这种对统一的目的论世界的假设是根据人类的类推法炮制出来的:为什么存在的不能是某种无意识地产生出合目的性的力量(eine unbewußt das Zweckmäß. schaffende Macht),即自然产生的力量?请想象一下动物的本能。此乃自然哲学之立场。

因此,人们不再[不再]把认知(das Erkennende)放到世界之外。

但是,我们仍然深陷形而上学当中,并且不得不请来一个物自体。

最后,从严格的人类立场出发,一个可能的解决方案是:恩培多克勒学说,在那里合乎目的者貌似只是诸多不合乎目的者中的某个可能出现之案例。

两种形而上学解决方案之尝试

其一是粗劣的人类学尝试,它在世界之外设置了一个理想的人;

其二是同样的形而上学尝试,它逃进一个理智世界(intelligible Welt),在这个世界中,事物的目的是内在的。

合目的性是例外情况(die Ausnahmefall)

合目的性是偶然的

在这点上它显然是完全非理性的。

人们在这个问题上必须将任何的神学兴趣予以剥离。

康德以来的目的论与自然哲学相关的(*Naturphilosophisch.*)

有机体的单一观念(die einfache Idee)在其部分和状态的多样性中被粉碎了,然而在其部分和功能的必要关联中,这一观念作为统一性单位(Einheit)还会继续存在。它是由智力(Intellekt)炮制出来的。

"有机物的合目的性,无机物的合规律性是由我们的知性(Verstande)带入自然界的。"①

将这一观念进行延伸,就会产生外在的合目的性解释。物自体必须"在所有显像(Erscheinungen)中表现其统一性"。② "自然的一切部分都相互适应,因为其中有一个意志。"③

然而,与整个理论相矛盾的是,个体(个体也显示为一种观念)之间与物种之间的可怕斗争。可见,这种解释预设了一种首尾一贯的目的论,而这种首尾一贯的目的论并不存在。

困难的恰恰是目的论世界与非目的论世界的结合。

这一问题的提出(Die Stellung des Problems)。

康德对于解决尝试的拒绝。

自然哲学家们的解决方案。

来自康德视角的批评。

这个问题在如下方面与追寻人类意志自由的问题有相似之处,人们在一个理智领域寻求它的解决方案,同时却忽视了某种协调的可能性。

任何问题的解决,都不能仅仅依靠一个理智世界的必要假设来完成。

目的论:

内在的合目的性。我们看到一台复杂的机器,它可以自我维护,并且无法设想出其他结构样式来更为简单地创造它。也就是说,这也仅仅意味着:这台机器会自我维护,因此

---

① 叔本华:《作为意志与表象的世界》第一卷第 28 节(中译本见《作为意志与表象的世界》,第 227 页)。尼采的引文是:"Die Zweckmäßigkeit des Organischen, die Gesetzmäßigkeit des Unorganischen ist von unserm Verstande in die Natur hineingebracht.";叔本华的原文是:"...daß sowohl die Zweckmäßigkeit des Organischen, als auch die Gesetzmäßigkeit des Unorganischen, allererst von unserm Verstande in die Natur hineingebracht wird."

② 叔本华:《作为意志与表象的世界》第一卷第 28 节(中译本见《作为意志与表象的世界》,第 228 页)。尼采的引文是:"...Einheit zeigen in der Übereinstimmung aller Erscheinungen.";叔本华的原文是:"daher jene Einheit des Willens sich auch in der Übereinstimmung aller Erscheinungen desselben zu einander zeigen muß."

③ 叔本华:《作为意志与表象的世界》第一卷第 28 节。叔本华原文:"大自然的一切部分都互相适应,因为在这一切部分中显现的总是一个意志。"(中译本见《作为意志与表象的世界》,第 231 页)尼采引用时有些许调整。

它是合目的的。我们无权就"最高的合目的性"做出判断。我们充其量能够推断出有某种理性(Vernunft)存在,但却无权称其为更高的或更低的。

外在的合目的性是一种幻觉。

与之相反的是我们熟知的自然方法,它首先体现于通过一种无意义的方式(sinnlose Methode),产生了某种"合乎目的"的机体(Körper)。因而表明合目的性只是一种生命能力(Lebensfähigkeit),即生存之必要条件(*cond. Sine qua non*)。偶然状况(Zufall)可以谱写出最美之旋律。

其次,我们熟知的自然方法体现于,某种合乎目的的机体的维护等诸如此类的事务上。这种维护通过一种无意义的轻率(Leich⟨t⟩sinn)得以实现。

但是,目的论抛来了一大堆无法解决的问题,或者说迄今为止尚未得到解决的问题。

世界有机论(Weltorganismus)、恶的起源等与此无关。

有关的是,譬如,智力的产生(die Entstehung des Intellektes)。

用一个得到解释的世界(eine erklärte Welt)来反对目的论是否必要?

它仅仅说明了某个限定领域的另一种现实。

相反的看法(Gegenannahme)①:逻辑法则本身可以在更高的层次上得到进一步的揭示。然而我们却完全不被允许谈论逻辑法则。

与合目的相关的(*Zweckmäßig.*)

我们发现了一种目的达成之方法,或者更确切地说,我们发现了实存(die Existenz)及其手段(Mittel),并推断出这种手段是合乎目的的。这其中还没有某种高级理性,甚至最高等级理性的承认(Anerkennung)。

紧接着,我们惊叹于它的复杂性并且猜想(依据人的类推法)其间存在着某种特殊的智慧。

对我们而言,神奇的其实是有机生命,并且我们把一切使之得到维护的手段都称作合目的的。为什么合目的概念会在无机世界终止? 因为在这里我们只有纯粹的统一体(Einheiten),但却没有共同归属又相互协作的部分。

---

① 即与"反目的论"相对立的看法。

目的论的清除具有一种实用价值。其关键是拒绝一种更高的理性概念,如此,我们便满足了。

目的论评价在其鉴识上服务于人的观念世界。

正如乐观主义那样,目的论也是一种审美的产物。

原因与结果的严格必然性将无意识的自然里的目的排除在外。因为那些目的之表象(Zweckvorstellungen)不是在自然中产生的,它们必须被视作外在于因果关系的,植入某些地方的动机;由此,即使最严格的必然性也会被不停地打断。存在之幕上面挂满了奇迹之洞眼。

目的论作为有意识的智能(bewußter Intellegenz)的合目的性和结果,会一直向前推动着。人们探询这种零星干预的目的,并且在此直面了纯粹的任意(Willkür)。

"在自然界中不存在秩序与无序之分。"①

"我们发现不了效果(die Wirkungen)与原因之间的联系时,就将这些效果归为偶然事件。"

在布罗克斯(Brockes)②那里有许多搞笑的东西(Viel Komisches)

可参见施特劳斯(Strauß)③的《小品文集》(Kl〈eine〉Schr〈iften〉)④

而关于斯多亚学派哲学家的可参见策勒(Zeller)⑤,第4卷。⑥

事物存在着(existieren),那么它们就必须能够存在着,也就是说,它们必须具备实存的条件。

当有人想制造某物,即,使之能够实存时,他就会考虑,在哪些条件下这种情况才会发生。事后,他会把创制作品(verfertigten Werk)的实存条件称作合目的的。

① ［英］朗格:《朗格唯物论史》(上卷),李石岑,郭大力译,郑州:河南人民出版社,2016年,第442页。
② 德国诗人布罗克斯(Barthold Heinrich Brockes),(1680—1747),代表作有诗集《上帝怀中的俗世欢乐》(Irdisches Vergnügen in Gott)。施特劳斯曾就此写过论文。
③ 德国神学家大卫·施特劳斯(David Friedrich Strauß)。
④ Dav. Fr. Strauß, *Kleine Schriften biograph., literar-und kunstgeschichtlichen Inhalts*(传记、文学及艺术史内容的小品文集). *Lpz.* 1862. S. 1 - 22: *Barthold Heinrich Brockes und Hermann Samuel Reimarus. Vgl. Bes. S. 4 - 8.*
⑤ 德国哲学家爱德华·策勒(Eduard Zeller)。这里指的是策勒的《古希腊哲学史》(Die Philosophie der Griechen)第四卷。
⑥ 从 Brockes 到 Zeller 的这段文字在 Musarion 版全集中没有出现。

由此,他也会把事物的实存条件称作合目的的:也就是说,只有凭借这种假设,事物才会像人工作品那般生产出来。

就像有人从票箱里抽取了一张彩票,并且这张彩票不是死亡彩票(das Todesloos):它既不是不合目的的也不是合目的的,而是,如人们所言,偶然的,也就是说,未经事先考虑的。但它却规定了它继续实存(Fortexistenz)的条件。

德谟克利特宣称语言出于便利而产生,这是真的吗?①

"自然机体组织(Organisation)并不具有与任何我们所知的因果性相类似的东西。"(也就是有机体),康德在《目的论判断力的批判》(Kr⟨itik⟩ der tel⟨eologischen⟩ Urth⟨eilskraft⟩)中说,p.258.②

"一个有机体是这样的,在其中一切皆是目的且交互的也是手段。"③

"每个生命,"歌德说,"都不是一个单独个体,而是一个复合多数:即使在我们看来它

---

① 这句话在 Musarion 版全集中没有出现。我们可以根据尼采 1869 年的文章《论语言之起源》(vom Ursprung der Sprache,英译 On the Origin of Language)来考虑这句话。这篇文章收录在 KGA 版尼采全集(Nietzsche Werke:kritische Gesamtausgabe)第 II 部分第 2 卷《关于拉丁语语法的系列讲座》(Vorlesungen über Lateinische Grammatik)中。尼采在这篇文章中写道:"唯有在康德之后,正确的知识(关于语言的起源)才变得普遍起来,他在《判断力批判》中承认了自然的目的论,但同时又带来了一个显著的自相矛盾,即某物在无意识的情况下可以是有目的的。"依据普罗克洛斯的说法,"毕达哥拉斯和伊壁鸠鲁认同苏格拉底鲁的观点,而德谟克利特和亚里士多德则认同赫莫杰尼斯(Hermogenes)的观点,前者指出万物的名称(names)源于自然(by nature),而后者则指出他们源于偶然(by chance)……德谟克利特认为,名称的偶然性起源证据有如下四个:(1)以相同的名称(name)来称呼不同的事物;(2)相同的事物具有不同的名称;(3)名称的改变;(4)名称的缺失"。Kathleen Freeman, Ancilla To the Pre-Socratic Philosophers, Cambridge:Harvard University Press, 1948, p.97. 在这种语境下,把"便利"(Convenienz)理解为"习惯公约"(convention)可能会更好一些,就语言和目的论的偶然性起源而言,它们都标示着一种人类约定的产物,而并非某种依据自然而存在的东西。无论如何,语言在这里被视为一种偶然结构,就如同有机体那样。——英译本注(略有增补)

② Kant:AA V(即科学院版《康德著作全集》第四卷),Kritik der Urtheilskraft, S. 375. 在保留尼采提供的原始页码的同时,译者还会在脚注中给出科学院版全集的页码。科学院版全集(Akademie-Ausgabe)简称 AA,下文不再一一说明。中译本可参见[德]康德:《判断力批判》,邓晓芒译,北京:人民出版社,2002 年第 2 版,第 224 – 225 页。关于尼采对康德的引用,Musarion 版全集并未标明详细出处(它仅标明了章节号,如《目的论判断力的批判》第 65 节),详细页码出现在 Beck 版《尼采早期手稿》里。尼采在此给出的页码对应的是 Rosenkranz 版康德全集(Leipzig, 1838)第四卷 [Immanuel Kant's Kritik der Urtheilskraft und Beobachtungen über das Gefühl des Schönen und Erhabenen. Hg. v. Karl Rosenkranz. Lpz. 1838 (I. Kant's Sämmtl. Werke. Hg. v. Karl Rosenkranz und Fr. W. Schubert. 4. T.). S. 258——Beck 版注]。尼采的页码与费舍尔(Kuno Fischer)在《近代哲学史》(Geschichte der neuern Philosophie)中引用康德时所给出的页码不同。费舍尔的《近代哲学史》对尼采的影响很大。学界通常认为尼采早期对康德的认识主要是通过阅读叔本华、费舍尔和朗格获得的。不过从这里尼采所提供的页码来看,他早期应该是直接阅读过康德的第三批判的。

③ Kant:AA V, Kritik der Urtheilskraft, S. 376. Rosenkranz 版第四卷 260 页。尼采的笔记与原文略有不同。他用"一个有机体"(Ein Organismus)替换了康德的"一个自然的有机产物"(ein organisirtes Product der Natur)。

是一个个体,但它的确是一些活生生的独立存在的集合体(Versammlung)。"歌德:《有机自然的形成及变化》(Bildung und Umbildung organischer Naturen),导言,第 36 卷,第 7 页,等等①

对歌德而言极为重要的是,其自然哲学的根源来自一个康德的原则。(关于一般自然哲学的论述,直观判断力),第 40 卷,第 425 页。②

"知性(Verstand)通过它的那些自然概念所认识到的,无非是运动的力的效果,即机械体。""凡是不能被纯粹机械认识的,都不属于精确的自然科学的明见(Einsicht)。"③

"机械的解释就是从外部原因出发的解释。"④

"〈自然的〉规格化(Spezifikation)不能从外部原因出发去解释。"⑤"但没有什么东西是无原因的。"⑥所以(我们求助于)内在的原因,即目的,即表象(Vorstellungen)。

"一种观察方式(Betrachtungsweise)还不能算作是知识(Erkenntniß)"

"这样一种必要的观察方式的原则必须是一个理性的概念(Vernunftbegriff)。"

"这种方式的唯一原则是自然的合目的性"⑦

"通过这种机械的合规律性(Gesetzmäßigkeit)的概念,世界的结构可以得到解释,但有机物则不然。"⑧

"把自然的合目的性设想为内在于物质中,这是不可能的。"

"物质只是外在的显象(Erscheinung)!"

---

① Musarion 版中的"Bildung und Umbildung organischer Naturen, Einleitendes"(《有机自然的形成及变化》,导言)在 Beck 版没有出现。而 Beck 版中的"B.36 p.7. etc"(第 36 卷,第 7 页,等等)在 Musarion 版中没有出现。(*Goethe's sämmtliche Werke in vierzig Bänden.*, Bd.36 Stuttg. u. Augsb. 1858-s. auch Lange,*Gesch. d. Mat.* 406 ——Beck 版注)

② Beck 版没有括号里的部分,而 Musarion 版则没有卷号和页码。(Goethe's sämmtl. Werke in vierzig Bdn., Bd.40 Stuttg. u. Augsb. 1858. S.425f.:"疑虑与默许 *Bedenken und Ergebung.*"但尼采更有可能指的是第 423 – 425 页:"直观判断力 *Anschauende Urtheilskraft.*")

③ 引号由编者所加。K. Fischer, I. *Kant* 2 (Gesch. d. neuern Philos. 4), 554 ——Beck 版注

④ 引号由编者所加。同上。——Beck 版注

⑤ 引号由编者所加。同上书,第 555 页。——Beck 版注

⑥ 引号由编者所加。同上:*...Nichts in der Natur ohne Ursache...*(……自然中没有什么东西是无原因的……)——Beck 版注

⑦ 上述几条笔记的引号由编者所加。同上书,第 556 页。——Beck 版注

⑧ 同上,第 557 页:*Schon in der Vorrede zur "Naturgeschichte des Himmels" hatte es Kant ausgesprochen, daß man durch die Begriffe der mechanischen Gesetzmäßigkeit die Welt im Großen, den Weltbau, aber keinen der organisirten Naturköper, keine Raupe, kein Kraut zu erklären vermöge.*(康德在《天体自然史》,即《一般自然史与天体理论》的序言中已经说过,人们可以通过机械的合规律性的概念来解释宏观世界,世界的结构,但却不能够解释任何有组织的自然机体,不能够解释一个毛毛虫、一根植物茎叶。)——Beck 版注

"事物的合目的性总是只跟某种智能(Intellegenz)相关,事物与此智能之意图(Absicht)相协调。"①确切地说,"不论是我们自己的智能,还是某种外来的智能,都是事物本身的基础。在后一种情况下,这种在显象中显示出来的意图,就是事物之存在"。② 在另外一种情况下,只有我们对事物的表象才会被判断为纯粹合目的的。后者的这种合目的性只与形式有关。③ ("在对对象的纯粹观察中,想象力与智能和谐共处"④)

"可认识的唯有事物的机械性起源方式(Entstehungsart)"⑤

事物的层级类别(eine Klasse von Dingen)是不可认识的

我们只能理解机械体。

事物的机械性起源是可认识的,但我们不知道,是否没有一种完全不同的起源。

只能理解事物的某种机械性起源,这是在我们的机体组织(Organisation)中就决定了的。

现在在我们的机体组织中还存在着(康德说)一种强制(Zwang),它让我们对有机生物(Organismen)产生信仰。⑥

从人性立场出发:

我们只能认识机械体

我们不能认识有机体(Organismus)⑦

但现在机械体就像有机体一样,并非某种隶属于物自体的东西。

有机物是一种形式。我们没有考虑到这种形式,它是一种多样性(Vielheit)。

---

① 上述几条笔记的引号皆由编者所加。K. Fischer, I. *Kant* 2 (Gesch. d. neuern Philos. 4),第559页。——Beck 版注
② 引号由编者所加。同上书,第 559 - 560 页。——Beck 版注
③ 参见同上书,第 560 页。——Beck 版注
④ 同上书,第 561 页:...daß in der bloßen Betrachtung des Objects Einbildungskraft und Intelligenz harmoniren. (……在对对象的纯粹观察中想象力与智能和谐共处。)——Beck 版注
上述关于康德的引用源自费舍尔《近代哲学史》(Geschichte der neuern Philosophie),这些引用在 Musarion 版中没有加引号,可见他们并非直接引自费舍尔,而是尼采对费舍尔的康德理解的篡改。——参见英译本注
⑤ 引号由编者所加。同上书,第 647 页。——Beck 版注
⑥ 参见同上书,第 648 页。——Beck 版注
⑦ 参见同上书,第 640 - 642 页,以及 649 页。——Beck 版注

Ⅰ. 有机物作为我们的机体组织的产物。

Ⅱ. 只有数学是可知的。

Ⅲ. (空白)

有机体是一种其部分合目的地彼此关联在一起的物质。

因此,我们盼求那些能把某物质的各个部分合目的地关联起来的原因。

即康德所言(第 65、66 节)

那些使物质有机化(将其各个部分组织起来——译者)的原因,必须被认为是根据目的而起作用的——①

但这里存在着一个跳跃。要消除康德的表象之强制(das Zwingende der Vorstellung),仅需要指出另一种并列的可能性。

与随机主义(Casualismus)结合在一起的机械论提供了这样一种可能。②

康德所呼吁的,他依据一种坏的类比所呼吁的:即依据他的声明,没有什么会跟有机体的合目的性关系(dem Zweckmäßigkeitsverhältniß der Organism)相类似。③

合目的物(Das Zweckmäßige)的出现作为一种可能发生之特例,也就是说,无数种形式(Formen)起源于机械的组合方式,而在这些无数的形式当中也可能存在着能够孕育生命的形式。

前提是生命(das Lebendige)可以从机械的构造机制(Mechanism)中产生。这正是康德所否认的。

事实上可以肯定的是,我们只认识机械之物(das Mechanische)。超出我们概念之外的东西,是全然不可知的。就此而言,有机物的出现是一种假定:因为我们设想它时,仿佛存在着某种人类的知性(Verstand)。然而现在有机物的概念只是人类的,需要指明的类比如下:有生命能力者会在诸多无生命能力者中间产生。由此我们就接近有机论的解决方案了。

---

① 参见 K. Fischer, I. *Kant* 2 (Gesch. d. neuern Philos. 4),第 638－639 页。——Beck 版注
这句话在 Musarion 版中加了引号。紧接在"康德所言(第 65,66 节)"后面。

② "随机性(Casualität)原则涉及质料与其形式的物理根据的关系。"(《判断力批判》第 72 节)康德写道:"这归功于伊壁鸠鲁和德谟克利特——它从字面上看是如此明显的荒谬,以至于我们用不着在此耽搁时间。"——英译本注。Kant: AA V, Kritik der Urtheilskraft, S. 391. 中译本参见[德]康德:《判断力批判》,邓晓芒译,北京:人民出版社,2002 年第 2 版,第 243 页。译文有改动。

③ 《判断力批判》,第 65 节。——英译本注(文内注)

我们观察到,许多有生命能力者出现并且得到了维护,随之我们还观察到了方法。

假设在有生命能力者中起效果的力和在生产、维护过程中起效果的力是相同的:这非常之不合理。

但这是目的论之假设。

"这种效果(Wirkung)观念是[……]整体的概念"

在有机体中,"效用原则(das wirkende Princip)是那种[……]起着生成作用的观念"①

但整体概念是我们的创作。目的表象的来源就在这里。整体的概念不在于万物,而在于我们。

但这些我们称之为有机物的统一体(Einheiten),仍旧是一些多样性(Vielheiten)。

实际上并不存在个体,个体和有机体无非是抽象之物。

然后我们将目的观念(Zweckidee)带入我们炮制的统一体当中。

我们预设,产生某个物种的有机体的力量,是一种统一的力量。

于是,就要去考虑这种创造、维持有机体的力量的方法。

这里表明,只有某物证实自身具有生命能力,我们才会称之为合目的。

奥秘仅仅在于"生命"。

这是否也只是一个受限于我们机体组织(Organisation)的观念?

"这种疯狂的挥霍令我们吃惊,"叔本华说②,"自然在其作品上不会花费多少力气。"因此毁灭是无关紧要的(不可辨认——Beck版编者)。③

叔本华认为,有一种类推法是之于器官的。"运动着的(das Bewegende)是意志,使之

---

① 《判断力批判》,第65节。——英译本注(文内注)
　　K. Fischer, *Kant* 2, 637.引号由编者所加。——Beck版注
② 《作为意志与表象的世界》第2卷,第375页(第26节)——英译本注(文内注)
　　叔本华:《作为意志与表象的世界》第2卷,第374页:...*so setzt diese rasende Verschwendung uns in Erstaunen*。——Beck版注
③ 同上:*Der Natur hingegen kosten ihre Werke … gar keine Mühe*。——Beck版注

得以运动的是动机(目的因)"。①

歌德之尝试

变态(Die Metamorphose)与出于动力因对有机物的解释有关。

每种动力因最终都会依据于某种难以理解之物(Unerforschlichen)。

(这恰好表明,此乃正确的人类之道)

所以,人们不在无机自然那里寻求终极原因(Endursachen),因为在此要观察的不是个体,而是力(Kräfte)。

也就是说,因为我们可以用机械的方式解决一切,并由此不再相信目的。

"人们只会完全地理解其自身能够通过概念制造和实现的东西。"②

一个错误的对立

如果自然中只有机械的力起作用,那么那些合目的之显象(Erscheinungen)也无非是虚假的(scheinbare),它们的合目的性是我们的观念(Idee)。

盲目的力行动起来是无目的的,所以它们不会招致任何合目的之事产生。

有生命能力者是在无数的失败和半成功的尝试后才得以形成。

生命,有机体,并非意味着更高的智能:在智能上根本不存在连续不断的等级强度。

有机体的存在只显示了一些盲目的力量。

1. 消除目的论的扩展性表象(Beseitigung der erweiterten Vorstell. von Teleologie)。
2. 概念之界限。自然当中的合目的之物。
3. 合目的的等同于有生存能力的。

---

① 叔本华:《作为意志与表象的世界》第 2 卷,第 378 页:*immer bleibt hier eingeständlich der Wille das Bewegende, und was ihn bewegt, ist das von außen kommende Motiv, also die causa finalis.*
② 《判断力批判》,第 69 节。——英译本注(文内注)
K. Fischer, *Kant 2*, 643.引号由编者所加。——Beck 版注

4. 有机生物(Organismen)作为多(Vielheiten)和一(Einheiten)。

"被设想为原因的整体之表象就是目的。"(Die Vorstellung des Ganzen als Ursache gedacht ist der Zweck.)①

请注意(NB),"整体"本身无非是一种表象。

康德(《判断力批判》,第77节)②:

"有机体以纯粹机械的方式产生是可能的,而我们以机械的方式推导它们却是不可能的"③

为何?

知性是推论的(diskursiv),而不是直观的(intuitiv)。

"它只会在各部分中理解整体并将之组装为整体"

但在有机体里却是"部分取决于整体"。④

"现在知性试图从整体出发,不是在直观(Anschauung)中给出它,而只是在表象中给出它。如此,整体表象应以部分为条件:'作为原因的整体表象',即目的。"⑤

"如果知性要在各部分中理解整体,那么它就会机械地处理;如果知性要在整体中理

---

① 《判断力批判》,第77节。——英译本注(文内注)
  K. Fischer, *Kant 2*, 655: *Die Vorstellung des Ganzen als Ursache gedacht ist nichts Anderes als der Begriff des Zwecks.*——Beck 版注
② 括号及其中内部仅见于英译本。
③ K. Fischer, *Kant 2*, 654: *Möglich, daß auch sie < die organisierten Naturkörper > rein mechanisch entstanden sind. Unmöglich aber, daß wir sie jemals aus mechanischen Entstehungsgründen ableiten können.*——Beck 版注
  尼采的笔记与原文略有不同。——译者注
④ 同上书,第654页。引号由编者所加。——Beck 版注
⑤ 同上书,第655页:"为了使部分之和等同于对象,它〈知性〉必须从整体出发,将整体视作部分及其秩序的有效原因。由于整体不是在直观中给予知性的,因此知性不能从直观的或真实的整体出发,而只能从整体表象或观念出发。它必须把整体表象视作使各个部分结合在一起,成就此显象的原因。换言之,它必须将成就此显象的原因思考为,由效果观念决定的。将整体设想为原因的观念无非就是目的的概念。"(*Er <der Verstand>muß, um dem objecte gleich zu kommen, von dem Ganzen ausgehen als der wirkenden Ursache der Theile und ihrer Ordnung. In der Anschauung ist ihm das Ganz nicht gegeben, also kann er nicht von dem angeschauten oder realen Ganze ausgehen, sondern nur von der Vorstellung oder der Idee des Ganzen. Er muß die Vorstellung des Ganzen als die Ursache ansehen, welche die Theile zu eben dieser Erscheinung zusammenfügt. Mit anderen Worten: er muß die Ursache zu dieser Erscheinung durch die Idee der Wirkung bestimmt denken. Die Vorstellung des Ganzen als Ursache gedacht ist nichts Anderes als der Begriff des Zweckes.*)——Beck 版注。
  在此,尼采对这段话进行了缩写。——译者注

解给定的部分,那么它就只能从整体概念出发来推导它们。"①

简言之,缺少直观(Intuition)。

以自然为依据的论战(Naturgemäße Polemik)

首先有机体中整体性的真实存在被否定了。也就是说,统一性概念遭受检验,并且被移回到了人类机体之上。

因此我们不可以从整体出发。②

在有机体中,不仅各部分由整体决定,而且整体亦由各部分决定。

只要有机体(die Organis.)是机械地产生的,那么它必定也是可机械地推论的。

诚然,我们只关注到了一面。

现在接下来要观察各个部分,并且将之拆解为更小的部分:于是,就得到(不可辨识),例如,细胞。

假设,有机体是机械地产生的。但如果某个与之伴随的目的概念同样也是有效的,那么它就会发生,即使造物是由机械过程实现的。(正如康德所承认的)

因此,必须有某种可被证实的机械论。

自然发生论(Die generat<io> aequivoca)③未经证实。

目的因,就像机械论一样,是人的直观方式。只有数学才是纯粹被认识的。

(在无机自然中的)法则是某种类似目的因的法则。

"自然中非纯粹机械创制的东西〈……〉,不是知性的对象。"④

这使得自然中只有严格的数学对象可以得到解释。

"机械地解释即从外在原因出发去解释"⑤/这个定义被引入,是为了之后去反对内在

---

① K. Fischer, *Kant* 2, 656:"如果知性在给定的部分中理解现实的整体,那么它就会机械地处理。如果它在整体中理解给定的部分,那么它就只能从整体的概念或观念出发来推导它们,所以它必须以目的论的方式行事。"(*Soll dieser Verstand das wirkliche Ganze aus den gegebenen Theilen begreifen, so verfährt er mechanisch. Soll er die gegebenen Theile aus dem Ganzen begreifen, so kann er sie nur aus dem begriffe oder der Idee des Ganzen ableiten, so ist er genöthigt, teleologisch zu verfahren.*)——Beck 版注
尼采的引用略有不同。——译者注
② 从"以自然为依据的论战"到"不可以从整体出发",整段内容被划掉。——参见 Beck 版注
③ 自然发生论,即非生物起源论、无生源论,认为生物可由非生物的自然生成,生命可以随时随地从无机物中产生。
④ K. Fischer, *Kant* 2, 554.引号由编者所加。——Beck 版注
⑤ 同上,引号由编者所加。——Beck 版注

原因（die inneren）。

机械地解释还意味着更多。

"人只能完全理解其依据概念自己制造和完成的东西。"①

所以人能够完全理解的只有数学（也就是形式上的认识）。除此以外，人要面对的皆是未知。为了克服这一点，人类发明了概念，但这些概念只是对表面属性总和的归纳，并未切近事物之本质。

力、质料（Stoff）、个体、法则、有机体、原子、目的因等皆属此类。

这些不是建构的（constituten），而只是反思性判断（reflektirende Urtheile）。

在机械论中，康德把世界理解为无目的因的：随机性世界（Die Welt der Causalität）。

离开了效果（Wirkung）之观念，我们也就无法对结晶作用（Kristallisation）进行表象。

有机生命（organischer Wesen）的出现和维护——其在何种程度上关涉到目的因？

自然目的：在个体和物种的繁衍、保全中。与此相关可参见康德：《判断力批判》，罗森克朗兹编，莱比锡，1838 年（Kant, Kritik d. Urtheilskr., hrsg. v. K. Rosenkranz, Lpz. 1838），第 62 节。

然后，康德在第 63 节（同上）推进了某种物的概念并忽略了合目的性的一般形式。

其形式之偶然性关乎理性（这也可以在结晶那里找到）

"当某物是其自身的……原因和结果时，它就作为自然目的而存在。"②这一原则不是推导出来的，而是作为一个孤例被采纳的。

有机体是唯一的自然目的的推论并不成功。

在自然中机器（eine Maschine）也已然受到了目的因的引导。

合目的性概念：只是实存能力（Existenzfähigkeit）而已，并未借此提及其中所揭示的理性之强度。

① K. Fischer, *Kant* 2, 643.——Beck 版注
《判断力批判》，第 68 节。——英译本注（文内注）
② 康德：《判断力批判》，罗森克朗兹编，第 253 页。——Beck 版注
《判断力批判》，第 64 节。——英译本注（文内注）。

康德说:"依据某个事物的内在形式将其视作合目的的,这完全不同于把该事物之实存视作自然目的。"①——因此,某个有机体保全和繁衍的无目的方式完全不会跟其自身的合目的性相冲突。

与此相反,说该有机体是合目的的,就是说它是能够生存的。因此并非该物之实存乃自然之目的;而是我们所谓的合目的,不过是我们发现某物能够生存,并随之把相关之条件称作合目的的。

谁把追求保全的自然方法斥为无目的的,谁就会把某物之实存视作自然的目的。

自然目的的概念仅仅会黏附在有机体之上。

"但是,康德说,这个概念必然会导致,整个自然作为某种遵循于目的规则之系统的观念。"②

"凭借自然在它的有机产物上所提供的例证,人们有理由,(……)从自然及其法则中仅仅期待那在整体上合乎目的的东西。"③

要实现这种反思,只有通过人们

1. 忽视目的概念的主观性

2. 将自然理解为一个统一体

3. 将它也设想为一个手段的统一体

康德:《判断力批判》,罗森克朗兹编(Kant, Kritik d. Urtheilskr., hrsg. v. K. Rosenkranz)第 267 页。

"因此,如果人们为了自然科学而在其前后关联中引入上帝概念,以便使自然中的合目的性得到解释,随后又利用这种合目的性去证明,有一个上帝存在:那么,这两门科学

---

① 康德:《判断力批判》,罗森克朗兹编,第 262 页:"由于某物的内在形式而将之判断为自然目的,这完全不同于把该物之实存视作自然目的。"(*Ein Ding sener innern Form halber als Naturzweck beurtheilen, ist ganz etwas anderes, als die Existenz dieses Dinges für Zweck der Natur halten.*)——Beck 版注
《判断力批判》,第 67 节。——英译本注(文内注)
尼采的引用略有不同。——译者注
② 康德:《判断力批判》,罗森克朗兹编,第 262 页。——Beck 版注
《判断力批判》,第 67 节。——英译本注(文内注)
③ 同上书,第 263 页。——Beck 版注
《判断力批判》,第 67 节。——英译本注(文内注)
尼采的引用略有不同。中译本参见[德]康德:《判断力批判》,邓晓芒译,北京:人民出版社,2002 年第 2 版,第 243 页。译文略有不同。——译者注

[即自然科学和神学]中的任何一门都将没有内在的持存性,而一种迷惑人的循环论证会让每一门都不可靠,因为它们把自己的界限相互搅浑了。"(68 节)

第一章,合目的性概念(作为实存能力)

第二章,有机体(未定的生命概念,未定的个体概念)

第三章,所谓的不可能性,即机械地去解释一个有机体(而机械地又意味着什么?)

第四章,自然中公认的无目的性与合目的性相矛盾①

从有机体保全(等)的自然方法中大体推断出有机体的出现,这并非恩培多克勒式洞见。而很可能是伊壁鸠鲁式洞见。但这种洞见的前提是,偶然事件能够将有机生物随机地组配起来:而有争议之处恰好就在于此。一部悲剧可以由字母随机地组配而成(与西塞罗相对),②一块大陆可以由流星碎片随机地组配而成。但问题是,什么才是"生命",它是否仅仅是某种秩序的和形式的原则(就像在悲剧中那样),抑或者是某种完全不同的东西:与此相反,需要承认的是,在有机自然里,有机物彼此间的关系行为上,并不存在与无机自然里不一致的原则。在事物的处理上自然的方法是相同的,它是一位公平的母亲,对待无机之子和有机之子同样的冷酷。

一定是偶然在掌控,即自然中的合目的性的对立面。偶然是赶着事物兜圈的风暴。这是显而易见的。

在此问题就来了,创造事物的力量,是否就是维护它的力量? 等等。

在有机生命中,部分对于其实存而言是合目的的,也就是说,如果部分不是合目的的,那么有机生命就无法生存。但对于每个部分来说,并未因此得到澄清。它[部分]是合目的性的一种形式:但这并未澄清,它是唯一的可能形式。因此,整体并不必然决定部分,相

---

① 这份提纲在 Musarion 版出现于此处(第 419 页),而在 Beck 版则出现于文末(392 – 393 页)。

② 这里很可能关涉到西塞罗的《修辞学》"论诸神之本性"第 2 卷[37 节]93(Cic. De nat. Deorum 2, 93):"如果有人认为这是可能的,那么我想他也应该这样想,如果制造大量的字母,21 个字母中每个字母的数量都是无限的(用黄金或你喜好的任何材料制造),把它们混合在一起并倾倒在地上,那么它们是否有可能自行拼写出文章来,比如说恩尼乌斯的整部《编年史》。事实上我怀疑偶然性是否会允许它们拼出哪怕是一个句子来!"(Hoc qui existimat fieri potuisse, non intellego, cur non idem putet, si innumerabiles unius et viginti formae litterarum vel aureae vel qualeslibet aliquo coiciantur, posse ex is in terram excussis annales Enni, ut deinceps legi possint, effici; quod nescio an ne in uno quidem versu possit tantum valere fortuna.)——Beck 版注
中译引自[古罗马]西塞罗:《论神性》,石敏敏译,北京:商务印书馆,2012 年,第 103 页。——译者注

反,部分必然决定整体。谁坚信前者(整体决定部分),谁就坚信最高的合目的性,即在部分的合目的性的诸多可能形式中精选出来的最高的合目的性:他会在此假定,存在着一种合目的性的阶梯序列。

那么效果观念(Idee der Wirkung)究竟是什么？生命处于诸多相关的必要条件当中？这种效果观念是一切有机体都共享的吗？

拥有某种形式的生命处于诸多相关的必要条件当中？但在此,这种形式和这些条件会同时发生,即如果某种形式被设置为原因,那么合目的性程度也会被同时囊括在(或领悟于)这个原因当中。因为拥有某种形式的生命就是有机体。是什么让有机体区别于形式,赋形之生命？

但如果我们说有机体的部分是非必要的,那么我们就会说有机体的形式是非必要的:换句话说,我们把有机物(das Organische)安置在形式以外的地方。但除此以外,它仍然是单纯的生命。那么我们的定理就是:对生命而言存在着许多不同的形式,即许多不同的合目的性。

处于数量惊人的形式中的生命是可能的。

这些形式里的每一种都是合目的的:但因为有无数形式实存着,所以也就存在着无数合目的的形式。

在人类生命里,我们创造出了合目的性的阶梯序列:只有某个选择在极窄的范围内发生时,我们才会立即将其设置为"合乎理性的"(vernünftig)。如果人类在某种复杂情况下找到了那条唯一的合目的之路,那么我们就会说,他行动得合乎理性。但如果某人想在世界上旅行,走任何他喜欢走的路,那么他的行动是合乎目的的,但还不是合乎理性的。

因此,在那些"合目的"的有机体中并没有显露出某种理性。

因此,那"被当作效果原因的观念",[①]就只是生命之形式。生命本身不能被设想为目的,因为它已经被预设,以便能够依据目的行事。

因此,当我们谈论目的概念和目的因的时候,我们说的是:某种存活且思考着的生命意向着(intentionirt)一种它要在其中显现的形式。

换句话说,我们通过终极因根本没有切近生命的解释,而只是切近了形式的解释。

现在我们从某个存活者(einem Lebenden)那里把握到的,除形式以外别无他物。生命是永恒之变易;通过我们的智力天赋,我们把握了形式:我们的智力过于迟钝,以至于难

---

① K. Fischer, *Kant* 2, 637: "效果之表象或观念即原因。"(*Die Vorstellung oder Idee der Wirkung ist die Ursache.*)——Beck 版注

以察觉那持续不断的变化,它将其可认识之物称作形式。事实上,不可能存在任何形式,因为在每个点上都有着某种无限性。每一个被设想的统一体(点)都描绘着一条线。

一个跟形式类似的概念是个体概念。人们把有机体称作统一体,称作目的中心(Zweckcentren)。但是,只存在对于我们智力而言的统一体。每一个个体自身都具备了存活之个体的某种无限性。这只是一个粗略的观点(Anschauung),也许起初这是从人的身体中推断出来的。

所有"形式"都可能被随机投掷出来,但生命却不能!

"作为原因的整体观念":由此可以说,整体决定部分,仅此而已,因为部分构成整体是显而易见的。

当人们谈论目的因时,他们指的只是整体的形式在部分的构造当中形成,而一种形式是不可能机械地产生的。

生命和生育没有包含在目的因范畴之内。"自我组织的生命"(Das "sich selbst Organisiren")是康德任意推导出来的。

人们需要目的因去解释某物存活着吗? 不,只是为了去解释它如何存活。

我们需要目的因去解释某物的生命吗?

不,"生命"对于我们来说是某种完全黑暗的东西,所以我们即使通过目的因也无法给予光亮。

我们只能试图阐明生命之形式。

如果我们说"狗活着"并且此时又追问"为什么狗活着?"那么这就与此无关了。因为在这里我们把"生命"等同于"此在"(dasein)。"为什么某物存在"("warum ist etwas")这个问题属于外在目的论,并且完全处于我们的范畴之外。(幼稚的拟人论例子在康德那里也会出现)

我们不能够机械地解释狗;这得出了,它是某种存活着的生命。

形式是从"生命"那里显现于表面之上的可见一切。

因此,依据于目的因的沉思就是一种依据于形式的沉思。

实际上我们也不得不依据目的因来追问突然产生的结晶。

换句话说:目的论的沉思与有机物的沉思并不一致

毋宁说

目的论的沉思与依据形式的沉思相符

在自然中目的与形式相一致。

因此,当自然科学家说某种有机体可以出于"偶然"而产生,也就是说,不依据目的因,那么形式就是后来被添加到有机体身上的。需要思考的唯一问题是,"生命"是什么。

第一章　目的论沉思即依据形式的沉思。

第二章　形式(个体)属于且取自人类机体(menschlichen Organisation)。

第三章　生命力(Lebenskraft)。[①]

我们有什么权利把某物的显象方式(Erscheinungsweise),譬如某条狗的显象方式理解为预先实存的(vorexistirend)? 形式对我们来说很重要。我们把它设想为原因,于是我们把物自体的价值给予了显象。

只有关乎"生命"时"合目的"才会被谈及

在生命形式方面却并非如此。

因此,在合目的性概念中并不存在对合理性的承认(die Anerkennung der Vernünftigkeit)。

那应作为"效果原因的观念",就不能是生命而只能是形式。

也就是说,某个事物的显象方式被思考为事先实存的(präsistirend)和现实的(real)。

某物活着——于是他的各部分就是合目的的:此物之生命即部分之目的。

但存活却有着无数的不同方式,也就是说,有着无数的不同形式,即无数的不同部分。

合目的性不是一种绝对,而是一种极致的相对:从其他方面看,它经常是种不合目的性。

目的因意味着:

整体的观念被指认为原因

[①]　这份提纲在 Musarion 版出现于此处(第 423 页),而在 Beck 版则出现于文末(第 393 页)。

即某种显象形式(Erscheinungsform)被指认为现实的和事先实存的。

整体概念只与形式有关,而与"生命"无关。

1. 不是"某个'生命'要被生产出来,那么一些形式就必须被探寻"

2. 而是"某个'生命'要在如下形式中显现"

生命的概念是不可能被把握的:所以此概念并不属于"整体观念"。①

关于有机体从"随机"和"无目的性"中产生的可能性。(机械构造机制)

康德承认了这种可能性,但是却否认了认识它的可能性。

自然的方法在有机领域和无机领域是一样的。

因此,如果机械论(Mechanismus)的可能性在此,那么认识的可能性也应当在此。

但"我们的知性是推论的"②。不过倘若机械构造机制得到阐明,这也就足够了。

个体(individuum)是一个不充分的概念。

我们从生命中观察到的是形式;我们如何观察到它,个体。位于其背后的东西是不可知的。

生育不包含在目的因范畴之内:因为它会追问,某个生命(ein Wesen)应当朝向何种目的演变?这属于外在目的论,即一个自然目的体系(ein System von Naturzwecken)。

一个自然目的体系有如下针对自己的命题:

(1) 有机物中目的概念的主观性被当作客观的。

(2) 自然被理解为一个统一体

(3) 并且相信自然具有一种手段上的统一性

因为某物是机械地产生的,所以它就是不合目的的吗?

---

① K. Fischer, *Kant* 2, 637. 引号由编者所加。——Beck 版注
② 同上书,654 页。引号由编者所加。——Beck 版注

康德如此宣称。为什么随机就不能够产生出合目的之物?

他的正确之处在于:合目的性只存在于我们的观念当中。

"生命"伴随着感觉而出现:因此我们把感觉看作"有机体"的前提条件。

"生命"是有意识地(bewußt),即类人地(menschenänlich)存活着。

关于有机论的问题是:自然里类人之物(das Menschenänliche)是从何而来呢?

在某种自我意识缺乏的情况下?

除了跟人类比以外,我们不能够通过其他方式想象"生命",即有感觉的,成长着的实存。人类在自然中识别出了一些类人的和异人的东西,并且寻找解释。

我发现,即使在睡眠中人也会经常持续不断地思考:当记忆之碎片仍逗留在脑海时,某个偶然清醒过来的人会就此有所启发。

我们能理解每一个部分的无意识合作是为了某个整体吗?

在无机自然中,譬如,在宇宙的构造中,合规律性与合目的性当然可以被视作机械论的结果。

"康德在此发现了一种合乎计划的必然性,随机的对立面。"①

库诺·费舍尔:《伊曼努尔·康德》第 I 卷,第 130 页,等(K Fischer <Immanuel Kant I> p.130 etc)

最值得注意的地方是(同上)第 132 页"我觉得,在某种意义上人们可以毫不冒失地说:给我物质,我会向你展示,一个世界将如何从中产生——等等"②

哈曼(Hamann)所说的康德的乐观主义(对乐观主义进行一些沉思的尝试)适用于总体上的乐观主义:"他的一些想法如同被某个草率母狗生产出来的盲目幼崽——他依据整体(Ganze)来对世界进行判断。但为此所需的知识,就不再是零碎的不完整的知识了。

---

① K. Fischer, *Kant* I, 130:"相反,康德在这种秩序里看到了一种合乎计划的必然性,那就是说,看到了随机的对立面"(*Kant dagegen erblickt in dieser Ordnung eine planmäßige Nothwendigkeit, also das Gegentheil des Zufalles*)——Beck 版注 库诺·费舍尔:《近代哲学史》,第 3 卷,第 7 章,第 2 节。——英译本注(文内注)

② 从(Fischer, *Kant* I, 132)整合而来:"我觉得,在某种意义上人们可以毫不冒失地说:给我物质,我将由此建造一个世界!但人们在此情形下可以这样说吗:给我物质,我会向你展示,一只毛毛虫如何被生产出来?"(*Mich dünkt, man könne in gewissem Verstande ohne Vermessenheit sagen: gebt mir Materie, ich will eine Welt daraus bauen! und Ist man im Stande zu sagen: gebt mir Materie, ich will euch zeigen, wie eine Raupe erzeugt werden könne?*)"等等"(etc.)可能跟这两句话中的文字有关。——Beck 版注
康德:《一般自然史与天体理论》,附在献词后的前言(Kant, *Universal Natural History and Theory of the Heavens*, Second Part, Preface.)——英译本注(文内注)

从整体出发来推断不完整之碎片(Fragmente),就如同从未知出发来推断已知。"《哈曼著作集》第一部第 491 页(Hamanns Schr. Th. I. S. 491.)。①

康德很难把自己移置于陌生的哲学论断中:这对于一个原创思想家而言是非常典型的。

在目的论语境下针对神学立场的美妙话语:

"因为要期待理性作出启蒙,却又事先规定它必须在哪一方面必然地得出结果,这是十分荒谬的。"《纯粹理性批判》第二部分(先验方法论)第 62 页(Kr. Der rein Vern II Absch S. 62)。②

(Beck 版提纲)

第一章,合目的性概念(作为实存之能力)

第二章,有机体(未定的生命概念,未定的个体概念)

第三章,所谓的不可能性,即机械地去解释一个有机体(而机械地又意味着什么?)

第四章,自然中公认的无目的性与合目的性相矛盾

第一章,目的论沉思即依据形式的沉思。

第二章 形式(个体)属于且取自于人类机体(menschlichen Organisation)。

第三章 生命力(Lebenskraft)。 =③

康德:《一般自然史与天体理论》,1755 年。

《证明上帝存在唯一可能的证据》

霍尔巴赫:《自然的体系》

黑特纳(Hettner) II.④

---

① Fischer, *Kant* I, 142 ff. 出自哈曼 1759 年 10 月 12 日致林德纳(J. G. Lindner)的一封信。上述信中文字出自《哈曼著作集》(*Hamann's Schriften. Hg. V. Fr. Roth. 1. Theil. Berl. 1821*)——Beck 版注
② 叔本华在《自然界中的意志》一书里也引用了这段话——英译本注
Kant: AA III, *Kritik der reinen Vernunft*, S. 489. 中译本见[德]康德:《纯粹理性批判》,邓晓芒译,北京:人民出版社,2014 年,第 575 页。——译者注
③ 这份提纲在 Beck 版出现于此处(392–393 页),在 Musarion 版则出现于第 419 页,第 423 页。
④ 黑特纳:《十八世纪文学史》(3 卷本),第 2 卷,"十八世纪法国文学史"(Hermann Hettner, *Literaturgeschichte des achtzehnten Jahrhunderts. In drei Theilen. Zweiter Theil. Geschichte der französischen Literatur im achtzehnten Jahrhundert. Braunschw. 1860.*)——Beck 版注

摩莱肖特(Moleschott):《生命的循环》(Kreislauf d. Lebens)

要阅读的书目:

叔本华:关于《自然界中的意志》

特雷维拉努斯(Treviranus)①:[关于]《有机生命的显象及法则》(Die Erscheinungen und Gesetze des organischen Lebens)1832 年

乔尔贝(Czolbe)②:《感觉论的一种新表述》(Neue Darstellung des Sensualismus),1885 年

《人类认识的界限与起源》(Die Grenzen und der Ursprung der menschl. Erkenntniß),耶拿与莱比锡(Jena und Leipz.),1865 年。

摩莱肖特:《生命的循环》,1862 年。

《生命的统一性》(die Einheit des Lebens),吉森(Giessen),1864 年。

魏尔肖(Virchow)③:《关于生命与疾病的四场演讲》(Vier Reden über Leben und Kranksein),柏林(Berlin),1862 年。

《科学医学论集》(gesamm. Abhandl. zur wissen. Med.),法兰克福(Frankf.),1856 年。

特伦德伦堡:《逻辑研究》,莱比锡,1862 年。

宇伯维格(Überweg):《逻辑的体系》(System der Logik)

赫尔姆霍兹(Helmholtz)④:《论力的守恒》(Über die Erhaltung der Kraft),柏林,1847 年。

《论自然力的相互作用》(Über die Wechselwirkung der Naturkräfte),1854 年。

冯特(Wundt)⑤:《关于人类和动物灵魂的讲座》

洛采(Lotze)⑥:《论辩集》(Streitschriften),莱比锡,1857 年。

《医学心理学》(Medicin. Psychologie),1852 年。⑦

特伦德伦堡:柏林科学院月报(Monatsber. Der Berl. Acad.),1854 年 11 月,1856 年 2 月。

---

① 特雷维拉努斯(Gottfried Reinhold Treviranus),1776—1837,德国自然科学家、植物学家。
② 乔尔贝(Heinrich Czolbe,1819—1873),德国哲学家、唯物主义者。
③ 魏尔肖(Rudolf L.K. Virchow,1821—1902),德国病理学家。
④ 赫尔姆霍兹(Hermann Von Helmholtz,1821—1894),德国物理学家、生理学家。
⑤ 冯特(Wilhelm Max Wundt,1832—1920),德国哲学家、生理学家、心理学家。
⑥ 洛采(Rudolf Hermann Lotze,1817—1881),德国哲学家、心理学家。
⑦ 《医学心理学或灵魂生理学》(*Medicinische Psychologie：oder, Physiologie der Seele*),洛采影响深远的心理学著作。

《论述哲学的历史性文集》(historische Beiträge zur Philosophie),1855 年。

赫尔巴特(Herbart)①:《自然法和道德的分析性阐明》(analyt. Beleuchtung des Naturrechts und der Moral)。

谢林:《一种自然哲学的观念》(Ideen zu einer Philosophie der Natur)

赫尔德(Herder):《人类历史哲学观念》(Ideen zur Philos. Der Gesch. der Menschheit)。

比沙(Bichat)②:《关于生和死的生理学研究》(〈Recherches Physiologiques〉 sur la vie et la mort)

约翰内斯·缪勒(Joh. Müller)/论有机生命(über das organ. Leben)

论感官生理学(über die Physiologie der Sinne)。

康德:《判断力批判》,1790 年。

弗里斯(Fries)③:《数学的自然哲学》(mathem. Naturphilos.),海德堡(Heidelberg),1822 年。

施莱登(Shcleiden)④:《现代自然科学中的唯物主义》(Über den Materialis. in der neueren Naturwissensch.),莱比锡,1863 年。(施莱登那里有机生物的机械可解释性)

罗森克朗兹(C. Rosenkranz):《谢林系列讲座》(Schelling Vorles.),但泽(Danzig),1843 年。

《康德哲学史》(Geschichte der Kant'schen Philosophie)⑤

所罗门·迈蒙(Sal. Maimon)⑥:柏林启蒙杂志(Berl. Journal f. Aufklärung),里姆主编(Herausgegeben von A. Riem),第 8 卷,1790 年。

谢林:《先验观念论体系》(System des transscendent. Idealismus)

奥肯(Oken)⑦:《生殖》(Die Zeugung),1805 年。

《自然哲学教科书》(Lehrb. der Naturphilosophie)1809 年,1843 年第 2 版。

卡鲁斯(Carus)⑧:《比较解剖学与生理学的基本特征》(Grundzüge der vergl. Anatomie und Physiologie),1825 年。

---

① 赫尔巴特(Johann Friedrich Herbart,1776—1841),德国哲学家、心理学家。
② 比沙(Marie François Xavier Bichat,1771—1822),法国解剖学家、生理学家。
③ 弗里斯(Jakob Friedrich Fries,1773—1843),德国哲学家、心理学家。
④ 施莱登(Matthias Jakob Shcleiden,1804—1881),德国植物学家,"细胞学说"创始人。
⑤ 这则书目在 Musarion 版出现于文末(第 428 页),而在 Beck 版则出现于手稿开端(第 371 页)。
⑥ 所罗门·迈蒙(Salomon Maimon,1753—1800),波兰哲学家、怀疑论者,康德哲学的批判性阐释者。
⑦ 奥肯(Lorenz Oken,1779—1851),生物学家、博物学家,是德国 19 世纪初"自然哲学"运动的代表人物。
⑧ 卡鲁斯(Carl Gustav Carus,1789—1869),德国植物学家、自然科学家、心理学家。

古斯塔夫·施耐德:《亚里士多德的目的因》。①

关于大学哲学（*Über die Universitätsphilosophie*）②

大学哲学的运用

主要损害

1. 政府不雇佣那些反宗教者。

后果:大学哲学与国家宗教相一致:这贬低了哲学。

例如:黑格尔范(die Hegelei)及其垮台。

政府聘用哲学教授的目的:国家利益。

后果:真正的哲学被误解并且变得缄默起来。

Teleology since Kant

Nietzsche

【**Abstract**】 In 1868, Nietzsche planned to write a dissertation on the topic "Organic Concepts since Kant." In the following year he was awarded a teaching position in classics at the University of Basel so his plan was aborted. This manuscript is a note written by Nietzsche for his dissertation. The content can be roughly divided into four categories: 1. a summary of the views of predecessors (Kant, Goethe, Schopenhauer, etc.); 2. thoughts on related issues and his own opinions; 3. drafting of his dissertation framework; 4. references and items to be read (not only involving Hume, Kant, Schelling, Solomon Maimon, Schopenhauer, Lotze and other philosophers, but also Schleiden, Oken, Virchow, Carus, Helmholtz and other scientists). This manuscript not only reveals Nietzsche's open attitude towards the scientific progress of the time, especially the progress of biology, but also foreshadows his later ideological evolution (from classical studies to philosophy and science), therefore has important research value.

【**Keywords**】 Teleology, Purposiveness, Organism, Mechanism, Form

---

① 这则书目在 Musarion 版出现于手稿最后(第 428 页),而在 Beck 版则出现于手稿开端(第 371 页)。
② 这则手稿表达了青年尼采对待黑格尔国家哲学的态度。虽跟"康德以来的目的论"主题无关,但因其是同时期手稿,特附录于此处,以供参照。

康德和行动者取向的伦理学①

［美］艾伦·伍德②（著）

黄　涛③（译）

【摘要】当代美德伦理学认为,在康德的伦理学中,有一种对于道德动机的强调,它或者体现为将善良意志视为理性行动者的性格特征,或者体现为将个体的行动准则视为行动者的一项持久特征。但是,深入地考察康德的伦理学会揭示,这是建立在对于康德伦理学的误解之上的。伍德教授认为,康德绝非美德伦理学的拥趸。无论是斯洛特的"基于行动者的"伦理学,还是美德伦理学的"聚焦于行动者"的伦理学版本,都与康德伦理学的核心特征背离。尽管康德也对行动者的道德品质进行了描述,但是这些描述明显有别于美德伦理学给出的描述,而与亚里士多德对美德的描述更为接近,但美德伦理学同样误解了亚里士多德。在对于康德所属于的现代原则伦理学和亚里士多德所属于的古代的理想伦理学进行对照和比较之后,伍德教授对美德伦理学展开了尖锐的批评,认为美德伦理学太过顺从文化自身,具有一种内在的社会保守主义倾向。

【关键词】基于行动者的伦理学,斯洛特,康德,亚里士多德,理想伦理学,原则伦理学

人们常常注意到,"美德伦理学"很难得到讨论,因为就其本身而言,它包含的伦理学理论甚少,而毋宁是批判的一个零散汇总(loose grab-bag),并且包含了针对其他伦理学理论的一些抱怨(甚至是对伦理学理论本身的一些抱怨)。然而,在某种程度上,如今情形已然发生了改变,某些美德伦理学的代表人物,例如斯洛特(Michael Slote)和赫斯特豪斯(Rosalind Hursthouse)开始将美德伦理学作为一种就其自身而言独特的伦理学理论提供给我们。其主干是使有关行动者的判断(有关他们的善与恶,通常是基于他们的动机)成为伦理学理论的核心或根本部分。这就与如下伦理学理论构成对立:它聚焦于有关行为

① 本文译自 Allen Wood, "Kant and Agent Oriented Ethics", *Perfecting Virtue: New Essays on Kantian Ethics and Virtue Ethics*, Lawrence Jost and Julian Wuerth eds., Cambrdge University Press, 2011, pp.58－91。
② 作者简介:艾伦·伍德(Allen Wood),美国印第安纳大学布鲁明顿校区哲学系教授,斯坦福大学哲学系荣休教授,国际著名德国观念论哲学研究专家,剑桥版"康德全集"主编。先后出版《康德的道德宗教》《康德的理性神学》《康德的伦理思想》《康德式伦理学》等多部极具影响力的康德研究著作。
③ 译者简介:黄涛,中山大学哲学系副教授,主要研究方向为观念论实践哲学。

的正当性与过错的判断(正如道义论理论被认为所做的那样),抑或是聚焦于结果的好与坏(正如我们在结果主义理论那里看到的)。

在此一分类法中(它是如此简单,以至于我们早就应该知道,它给我们带来的伤害必将多于好处),人们习惯于将康德视为"道义论"(deontic)的伦理理论家。但如果想要(并且这是一个带有恶意的意图)认为他将行动的正当性置于理论关切的中心,是需要耗费一番功夫的。尽管如此,在英美哲学中却还是经常发生这种曲解,因为康德倾向于将英国伦理学中的理性主义—直觉主义学派放在一起来谈,人们从这些学派中获得了有关道义论的伦理理论是什么的相同观念。这种划分在某些方面正确地理解了康德,比如,强调特定行动的内在的正当性以及其他行动的错误属性,而丝毫不考虑结果(从而与功利主义对立),并且强调理性是道德的基础(从而有别于苏格兰道德感学派中强调的情感)。但它也非常严重地歪曲了康德道德哲学中的大部分内容,包括与美德和行动者取向最相关的内容。

如果从《道德形而上学奠基》开篇的视角出发来阅读康德笔下的一切(太多人都是这样做的),就可能会被引向如下做法,就是认为善良意志,尤其是道德动机(出于义务而行动)是康德伦理学中最基本的东西。针对行动者动机的强调通常是美德伦理学的一项突出特征,抑或如果我们有耐心略微深入阅读《道德形而上学奠基》,就可能会非常执着于(正如大多数人所做的那样)运用普遍法则公式,并因此病态地沉溺于用来说明这个公式的变形,也就是自然法则公式的那四个著名例子,执着于当可普遍性检验适用于那些聪明地设计出来作为反例的不同准则时,是否可以给出"正当的"结果。在此情形下,康德式伦理理论的焦点看起来就不是个体做出的行动,而是准则。准则可能会被视为行动者的一种持久特征,这就使康德像是一位美德伦理学家。

另一方面,假如我们考虑到(这是我倾向的)《道德形而上学奠基》,甚至是《实践理性批判》是伦理学中的基础性作品,而非严格意义上的康德式伦理学的陈述,我们就有可能走出这些作品,进入《道德形而上学》,后者告诉我们在康德看来一种伦理学理论应该是怎样的。在此情形下,我们就会发现,基础性的伦理学概念是义务(狭义的或宽泛的,完善的或者不完善的,敬重的义务和爱的义务),目的(义务性的目的,我们自身的完善,以及他人的幸福),尤其是美德,当然是以康德的方式构想的美德①,也就是作为一种性格的力量,一种在面对桀骜不驯的爱好时,确保针对义务的顺从的善良准则(good maxims)之力

---

① 在康德的著作翻译中,"virtue"通常译为德行或德性,在此为了同美德伦理学关联起来,也根据上下文语境有时翻译为"美德"。——译者注

量。康德甚至允许美德的多样性,这是和目的与义务准则的多样性相对应的。

这也就表明,只要我们想要这样做,就有多种方式可以将康德装扮成美德伦理学的支持者。并且,考虑到刚才注意到的方面,我就根本无法确定,这身装束对于他会比对于亚里士多德来说更不合适,而后面的这位伟大哲学家是美德伦理学的倡导者们公然宣称最仰慕的对象。当然,想要指出前面所说的方面究竟在何种程度上赋予康德伦理理论以美德伦理学倡导者们偏好的那种行动者导向并非易事(他们也可能不是他们自以为的那样优秀的亚里士多德主义者)。正如我想指出的,倘若康德式伦理学实际上并不与如今称为"美德伦理学"的东西的任何形式相一致,那么,在我看来,这是因为康德非常理解这些进路可能的吸引力,并且出于合理的理由拒绝了它们。但眼下这样说还为时过早。不妨稍作回顾,更充分地考察一下有关康德和美德伦理学之关联性的可能的方面。

玛莎·巴隆(Marcia Baron)曾指出,康德称颂善良意志是唯一无限制地是善的东西,这类似于使一种道德行动者成为他的伦理学的核心观念。① 对此看法我表示怀疑,出于如下两个不同的理由:其一,我怀疑,康德有关善良意志无限制地是善的论点在他的伦理思想中占据了人们习惯性地认为的那种核心位置(我在其他地方也表达了这一点,在此不再赘述)。② 其次,并且与我们在此的观点更直接相关的是,我怀疑"善良意志"严格来说向我们展示了一种类型的人,或者甚至是一种人的性格特征,也就是在美德伦理学和行动者导向的伦理学讨论中通常意指的那种东西。对康德来说,意愿不过是实践理性在采纳原则和从中推导出行动的过程中所进行的操练(《道德形而上学奠基》,4:412)。善良意志是一种对于善良准则的意愿。因此,用美德伦理学的讲法,它就是一种道德行动,而非一种道德存在。③ 一项原则或准则可能仅仅是行动者某一次行动的根据,也许存在于一种完全出自行动者性格的行动之中,因此,一个行动者表现出善良意志这一事实,在这个方面,在这个场合就并未告诉我们有关行动者的持久性格的任何信息。

简言之,善良意志是从行动中做出的抽象,甚至是从意愿的某些方面做点抽象,它并非人类的持久特征或性格,甚至最邪恶的人有时也会基于正确的原则而行动,并因此他们的意愿就和有德行的人(无疑这是更常见的)符合道德法则的意愿同样是善的("无限制

---

① Marcia W. Baron, Philip Pettit, and Michael Slote, *Three Methods of Ethics*. Oxford: Blackwell,1997, pp.39-40.

② "The Good Will." *Philosophical Topics* 31,2003:457-84,亦见 *Kantian Ethics*, Cambridge University Press,2008, pp.31-33。

③ 这个公式可能会暗示在伦理学和黑格尔之间有一种亲缘性,这是美德伦理学的一些倡导者同样强调的。但是黑格尔究竟在多大程度上与美德伦理学相一致,这个问题超出了本文的范围。有关这个问题,可以参见 *Hegel's Ethical Thought*, Cambridge University Press,1990,pp.214-216。

地是善的"）。康德自己也说,意志的善的属性有时也可以和美德的缺乏共存,比如,在如下这个人身上,他在孩童时代以及在脆弱时,真诚采纳了善的原则,却并不具有基于这些原则而行动的性格力量(《道德形而上学》,6:408)。因此,善良意志和美德根本不是一回事,即使善良意志的原则是由美德假定的。

出于类似理由,我不认为康德称为行动者的"意向"（Gesinnung）的东西类似于美德伦理学感兴趣的意义上的那种行动者取向（agent-orientation）。康德将行动者的"意向"描述为"内在的"（或"主观性的"）"准则的原则"(《纯粹理性界限内的宗教》,6:23,37),在此我用这个表达所指的,就如同善良意志一样,不是行动者身上的持久性格,而是指向行动者的行动必须依据的原则或准则,或者更明确地说,指涉的是行动者的动机,行动者基于这一动机在特定时刻依据一项准则而行动。这里所谓的特定时刻,可能是某个瞬间,也可能像意志的善的属性那样,或者是行动者的整个性格,或者是行动者身上完全非典型的性格(参见《实践理性批判》,5:116,128)。康德在道德意向和美德之间做了明确区分。① 对康德来说,意向可能是有德性的,也可能相反(《实践理性批判》,5:84),但这只是因为美德预设了特定的意愿或意向,而非因为意愿或意向等同于美德。相反,美德可以被视为"一种准确履行义务的有坚定根据的意向"(《纯粹理性界限内的宗教》,6:23)。但这就使美德成为行动者身上的一项持久特征,这一特征在具有特定意向的行动中得到体现。②

简言之,对康德来说,"意向"并非哲学家们如今称为"意向性特征"（dispositional property）的东西（例如一种持久的倾向,它从属于个体的性格,也就是以特定方式去感受或行动）。它毋宁是原则（准则）的特征,行动者根据这些原则或准则来行动（或者是那个基于它而行动的行动者的动机的特征),即便这个行动者只在一个瞬间采取这种方式行动,或者完全一反常态地行动。无疑,正如我们眼下将会看到的,意愿、善良意志、准则和道德意向都在康德有关行动者的道德上相关的性格这一观念中发挥了作用。但它们中没有一个就其自身而言是美德伦理学在通常情形下感兴趣的那种性格。我同样认为康德针对道德动机的强调有别于美德伦理学将动机视为美德的根据时对道德动机的强调。

---

① *Moralphilosophie Collins* (27:237–473) [1784–85]. *Moral Philosophy*: *Collins's Lecture Notes*, Peter Heath trans., in *Lectures on Ethics*, Heath and J.B. Schneewind eds., 1997, p.300.
② 康德的确区分了如下两个方面:一方面是行动要与法则相一致这项具有约束力的准则,这是在时间的长河中一点一点被要求的;另一方面是理智品格的美德,它包含了正当的动机,并且看起来和他通过"道德意向"指代的东西相同或者十分接近。(REL,6:47)在这个地方,他是想强调,在行动者同根本恶的倾向做斗争的过程中,重要的是行动者思维方式的根本革命之需要,并且也强调单纯习惯行动中的外在改变并不充分。我们并不认为这个讨论和康德有关作为道德力量的美德的讨论真正说来是同一个主题,尽管康德在此过程中使用了美德的字眼。

一、"基于行动者的"伦理学

在此值得和康德的伦理学作对比的是一种"基于行动者的"伦理学理论,这是由斯洛特提议的,①然而,从历史角度讲,其纯粹形式(如斯洛特本人所说)只能在 19 世纪英国哲学家马蒂诺(James Martineau)笔下发现(他因西季威克在《伦理学的方法》第三卷第十二章的批判而扬名)。② 在斯洛特看来,"以行动者为基础的美德伦理学进路认为,行动的道德或伦理身份完全是从有关个体的动机和性格特征的独立的和根本的美德方面的(而非道义论方面的)描述"中推导出来的。③

以行动者为基础的理论作为一种以动机为基础的理论

认为行动的道德方面的正当性完全出自行动者的美德,这自然会提醒我们注意密尔的如下评论,即"没有哪一项我们所知的伦理标准能决定一项行动的善恶,只是因为它是由一个好人或坏人做出来的,更不会因为它是由一个友好的、勇敢的或者仁慈之人做出来的,抑或是由相反之人做出来的"。④ 对待密尔评论的一种自然方式是解释为何没有什么伦理标准能够如同他描述的那样合乎理性地来对事情做决断。这个解释如下:假如我们将某个著名人士视为一个十分勇敢、有道德智慧且仁慈的人,视为我们所处时代的道德英雄,那么,接下来我们发现,他在某些学术著作中有抄袭,且常常对妻子并不忠诚。我们也许仍然会正当地认为,此人将会如同人类所能达到的那般具有德行,但我们在这个判断中的坚持并不能得出如下结论,即他的抄袭和通奸在道德上是正当的。因此,不妨期待这个错误的判断并非"基于行动者的"理论在这些事情上想要说的内容。

斯洛特针对这类反驳做出的回应表明,他通过"基于行动者的"伦理学意指的东西就

---

① "Agent-Based Virtue Ethics." Roger Crisp and Michael Slote eds., *Virtue Ethics*, Oxford University Press,1997, pp.239 – 62.

② 西季威克:《伦理学的方法》(*The Methods of Ethics*, London:Macmillan,1907, pp.366 – 372)。马蒂诺的主要著作是《伦理学理论的诸类型》(*Types of Ethical Theory*, Oxford University Press,1885)。斯洛特将"以行动者为基础"的理论同一个不那么极端的美德伦理学版本区分开来,例如一种"聚焦于行动者"的理论(他将这一理论同亚里士多德联系起来),这种理论更为强调对于行动者而非对于行动的评价问题,但是允许后一种类型的判断,这一判断独立于有关行动者的那些是否具有美德的判断(aretaic judgements)("Agent-Based Virtue Ethics." Roger Crisp and Michael Slote eds., *Virtue Ethics*, Oxford University Press, 1997, pp.239 – 240),同样也与一种"行动者优先"(agent-prior)的理论区分开来(他将这一理论同哈奇逊联系起来)。(Marcia W. Baron, Philip Pettit, and Michael Slote eds., *Three Methods of Ethics*, Oxford:Blackwell,1997, pp.202 – 208),这种理论很看重行动者的性格特征以及其他品质,将其视为人类福祉和繁荣生活的主要要素。在本文标题中出现的"行动者取向"(agent-orientes)并不想要侵犯斯洛特笔下更为严谨的术语体系。

③ "Agent-Based Virtue Ethics." Roger Crisp and Michael Slote eds., *Virtue Ethics*. Oxford University Press,1997, p.239.

④ *Utilitarianism*(《功利主义》), 2nd edn., George Sher ed., Indianapolis, IN:Hackett,2002, p.20。

是不久之后被称为"以性格为基础"或"以动机为基础"的伦理学。他的回应是,行动者可能在一般意义上是有德行的,但也会做出某些道德上糟糕的行动,但如此一来,在这些行动中,行动者就无法展示出德性的性格或动机。斯洛特和其他现代美德伦理学的代表们(例如哈奇逊、休谟和马蒂诺)一样特别强调动机,"只有当行动展示出了糟糕的或不良的动机,它们才会被视为错误的或违背义务的"。①

这一评论显然将康德早在《道德形而上学奠基》中持有的观念和斯洛特所想的"基于行动者的"观点区分开来了。因为康德的讨论是基于两种行动的区分:一种是合于义务的行动,一种是同样出于义务的行动。前者通常是"美好的和友好的",值得"鼓励与称赞,却不值得敬重"(《道德形而上学奠基》,4:398)。当然,在讨论过程中,康德并未考虑出自邪恶动机做出的行动(对他来说,诸如同情、自爱、自我保存和保有好名声这样的动机,并无任何道德上恶的方面)。针对这些动机,康德说过的最难听的话是,它们并未表现出道德上纯粹的意向,而只能产生"偶尔的和不稳定的"合于义务的行动。(《道德形而上学奠基》,4:390)在这些讨论中,康德的目的不是要在善良的动机和邪恶的动机之间做区分,而是想要识别出能赋予一项行动真正的或完全的道德价值的动机,并且将它们同其他动机区别开来,后者常常会引发一些合于义务的行动,值得称赞与鼓励,但这些行动本质上并非道德的,不能赋予行动以严格意义上的道德内容。② 在此的要点是,对康德来说,行动能拥有一种与义务的符合性(这是以一种最贴近康德的方式来表达英美道德哲学家所谓的"正当行动"观念),无论它的动机是否纯粹或真正属于道德。不同于"基于行动者的"伦理学家,康德不是从我们对于行动得以做出的动机的道德评价中推出行动与义务的符合性,也没有表达出任何思维迹象,认为合于义务可以从对于可能动机的全部范围的考察中推出来,而正是出于这些可能的动机做出了一项合于义务的行动。康德的标准毋宁是,行动的准则是否符合普遍法则,或者是否将理性的本性视为目的自身。

针对将行动的道德上的正当或过错奠基在动机之上的一个明显反驳是,它看似不允许在做正当的行动和出于正当的理由(或带有正当的动机)采取行动之间做出区分。斯洛特结合西季威克笔下指控他人的检察官的例子考察了这个反驳,在这个例子中,指控是

---

① "Agent-Based Virtue Ethics." Roger Crisp and Michael Slote eds., *Virtue Ethics*, Oxford University Press,1997, p.244.

② 这一"出于义务"的行动可能包含了诸多不同的动机,这在《道德形而上学》中变得十分清晰,康德在那里区分了从道德理性中产生的四种不同情感,代表了一种纯粹的道德意向,并且,没有它们我们就不可能处于义务之下。(《道德形而上学》,6:399-402)但在这一讨论中,"出于义务"而行动并不涉及出于任何确定的动机或多种动机而行动,而是带着道德上的自我强制而行动(但这一点只能出于特定的动机做出来,比如对法则的敬重、爱人类、道德情感或良心)。关于这一点的讨论,参见 Allen Wood, *Kantian Ethics*, Cambridge University Press,2008。

检察官的义务,却出于恶意。① 斯洛特对于这个例子的回应是,我们应考察一下,什么动机有可能会使这个检察官不去指控,并且主张这些动机必然是邪恶的,或者至少是有缺陷的,从而允许以行动者为基础的美德伦理学拥有"某种类似于"在做正当的事情和出于正当理由做事之间做区分的东西。② 在此,最明显的问题是,我们在道德哲学中需要的不是某种类似于在做正当的事和出于正当理由做事之间做区分的东西,而毋宁是区分本身。但更深层次的反驳在于,斯洛特本人似乎也需要这一区分,却没有能力做出区分,哪怕是承认自己需要这一区分。为了表明行动的伦理身份"完全是从对于动机的独立的和根本的描述"中推出来的,还需要说出更多东西,而不只是说出某些与行动者的动机相关的(在他们做出错误的行动时)否定性东西。你也需要说出一些正当的否定性东西。在检察官选择不去指控的情形下,看起来,需要追问如下问题,诸如,是否他没有充分动机去履行义务,是否他被另外一些善良的动机完全支配(例如说对被指控者的非常得体的同情)。为了回答这些问题,需要首先决断,是否他的动机导致他没有去做本应做的事。如果他错误地做了行动,就有了针对他的动机进行谴责的空间,但我们对他的动机做评价(认为其是不恰当的或过度的)看起来取决于对他行动的评价,而非相反。

以行动者为基础的理论是否预设了对于正当性的判断,而对此这一理论又无法做出解释?

同样的担忧进一步出现在与某些性格特征的关联中,斯洛特想要将能行动的伦理身份奠基在这些性格特征之上,例如"在服从个体自身的良好判断"的过程中的"意图的力量"。因为正如信念内在地着眼于真理,道德判断也着眼于正当地要做的事,或者(用亚里士多德的话来说)着眼于那些"美好的"(fine)抑或"符合正确理性"的东西。也许,在这些情形下,有时(尽管肯定不是经常)我们能做的最多的事是,它是明智的(phronesis)人或具有良好判断的人也可能会去做的。当人们选择行动是因为这些行动类似于特定的人(或者特定类型的人)可能会做出的行动,这看起来主要是在人们试图模仿或根据他们敬

---

① *The Methods of Ethics*, Indianapolis: Hackett, 1981, p.202.
② 斯洛特("Agent-Based Virtue Ethics." "Agent-Based Virtue Ethics." Roger Crisp and Michael Slote eds., *Virtue Ethics*, Oxford University Press, 1997, p.242)正确指出,那个针对特定被告的充满恶意的检察官有可能会遭到撤换,让其他人来指控(第241页注释4)。但并不清楚,他的以行动者为基础的理论如何能解释这一判断。我们自然地给出的解释是,这一针对被告具有恶意动机的人在其指控中可能做出过分的或不恰当的行为,并因此可能会导致他被撤换,以避免哪怕出现一种不恰当指控的表面现象。斯洛特在此做出的唯一的评论是,导致自己被撤换的那个检察官可能因此被指控在行动中存在恶意,或者未能充分注意到公共利益,然而,这并非是针对为何他应被撤换的正确解释,并且,我在此也并未看到这些解释如何能从如下内容中推出,这些内容包括指控者的不同动机,他们的令人尊敬或令人谴责的,抑或有缺陷的品质。

— 41 —

仰的特定的真实存在的人的典范而行动的地方才是恰当的。尽管做某事的更基础的理由,肯定不能从我们的概念性的才能中被克减,这个理由就是,它是我们要去做的正当之事或美好之事,并且更有意义的是认定特定某人是我们要模仿的,因为他们总是做正确之事,而并非认定它是正当的事,因为这些人做了它。斯洛特承认,亚里士多德认为一个拥有良好判断的人或明智的人将会选择他们做出的行动,因为这些行动是美好的,或者是符合正当理性的。换句话说,对于亚里士多德来说,最有德行的行动者做出的许多决定很明显并不符合以行动者为基础的伦理理论所给出的有关正确行动的说明。

然而,斯洛特否认以行动者为基础的理论必定会"使人类行动不服从于任何道德标准或要求",相反,(他指出)"这些要求和标准仿佛从内部发挥作用或约束"。[1] 斯洛特认为,一种以行动者为基础的理论"允许个体去考虑行动的理由,这些理由包含使一项行动变得高贵或使人敬仰抑或使之正当的特定事实"。"因为……一个具有仁爱之心的人可以思考他的行动是否是受仁爱之心驱使的,即作为一项手段去规定是否那一行动是允许的或应该去做。因此,给定一种以行动者为基础的道德……有德行的行动者就可以指涉那些使一项行动成为正当的东西,作为一种手段去规定是否要去做此项行动。"[2]"因此,即便普遍的仁爱是一种底层的道德价值,某些出于这一动机而行动的人必须要向他身边的世界开放,并且寻求去接触这个世界,接受其影响——他的决定的做出并未在原因性/认识论方面脱离多数人认定是道德上相关的现实。"[3]

这些评论令我困惑,因为我没有看到它们如何能与"基于行动者的"理论相一致。那些(从行动者视角看)"从内部约束行动者"的东西肯定不是对他自身动机或性格特征的一种自我恭维的描述,而毋宁是他在思考特定行动成为正当时的理由。如果一个有德行的行动者需要思考使一项行动成为正当的东西是一种用来决定是否这项行动应该是有德行的或是受仁爱之心驱使的手段,那么,这看起来就排斥了如下可能,即这些有关行动的德性方面的描述在同那些使行动者认为行动是正当的非德行特征的关系中是"独立的和根本性的"。

也许斯洛特在此想要在有德行的行动者视为独立的和根本性的东西与道德理论家所认为的东西之间做出区分。也许有德行的行动者并不是像以行动者为基础的伦理学家们那样思考,但以行动者为基础的伦理学理论被认为也可以使我们针对使他们的行动成为

---

[1]　"Agent-Based Virtue Ethics." Roger Crisp and Michael Slote eds., *Virtue Ethics*, Oxford University Press,1997,p.244.

[2]　Marcia W. Baron, Philip Pettit, Michael Slote eds., *Three Methods of Ethics*, Oxford: Blackwell,1997, pp.272 - 273.

[3]　"Agent-Based Virtue Ethics." Roger Crisp and Michael Slote eds., *Virtue Ethics*, Oxford University Press,1997,p.245.

正当的东西给出一种正确的说明。然而,道德理论应该首先并且首要的是一种为行动者提供的理论(theories for agents)。在此任何道德理论家也是道德行动者,因此即便我们认为道德理论更多的是为人类学家或者心理学家提供的,而非为行动者提供的。它们也仍然必须同时为行动者提供。进一步来说,每一个重视一贯性思维的理论家必须在不同身份中做同样的思考。因此,我并未在如下道德理论中看到任何可靠性,这些道德理论认为某些东西具有独立的和根本性的价值,这是从理论自身来看的,尽管在行动者看来并非如此。①

一种伦理学理论应该提供针对不同事物的道德判断的说明,这些不同的事物诸如,行动者的道德品质、行动的正当性、行动的类型、行动的准则或策略以及事态的道德价值,尤其是行动的结果。在此有诸多好的理由(康德可能会将它们置于"建筑术的统一性"的题目之下,这是理性在一切事务中都追求的)将这些判断尽可能地置于单一的原则之下,并且置于单一的基本价值之下。正如赫斯特豪斯的"行动者优先"的伦理理论针对人类繁荣方面所做的,或者正如功利主义针对普遍的幸福方面所做的。在康德的伦理理论中,基本的价值是理性本性的尊严,不仅是作为目的自身,还可以制定普遍的法则。康德式的伦理理论将有关行动、准则和目的以及其他一切判断都奠基于这一根本性的价值之上。但在此就我所见,没有很好的理由解释为何所有这些判断都应该还原到单一的判断上,比如说,还原到有关行动者的道德品质(尤其是动机)的判断,正如斯洛特的"基于行动者的"伦理学理论想要做的。针对伦理学理论的此一限制,也就是它应该将一切判断还原为有关单一事物,比如说有关行动、结果、动机或者行动者的判断,看起来是缺乏任何动机的。

斯洛特究竟是如何陷入这一困境的,对此我有一点看法,接下来我将试图对此做出诠释。曾经有一个时候,有一种真正的伦理理论——功利主义,在功利主义中,最基础性的价值碰巧包含了特定的事态、快乐与痛苦,我们可将其视为行动产生的结果。但在一段时期后,人们开始意识到,这种价值理论太过简单,也缺乏吸引力,甚至完全错误。然而,那些功利主义哲学家们重视的东西不是这个学说的享乐主义实质,而是这一学说在计算方面的单纯的形式主义。因此,在他们看来,抛弃享乐主义并未使这个学说丧失什么,他们单纯地留意到结果的价值(而不太忧心使这些结果成为有价值的东西)。在我看来就好

---

① 我意识到,这也可能会促使我去指控某些特定的具有类似的不融贯性的后果主义理论。对此我已经做好了充分准备。有关板块构造的理论并不需要对着那些地质构造说话,甚至有关蝙蝠是如何通过回声定位来移动的理论,也不必去考虑蝙蝠的视角。但有关人类如何思考和行动的理论,如果它们是由人创造的,如果它们想符合有关融贯性思想的最低标准,就必须被整合到创造它们的人们在思想和行动的过程中思考自身的思想和行动的方式中。伦理学理论是最后一种理论,在此,这一有关融贯性的迫切要求允许在任何程度上得到缓和。

比说斯洛特想要穿过这一相同的形式主义过程,用行动者(或者他们的性格特征或动机)取代功利主义者的结果,使对行动者的评价成为伦理学理论中一切内容的基础,并且采取某些结果主义者的方式,试图将一切东西奠基于有关行动的未来结果的那些抽象地指派的评价之上。和他们一样,斯洛特并未提供具体的价值原则,这些原则可以考察我们哪些性格特征和动机将会得到看重。他的"基于行动者的"伦理学理论仅仅给予了性格特征和动机以形式上的优先性,这就类似于抽象的结果主义者赋予结果以形式上的优先性。老实讲,在这两种情形下,我并未在单纯形式的操作中看出任何吸引力。在我看来,重要的事情是有关某些基本价值的实质性观念——不管它是快乐和没有痛苦,还是作为目的自身的理性本性,抑或是作为符合德行之心灵活动的人类繁荣。这一价值可能因此会提供一项用来规定不同事物之价值的标准,例如行动、结果、行动的准则或策略以及性格特征等。借用王尔德(Oscar Wilde)的话来说,对于这类伦理学理论来说,在那些极其重要的事情方面,风格而非实质似乎才是重要之事。

"聚焦于行动者的"伦理学

如果我们拒绝"基于行动者的"理论这一极端选项,则就道德哲学中行动者的道德品质的地位来说,留给我们的选项是斯洛特称之为"聚焦于行动者的"伦理学的较弱观念(并且他将这个观念和亚里士多德等同起来),这就是在伦理理论中赋予行动者拥有的美德或其他道德品质以或多或少的优先性。显然,"聚焦于行动者"(agent-focusedness)是程度问题(而"以行动者为基础"并非程度问题)。约翰·密尔承认,比如,许多功利主义者都不会对行动者的道德品质给予它们应得的强调,并且他希望自己能被认为纠正了理论中的这一缺陷。[①] 康德主义者是否也应做出类似承认,并做类似纠正,是一个引发争议的问题。但是,任何对于康德式理论来说具有决定性意义的东西都不会取决于结果(正如密尔很显然认为,不能尽其所能地关切行动者的品质并非功利主义的实际缺陷。)

无疑,至少从表现上讲,亚里士多德的伦理学理论较康德的伦理学要具有更"聚焦于行动者"的特征。如果新亚里士多德主义的美德伦理学的代表抱怨康德就行动者的道德品质说得太少,这就是康德主义者们应该认真对待的指控。在接下来我将考察康德的理论中那些看起来聚焦于行动者的方式,并将考察它们为何未能做到更聚焦于行动者。

二、康德和行动者的道德品质

美德伦理学家针对康德提出的某些指责似乎建立在对康德理论的流行的误解之上,

---

① *Utilitarianism*(《功利主义》),2nd edn., George Sher ed., Indianapolis, IN: Hackett 2002, p.21.

更多的是在英美学者的解释中来阅读康德,这就使他和英国的直觉主义者之间建立了关联,或者是过于强调决疑论的吹毛求疵所产生的后果,这些吹毛求疵围绕着哪些准则是可以普遍化的,哪些又不能做到这一点,就好像他们认为"康德式伦理学"仅仅指代如下尝试,即去规定基于所谓的定言命令程序,哪些行动是正当的。当我们考察并非基于这类令人绝望的错误的指控时,留给我们来考察的就不是有关康德不重视行动者的道德品质(例如行动者的美德)的这类指控,而毋宁是如下异议,即认为他并未采取如同"我们"的方式思考有关行动者的道德品质问题(尤其是美德),这里所谓我们的方式,就是人们认为亚里士多德的方式,或者是美德理论家们认为我们应该采取的方式。只有通过考察康德有关行动者的道德品质真正采取的方式,和考察他要以这种方式思考它们的理由,才能更好地理解和评价这一异议。

正如我看到的,康德在三个基本主题下讨论行动者的道德品质,分别是:美德、实践判断、智慧。无疑,有人肯定奇怪为何在这个清单上并未出现善良意志或道德意向,或者至少奇怪,是否我曾解释过为何不将善良意志或道德意向视为行动者的道德品质。因此,有必要做如下补充,即善良意志和道德意向之所以不出现在有关行动者的道德品质的清单中,不是因为它们与这些品质毫无关系,而毋宁是因为它们渗透在这个清单的项目之内,(以这种或那种方式)作为清单上的每一项的必要前提预设,即便它们并不属于这个清单本身。

这一事实指明了康德有关道德品质的观念不同于大多数美德伦理学的观念的一种值得注意的方式。因为美德理论通常在其有关美德或善的人类品质的观念中包含了某些并不包含意志之善的内容,并且,正如休谟注意到的,包含了某些可能根本不属于意愿性的内容(voluntary)。① 康德早在《道德形而上学奠基》中,就明显展示了对传统的反叛,他在那里指出,勇气、节制和自制只有当服务于善良意志时才是好的,而在它们和邪恶的意志保持一致时就肯定是坏的(《道德形而上学奠基》,4:393 - 394)。然而,在康德有关行动者道德品质的看法中,意愿占据的核心地位不应使我们夸大他与美德伦理学之间的区分。因为正如眼下将看到的,康德许可行动者的道德上的善良品质中非意愿性因素的存在。

---

① *A Treatise of Human Nature*(《人性论》), L.A. Selby-Bigge ed., Oxford:Clarendon Press, pp.608 - 614。*An Enquiry Concerning the Principles of Morals*(《道德原则探究》), P.H. Nidditch ed., Oxford:Clarendon Press, pp.261 - 267。

美德

作为道德力量的美德

在康德笔下,正如在亚里士多德笔下,"美德"(Tugend)是到目前为止在他的讨论中有关行动的最复杂的道德品质。任何有关它能够为我们所用的讨论,要求不仅对康德的道德心理学,而且对于他有关人性的更大范围的经验性理论做某些细节性考察。康德将"美德"界定为"意志的道德力量"或"人类意志在履行自身义务方面的道德力量,就其构成一种执行法则的权威而言,是通过他自身的立法的理性做出的一种道德强制"(《道德形而上学》,6:405)。他也将其描述为"处在战斗状态(im Kampfe)的道德意向"(《实践理性批判》,5:84)。这根本不是一种拥有美德的义务,因为唯有通过拥有某种程度的美德,它才有可能被置于义务的自我约束之下(《道德形而上学》,6:405)。但当然,更大的美德是我们意志的完善,因此,我们就要在这个方面努力改善自身以及在他人身上实现这种改善(《道德形而上学》,6:446),这是我们拥有的一种宽泛的或值得称赞的义务(《道德形而上学》,6:446)。然而,在此没有一种狭义上的或窄化的义务,要求我们去达到某种特定程度的美德,更不用说有一种要我们尽可能成就美德的义务。

在理念(或纯粹概念)方面,康德指出,美德是整体,因为义务的原则是一个整体(《道德形而上学》,6:447)。然而,因为我们在道德方面是不完善的存在者,我们的意志针对道德上规定的不同目的产生的力量也可能是不同的(《道德形而上学》,6:395)。我们致力于某一目的的力量可能要大于致力于另一目的的力量,或者,我们促进某个人的幸福的力量可能要大于促进另一个人的幸福的力量。因此,可能存在许多种美德。美德可能会被视为目的而被区分对待,并且在涉及其他可能有助于意志的道德力量的方面被区别对待(《道德形而上学》6:447)。康德并未提供任何"美德"清单(例如儒家伦理学中的八条目,抑或古希腊伦理学中的四种或五种德行,抑或是基督教伦理学中的三种或七种美德)。① 这是因为在他看来,个体拥有的美德因其目的或生活的规划有别,并且因为不同的人而产生较大的变化,以至于无法列出与我们所有人相关的具有普遍性的清单。这是与如下事实相关联的,即康德历史性地看待他的伦理学理论,也就是作为一种现代的伦理学理论,而非古典的伦理学理论,我们将在本文的最后讨论这个

---

① 对于《道德形而上学》的审查表明,他对于列举特定的"恶"更感兴趣,比如傲慢、诽谤、嘲笑、嫉妒、忘恩负义、幸灾乐祸(Schadenfreude)和憎恨。但这并非性格特征,而毋宁说是人类身上共有的与义务背离的意愿模式。

命题。

美德即力量。力量是通过它克服抵抗的能力来衡量的。因此,个体越是有美德,他在抵御侵犯义务的诱惑时就有更大的内在的意志力量。在康德看来,道德力量是一种"熟练"(Fertigkeit,habitus)和任意(Willkür,arbitrium)的主观完善(《道德形而上学》6:407)。但是如果美德如同亚里士多德所说是一种习惯(《尼格马可伦理学》,第二卷,第Ⅰ-Ⅲ章,1103a15-1105a17),①康德就会强调,它是一种"自由的习惯",而不仅是"行动的千篇一律,它因为不断重复而成为一种必然性"。(《道德形而上学》,6:407)如果我们以为两位伟大的哲学家在这个问题上有分歧,那就可能是对亚里士多德的严重误解,因为对这两位哲学家来说,美德是在理性的行动中展示出来的,这些行动之所以被做出,是因为它们自身是有价值的。

对康德来说,美德也包含了对目的的设定与追求。促进一项目的意味着欲求这一目的,并且,欲望是伴随愉快情感(或在厌恶情形下,是不愉快)的对象的表象。因此,康德也同意亚里士多德,认为美德包含了对正确东西的欲望,也包含了快乐与痛苦。(《尼哥马可伦理学》,1104b3-1105a17)与此相关的是康德在对席勒的回应中,强调说美德的典型气质是欢快,而不是恐惧、沮丧与苦修。("加尔西都会隐修士",《纯粹理性界限内的宗教》,6:23-24)这就是为何康德经常赞美伊壁鸠鲁学派,主张欢快的心是美德的标志。(《纯粹理性界限内的宗教》,6:60;《实践理性批判》,5:111-113;《道德形而上学》,6:485;MoC,27:249-250,483)②

美德和理性的欲望

麦金泰尔写道:"有德行的行动,不像康德认为的要逆爱好而行,而是出于美德的培养塑造的爱好而行动。"③如下说法是正确的,即对康德来说,当爱好或欲望与义务对立时,美德是逆爱好而行动(也就是逆习惯性的经验性欲望而行动)的力量。然而,如下说法是错的,这就是认为对康德来说,美德从来就不包含出于爱好而行动。因为某些爱好会增加我们履行义务的能力,并因此从属于德行,或者至少会辅助德行。这就是为何康德会认为我们有义务培养德行的爱好的原因,比如说爱与同情,就这些东西能在我们履行义务的过程中对于我们提供辅助而言。(《道德形而上学》6:456-457;EOAT,8:337-338)

---

① 在此遵循了通俗亚里士多德著作的缩写方式。本文使用了特伦斯·欧文(Terence Irwin)的《尼各马可伦理学》译本。

② 另外参见 *Moralphilosophie Mongovius II* (29:603)[1785]. *Morality According to Prof. Kant*:*Mongovius's Second Set of Lecture Notes* (selections), Heath trans., in *Lectures on Ethics*, 223-48。简写为 MoMr。

③ MacIntyre, *After Virtue*, 2nd edn., University of Notre Dame Press,1984,p.149.

然而,对康德来说(再一次的,正如对亚里士多德来说也是如此),我们有德性地行动的主要欲望是一种理性的欲望(而非爱好,爱好并非出于理性原则的欲望,而是从感性冲动中产生的经验性欲望)。对于康德来说,义务的主要动机并非爱好,而是直接从理性中产生的情感——道德情感、良心、对于人类的爱以及敬重。(《道德形而上学》,6:399-402)有德性的行动,即便当它与爱好对立时,有时也是我们想要做的——甚至是某些我们为了它自身必然想要去做的行动。在这个问题上,亚里士多德和康德再一次地完全一致。我并不认为亚里士多德会同意麦金泰尔对美德的如下描述,他将美德描述为"出自爱好的"行动,如果这意味着(这是它必定意味的东西,如果"爱好"是在康德的意义上使用的话)美德仅仅包含使一个人的经验性欲望有如此幸运的构造,以至于他们总是偶然地驱使你去做正确之事。康德可能会说,这点好运不能使你成为有德性的人。它只能使美德在你履行自身义务时成为一种不那么必然的事。另一方面,也许"通过美德的培养塑造的爱好",麦金泰尔所指的是从你对于这些美德的占有中产生的理性欲望,这些美德可以给予你去做正确之事的力量(即便背离了种种爱好)。在此情形下,他的论述就完全忠实于亚里士多德,但他认为亚里士多德笔下的任何东西都是康德所不同意的,这一点却是搞错了。

美德、品质抑或"感觉方式"

我们已经看到,对康德来说,如果美德是一种习惯,它就是一种"自由的习惯"(free habit),并且不仅是一种习得的习惯的自动模式。康德在我们归结给自然的东西(或者外部的影响)和我们作为自身自由的结果而现实地是的东西之间做了明确区分,用他的表达来说,就是在我们的"气质"或"自然的构造"(Naturell)和我们的"品格"之间做出了区分。他有时通过区分"思维方式"(Denkungsart)和"感觉方式"(Sinnsart)做出了相同意义上的区分。(A,7:285)显然,他想要将美德设想为主要是品格方面的事(或思维方式),而非气质(自然的构造或感觉方式)。① 但说在归结给自然的(或环境)东西和归结给我们自身自由的东西之间原则上存在一种根本性区分是一回事,而认为这两个要素在我们有关人类行动的经验中可以轻易地辨别出来,或者说它们在我们的心理学中是明确地区分开来的(或者说是可以区分的),又是另一回事。如果我们认为康德主张后者(尽管这种有关康德的令人反感的歪曲描述十分普遍,这一点令人

---

① 这一区分是穆策尔的主要关注点,参见 Felicitas G. Münzel, *Kant's Conception of Moral Character: The "Critical" Link of Morality, Anthropology and Reflective Judgment*, University of Chicago Press,1999.

遗憾），就会在极大程度上误解他。这一点对于康德有关道德美德的观点有重要的内涵，因为它意味着美德可以包含气质或感觉方式的要素，即使它主要是品格或思维方式的事情。

从康德所说的诸多事情中，明显可以看到，在他看来，属于感官属性的东西和自由的操练过分纠缠，以至于我们无法在实践中清晰地将它们识别出来。出于这个原因，他承认，当我们培养了正当爱好的时候，就会有助于美德，比如说，通过对于他人行好事，这就会使我们接近于爱他们（《道德形而上学》，6：402）。进一步来说，我们同样在某种程度上要对我们的爱好承担责任，因为一项"爱好"并不指向任何欲望，而仅仅指向"习惯性的感官欲望"（《实用人类学》，7：251）。这就意味着，在我们的爱好是自由行动带来的习惯之结果的意义上，我们要对之承担责任。特别是，我们要对我们的"激情"负责，因为激情包含着对于准则的采纳，而这是自由选择的行动。（《实用人类学》，7：266）

激情是一种排斥理性支配的爱好，因为它阻止理性去同我们的爱好的总体做比较。（《实用人类学》，7：252，265）激情因此通常就不仅与道德理性对立，也与明智的理性对立。我们要对自身的激情承担责任，尽管激情同样是我们与其他人的社会关系的直接后果，没有同他人的社会关系，就不会有激情。（《单纯理性界限内的宗教》，6：93－94）康德的观点是，我们的品格不管是好还是坏，都以特定方式受到了我们的自然构造以及我们卷入其中的社会的决定性影响，但它是我们的意志的品质，如果它糟糕，我们就要因此接受谴责。这就意味着，人性中走向邪恶的倾向——这种倾向应该对激情承担责任——要被视为我们自身的作品，因此要被视为我们的责任，但与此同时，要被视为我们的自然——社会的困境的产物，并且它就体现在我们的爱好之中。因此，尽管康德在自愿和不自愿，在"思维方式"和"感觉方式"之间做出了明确区分，但由于它们在我们身上相互作用的方式，我们也不可能完全在实践中将它们区分清楚。

美德不仅包含了避免激情，也包含了对康德所谓的"情绪"（affects）的控制。情绪是情感的突然出现，例如恐惧、愤怒或欢乐。它们剥夺了我们理性的支配能力。康德通过"道德上的冷漠"（moral apathy）所指的，正是这种不受控制的情感的缺乏（而不是缺乏一般意义上的情感——对于像我们这般有感觉的存在者来说，这不仅令人厌恶，甚至是不可能的）。（《道德形而上学》，6：408－409）他说，某些自然的构造有利于形成强有力的品格，而其他的一些则无法做到这一点。（《实用人类学》，7：293）有些气质更倾向于产生情感，或促使一种情感反应的产生，另外一些则做不到。康德利用传统的四种体液理论，但对此也做了重大改造，将快速反应等同于乐观的和易怒的气质，而将做出缓慢反应等同于忧郁的和冷静的气质①。(《实用人类学》,7:287 - 290)后面这两种气质,尽管康德认为完全属于"感觉方式",而非"思想方式",很显然更倾向于从属于美德的那种"冷漠"类型。康德也认识到,我们在情绪方面的敏感性程度取决于我们的身体条件。他承认,日常饮食和药物在控制情感方面十分有效(AF,25:599 - 612;Me,25:1155;ABu,25:1527;PMB,15:946)。因此,这些治疗办法必须被视为(间接地)有助于道德上的善。②

根据康德,很难一般性地说出,在什么时候,哪些经验性的欲望或者我们的"感觉方式"的某种特征可以被视为美德的一部分,以及在什么时候仅仅是属于我们气质的幸运状态的一部分,或者是使美德的操练不那么必要的感觉方式的一部分。在我看来,这可能有赖于"感觉方式"是否从属于行动者的相同品质,也就是我们视为行动者的意愿方面的力量的东西,抑或相反,偶然性地作为一种幸运因素与之伴随,这种幸运因素使义务的履行更加容易(并因此美德也就变得不那么必要了)。康德看起来对于解决这个问题并没有兴趣,也许是因为在他看来,在实践中,由于心理学方面的不透明,我们很难或根本不可能做出这样的区分,尽管区分从理论方面来说很重要。

美德和出于义务而行动

康德主张,我们有义务努力在一切行动中使义务的动机成为一项充分的动机。并且,唯有出于义务的行动才有真正的和本真性的道德价值。(《道德形而上学》,6:393;《道德形而上学奠基》,4:397 - 399)由此出发,有人可能会推出,对他来说,有德性的行动只需要义务的动机,任何由爱好驱使的行动都不可能有德。但这一推论可能不仅无效,也代表了一种对康德式伦理学的非常严重的(但很遗憾也是非常普遍的)误解。

仅仅出于道德动机而行动就构成了意向的纯粹性(《实践理性批判》,5:116,128),这是一种展示美德的纯粹意向(《实践理性批判》,5:114,116;REL,6:23)。但是,很明显,我们有时可以有德性地行动(具有履行义务的道德力量),即便我们不具有纯粹的道德意向。进一步来说,在我们不带纯粹的道德意向行动时,也没有值得谴责的地方,只要我们

---

① "乐观的"人,在康德使用这个词的意义上,不比忧郁之人更倾向于产生快乐的情感,但仅仅倾向于产生一种突如其来的和强烈的情感,不管是愉快还是不愉快。易怒的人更倾向于产生一种快速反应,而冷静的人的反应则要缓和许多,不管反应采取的是何种形式。因此,乐观的人可能倾向于产生突然的愤怒或悲伤,也可能会突然产生欢快的情感。易怒的人则倾向于做出更快速的反应,不仅是愤慨地做出(例如在面对侮辱时),还可欢快地做出(在面对恭维时)。康德不信任认为这些气质是与四种不同的体液相关的传统观念。显然他只是在术语使用方面借鉴了传统理论,而提出了一种与之迥异的全新的气质理论。

② 康德持有有关食物和药品影响健康(不仅在精神方面的,还包括物理方面的)的一些奇思怪想。不过,如果夸大其词,以为他将身体方面的治疗视为针对道德构成的规定因素,又大错特错。相反,针对出自自愿的决心能影响身体健康的方式,他有种种奇怪看法。比如,痛风引发的痛苦如何能够通过转移对于它的注意力而得到缓解,并且闭嘴呼吸如何可以缓解口渴。

的行动符合义务。我们同样有一种义务,努力使单纯的义务的动机变得充分(但是任何义务都不能排斥我们在履行义务过程中可能有的其他动机)。(《道德形而上学》,6:393)然而,这只是一种宽泛的或不完善的义务。尽可能地使义务的动机变得充分,这是值得称赞的,但如果它并未变得充分,也不值得谴责。因此,如果为了履行义务需要不同于义务的动机,那么也至少不会受到谴责,只要我们事实上履行了义务。①

康德区分了出于义务而行动的"严格意义上的道德价值"和履行义务的经验性动机。他之所以这样做,不是为了主张后者对义务的履行没有价值,而仅仅是为了区分对道德来说核心的东西和相对来说边缘性的东西(尽管从道德角度来说仍然很明显拥有积极的价值)。美德,作为我们的意志在履行义务的过程中的力量,也能包含这些爱好的动机(作为赋予善良准则以力量的东西的一部分):"美德具有合乎法则的行动的约束性的准则,不管个体是从何处得到行动的选择能力为了做出行动所需的动机。"(《纯粹理性界限内的宗教》,6:47)。在美德伦理学学派中,更不用提马蒂诺或斯洛特的更为极端的版本——使一项行动成为正当的东西完全在于它是出于正确的动机做出来的。康德强调带有正确的动机来行动并不能使我们无视如下事实,这就是动机对于他有关道德上正当的行动的观念来说并不那么具有核心的意义,相反,这是许多美德伦理学家所持有的观念。

美德和自制

仍然有人会认为,康德的美德观念不是将美德等同于亚里士多德称为"美德"的东西,而毋宁是等同于他可能称为"自制"(enkrateia)的东西。这是具有卑劣欲望的个体拥有的一种抵抗这些欲望的能力,并因此尽管有这样的欲望,却能根据正确理性而行动的能力。(《尼各马可伦理学》,第七卷,第九章,1151a30－1152a7)然而,这种看法是完全错误的。对亚里士多德来说,自制是一种抵抗邪恶欲望的力量,但也是美德。并且,美德要更强有力一些。(《尼各马可伦理学》,1146a5)因此,亚里士多德式的自制顶多是康德式美

---

① 在很久以前保罗·迪特里克松(Paul Dietrichson)主张过这些要点("What Does Kant Mean by 'Acting from Duty'?" R.P. Wolff ed., *Kant: A Collection of Critical Essays*, 315－30. Garden City, NY: Anchor,1967.)。这是有关康德通常被误解的方式的令人遗憾的一个评论,这些误解迄今仍然在做出。

德的一种类型,而且是它的一种力量较弱的类型。① 然而,亚里士多德式的美德——比如,节制——使行动者摆脱了恶,而那些获得了它的无德行者(也许包括那些能自制的人)却因它而悲伤。②(《尼各马可伦理学》,1104b7-9)在此问题上,康德式的美德再一次地类似于亚里士多德笔下的美德,而非他笔下的自制。因为康德强调"美德的审美构造、气质,仿佛"是"勇敢的并因此是欢快的"(《纯粹理性界限内的宗教》,6:24 注释)。简言之,将康德式美德等同于亚里士多德式自制过于低估了(按照康德的标准)康德认为的有德性行动者类似的东西。在此意义上,这一解读就只能给我们提供针对康德所谓人的美德是什么的一种恶意曲解。③

意愿和爱好

康德的美德概念可能也很容易遭到误解,因为我们不理解两个哲人的道德心理学之间重要的却非常细微的区分。对于亚里士多德来说,心灵被划分为理性的和非理性的部分。当行动者有德性地行动时,非理性的部分"听命于理性"——这显然有别于单纯地使行动者的嗜好受到制约,从而使他们通常要做出理性可能要求的行动(如果这些嗜好听命于理性的话——但很显然,如果我们仅仅出于嗜好而非正确理性而行动,就并非如此)。(《尼哥马可伦理学》,1102b30-32)然而,对于康德来说,实践理性是意志,并且直接地产生出欲望——不仅产生好的,也产生坏的欲望。邪恶并非经验性欲求对于意志的机械规

---

① 这个观点为恩斯特罗姆(Stephen Engstrom)主张过("Happiness and the Highest Good in Aristotle and Kant." Stephen Engstrom and Jennifer Whiting eds., *Aristotle, Kant, and the Stoics*: *Rethinking Happiness and Duty*, Cambridge University Press,1996,pp.125-126)。但当我们认为康德式美德在这个方面类似于亚里士多德笔下的自制时,如果它们正确地得到了解释,就可能包含了某种真实的方面。康德对于现实人类具有的美德并没有很高的评价,有时他会想,真正的美德是否能在世界上的任何角落找到(《道德形而上学奠基》,4:407)。如下这种观点可以归结给康德,这就是我们中的大多数人在成就美德的过程中能够做到的,是获得有关美的较弱版本。然而,当然,这并不意味着他能将美德的较强版本,也就是亚里士多德可能称之为美德的内容,视为某种有别于美德的东西。并且将康德式美德等同于节制,出于我们能在本文中即将给出的其他理由,也无论如何是具有误导性的。

② 由于有关无节制的人身上坏的方面不在于他们想要违背正确的决定本身而行动,而是在于他想要享受不道德的愉快。也许,有节制的人不会因为要根据正确的决定来行动感到悲伤,而只会因为必须放弃他们可能会享受到的不道德的快乐(如果他们不节制的话)而感到悲伤。有节制的人会对于放弃这些愉快感到遗憾,因为他们放弃的超过了应该放弃的,超过了有德行的人所放弃的。在此我要感谢尤文(Terence Irwin)教授向我指出了这一点。

③ 在此,针对某人做这件事有诸多可能的解释。与许多道德心理学家不同,康德不相信人类是无辜的,亦即不相信可能要归结给幸运的自然或归结给非理性条件的道德力量,并因此更依赖于行动者必定会通过反思以及同他们的败坏本性做斗争获得的道德力量。对于这些道德心理学家们来说,康德式美德看起来不那么有吸引力,比不上他们习惯相信的东西。而这会导致他们对此给出令人厌恶的解释。更一般地讲,针对人类本性,康德较之许多道德哲学家采取了不那么友善的观点,因此,可以理解,他们甚至可能会认为具有最好道德品质的人,在他眼中,仍然达不到他们有关此人的描述。抑或,也许他们针对康德式美德行动者的一种无缘无故的敌意不过是将他们对康德本人的非理性敌意投射到那人身上,出于一些理由,这一点使康德的不少读者们深受折磨。对此的其他解释将在正文中得到讨论,届时我们也将考察如果错误地将康德在理性的和经验的欲望之间做出的区分错误地等同于亚里士多德在灵魂的理性的和非理性部分之间做出的区分,将会发生什么。

定,而是自由地采纳了如下准则,这些准则非理性地赋予爱好相对于理性的优先性。(《纯粹理性界限内的宗教》,6:33－37)当意志选择符合理性时,爱好可能会(也可能不会)偶然性地与理性的欲望一致,但这里没有如同在亚里士多德道德心理学中灵魂的非理性的部分能够受理性指导的意义上,任何爱好"听命于理性"(或者不听命于理性)的问题。

由此可见,对康德来说,爱好与理性的一致并非如同在亚里士多德笔下是有德性的行动的条件。对亚里士多德来说,非理性的嗜好应该接受理性的指导,这是有德行的行动的条件。对康德来说,唯一的问题是,爱好是否碰巧指向了和这一理性欲求同样的方向,或者指向了相反方向(正如康德认为的,在此对他们的行动来说有一种必然倾向,这取决于人类的选择能力中的那种朝向邪恶的内在倾向)。这种一致性对于美德来说并非本质性的,这主要是性格的力量,而非一种幸运地构成的(或者细心培养起来的)经验性气质。对于康德来说,即便理性的欲望必须要克服桀骜不驯的爱好,有德性的人在有德性地行动的过程中,将会做他最真实地想要做的事,并因此将会充满喜悦和欢乐地去做这些事。然而,对于亚里士多德来说,灵魂的非理性部分应该接受理性部分的指导,这是美德的一项根本特征。如果这一点并不能发生,那么,行动者能够做到最好的便是自制,而非有美德。因此,倘若将康德在理性的欲望和经验性欲望之间的区分等同于亚里士多德有关灵魂的理性的和非理性部分的讨论,我们就会曲解康德有关美德所说的内容,并且亚里士多德式的美德在康德的框架下也将会成为不可能。(当然,如果反过来,将亚里士多德笔下作为听命于正确理性的非理性嗜好的美德转换为康德式概念,即作为一种催促我们去做义务之事的爱好的幸运巧合,我们对亚里士多德的误解可能会更大,因为它将有效地取消正确理性在其道德心理学中的支配性地位。)

根本恶和在社会方面受到制约的爱好

然而,当涉及康德有关人类的欲求能力中极糟糕的邪恶时——之所以有这种恶,是因为社会条件的败坏——康德和亚里士多德之间的区别就会更为深入。① 对于康德来说,人类是通过自然如此被构造,并且受到社会的如此影响,以至于他们最有理由做的事,以及最深刻地断言他们最真实的意愿的事,因此在这个意义上,他们最恰当地欲求的事,必须总是呈现在他们面前,作为他们必定会内在地约束自己去做的事,与自然爱好对立(当

---

① 在此有必要牢记,在康德的房间中最显著的一个装饰就是卢梭的肖像,在有关康德的研究中,有些说法是说这个雕像是被挂起来的,另一些说法是说挂在餐厅的边柜上,他在这里天天宴请客人。

这些爱好被他们的社会条件所败坏时)。唯有在人性受到社会败坏的背景之下,尤其是在人性受到卢梭和康德称之为"文明"的现代资产阶级社会所败坏的背景之下,对于我们来说真正的自由才并不意味着"单纯嗜好的奴役,而只服从于我们给自身颁布的法则"。①

当康德谈及这一道德的自我约束时,我们就会非常自然地将其理解为一种外在约束(即便在面对他的相反的明确论述时),而针对这一外在约束,个体只能是不自愿地和勉强地臣服。这就使我们哪怕在表面上也难以接受康德(实际上是十分频繁地做出)的主张,也就是认为,心灵的德性框架是内在地自由的、令人喜悦与欢快的。也许问题在于,我们太轻易地就认可了这些受到败坏的本能,这是由一个建立在不平等和相互敌对基础上的社会促成的。在这种情形下,我们就会误解康德,因为我们明显缺乏他讨论的那种德性。我们因此在道德上就是亚里士多德讨论的那种道德上低能的人,对他们来说,服从正确理性,拒绝低劣欲望是一件痛苦的事。在这种情形下,我们拒绝康德是在亚里士多德那里也会被蔑视的事情。

实践判断

美德作为道德上善的准则的力量,预设了善良意志,因为善良意志不过是一种符合善的原则的意愿。我们已经看到,在没有美德伴随,而是伴随一种道德方面的脆弱的善良意志的情形,在此之下常常无法做出正确的事情。(《道德形而上学》,6:408)但是,在此有另一种能力,它的缺乏可能会导致错误的行动,即便存在善良意志与美德。这就是实践判断的缺乏——这是一种正确的从普遍原则下降到与之相符的具体实例的能力。康德强调,判断是一种特殊的能力,对此我们不能通过提供进一步的如何运用我们的原则的指南来取代,因为这将需要更多原则,而对这些原则的适用将会再度需要判断。(《纯粹理性批判》,A133/B172;《实用人类学》,7:199)因此,判断不能通过指南来教导,而是一种内在的才能或者一种通过经验和实践获取的能力。(《实用人类学》,7:227-228)

当然,这对一切判断的形式来说都是真实的,康德将判断的形式划分为理论的、实践的和审美的。在实践判断方面,他又区分了严格意义上的实践判断和"技术性的"实践判断,前者所指的是道德原则的适用。在他讲演的某些地方,他也将严格意义上的实践判断同明智的判断区分开来,后者指的是选择获得幸福的手段。(《实用人类学》,7:199)②在《道德形而上学奠基》中,康德将实践判断视为包含在将道德法则适用于人性的过程中的

---

① 这一有关康德式伦理学的基本观念的最著名表述出自卢梭,参见《社会契约论》第二卷,第8章。

② 参见 Anthropologie-Collins (25:204)[1772—73];Anthropologie-Parow (25:403-413)[1772—73]。

基本任务。"实践的人类学"被描述为是在"区分道德法则可以适用的情形之中",练习"通过经验来使判断力变得敏锐"。(《道德形而上学奠基》,4:389)在《道德形而上学》中,康德在"决疑论问题"的部分中提出的问题,涉及他所讨论的义务原则在有难度的或成问题的情形下的适用问题。它们并非他在此展示的"科学"的部分(或者说属于它的"独断论"的部分),而是相反从属于"如何寻求真理的实践"(《道德形而上学》,6:411)。很显然,在康德看来,在对判断给予指导方面,我们充其量能做到鼓励对例子进行反思,而在此一方面的难题可以在行使实践判断方面给予我们实践的教导。好的实践判断预设了善良意志(不仅有善的准则,也有善的目的),但也包含了将正确原则适用于特定情形下的能力。因此,至少在这些方面,它类似于亚里士多德所说的明智(phronesis)。(《尼哥马可伦理学》,1141a10 – 1142a30)

美德伦理学的倡导者(也包括"道德特殊主义者")喜欢声称道德上正确的行动不可能是基于普遍规则的行动,因为(他们说)普遍规则在特殊情形下的运用不能根据规则加以法典化(codified)。这个观点有时也和维特根斯坦的名字联系在一起,但(正如我们刚才看到的)在很久之前,它就已经为康德所主张。康德注意到,这一适用的正确性绝不意味着道德上正确的行动并非是遵循规则的行动,而仅仅意味着如下观察,即规则的正确运用需要一种判断力,但这种判断力自身不能被带到规则之下。也许有一些道德主义者想要使一切东西都受到规则的指引,直到落实到具体行动,而无须判断力发挥作用。① 然而,康德并非是这样的理论家。假设一种建立在原则和规则基础上的道德理论(在康德这里正是这样)必须否定在适用规则的过程中对于判断的不可化约的需要,这只不过是攻击对于一种以规则为基础的道德理论的歪曲。

智慧

如果道德行动者身上有一种在康德看来是完备的和完整的好品质,它就既非意志之

---

① 这对于如下理论来说可能是真实的,这些理论认为(但也夸大了)西季威克所说的东西是"科学的"伦理学所需要的。早在《伦理学方法》中,西季威克就宣称"消除或减少不确定性与含混(在我们通常的实践推理中)是我在眼下这本书中提及的唯一直接的目标"。(*The Methods of Ethics*, London：Macmillan, 1907, p.13)"我们习惯于从道德中期待",他说,"得到清晰的和关键性的劝诫和建议。"(p.199)"直观性的道德公式"(正如西季威克所称的)在他眼中不适合这样做,直到它们(用他的话来说)"通过普通常人无法做出来的反思的努力,提升到较日常想法和通常的人类交流赋予它们的更高的准确性。"(p.215)。因此,西季威克反对有关自我实现的观念,例如,"考虑到它的不确定性"(p.91)。而他针对普通理性的评论的结果,在一个接一个的主题上,和他有关仁慈的讨论是相同的,"很难或者不可能(从普通理智的规则)之中提取任何清晰和明确的原则,规定义务在任何情形下的范围"。(p.262;参见 pp.293,311,326)在我看来,西季威克想要从"科学的"伦理学中得到较之从康德那里得到的更多东西,比如,思维是可能的。但我并不认为西季威克想要拒绝康德式的(或维特根斯坦式的)观点,这就是任何规则或一系列规则在特定情形下的最终适用总是包含了一种判断力,这种判断力不可能根据规则进行法典化。

善,也非美德,甚至也并非实践判断,而是智慧(wisdom)。这就是"完美地符合法则的理性的实践运用的理念"(《实用人类学》,7:200)。康德指出,智慧更多包含在行动之中,而非认识之中。①(《道德形而上学奠基》4:405)然而,它导向了对于善的完备科学的方向(《实践理性批判》,5:131),并且不仅意味着能进行教导,也意味着能行动。(《实践理性批判》,5:163)智慧因此就意味着有关追求何种目的,如何将这些目的结合起来,以及如何在偶然条件下追求它们的完备知识。因此,如果有人缺乏从正确的准则出发而行动以及设置正确目的的善良意志,或者缺乏一种选择与促进这些目的相适应的正确行动的实践判断,抑或是缺乏对于约束自身履行这些行动来说是必要的美德,对于他们来说,否定智慧的品质就足够了。

智慧,就我们拥有它而言,也要求一种道德哲学的知识,也同样会引导我们走向其中的某一方向。但在康德看来,这并非因为善良的人为了知道如何行动,需要科学的教导。毋宁是,如果没有与哲学探究一道出现的反思和体系化,我们就可能很容易导向人类理性在道德领域中的"自然辩证法",也就是说,容易产生"一种嗜好,即以玄想来反对义务的严格法则,怀疑它们的有效性,至少是怀疑它们的纯粹性和严格性,并尽可能地使它们顺应我们的欲望和偏好"(《道德形而上学奠基》,4:405)。换句话说,我们离道德最近的距离是希望它和追求它——尽管不是为了找到它,毋宁是为了以一种我们能做到的最好方式去补偿我们的堕落倾向,这就是出于自负和懒惰,在义务方面自我欺骗。试图在道德问题上抽象地和系统性地思考是做到这一点的最好方式,因为——与此后尼采主张的错误学说相对立——追求体系的意志是追求完整性的最高意志,这是如我们一样的造物能做到的。②

那些有真正智慧的人可能是一个"实践的哲学家"(《道德形而上学》,6:163)。然而,康德强调,智慧——这个由古人发明的理念——不是任何人类都能充分加以回应的。(《实用人类学》,7:200)当我们将自身设想为哲学家时,信守这一理念,在康德看来,"如果一个人在自身面前,在其定义方面,主张一种远远低于他自称的自我评价的标准,那么,

---

① 康德在此的看法同福特(Foot)相近("Virtues and Vices." Roger Crisp and Michael Slote eds., *Virtue Ethics*, Oxford University Press,1997,pp.166 - 168),尽管我不认为她认识到了这一点,而且她肯定认为,在此给伦理学中的智慧的理想留下的肯定性位置要比康德留下的位置大得多。

② "我不相信体系性的作家,也避免这样做。想要达到体系的意志缺少真诚。"尼采:《偶像的黄昏》,Maxism and Arrow 26(Friedrich Nietzsche, *The Portable Nietzsche*, W. Kaufmann ed. and trans., New York:Viking Press,1954, p.470)。尼采认为,存在诸如断片的完整性,或者甚至是一种被孤立的冲动或洞见,它们是从自身从属的整体中被剥离出来的。实际上,这是对事情的误解,也就是将无责性(irresponsibility)视为真诚的必要条件。对于尼采来说,诉诸如下这类人并非不同寻常,这些人想要通过他主张的那种大胆的犯错(audacious falsity)而成为其门徒。

对这个胆敢宣称哲学家资格的人的自负加以打击,是不会产生任何伤害的"。(《实践理性批判》,5:108)智慧是我们形成的有关我们应该成为怎样的人的最好的概念。但是,我们之所以形成这一概念,仅仅是为了教导我们自身,没有人是智慧的,因此,没有任何实际中的人是我们应该模仿的,唯一的行为指南是我们颁布给自身的道德法则。在我们将自身同智慧的理想做比较的过程中,我们实现的东西不会变得更智慧,而只是推翻了愚蠢的自负,正是后者使我们认为自身可能会变得真正智慧。我们实际上离智慧的理想的最近距离是获得一种谦卑的苏格拉底式的自我认识。

三、作为理想伦理学的古代伦理学,作为原则伦理学的现代伦理学

美德伦理学的倡导者们通常会过于强调亚里士多德和康德的差异。这部分是因为由于太多曲解所产生的影响,歪曲或低估了康德,但有时更多的是因为他们歪曲或低估了亚里士多德——错误地认为亚里士多德与他们自己更相似,而不像康德。

然而,在此值得考察一下康德和亚里士多德的真正区分,思考一下这些区分在如何去做伦理学方面告诉了我们什么东西。康德在有关伦理学史的讨论中很少谈及亚里士多德,这也许令人奇怪。但这方面的讨论——在文献中很大程度上被读者忽视了——其丰富程度令人吃惊,尤其是采取了一种将古代伦理学和现代伦理学相对照的方式。如果我们对这一对照进行反思,正如康德呈现给我们的,尝试去看一看亚里士多德在何处可以最好地被嵌入其中,就可以看到一个康德主义者针对康德和亚里士多德之间的差异应该要说出一些什么。

在康德看来,正如主要在他的有关伦理学的讲演之中出现的,古代伦理学和现代伦理学在进路方面有根本性差异。古代伦理学是一种有关理想的伦理学,现代伦理学则是一种原则伦理学。长话短说,①在此我们简要展示一下康德有关古代伦理理想和现代伦理原则的各种类型的系统梳理,他认为古代伦理理想一共有五种,都是关于"至善"(summum bonum)的观念,并且在这个语境中所指的是一种可能是最好的生活。相比之下,现代伦理原则是一些他律的原则,这些原则在他对于自律伦理学的呈现之前就已经得到了表达(尽管在此同样也提到了极少数古代伦理学家的名字,例如伊壁鸠鲁和斯多亚)。

---

① 有关这个故事的更大篇幅的讨论,参见 Allen Wood, "Kant's History of Ethics." *Studies in the History of Ethics*. www.historyofethics.org/062005/062005Wood.shtml。

古代的伦理理想

1.（第欧根尼和安提斯泰尼的）犬儒理想，一种自然的单纯性，幸福是自然的而非人为的产物。

2. 伊壁鸠鲁式的理想，这是世界人的理想，幸福在此是人为的，而非自然的。

3. 斯多亚（芝诺）的理想，圣哲的理想，幸福在此等同于道德上的完善或者美德。

4.（柏拉图的）神秘主义的理想，带有预见性的品质（visionary character），在此，最高的善意味着与最高存在者的沟通交流。

5. 基督教的神圣性的理想，其模型是耶稣基督。①

现代的他律的伦理原则

令人奇怪的是，亚里士多德甚至没有找到自己的方式进入康德有关古代伦理学观点的清单中，他在康德有关伦理学史的论述中仅仅通过中道的理念被提及，康德将中道视为分析的道德原则的一个例子（因此是不重要的，也很简略）。（MoC, 27：264；276－277）②然而，如果概览一下康德有关古代伦理理想的清单，在我看来，大多数解释者就能理解亚里士多德接近斯多亚的伦理理想，尽管其中包含了一些伊壁鸠鲁主义的因素作为纠正。另外，倘若考察一下《尼各马可伦理学》第十章，也会看到与柏拉图伦理理想的关联，并且取决于我们在多大程度上强调《尼各马可伦理学》第十卷，我们甚至可以看到亚里士多德较其他人更为接近这一理想。

主观的（经验的）

外在的	内在的
教育	身体感觉
（蒙田，[曼德维尔]）	（伊壁鸠鲁，[赫尔维修，拉美特利]）
公民宪法（曼德维尔，霍布斯）	道德感
	（哈奇逊，[沙夫茨伯里]）

---

① 参见 *Praktische Philosophie Powalski*（27：100－106）［1782—83?］（简称 MoPo）；*Moralphilosophie Collins*（27：247－250）［1784—85］. *Moral Philosophy：Collins's Lecture Notes*，Peter Heath trans.，in *Lectures on Ethics*，ed. Heath and J.B. Schneewind eds.，1997（简称 MoC）；*Metaphysik der Sitten Vigilantius*（27：483－485）［1793］. *Kant on the Metaphysics of Morals：Vigilantius's Lecture Notes*，Heath trans.，in *Lectures on Ethics*，249－452（简称 MoVi）；*Moralphilosophie Mongovius II*（29：602－604）［1785］. *Morality According to Prof. Kant：Mrongovius's Second Set of Lecture Notes*（selections），Heath trans.，in *Lectures on Ethics*，223－48（简称 MoMr）.

② 也许康德的观点是，如果我们的原则是将有德性的行动视为两种恶之间的中道，这里所说的就不过是我们应该选择正确的行动，避免错误的行动，这将是一种分析性的要求，因为正当行动的概念不过是那些应该被选择的行动，错误行动的概念也就是要被避免的行动的概念。

客观的(理性的)

内在的	外在的
完善	上帝的意志
(沃尔夫,斯多亚,[鲍姆嘉通,卡伯兰德])	(克卢修斯、神学的道德主义者,[鲍姆嘉通])

(参见 G,4:441 - 44;CPrR,5:40;MoPo,27:100;MoC,27:253;MoVi,27:510;MoMr,29:621 - 22,625 - 27。)

基本区分:理想的伦理学与原则的伦理学

较之这些清单更重要的,是它们背后的基本理念。古人依据理想性的生活方式,或者依据我们想要成为的那类人的理想类型构想伦理学,现代人则根据行动的方式、追求的目的或遵循的原则思考伦理学。因此,亚里士多德与康德之间的基本区分是,亚里士多德的伦理学是一种理想性伦理学,康德的伦理学则是原则的伦理学。

由此可立即得出,针对行动者的道德品质,康德有不同的概念化做法。亚里士多德的"明智"(phronesis)概念将目的的善(对康德来说是善良意志,也有美德,一种追求善的目的的力量)与如下能力结合起来,这就是在特定情形下,发现何种行动能最有利于促进这些善的目的(对康德来说,就是实践判断)。康德的进路要更具分析性,他将这些不相联属的能力区分开来,并且预见到,作为不完善的道德行动者,我们太容易具有一种能力,而不拥有另外一种(拥有善良意志,但没有在行动中维持它的美德,或者有善良意志和美德,却没有通过行动实现我们意愿和追求的目的的良好判断)。

在康德的如下主张中,有一些大胆的和英雄式的东西(如果我们正确地听取的话),也有一些悲剧性的和充满哀怨的东西,他主张,善良意志即便没有好结果,也如同珠宝一样熠熠发光,自身就具有充分的价值。(《道德形而上学奠基》,4:394)这个说法蕴含着如下含义,即对于如同我们这样的行动者来说,即便拥有的唯一可以设想的东西是没有限制的善,也很容易使我们无法得到自己需要的东西,如果我们想要在这个世界上实现一切善的话。对亚里士多德来说,明智这一完备的美德是某种在他看来某些行动者现实地拥有的东西,是某种我们甚至有望获得的东西。然而,康德笔下和明智相类似的东西,也就是智慧的理念以及意志的神圣性,完全是在我们之外的,而它们的主要功能就是教导我们要谦卑,并且引导我们要尽最大可能走出混乱,要尽我们的最大可能用有限的品格力量和有缺陷的实践判断来遵循义务原则。康德用此种分析的方式设想我们的种种善的品质,因为在他看来,我们对于这些品质的占有常常仅是有限的和碎片化的。

康德将古代伦理学视为一种理想伦理学,将现代伦理学视为一种原则伦理学,这意味着他与美德伦理学的新近倡导者们在有关古代伦理学如何有别于现代伦理学方面有着相当大的一致性。当然,他们中的不少人认为,这个差异意味着现代伦理学走向了错误的道路(或者至少是依旧不完整的),而在康德看来,它展示了现代伦理学何以代表了一种相对于古代伦理学的本质上的和必然的进展。接下来让我们看看为何是如此。

康德偏爱原则伦理学的体系性理由

康德并不反对在伦理学中运用理想。相反,我们已经看到智慧对他来说发挥着一种理想的作用,同样,"人性的理想也是令上帝满意的",还有基督教的理想(正如我们在前面看到的),他将这一理想视为古代理想的最新的(也是最高的)形态。康德对基督教理想的支持明显地展示在他有关理想与原则的关系中,因为他称之为"善的原则的一种人格化的理念"(《纯粹理性界限内的宗教》,6:60)。理想是一个个别存在者的概念(是一个个别的人),这个个别存在者与先天的理性概念或者理念相对应(或者是它们的人格化)。但是,理念接下来又取决于理性的原则(在此是善的原则,它与人性中的根本恶作斗争)。现代的伦理学理论是取向于原则的,因此指向应该做的事,以及为何要做这些事情的理由,因此在哲学上,较古代有关存在和美德的伦理学理论来说,也就是趋向于理想的伦理学理论来说要更深刻,并且在历史方面优先于它。想要解释为何康德——从纯粹体系性的视野出发,并且在理论哲学和实践哲学中——将诸理念,因此也包含诸理想视为奠基于原则之上,而非相反,(参见《纯粹理性批判》,A298/B355 – A322/B390;《实践理性批判》,5:57 – 63)这将是另一篇文章的主题(也同样会耗费不小的篇幅)。我在这里就不再赘述。

理想性的伦理学,人类的平等与自负

然而,康德也有其他一些特别的理由,认为原则伦理学要优先于奠基于理想的伦理学。我们已介绍了其中主要的一种,即对这一理想来说,没有人现实地是充分的,也没有人曾经充分地做到了。从历史角度看,基督教的神圣性理想在基督教中只能是通过神圣存在者才能达到的东西,或者是只能在神圣恩宠的辅助下,人类才能获得的东西。康德将这一理想视为理想性伦理学的过渡形式,它将自然而然地走向原则伦理学的阶段。而其他古代伦理学的理想在康德看来依旧是不完善的,因为它们"较之出于人性的东西而言,

没有更大的道德方面的完善性。但既然这是非常有缺陷的,他们的道德法则也同样是有缺陷的,因此,他们的伦理体系就并不纯粹,他们想要使美德与人的脆弱性相适应,因此也不完整"(MoC,27:251)。一旦我们看到,任何从人类模型中得出的理想都不可能充分,我们就不得不去考察我们认识的理想的真正根据,就这个根据是纯粹的、不受人类的弱点败坏而言,这就将我们引向了理性的理想,并因此引向了一种理想奠基于其上的原则。

康德针对理想性伦理学的保留也与他的道德心理学的细节有关联,尤其是与他有关非社会的社会性的观点(《普遍史理念》,8:20)和从社会(尤其是现代欧洲或"文明化的")状态中产生出来的自负的观点相关联(《实用人类学》,7:321－333;《纯粹理性界限内的宗教》,6:27,93)。康德式伦理学告诉我们,所有理性存在者都有平等的(绝对)价值。但理想性伦理学,或者美德伦理学,会赞美使一个行动者从众多行动者之中脱颖而出的品质,并且使其中的某些成为我们赞美的对象,而使另一些成为我们蔑视的对象。康德式的经验人类学告诉我们,一种如此做的伦理学将会满足人类的自负、嫉妒以及想要超出他人的自我欺骗性的愿望,而这些必然是非理性的,是有别于道德的,因为理性告诉我们一切有理性的存在者都必然具有作为目的自身和目的王国成员的尊严和价值。善良行为的例子仅仅在向我们展示我们是有可能做到应该做到的事情的。(《道德形而上学》,6:480)康德反复强调,在对于自身的道德性进行评价的过程中,我们必须从来不将自己同他人做比较,而仅仅与道德法则做比较。(《实践理性批判》,5:76－77;《道德形而上学》,6:435－436;MoC,27:349－350)给定我们的人类本性,理想性伦理学,也就是一种鼓励我们在人与人之间做比较的伦理学,就有可能使我们变得更糟糕而非更好。如果他人在我们面前表现出比我们更好的样子,这就不会使我们去模仿他人的美德,而只会鼓励我们产生一种嫉妒的倾向并且憎恨他们,而这是与义务径自背离的。如果我们从某些特定他人那里获得道德理想,我们就有一种根据他们身上的种种不完善低估这些理想的倾向,或者甚至是根据这些不完善在看待他们时自我欺骗(为的是使自身通过比较变得更好)。

> 人们十分倾向于将他人视为自身道德价值的尺度,倘若他们因此而认为自己比某些人优秀,就会满足他们的自负……我总是认为,我要比他人更好,尽管如果,比如,我比起那最糟糕的要好一些,我们仍然不会变得更好……如果道德上的谦卑因此是与道德法则相关的自负的约束,它也绝不意味着任何同他人的比较,而只意味着同法则的比较。(MoC,27:349)

当人类通过与他人的比较来衡量自身价值时,他就要么抬高自己,要么取消他人

的价值。后者就是嫉妒。(P,9:491)

因此,一位教师不会告诉他的淘气学生:要向那个好的(听话的、勤快的)学生学习,以他作模范! 这样只会使他憎恨那个孩子,因为正是这个孩子使他处于一种不利境地……因此,必须作为标准的就不是同任何他人做比较(就其现实地是怎样而言),而要同(人性的)理念做比较,就它应该是怎样而言,并因此同法则进行比较。(《道德形而上学》,6:480)

理想性伦理学作为一种本质上前现代的伦理学

在此有进一步的康德式理由抵抗建立在理想之上的伦理学。伦理理想(无论是斯多亚的圣贤,抑或是亚里士多德笔下美好且善良的人,Kalos-kagathos)常常作为一种刻板印象留给我们。在一个复杂多元的、堕落的现代(文明化的)社会中,这些东西都必然过于简单,无法应付每个人在塑造自律生活中必须尝试达到的复杂的道德品质。这(我在前面早就暗示过)就是为何康德拒绝制作任何(与希腊的和基督教的目录相对应的)"美德"清单的原因。将伦理学奠基于理想和美德基础上,就是以一种适合于一个更清白无辜的时代的方式和以一种更加受制于传统和同质化文化的方式来思考,这种文化在本质上同样没有那么自由和充满尊重,而对于人类平等和人类的个体性来说这是应该要有的。

简言之,美德伦理学太过于顺从于"文化"——亦即顺从于一种道德接近于单纯习俗(伦理生活)的社会,远离了一种自律的自我支配,而后者是自启蒙运动以来,我们如今所知道的每个成熟的有理性存在者的唯一的根本使命。美德伦理学适合于一个相对简单和统一的社会,并且他们预设的习惯标准一般来说都是不加反思地被假定的,因此,甚至带着一种清白无辜,人们会施加给自身一种有害的自我欺骗,即认为存在一个"美好且善良之人"。——我们其余的人应该仰慕和顺从他们,将他们的利益放在我们之前。在这样的文化中,人们还并未开始意识到自身的整个生活方式从理性视角出发是有所缺乏的,因为,比如,它包含了一种并不开明和并不自由的思维方式,或者一种不公正的身份、权力、财富等方面的不平等,并因此,任何人类习惯都不能毫无批判地得到崇拜或顺从。① 美德伦理学最根本的缺陷在于,它并未注意到,我们并不知道如何生活,如果并非出于任何其他原因,那也是因为缺乏一种特殊的人类生活方式。

---

① 这一点连同许多其他针对美德伦理学有说服力的批评,是由劳顿(Robert Louden)强有力地提出来的。"On Some Vices of Virtue Ethics." Roger Crisp and Michael Slote eds., *Virtue Ethics*, Oxford University Press, 1997, pp.201 – 16. First published as Louden, 1984,pp.210 – 213.

　　道德,作为一种服从个体自身颁布的道德法则的意向,即便在美德方面也是批判性的,这充其量是一种在遵循此一意向过程中的意志力量。道德甚至必须批判单纯的社会习俗,用道德意向取代社会礼仪,用真正的道德美德取代对习惯的单纯服从。我将这样来(具有煽动性地)表述它:康德式伦理学必须是一种在社会习惯方面具有永恒革命性的批判的伦理学,正如它在涉及我们的社会性受到败坏的爱好和我们的自负与自我欺骗的文明化倾向时具有一种永恒的革命性一样。自律的道德是从对习惯的单纯服从中历史性地产生的,但在此历史演进中,我们仍然处于这样的早期阶段,以至于甚至还缺乏针对"道德"的恰当词语,我们仍然使用一种仅仅表达对社会习惯的奴役式服从的词汇,这是与真正自由的道德意向正相反的。

　　　　我们采用伦理生活这个词来表达道德,尽管伦理(Sitte,习俗)真正来讲是一个表达社会礼仪的概念,但对于美德来说,我们需要的不只是习俗中的善,而是需要一种特定的自我约束和自我命令,人们可以拥有习俗而没有美德,或者有美德而没有习俗(操行乃是习俗的礼节)。一门关于习俗的科学还不是美德,美德也还不是道德……因为美德意味着在支配自身和超越自身的过程中的力量,涉及道德意向。但道德是这一意向的最初根源……但是,由于我们仍然缺乏对道德的其他词汇,我们就用伦理生活来表明道德,因为我们不能用美德来指代它。(MoC,27:300)

　　在此,康德的主要观点是,人类的习俗一般来说是败坏的,因此,在他们看来,有美德的东西常常根本并非美德,而是真正说来应该称颂和真正值得称颂或令人鼓舞的东西的反面。对于美德来说,我们所需要的不仅是习俗中的善。我们需要基于理性原则的自我约束和自我命令。但在此,康德也关注到如下事实,即甚至真正的美德,与道德的真正源泉相比,也是肤浅的,需要进行批判性反思。他说,"美德还不是道德"。美德是善良准则的力量,是用来克服与这些善良准则对抗的邪恶的爱好的。但唯有它们支持的准则是真正善的和在理性方面能得到证成的准则时,我们才有资格称颂它们是美德。在我们身上,善良准则是从去做道德上正确的事情的意向中产生的。道德,亦即实践理性,并非美德,道德是这一意向的源泉。

美德和教育

　　美德伦理学必然强调道德教育,而且强调"对诸美德的养成"。尽管某些美德伦理学的倡导者喜欢将美德伦理学展示为对如下问题的直接回答,也就是"我们应该如何度过我们的一生?",但他们倾向于将此问题转换为"我们应该如何教育和培养人们,如此他们才会过应该过的生活?"这样的问题。美德的培养有时被描述为类似于习得了一门技艺。① 现在看来,有可能亚里士多德所说的意愿(boulesis),也就是只选择那些最适合于行动者已经设置的善的目的的行动,类似于一项技艺,因为技艺典型性地包含了产生预先设定的目的的正确方法。但是,不仅康德,而且亚里士多德都认为,设定正确的目的是有德行的人必须要去做的事。他们也同意,这是出于理性去做的事。在一个人的一生中,决定设置哪一种目的,不是如同技艺一样可以习得的东西,如果的确存在那些传统文化,可以在其中设想人们能通过训练做到这一点,那么,也很难看到,身处一个自由、现代和多元文化中的人如何设想我们能教导人们做到这一点,就如同他们可能被教会譬如吹笛子或者制鞋的技艺一样。

从康德式视角看,由于道德教育必然通常被理解为一种处在特定文化传统中的教育,每一个道德教育体系也会表达出我们的非社会的社会性的腐化方面,"美德的培养"通常意味着某种特定类型的人格的再生,这种人格非常适合于建立在尚未接受启蒙的文化的、不平等的以及具有种种压迫形式基础上的社会,简言之,建立在根本的恶的倾向性的基础上,后者从属于我们作为社会存在者的本性。(《纯粹理性界限内的宗教》,6:94-95)对于康德来说,正如对于卢梭来说,文明的进展只能使这种腐化变得更糟糕。(《实用人类学》,7:326-329)"我们生活在一个需要规训、文化和文明的时代,但我们仍然离那个可以使人们变得道德的时代很远。"(P,9:451)

文明针对自身的邪恶产生的唯一补救之法是开发理性,这是唯一能对一切进行批判的能力,也就是可以批判每一件事,包括它自身。唯有通过不断批判,寻求对习惯和教育的革新,伦理学才能避免腐化。我们在指引自身生活的过程中必须学得的最主要的事,是如何为自身进行思考,如何发明一种属己的生活方式,如何去做正确之事,以及在属于我们的独一无二的处境中使自身尽可能繁荣。我们需要掌握的一项基本"技艺"是在面临的每一情形下为自身决断将要去做的正确之事,换句话说,是一种准确地运用伦理学理论的能力,而在美德伦理学看来,没有这种伦理学理论也许会更好。现代性的洞见是,我们仍然不知道如何教导人们成就善,如果不是出于其他理由,那就只是因为不存在人类成就

---

① 这一点在阿纳斯(Julia Annas)针对美德伦理学的捍卫中尤其可以清晰地看出,例如参见 Julia Annas," Being Virtuous and Doing the Right Thing." *Proceedings and Addresses of the American Philosophical Association* 78,2004,pp.61-75;"Virtue Ethics." D. Copp, ed., *Oxford Handbook of Ethical Theory*, Oxford University Press,2006, pp.515-36。

善的单一方式。

出于此一原因,康德强调,每一教育体系必须包含道德教育,但他否认道德教育意味着"训练"或"训导"(有如我们训练一匹马或一条狗那样),或者意味着接受机械的教导,就好像在教导人们一项技术一样。人类必须不仅是被教育成为实现特定目的的手段,也必须懂得哪些目的是善的。康德认为道德训练过多地交给了教会,而最好的教育是向每一个人开放的公共教育。① 道德教育因此必须首先意味着针对儿童的启蒙,也就是教会他们思考,为自身而思考。(P,9:450)康德提倡一种"苏格拉底式的"道德教育法,根据此种方法,孩子们被教导运用自身的理性,从理性自身寻找答案,而非简单地被教会他的父母和教师们相信的东西。(P,9:447)

美德伦理学的倡导者们通常想要回应如下指控,这种指控认为他们的理论有一种内在的社会保守主义倾向。他们抗议说,一种好的道德教育将会教育人们对既有制度进行批判,反抗不正义,等等。斯洛特也想向我们概述,根据他们的理论,一个进步的和民主的社会可以得到表达的方式。② 然而,即便得到有说服力的执行(有些东西斯洛特也坦陈自己尚未做到),这个计划也仍然完全没有达到目标,因为他想要在抽象理论层面回答一项并非在抽象理论层面产生的异议。真正的问题是,我们有关"美德"的独特概念究竟出自何处,我们教导人们如何生活(仿佛这只是一项技艺)的实践来源于何处,这些看待道德教育的方式在文化和历史层面意味着什么,它们在实际上代表了怎样的生活观点和生活方式。

这一异议是一种针对人类生活的彻头彻尾的美德取向的态度。据此,我们可能会被教导如何去生活,就如同被教会一项技艺那样,同时还有它有关"人类繁荣"的理想,这种态度假定了某种类似于有关人类和人类生活应该是怎样的单一标准。但现代性的教训正在于,没有特定的人类生活方式或人类繁荣这回事。这些理想的社会功能——在亚里士多德笔下,和在其他前现代的哲学家笔下一样,这些哲学家来自建立在秩序或等级阶层基础上的社会(通常是性别方面的,也常常包含了种族方面)——总是为将人们划分为高低等级提供了证成。在基于此种思维方式的社会中,要点(不管在我们借用他们的观点时多么希望掩盖这一点)常常是证成了如下事实,即某些人的"繁荣"是以他人为代价的。将

---

① *Pädagogik* (9:454)[1803]. *Lectures on Pedagogy*, Louden trans., *Anthropology*, *History*, *and Education*,以下简称 P。在康德看来,宗教教育常常教导学生们仅仅出于对于(神圣)惩罚的恐惧而去避免恶行,而他们本应懂得要将恶行视为自身令人厌恶的。(P,9:450-451)

② Marcia W. Baron, Philip Pettit and Michael Slote eds., *Three Methods of Ethics*, Oxford:Blackwell, 1997, pp.274-280.

"美德伦理学"和诸如个人自律、平等和民主这些现代价值关联起来,就是在发明一个怪物,将一头野兽的四肢和另一头野兽的身体拼凑在一起,在这个结构中,内容将会不可避免地同形式冲突。可以理解,我们对于一种更舒适的思考道德的方式也许有一种怀旧感,在这种思考方式中,人们可以被教导成就善,他们的判断和欲望将会无须反思或内在斗争而自发性地实现。但如果现代性曾告诉了我们一切,这种生活方式就不再可能。

当然,现代性迄今为止也没有发现如何走出不平等和充满对抗的社会。进而,它也发现,有关理性的自律这一启蒙价值不久之后也是一个精神深渊,而非人们可以一致同意的在地上建立目的王国的原则。然而,现代性在这些方面的自我不满,是迄今为止它的最本质和最可敬的特征,指向针对任何理想性伦理学的坚定拒绝,与之一道也指向了针对传统的、阶层制的、前启蒙时代的社会的干脆拒绝,只有在这些社会中,这些理念才能自然地找到家园。① 康德将理想性伦理学视为本质上前现代的这一历史性的批评因而与施尼温德针对美德伦理学的批评联系在一起,后者批评说,它不能与现代的自由和道德理想与生活方式的多元性相适应。② 这就包含了如下认识,即理想性伦理学或美德伦理学过于非批判性地假定了一种有关我们社会本性的观念,与之一道也有一种对社会传统的过分信赖。康德认为理想性伦理学适合于一个过去的时代,这个时代在人性方面较我们的时代更为淳朴和天真,适合于一个对社会不平等过于容忍,而对人类个体又过于不尊重的社会。

无疑,我们仍然有许多东西需要从亚里士多德、斯多亚和其他古代的道德哲学家那里获得,然而,"美德伦理学"却是一个错误的教训。

Kantian and Agent-oriented Ethics

Allen Wood

【Abstract】 Contemporary virtue ethics holds that in Kantian ethics, there is an emphasis on moral motivation, which may manifest as either viewing a good will as a characteristic of rational agents or viewing maxims of action as alasting characterisc of agents. However, a thorough examination of Kantian ethics reveals

---

① 通过此种方式,存在某些本质上有关美德伦理学的现代内容,因为它将怀旧误解为一种有关伦理学和人类生活的思维方式,它无可挽回地是前现代的,是现代的自我不满的诸多表达中的一种。而这种自我不满采取的绝望的逃避主义、幻想和自我欺骗的形式也是现代性的令人遗憾的特征。

② Jerome Schneewind, "The Misfortunes of Virtue," *Ethics* 1990,101, pp.42 – 63.

that this is based on a misunderstanding Professor Allen Wood argues that Kant is by no means a proponent of virtue ethics. Both the "agent-based" ethics of Slote and the "agent-focused" version of virtue ethics deviate from the core features of Kantian ethics. Although Kant does describe the moral qualities of agents, these descriptions are markedly different from those provided by virtue ethics and are closer to Aristotle's descriptions of virtues, although virtue ethics also misunderstands Aristotle. After contrasting and comparing Kant's modern principle ethics with Aristotle's ancient ideal ethics, Professor Allen Wood sharply criticizes virtue ethics, arguing that it is too compliant with cultural norms and has an inherent tendency towards social conservatism.

【Keywords】 Agent-oriented Ethics, Slote, Kant, Aristotle, Ideal Ethics, Principle Ethics

康德德性伦理学中爱的概念

[德]克里斯托夫·霍恩①(著)

沈　捷②(译)

【摘要】 康德在《道德形而上学》中集中讨论了爱的概念。然而,对比他在其他文本中的相关讨论,我们可以发现康德不但在使用爱的概念上存在不一致性,而且对作为情感的爱在道德重要性上持有两种看似矛盾的观点。通过区分康德对于爱的广义与狭义应用,康德在概念使用上的问题得以澄清;通过将爱狭义地理解为准则,进而将之视为要求行善的德性义务,爱作为道德情感的性质得以说明:它在道德上的充分性在于它是通过道德行动并在习惯化的过程中被塑造而成的情感;同时,作为实践的爱它仍是情感性的,在道德上发挥的作用仅仅是间接或次要的。

【关键词】 康德,德性论,爱的义务,道德情感,道德习惯

在康德公开发表的伦理学著作中,“爱”的道德意义并不引人注目,尽管爱的概念——正如我们通过诸多资料所了解到的那样——构成了康德道德哲学讲座的一个重要主题③。这可能会让我们草率地得出这样的结论:康德在大学讲座中把“爱”当作一个有点外行的话题,它或许出自官方课程或更广泛的公众的要求。然而,在《德性论》中,他用了十几页的篇幅来讨论“爱”(《道德形而上学》VI.401－2 和 448－61),并且补充了一些关于友谊的思考,他认为友谊是一种基于爱与敬重的关系(《道德形而上学》VI.469－73)。这些段落相对而言不甚为康德学者所关注。④ 康德在讲座中扩展了爱与友谊的主题,但

---

① 作者简介:克里斯托夫·霍恩(Christoph Horn),波恩大学哲学系古代哲学及实践哲学讲席教授,主要研究方向为柏拉图主义、康德政治哲学及当代政治哲学。

② 译者简介:沈捷,复旦大学哲学学院硕士研究生,主要研究方向为黑格尔美学、实践哲学。

③ 参见,例如 Herder(27.1: 25－8)和 Collins(27.1: 416－30)的讲座笔记。参见 Immanuel Kant, *Lectures on ethics*, Peter Heath and J. B. Schneewind eds., Cambridge University Press, 2013。

④ 这种情况在最近的文献中似乎有所改变。参见 Barbara Herman, *The Practice of Moral Judgment*, Cambridge/London: Harvard University Press, 1993, 第三章;Nancy Sherman, *Making a Necessity of Virtue. Kant and Aristotle on Virtue*, Cambridge: Cambridge University Press, 1997, pp.224－33;Markus Forkl, *Kants System der Tugendpflichten. Eine Begleitschrift zu den “Metaphysischen Anfangsgründen der Tugendlehre”*, Frankfurt a. M.: Peter Lang, 2001, pp.201－47;Marcia Baron, “Love and Respect in Kant's Doctrine of Virtue”, M. Timmons ed., *Kant's Metaphysics of Morals. Interpretative Essays*, Oxford: Oxford University Press, 2002, pp. 391－407;以及 Andrea Esser, *Eine Ethik für Endliche. Kants Tugendlehre in der Gegenwart*, Stuttgart: Frommann-Holzboog, 2004, pp.374－93。

是,《道德形而上学》第二部分中对于爱与友谊的说明可以被视为关于这一主题的集中概述,因而值得进一步细究。

康德在《德性论》中将所有"德性义务"分为对人的义务和对非人类存在者的义务,并进一步将对人的义务分为对自己的义务和对他人的义务。(《道德形而上学》VI.413)而对他人的义务又被细分为"爱的义务"和"敬重的义务"。(《道德形而上学》VI.448)众所周知,康德将道德义务视为要求我们做出某种行为的强制,而非我们或可遵循的道德建议,无论是"法权义务"①还是"德性义务"都是如此。因而康德认为,就义务之于行动者的绝对性而言,各种道德义务之间没有区别。② 那么,什么是"爱的义务"? 行动者能被强制去践行爱吗? 在《道德形而上学》的第二部分,我们得知它们包括行善的义务、感激的义务和同情的义务(*Wohlthätigkeit*, *Dankbarkeit*, *Theilnehmung*)(《道德形而上学》VI.452])。此外,我们还了解到,爱在友谊中发挥着重要(尽管不稳定)的作用。康德将友谊描述为爱与敬重的均衡结合:对于接受善行的人来说,爱产生了对行善者特有的依赖。施动方,即行善者,值得感激和敬重,因此,受动方"比他的行善者低了一个等级"③(《道德形而上学》VI.458,15-6)。由于爱意味着某种程度的不平等,因此在真正的友谊中,爱必须辅以敬重。(《道德形而上学》VI.470)

至此,爱在道德上的重要性似乎还很有限。不过,在康德的著作中,这些相关文段更加广为人知。在《道德形而上学奠基》和《实践理性批判》中,我们可以找到康德对《圣经》诫命(《马太福音》22:38-9)"爱邻人、爱仇敌、爱上帝"简短但著名的注解。在这两段文字(《道德形而上学奠基》IV.399④ 和《实践理性批判》V.83⑤)中,康德反对将诫命解释为要求我们实践"病理学的爱"(pathological love),并指出《圣经》真正要求的是"实践的爱"(practical love)。在《道德形而上学奠基》中,我们被告知"作为偏好的爱是无法命令的,但行善出自义务本身"。因此,爱的恰当规定是"实践的爱,而不是病理学的爱";它"在意志之中,而不是在感觉的倾向之中,在行动的原理之中,不是在温存的同情之中;唯有这种

---

① 我认为,"*Rechtspflichten*"一词应译为"法权义务"("duties of right"),而不是"正义义务"("duties of justice"),因为它们是从某人相对于他人所有的权利中系统地衍生出来的。参见,例如 Collins (27.1: 415)。

② 正如康德在《道德形而上学》(VI.390)中所言,"但是,一种广义的义务并不被理解为对行为准则之例外情形的一种许可,而只是一个义务准则被另一个义务准则所限制(例如,因为爱父母进而爱邻人)的许可……"对于这个议题的讨论,参见,例如 Wolfgang Kersting, "Das starke Gesetz der Schuldigkeit und das schwächere der Gütigkeit", in *Recht, Gerechtigkeit und demokratische Tugend*, Frankfurt a. M.: Suhrkamp, 1997, pp.74-120, pp.112-3.
引文参见李秋零主编:《康德全集》第6卷,北京:中国人民大学出版社,2007年,第403页。——译者注

③ 引文参见李秋零主编:《康德全集》第6卷,北京:中国人民大学出版社,2007年,第469页。——译者注

④ 引文参见李秋零主编:《康德全集》第4卷,北京:中国人民大学出版社,2005年,第406页。——译者注

⑤ 引文参见李秋零主编:《康德全集》第5卷,北京:中国人民大学出版社,2006年,第89页。——译者注

爱才是可以要求的"。因此,爱必须被理解为一种态度,它促使我们行善。在这个意义上,爱是一种道德义务,它独立于我们固有的情感状态而对我们施加强制。爱作为一种善行,不仅在行动者对他人没有积极情感的情况下具有约束力,而且在行动者对他人怀有消极情感的情况下也具有约束力。在《实践理性批判》中,康德填补了《道德形而上学奠基》中相关段落的不足:他将道德德性作为"趋向神圣的进程"这一论述建立在对经文的解释的基础之上。根据解释,《福音书》通过"万法之法"(law of all laws)所要求的,是我们通过"不断的但却无限的进程"来接近道德的完善。

鉴于康德在使用爱的概念上存在不一致性,我们有充分的理由感到惊讶或恼火:一方面,他在非常有限的意义上谈论爱的义务;另一方面,他又宽泛地将爱视为所有道德法则的总括。此外,康德对"自爱"的使用使事情变得更加复杂,他在许多段落中将"自爱原则"与我们心中和道德截然对立的偏好相提并论,但《圣经》诫命显然包含了自爱的要求①。

一、康德的爱的概念:一些基本特征

因此,如果我们把《道德形而上学奠基》中的论述及其在《实践理性批判》中的相应内容与康德在《德性论》中关于爱的论述进行比较,一个事关理解的关键问题就会出现:实践的爱的概念与在之后语境中再次被谈及的那个概念是否相同? 或者说,"爱的义务"是否依存于另一个概念框架? 在我们的三个文本中,爱都被规定为善行,但 1797 年的文本又引入了额外的元素,即感激和同情。尽管很难判定这三个文本中的爱的概念的含义是否发生了变化,但至少,显而易见的是,《德性论》暗示了爱在道德中的另一种功能:在我看来,这不是宽泛地使用"爱",而是一种对较为狭义的"爱"的使用。这样说的原因是:在康德的解释中,《圣经》中的爱的诫命——在实践之爱的意义上理解的——完全等同于他自己的定言命令,但他却把爱的义务说成是道德义务中一个非常特殊的子集,既不同于法权义务,也不同于敬重的义务(以及其他几个子集)。他所说的爱的义务显然是一个人必须履行的一类非常具体的义务。换句话说,康德认为,《福音书》的诫命并不局限于那些他称之为爱的义务的义务。

如果参照康德在其他段落中对经文注释的扩充,我们就可以证实这一观点。对《圣经》文本最直接的论述或许是《单纯理性限度内的宗教》中的一段话。它写于 1794 年,因

---

① 关于自爱的不道德性,一个重要段落是《实践理性批判》(V.22)。在 V.73 中,康德解释说,自爱必须受到适当的限制以便符合道德法则。因此,自爱本身并不是不道德的。

此与《道德形而上学》大致处于同一时期。在这段文本中,康德描述了耶稣基督的伦理教义,认为它与自己的道德哲学基本一致。康德的描述包括将爱的诫命解释为内在义务和外在义务的结合:

> 最后,他(即耶稣基督)把所有的义务概括为:(1)一个普遍的规则(这个规则自身既包含了人们内在的道德关系,也包含了人们外在的道德关系),履行你的义务,除了出自对义务的直接尊重外,不要出自任何其他动机。也就是说,爱上帝(一切义务的立法者)甚于爱一切。(2)一个特殊的规则,它作为普遍的义务涉及与其他人的外在关系,即爱每一个人如同爱自己,也就是说,出自直接的,并非从自私的动机引申出来的善意来促进自己的福利。这些诫命不仅是德性法则,而且是我们应当追求的圣洁性的命令,但就圣洁性而言,单是这种追求就已经叫作德性了。(《单纯理性限度内的宗教》VI.160,24 - 161,3)①

尽管康德在这段话中没有明确指出,这些《圣经》诫命在多大程度上与他自己的立场一致,但很明显,他希望耶稣基督提出的道德要求与他自己道德体系中的要求相一致。在这段文字中,我们甚至找不到丝毫反对将爱作为一个统括的或综合的概念来描述整个道德义务领域的意思。相反,它似乎完全等同于道德法则的要求。康德说,"爱上帝"的诫命恰恰具有以正当的动机履行义务的含义,而"爱他人"的要求等同于出于直接的而非间接的道德理性出发来行动。

如果目前为止的解释是正确的,那么我们现在就不得不面对一个难题,它可以被称为爱的广义或狭义应用的问题(the problem of the wide or narrow application of love)。康德怎么能够用同一个概念,一方面描述道德的全部范围,另一方面又描述作为部分的极为具体的一类义务呢? 或者说,爱的两种使用是否在含义上存在差异?

在讨论这些问题之前,我们必须面对另一个问题,一旦我们进一步考察康德在《道德形而上学奠基》和《实践理性批判》中关于爱的论述。我们应该如何看待病理学的爱与实践的爱之间的区分? 这种区分至少会产生三个问题:(1)"病理学的"的含义远非明确②。康德是否暗指该词的本义,即"被动的""激情的",因而是"情感的"? 是否病理学的爱,并

---

① 引文参见李秋零主编:《康德全集》第 6 卷,北京:中国人民大学出版社,2007 年,第 163 页。——译者注
② 通常情况下,康德没有为这一用词提供精确的解释,而是转义为诸如"自然的"(natural)、"身体的"(bodily)或"物理的"(physical)。

且只有这种爱才是情感？就像《道德形而上学奠基》中表明的那样。正如康德的解释，病理学的爱由行动者的自然倾向引起。他是否由此得出结论说，实践的爱是一种非情感的东西？① 如果答案是肯定的，我们又有什么理由不假定存在非自然的（理智的或精神的）情感呢？（2）康德为什么说作为偏好的爱，即病理学的爱，无法被命令？这两种爱之间的区别是什么，以至于实践的爱有可能受到道德强制？（3）同一文本似乎声称实践的爱能与行善相提并论。是否如此？显然，简单地将两者等同起来是不可能的。行善是一种实践，而爱是一个人对他人（或自己）所持有（或缺乏）的情感或非情感状态。如果这是对"爱"的正确描述，那么这个难题肯定还有其他的解决办法。总结一下我们的上述三个问题：康德是否部分地把爱视为一种情感态度，部分地把爱视为一种非情感态度（如一种理智的或精神的态度）？他是否认为实践的爱可以被命令，而将病理学的爱排除在外？他是否认为爱的适当形式是行善？乍一看，这三个问题似乎都应该得到肯定的回答。人们可能会得到这样的印象，在《道德形而上学奠基》和《实践理性批判》中，他（1）区分了情感的爱和非情感的爱，他（2）把非情感的爱视为可能的强制对象，他（3）把非情感的爱与行善相提并论。但这些印象都是错误的。相比之下，在《道德形而上学》第二部分中，对爱的论述要精确得多，我们看到所有这些问题都必须得到否定的回答。为了说明这一点，我将援引这段论述的开头：

（1）爱是感知的事情，不是意愿的事情，而且我能够爱，不是因为我愿意，但更不是因为我应当（被强制去爱）。因此，一种爱的义务是荒谬的。（2）不过，仁爱（*amor benevolentiae*）作为一种行为可以服从于义务法则。但是，人们常常把一种对他人无私的善意（尽管不是本义的）也叫作爱；不错，在善意所涉及的不是他人的幸福，而是使自己的所有目的完全并且自由地顺从于另一个（哪怕是一个超人的）存在者的目的的地方，人们说的是同时对我们而言是义务的爱。（3）但是，一切义务都是强迫，是一种强制，哪怕它是按照一个法则的自我强制。不过，人们出于强制而做的事，并不是由于爱而这么做的。

（4）尽我们的能力向他人行善是义务，不论爱不爱他们，即便人们不得不作出忧伤的说明，"真可惜，我们的族类并不适合于在人们更仔细了解它时，可以认为它特别

① 我们在《论哲学中一种新近升高的口吻》（*On a Newly Arisen Superior Tone in Philosophy*, 1796）中发现了一段值得注意的文字（Ⅷ.395‑6）。根据这段文字，如果情感（以及一种愉快）（从发生学上）先于道德法则，那么它就是病理学的；而如果它源于道德法则，那么它就是恰当的。因此，病理学的—实践的二分便追溯到了情感的发生学源头。

值得爱",也丝毫无损于这种义务的重要性。——仇视人在任何时候都是可恨的,哪怕它没有实际的攻击而仅仅在于对人的完全抛弃(分裂主义的厌恶人类)。因为善意始终还是一种义务,哪怕是对于仇视人类者,人们当然不可能爱这种人,但毕竟可以向他表示善意。

(5)但是,憎恶人身上的恶习,既不是义务也不是违背义务的,而是对恶习的一种纯然厌恶感,意志对这种情感并没有什么影响,或者反过来这种情感对意志也没有什么影响。行善是义务。经常履行这种义务,并且实现了自己的行善意图的人,最后就真的爱上了那个他曾经对之行善的人。(6)所以,如果这叫作你应当爱你的邻人如你自己,那么,它就并不叫作你要直接地(首先)去爱并且借助这种爱(然后)行善,而是叫作对你的邻人行善,并且这种行善将在你心中造成人类之爱(作为一般行善偏好的能力)!

(7)因此,唯有对满意的爱(amor complacentiae)才会是直接的。但是,对这种爱(作为一种与一个对象的实存的表象直接结合的愉快),亦即被迫对此感到愉快,这是一个矛盾。①(德性论导论.十二.3.人类之爱[VI.401-2])

这段内容可以这样来理解:(1)既然爱是一种情感现象,它就不可能是一种任我摆布的东西;它不是意志的产物。因此,我不能决定拥有它或不拥有它,所以(鉴于不存在超出我能力范围的义务——ultra posse nemo obligatur)拥有它不可能是我的义务。(2)有一种爱,即善意,至少在不被理解为一种感情的情况下,可以成为我们道德义务的一部分。但是,只有当这种爱意味着一种无私的态度时,它才是一种道德义务;然而,正是在这个意义上,它不能被恰当地称为爱。另一种普遍但同样不充分的观点是,爱——不是在"促进他人的幸福"的意义上,而是在"完全屈从于他人的目的"的意义上——被视为一种道德义务。(3)每项义务都意味着某种强制(如果不是外在的强制,那就是内在的、自主的强制)。但强制与爱互不相容。(4)针对他人的善行是一种道德义务,但这与我对他人的情感无关,也与任何人类学事实无关:即使人类可能不值得被爱,我仍然对人类负有道德义务。即使是厌恶人类的人(他可能根本不是一个令人倾心的爱的对象),我们也必须以完全道德的方式相待。(5)憎恶他人的道德恶行与我们的义务无关,因此既不被要求,也不被禁止。它只是一种情感,既不是恰当的道德态度的结果,也不是其原因。相反,行善

---

① 引文参见李秋零主编:《康德全集》第6卷,北京:中国人民大学出版社,2007年,第413-414页。译者作了句群划分(1—7)。——译者注

(*Wohlthun*)才是我们的道德义务。并且,通过行善,我们开始爱我们行善的对象。(6)《圣经》诫命"爱邻人如己"并不意味着爱是道德行动的适当起点。它甚至不意味着爱是一个充分的动机。相反,它描述并要求一个习惯化的过程:如果我行善,我就会因此获得爱,作为我的品性的一个方面。因此,情感性的爱作为一种现象,之于道德的重要性只是次要的而非首要的。(7)还有一种爱(除了善意之外),即对一个人的满意。但由于这种爱是建立在愉悦的基础上的,所以它不可能成为我们道德义务的对象。

如果这一阐释是正确的,那么人们可能会这样来解读它:康德在这里认为所有类型的爱都是病理学的,即被动的和物理的状态,因而在道德上是不恰当的。但是,如此一来,对他而言将不可能存在"实践"类型的爱。他的意思似乎是说,作为道德义务的善意不是爱,而是行善。因此,爱的每一种形式在道德上都是不充分的。康德甚至以一种非常警惕和间接的方式解释《圣经》诫命,似乎想将它相对化或放弃。令人惊讶的是,他对这条诫命的重视程度如此之低。在这段话中,他似乎严格而彻底地否定了爱在道德上的重要性。

当然,这样来解读文本会使康德后来的爱的理论与我们在上文关于病理学的爱和实践的爱的段落中发现的学说之间产生巨大的不和谐。但幸运的是,我们可以证明刚才提出的解读是一种误解。通过回答我们的三个问题,我们可以看到,我们的后文与前文完全一致,但康德的整个立场却与我们的预期大相径庭:(1)所有类型的爱都是情感性的,无论是仁爱(*amor benevolentiae*)还是满意的爱(*amor complacentiae*)①。因此,(2)任何一种爱都不能成为强制的对象。然而,道德必须以强制为基础。因此,(3)每一种形式的爱在道德上都是不恰当的,因为它是一种情感。道德所要求的不是作为情感的爱,而是作为实践的行善。但是,既然被理解为善意的爱可以从行善的实践中产生,我们就有权说它在道德上是适当的,哪怕只是以一种后于习惯(*ex post*-habituation)的间接方式。因此,它表面上的不足并非最终定论。《圣经》诫命中的善意就在于此,《圣经》希望我们认识到的是,我们首先应该行善,从而获得与之相关或由之产生的情感态度。康德补充道,人们常常误解和夸大爱的意义,因为他们错误地理解了具有同情或厌恶的情感在道德上的意义。康德还说,对于真正的道德而言,仁爱慈善的情感并非必需,厌恶人类的情感也不是障碍。

然而,令人惊讶的是,康德认为所有形式的爱都是情感性的,因此,至少从表面上看,在道德上是不恰当的。如果我对此的看法是正确的,那么我们就找到了解决我所说的爱的广义或狭义应用问题的办法:这两种谈论爱的方式都是非常明确的,并且彼此不相冲

---

① 在《实用人类学》中,康德更准确地区分了激情(*Affekt*)和情欲(*Leidenschaft*)。情感性的爱可以是轻率而坦诚的,也可以是强烈而盲目的(Ⅶ.252-3.266.268.308)。

突。统括或综合地使用概念典型表现在康德对《圣经》诫命的解释中,它仅限用于一个人可能的情感上的完美状态。这个人不仅会行善,而且还会获得一种(永久的)善意的情感状态。与此相反,狭义或具体的"爱"则导向一种准则,它是为所有行动者采纳的义务:行善、感激和同情的准则。这类准则涉及一些具体的道德实例,有别于法权义务、对自己的义务、对非人类动物的义务等。请注意,即便在第二种用法中,康德也没有对爱作为一种情感做出任何让步。

如果我们看一看《实践理性批判》中的一段话,就会对爱的概念的第一种使用有更多的了解①。康德在解释《圣经》诫命时告诉我们,《福音书》描述了"在其全部完善性中的道德意向"(*die sittliche Gesinnung in ihrer ganzen Vollkommenheit*);但这种"神圣性理想"是任何受造物都无法实现的。相反,我们有义务在"无限的进程"中为之奋斗。完善的境界无法实现的原因是:为了遵循所有出于爱的道德规范,受造物必须完全摆脱欲望和偏好;出于爱的道德行为需要一个没有物理性状的本性。康德随后说道:

因为既然它是一个受造者,因而就它达到对自己的状况完全心满意足所要求的东西而言总是有依赖的,所以,它永远不能完全摆脱欲望和偏好,欲望和偏好由于以物理原因为依据,不会自发地与来源完全不同的道德法则相一致,因而它们在任何时候都使得有必要考虑到它们而把受造者的准则的意向建立在道德强迫上,即不是建立在心甘情愿的服从上,而是建立在对法则的哪怕是不乐意地发生的遵循所要求的敬重上,不是建立在那并不担心意志对法则的任何内在拒绝的爱上,但仍然使这种爱,亦即纯然对法则的爱(因为在这种情况下,法则就会不再是命令了,而主观上要转变为神圣性的道德性也会不再是德性),成为自己努力的不懈目标,哪怕是无法达到的目标。因为对于我们所尊崇、但却(因为对我们的软弱的意识)畏惧的东西来说,由于更容易适应它,充满敬畏的畏惧就转变成好感,敬重就转变成爱;至少这会是一个致力于法则的意向的完成,如果一个受造者有朝一日有可能达到这种意向的话。(《实践理性批判》V.84,2-21)②

从这段文字中,我们可以了解到:爱是一种积极和自愿的态度;它不畏惧或领会意志

---

① 值得注意的是,在关于《圣经》诫命的段落(《实践理性批判》V.83)之前,康德方才驳斥了将"对人类的爱"和"对秩序的爱"作为道德行动的动机的观点。因此,显然没有必要假定康德的立场在1788至1797年间发生了变化。
② 引文参见李秋零主编:《康德全集》第5卷,北京:中国人民大学出版社,2006年,第90页。

对法则的抵触。但是,由于物理的受造物总是被源于感性欲求的利益所决定,他们的幸福不可能与道德完全一致。因此,出于爱而行动并因此完全符合道德理想,至少对我们来说是一种幻想;鉴于我们必须生活在物理条件下,神圣性理想是无法实现的。只有在一种情况下,爱才是恰当的:如果爱不是道德态度的原因,而是道德态度的结果。

然而,由此又衍生出一些问题。先抛开神圣性不谈,把爱解释为准则究竟意味着什么?为什么作为情感的爱不可能成为道德约束的对象?我们为什么要采纳"爱的义务"所包含的准则?

二、作为准则的爱

《德性论》第 25 节告诉我们,如果不把爱当作感觉或情感,而是把它当作准则,那么它在道德上就是可以接受的:

> 然而,爱在这里并不是被理解为情感,即理解为对他人的完善性的愉快;不是被理解为对愉悦的爱(因为不可能由别人赋予义务来具有这种情感),而是必须被设想为善意(实践的爱)的准则,它以善行为结果。① (《道德形而上学》Ⅵ.449,17-22)

"实践的爱"是对行善的一种比喻性修辞吗?正如《德性论》的引文所示,行善不能恰当地被称为爱。康德是否出于传统或日常语用的考虑,使用了一种反常的表达方式?不,我认为正确理解他的表达的关键在于把爱重新表述为准则的想法。但在这里,困难似乎又出现了。怎样才能制定一条准则,让一个人把爱强加于自己的行为呢?一个人如果采用了诸如"如果我认为自己迫切需要钱,我就要借款并且承诺还款,尽管我知道我永远还不了款"②(《道德形而上学奠基》Ⅳ.422)。这样的指导原则,那么他或她就选择了一条规则,在特定情况下以及在未来类似的情况下,他或她要根据这条规则行动。康德式的准则必须能够通过普遍化检验:要么这条规则"仅仅是主观的"(不可普遍化),要么它是可取的——或是无关紧要的,或是"客观法则"(如果它能普遍化而不自相矛盾的话)。现在的困难在于:一方面,行动者不能选择一种情感,因为这不可普遍化;另一方面,当行动者采用了行善的准则,他或她所做的就不会与实践爱的原则相同。在《道德形而上学奠基》的第二部分,康德借由这条并不完备的准则引入了对他人的不完全义务这一概念,准则是这

---

① 引文参见李秋零主编:《康德全集》第 6 卷,北京:中国人民大学出版社,2007 年,第 460 页。——译者注
② 引文参见李秋零主编:《康德全集》第 4 卷,北京:中国人民大学出版社,2005 年,第 430 页。——译者注

样表述的:"他在看到别人必须极其辛苦地奋斗时(他也很能帮助别人),却想这与我有什么相干?"①(《道德形而上学奠基》Ⅳ.423)如果我们据此推断出康德可能想到的一条道德上正确的准则,它可以是:"如果我看到别人身处窘境,并且我可以帮助他们,那么我就会促进他们的幸福。"(参见《道德形而上学》Ⅵ.388)但是,根据康德自己的反对意见,我们应该称之为行善的准则,而不是爱的准则。

那么,"爱必须被视为一种准则,而不是一种情感"这句话是什么意思呢? 回答这个问题的关键文本是《德性论》第 27 节(《道德形而上学》Ⅵ.450‐1)。康德在这里将"善意的准则"规定为全人类彼此间的义务,并将其与《圣经》中他称之为"完善法则"("law of perfection")的诫命相提并论。在这里,正如他对《圣经》文本的其他解释一样,他区分了"对人类的实践的爱"和作为情感的实有的爱(没有使用"病理学的"一词)。在搁置了某些人类是否"值得爱"这个据说是无关紧要的问题之后,他阐明了爱在何种意义上可以具有准则的形式。康德认为,为了正确理解人类彼此间的道德义务,我们应该"用纯粹理性"来表述这种义务,即"遵循准则的自由行动的一种关系,这些准则获得了普遍立法的资格,所以不可能是利己主义的"。他随后说道:

> 我愿意任何他人都对我有善意(benevolentiam),因此,我也应当对每个他人有善意。但是,既然在我之外的所有他人不会是所有人,因此准则不会具有一个法则自身的普遍性,而这种普遍性对承担义务来说毕竟是必要的,所以,善意的义务法则也将在实践理性的命令中把我一同理解为这一法则的客体。②

通过这段文本我们首先了解到爱的准则的内涵:它是对全人类行善的命令。第二,这一准则可以恰当地普遍化,因此在道德上是可以接受的:我们必须想象人类的相互关系是由彼此间的善意决定的。康德没有告诉我们为什么这一准则具有道德上的强制性,即为什么必须采纳这一准则,正如我们不清楚这一准则的确切含义,以及我们应该平等地分配善意还是优待某一些人(我将在下一节中提出这些问题)。不过,第三,它将审核或检验准则的人包括在内。审核准则的人必须是作为善意对象的人类的一员。康德随后告诉我们,这并不意味着我有义务践行自爱,而是允许将我自己纳入我的各种善意对象之中。这又回到了开头提出的一个问题:如果自爱在道德上是不可容忍的,而以自身为对象的善意

---

① 引文参见李秋零主编:《康德全集》第 4 卷,北京:中国人民大学出版社,2005 年,第 431 页。——译者注

② 引文参见李秋零主编:《康德全集》第 6 卷,北京:中国人民大学出版社,2007 年,第 461‐462 页。——译者注

却是允许的,那么这两种现象的分界线在哪里?

为了解决这个问题,我想回头看看康德关于爱的两个最著名的文本,即《道德形而上学奠基》和《实践理性批判》中的段落。虽然这两个文本都承认存在两种类型的爱,其中一种在道德上是充分的,另一种则是不充分的,但它们在解释《圣经》的理由上似乎有很大的不同。在《道德形而上学奠基》中,我们被告知作为偏好的爱不能成为道德强制的对象。由此,康德得出结论,《圣经》诫命的意义必须在别处找到,即在实践的爱中。我们已经看到,所谓"实践的爱"的含义由"完全出于义务的行善"阐明,而"病理学的"的含义则由"感觉的倾向"和"温存的同情"等表述来解释。但是,康德真的认为情感性的爱不可能成为道德义务的对象吗?乍一看,我们可能会认为——就像拉尔德·科尔(Harald Köhl)认为的那样①——其原因在于这样的信念:情感不是由行动者支配的,也就是说,行动者不能随意改变它们。但是,康德真的认为情感不受我们的控制,它们无法被产生或创造吗?如果是这样的话,那么我们就不得不得出结论,"实践的爱"并非情感——但康德难道不应该明确地这样宣称吗?此外,是否真的存在一种没有任何情感成分的爱呢?

在《实践理性批判》中,康德为第一种爱的不充分性和第二种爱的充分性提供了一个略有不同的理由:我们现在被告知,通过偏好来爱上帝是不可能的,因为他不是我们感官的可能对象。因此,康德再次告诉我们,诫命的意义必定在于实践的爱。然而,尽管这两个文本中的结论是一致的,但对于不可能命令病理学的爱,却似乎存在着两种完全不同的解释。

更糟的是,我们因此无法理解康德在这两段文字中的意图。第二个解释的意义究竟是什么?我们为什么不能把情感引向一个非感性的对象?至少,其中的原因绝非显而易见。许多宗教信徒——比如犹太人、基督徒和穆斯林——都会强烈质疑"爱上帝不能是一种情感行为"的说法。此外,按照我们目前的理解,对于实践的爱的第一个辩护是极其薄弱的:为什么我们应该把情感看作一种纯粹被动的东西呢?情感并非完全不受我们控制。从亚里士多德开始,存在着一个悠久且令人印象深刻的哲学传统,它塑造了这样一种观念,即情感不仅仅是被动的心理状态。根据这一传统,情感包含了行动者的评价性和情境性的判断,因此可以被影响甚至被改变。科尔本人②在解释《道德形而上学奠基》中的这段文本时承认,说情感根本不可能是行动者的对象似乎有些夸张。行动者至少会对他的情绪产生一些影响,因此,在特定情况下,他的不恰当情绪极有可能受到来自他所处环境

---

① Harald Köhl: *Kants Gesinnungsethik*, Berlin/New York: Walter de Gruyter, 1990, pp.110 - 1.
② Ibid., pp.112 - 3.

的道德约束。此外,我们将自然的情感与非自然的情感区分开来,并以此作为道德判断的基础:例如,如果一个人的亲友去世了,我们会期望他感到悲伤。

所有这些考量都提醒我们,在对《道德形而上学奠基》和《实践理性批判》中康德关于病理学的爱与实践的爱的二分进行轻率地解释时,我们应当保持谨慎。康德对《圣经》诫命的第二种解释中的这一小段话,对于充分理解这种二分法至关重要:

> 一个要人们乐意做某事的命令是自相矛盾的,因为如果我们已经自发地知道我们有责任去做什么,如果我们除此之外也意识到自己乐意去做此事,这方面的一个命令就是完全不必要的,而且如果我们虽然做了此事,但恰恰不是乐意的,而是仅仅出自对法则的敬重,那么,一个使这种敬重正好成为准则的动机的命令所起的作用就会恰恰与所命令的意向背道而驰。① (《实践理性批判》Ⅴ.83,16-22)

康德的基本观点并不是情感不能被影响。与亚里士多德传统中的那些人一样,他接受——正如《德性论》所表明的——在一种道德教育中,情感是通过习惯建立起来的。他认为命令产生已经存在或完全不存在的情感的想法是荒谬的。康德提出的替代方案如下:要么一个人已经拥有这种情感,也就不需要命令,而是限制;要么他并不拥有这种情感,也就不需要获得。对康德来说,命令某种东西就是强迫它;强迫已经作为行动者的自然倾向而存在的东西是毫无意义的。反过来说,如果我没有情感性的爱,我就不需要通过道德行动来获得它。因此,引文的有趣之处在于:它并不依赖于道德情感与非情感性的道德动机之间的对立。对康德来说,一种偏好(不充分的动机)和敬重(充分的动机)都是情感现象。事实上,引文中的对立建立在这样一种区别之上:一种是我们乐于遵循的东西,它是我们物理本性的结果;另一种是我们通常拒绝认可的东西,因为它源于道德,与我们的物理本性相对立。道德行动不能以我们的感性偏好为基础。众所周知,康德认为,定言命令的必然性反映了我们的某种人类学性状,即我们不具有遵循道德要求的自然倾向(参见《道德形而上学奠基》Ⅳ.449.454)。

我们可以得出结论,病理学的爱属于他通常称为"自爱原则"的那种态度,而实践的爱必须被视为真正的道德。其关键原因在于,病理学的爱产生于自然倾向;而实践的爱则是后起的,它从最先由道德法则激发的坚定态度中衍生出来。此外,康德认为情感性的倾

---

① 引文参见李秋零主编:《康德全集》第5卷,北京:中国人民大学出版社,2006年,第89页。——译者注

向不适合作为道德行动的基础,因为它们太不稳定、不可靠。而敬重也是如此:作为一种情感,它也是不稳定的。但这一点同样适用于其他内在现象,例如我们对幸福的兴趣和我们的自爱。在《德性论》中,我们被告知,强迫一个人为自己的幸福而奋斗是毫无意义的(《道德形而上学》VI.386,1-7),同样,强迫一个人实践自爱也是不可能的(《道德形而上学》VI.451,10-2)。

三、为什么必须采纳爱的准则?

康德认为,属于德性领域(与法权领域相对)的准则的主要特征在于有义务拥有这些准则。非伦理的义务起初可以被自愿地选择,但随后必须通过普遍化的程序来确定它在道德上是否正当,而伦理准则则严格源于"同时是义务的目的"。支持这一观点的关键文本如下:

> 唯有一种同时是义务、为伦理学所特有的目的的概念,才论证了行动准则的法则,因为主观目的(人人都有的目的)被置于客观目的(人人都应当使之成为自己目的的目的)之下。"你应当使这个或者那个(例如他人的幸福)成为你的目的",这一命令式涉及任性的质料(一个客体)。既然不是行动者同时企求一个目的(作为任性的质料),就没有任何自由的行动是可能的,所以,如果有一个同时是义务的目的,行动准则作为达成目的的手段就必定只包含着获得一种可能的普遍立法的资格的条件;对此,同时是义务的目的使得具有这样一个准则成为一个法则,然而对于准则本身来说,与一种普遍的立法相一致的纯然可能性就已经足够。① (《道德形而上学》VI.389,9-26)

康德所描述的道德审慎的标准形态是对准则的审查程序,与行动者可能有或没有的目的无关。康德认为,在这些情况下,对于目的的审视无关紧要,甚至具有误导性:一方面,每个人显然都有追求自身幸福的倾向(《道德形而上学奠基》IV.415-6),而另一方面,我们必须假定,没有一个人有遵循道德法则的自然的倾向,相反,他有对恶的倾向(《单纯理性限度内的宗教》VI.36-7)。既然所有行动者都出于本性为自己的幸福而奋斗,那么把道德哲学建立在"质料的"(即目的导向的)原则之上,从根本上是错误的。大自然可能

---

① 引文参见李秋零主编:《康德全集》第6卷,北京:中国人民大学出版社,2007年,第402页。——译者注

赋予我们的所有质料性原则都来自幸福这一综合目的,换言之,源于自爱的原则(《实践理性批判》V.22)。这就是康德将以"普遍法则公式"表达的定言命令仅限于普遍性检验的理由。然而,在采纳正当的道德准则时,我们会修改甚至改变我们的目的。因此,康德在《实践理性批判》的一个重要段落中把确定目的的正确程序描述为"实践理性批判中的方法的悖论"。正如他所解释的,"善和恶的概念必须不是先行于道德法则,而是仅仅在道德法则之后并由道德法则来规定"。① 他还补充道:

> 假设我们现在要从善的概念开始,为的是从中推导出意志的法则来,那么,关于一个对象(作为一个善的对象)的这一概念就会同时把这个对象说成是意志的唯一规定根据。现在,由于这个概念并不以任何先天实践法则作为它的准绳,所以善或者恶的试金石就不能被设定在任何东西中,只能设定在对象与我们的愉快或者不快的情感的一致中,而理性的应用就只能在于,有时在与我的存在的一切感觉的整个联系中去规定这种愉快或者不快,有时去规定使我获得这种愉快或者不快的对象的种种手段。(《实践理性批判》V.63,11-21)②

既然涉及目的,就有必要颠倒道德哲学的方法,即首先确定准则,然后从中得出关于目的的结论。正因如此,以"人性公式"呈现的定言命令从转化了的目的而非我们的自然目的的角度说明了道德法则的要求。它要求我们改变或修正我们的目的,以便尊重和促进包括我们自己在内的每个人的"人性"③。在此背景下,我们现在可以理解为什么康德在《德性论》导言中形成了法权论与伦理学必须走相反道路的观点(《道德形而上学》VI.382)。从准则的角度来看,法权论在确定道德义务时撇开了某人可能具有的特定目的(因而局限于普遍性的检验)。相反,德性论从同时也是义务的目的出发,从中推导出行动者有义务具有的准则。我们了解到,将自己的完善和他人的幸福作为目的是每个人的义务。由此,康德引申出这样的想法:拥有那些能作为实现这些目的的适当手段的准则。显然,在康德看来,善意的爱的准则(以及敬重的准则)是实现第二个目的——他人幸福的手段。基于这一点,康德对于必须具有爱的准则的理由就变得很清楚了。

---

① 引文参见李秋零主编:《康德全集》第5卷,北京:中国人民大学出版社,2006年,第67页。——译者注
② 同上书,第68页。——译者注
③ 我在这篇文章中对"方法的悖论"的含义进行了更详细的讨论:Christoph Horn,"Wille, Willensbestimmung, Begehrungsvermögen",Otfried Höffe ed., *Kant. Kritik der praktischen Vernunft*, Berlin: Akademie, 2002, pp.58-60。

既然采纳这一准则是义务,我们就可以理解为什么指责康德在爱的准则中提出了一个利己主义原则——叔本华早在 1839 年就提出了这一主张——是错误的①。爱的义务不是从自我中心的角度得出的,即基于我们每个人都可能需要——至少不时地需要——他人的帮助。换句话说,爱的义务并不以一个审慎的行动者通过深思熟虑而确定的利益为理由。将这些义务视为康德第二个道德目的衍生物,也就是说它们意味着一个普遍的要求,即支持他人走上自我选择的幸福之路,因为人类需要他人来充分实现其理性机能②。这并不意味着他人有权要求我们采取某些特定的行动——就像完全的义务那样。与爱的义务相关的权利在于,他人有权期待我们的善意。同样,我们也有权期待他人的善意。

当然,在这一点上,必须提出一些严肃的问题。关键问题之一是,我们是否有义务支持某人为明确的或任意的目的而奋斗,例如,如果他的目的是自毁或是不道德的,我们是否有义务提供帮助? 可接受的目的与不可接受的目的之间适当的分界线在哪里? 康德宣称,如果我们认为某个目的无助于某人的幸福,我们就有权拒绝帮助他(《道德形而上学》Ⅵ.388,5-16),但他没有解释为什么以及在哪些情况下我们可以这样做。③ 如果某些目的是可以接受的,那么进一步的问题在于,我们在多大程度上有义务帮助他人实现他们的目的? 我们既不可能帮助每一个人,也不可能在每一种情况下都帮助或提供任何程度上的帮助。康德对此的回答很简单,那就是一个人在帮助别人时不应该过度消耗自己的资源,以至于事后发现自己需要帮助。(《道德形而上学》Ⅵ.454,2-4)诚然,这种基于有限资源说差强人意;我们可以问,善意的爱的适当形式与不适当形式之间的界线如何划定,以至于不适当的善意的爱确实采取了一种自我牺牲的态度? 有人可能会回答说,康德主要考虑的是日常生活中微小的善意行为,如鼓励、温柔、耐心、给予安慰、同情和基本形式的支持。例如,向他人提供基本信息,帮助他人提东西或搬东西,借给他人工具或类似的东西,兑换零钱等。但问题是,如何处理要求更高的帮助类型,如照顾病人或帮助他人准备考试。④ 康德在回答关于界限的问题时,显然想到的是某人身处险境时需要帮助的情况,如经济困难。对于这种罕见情况,不牺牲自己的原则可能就足够了。

---

① 《伦理学的两个基本问题》(*The Two Fundamental Problems of Ethics*)(1839/40)196。关于这一点,参见 Andrea Esser, *Eine Ethik für Endliche. Kants Tugendlehre in der Gegenwart*, Stuttgart: Frommann-Holzboog, 2004, pp.374-6。

② 关于这一点富有启发性的讨论,参见 Barbara Herman: *The Practice of Moral Judgment*, Cambridge/London: Harvard University Press, 1993, 第三章。

③ 问题似乎在于他认为幸福问题完全是主观的(例如《实践理性批判》V.36)。

④ 康德强调,父母照顾子女的义务是"法权义务",而不是"德性义务"。

此外,行动者怎样才能把爱的义务纳入涵盖所有义务的一般范畴? 康德是否认为,我们必须在履行了所有狭义的义务之后,才能开始认真对待爱的义务(对自己和对他人)? 在两者发生冲突时应该怎么办? 康德的确制定了这样一条规则,即不能为了履行德性义务而忽视任何法权义务。此外,德性义务究竟针对哪一类人? 这些义务是否意味着每个人都有义务只支持自己身边亲近之人的目的和利益,从而可能包括自己的邻居和周围环境中的其他人? 是否仅限于有义务帮助来到你所在城市并偶然向你问路的迷失方向的陌生人? 或者,它是否包括在你有能力的情况下在你的城市设立一个游客办事处的责任? 因此,我们的助人义务是否基于(并局限于)我们的能力范围? 但如果这是对的,那么我们是否有义务扩大这一范围? 那么,即使遥远的国家也有可能在我们的能力范围内——至少考虑到我们当代的技术能力及其远距离影响,这难道不是一个问题吗? 康德告诉我们,只要是"对全人类的爱",就不需要比最小程度的爱更多,一个人所有的关切"是最小的关切"("我只是不漠然……")①(《道德形而上学》Ⅵ.451,21-6)。

即使康德能够为所有这些问题提供很好的答案,人们也可能会严重怀疑善意之爱的普遍实践是否会在总体上产生理想的后果。康德是否因此放弃了道德普遍性的立场? 爱是一种偏袒的态度,它使某些人享有特权,而使另一些人处于不利地位,这不但因为其情感形式,而且因为其善意形式。康德承认这一点,并认为并不排除有等级的爱的可能,因为"爱邻人"的诫命的准则不是病理学的自爱,而是一种实践的态度;完全有可能在采取普遍善意的准则的同时,并不在所有情况下都以同样的程度被履行(《道德形而上学》Ⅵ.451-2)。但是,这种形式上的不平等和缺陷又是什么呢? 表面上看,如果普遍履行善意的义务,许多人很可能得不到他人的任何支持。爱的义务是否因此包括了需要为那些没有得到他人充分帮助的人提供额外支持? 我们是否有义务在我们的社会中,甚至在世界范围内建立一个关爱网络,以弥补个人善意的不足或缺失?

康德可以回应说,这些问题都是从后果论的立场提出的,而他自己的道德哲学仅限于行动的动因。爱也许不是治疗世界的良方,但这也不是爱所能及。尽管如此,具有爱的道德义务并不任由行动者随意判断;每个人都要把它作为自己的原则(《实践理性批判》Ⅴ.83,6-7)。在此,我将阐述我的解释中的最后一点。康德对爱的道德重要性做出了截然不同的评价,对此我们应该如何解释呢? 毫无疑问,一方面,康德将善意的爱完全等同于道德(在他对《圣经》诫命的解释中),另一方面,他又指责善意的爱有两个严重的缺点:

---

① 引文参见李秋零主编:《康德全集》第6卷,北京:中国人民大学出版社,2007年,第462页。——译者注

首先,爱不能强迫,因此,爱的存在是偶然的(或者说是履行义务的结果);其次,善意的爱在某种意义上羞辱了被爱者,在友谊中,必须用敬重来抵消。

第二个缺陷涉及我已经提到过的一个难题:在《德性论》中,康德在爱在道德上是否充分的问题上犹豫不决,因为爱在某种程度上使接受者依赖于行善。他认为,由于爱意味着两个人之间缺乏平等,因此必须额外用敬重来弥补。康德从自然哲学的视角来看待爱与敬重,他的自然哲学包括吸引与排斥相互对立的隐喻。然而,马西亚·巴伦(Marcia Baron,2002)提出了一个问题:为什么爱与敬重需要被置于如此明显的对立之中?可以肯定的是,如果康德把爱与敬重之间的关系解释为一种补充关系,那么他的主张会更加可信:虽然爱要求我将他人的幸福纳入我的其他目的之中,但我必须面对这样一个问题,即我的支持可能会羞辱他人。(《道德形而上学》Ⅵ.448 以下)因此,对于他人的爱必须辅以相当程度的敬重。自爱的问题也可以用同样的方法来解决:爱使我有义务行善,而自尊则必须使我避免过多地牺牲自己的利益。(《道德形而上学》Ⅵ.450)因此,敬重是通过平衡爱的缺点来纠正爱的两大问题的适当手段。

四、康德道德哲学讲座概览

现在,让我们来看看康德令人印象深刻的一个文本,在这个文本中,康德给了我们一些宝贵的提示,告诉我们为什么他认为爱在道德上是不充分的,以及为什么爱却是道德的一个重要组成部分。在科林斯关于康德 1784/1785 年道德哲学讲座的笔记中,我们可以找到一段关于爱的延伸性文本(27.1:413 - 22)。这段文本的语境仍是康德对道德义务的系统论述。像以往一样,爱的议题被置于"对他人的义务"标题下。康德首先区分了"善意或仁慈的义务"和"亏欠或正直的义务",并讨论了爱在前者中的作用。正如我们引自《德性论》中的第一段话(上文 5—6 页)一样,康德对爱的处理似乎是片面的、过于简化的,因为他一般是从偏好的角度来定义爱的:"爱是出自偏好的意愿善好"(27.1:413)。爱是出自偏好的善意,与康德称之为行善(*Gütigkeit*)的来自义务的善意不同。根据这段话,所有类型的爱都以偏好为基础,源于行动者自己的(物理的和利己主义的)冲动。行善不能恰当地算作爱;相反,它基于义务,源于"知性的原则"。出于爱而行善的人,会从自己的道德行为和他人的幸福中感受到直接的愉悦。与此相反,行善意味着道德行为中的一种间接的愉悦;通过行善,我们从履行义务的意识中体验到愉悦。康德指出了"出于爱的善行"的两个主要缺点(27.1:414)。首先是必须以他人为对象或目标。如果我出于爱的动机想要帮助他人,却发现没有人可以帮助,我就会感到不满足。我们可以归结为爱缺乏自足性(lack of autarcy)。第二点是爱的不连续性。如果一个人出于爱而行动,但却受到欺骗,他会感到失望,并可能决定今后不再"行善"。我们可以归结为爱缺乏稳定性(lack of stability)。这两点都表明,出于义务行善,即基于原则而非情感偏好行善,是有好处的。

在同一文本(27.1:417)的靠后部分,康德对爱的不同形式进行了细分。他区分了"意愿善好"的爱(love "that wishes well")和"喜欢善好"的爱(love "that likes well")。这种区分是完全析取的;任何形式的爱都必须属于这两种类型中的一种。康德接着说,"意愿善好的爱包括促进他人幸福的愿望和倾向",而喜欢善好的爱"是我们对他人的完善表示赞许时所获得的快乐";后一种形式"可以是感性的,也可以是理智的"。这段话听起来似乎康德现在允许一种符合道德的爱的形式:理智的喜欢之爱。然而,这种印象是错误的。康德认为,与其他类型的爱一样,这种意愿善好的理智之爱源于偏好。

为了进一步说明他对将爱作为道德基础的批判,康德进行了四个不同的思想实验。他在宣称一个人的"最高义务是尊重他人的权利"(27.1:415)之后,展开了这些思想实验。康德在这段话中将敬重与爱进行对比,给人的印象是他想说明的是爱在道德上的根本不足。让我们把这四种情况称为(1)个别忽视爱的情况;(2)普遍忽视爱的情况;(3)个别被爱引导的情况;(4)普遍被爱引导的情况。

(1) 康德说,假设一个人在他的道德能动性中完全按照法权的观点行事,而完全忽略了爱(27.1:415,22-31),这个人"可以永远对任何其他人关上心门,对其悲惨可怜的命运漠不关心"。但是,如果这个人"认真履行他对每个人的义务",他的行为就是完全正确的,即使"他对任何人的付出都不会超过他应得的分毫"。

当然,这个人让我们想起了《道德形而上学奠基》中两个著名的例子(《道德形而上学奠基》Ⅳ.398)①:无论是"富有同情心的人"(暂时"被自己的悲痛所笼罩"),还是"在气质上是冷漠的,对他人的不幸漠不关心"的人,都在没有积极偏好的情况下履行自己的义务,而他们的行为具有充分的道德价值。但与《道德形而上学奠基》不同的是,我们的文本似乎甚至表明,如果一个人的行为要具有充分的道德价值,就必须没有爱。这两段话都可以理解为一个"道德实验":在没有积极情感,甚至可能伴随消极情感的情况下,完善的道德态度是否可能? 康德显然认为可能的。

(2) 现在,假设所有人在道德领域都完全忽视爱(27.1:415,31-7):没有人会做出任何出于爱或善意的行动。再假设"每个人的权利都不受侵犯"。即便如此,"世界上也不

---

① 引文参见李秋零主编:《康德全集》第 4 卷,北京:中国人民大学出版社,2005 年,第 405 页。原文注释为[G 4:389],或为笔误。——译者注

会有痛苦"。康德在解释这一有力的结论时补充说,他不考虑非人为造成的疾病和不幸等恶果;他说,"人类最大和最常见的苦难与其说是由于运气不好,不如说是由于人的不公正"。

也许有人会提出反对,认为康德在这里说得太过分了,因为他没有补充说爱的义务也必须确立。为了满足人们的需要,这些义务是必要的,而这些需要并非由于不幸,而仅仅由于人类的处境。尽管如此,我们还是可以将这一思考总结如下:如果世界上没有善意的爱,而只有对他人权利始终如一的意识,那理想的情况便会出现,只要自然的恶可以被忽视。

(3) 与后一个例子相反,康德要求我们想象这样一个人——他忽视他人的权利,在道德能动性中受爱的指引(27.1:416,16-32)。康德把这种人描述为一个出于善意履行自己的义务,而无视他人权利的人。例如,这种人可能会拒绝他人提出的偿还债务的要求。在康德的例子中,尽管债权人有严重的困难,善意的行动者觉得讨债的语言冒犯了他,因此拒绝偿还。康德的结论是,这一个道德过错比"他一生中所做的所有善行……更糟糕,因为这完全是两码事,在这种情况下,善行根本没有任何地位"。

在这段话中,我们的印象得到了证实,即康德不仅认为善意的爱没有道德价值,而且认为它是真正道德的潜在障碍。一个实践善意的人,如果他的爱没有得到适当的承认或反馈,他就很容易感到受伤。康德认为,有爱之人的这一特征表明,善意通常建立在自爱的基础上。

(4) 最后,康德要求我们想象一种全人类都完全以爱为指导的情况(27.1:416,32-417,8)。康德认为,在这种情况下,根本不存在私有财产(没有"我的和你的"),世界"将不是理性的舞台,而是偏好的舞台"。康德的观点是,在这样的世界里,没有人会有足够的动机去工作,相反,每个人都"将依靠他人的施舍"。即使"一无所缺",这种情况也是无法忍受的,他说,因为人们将仅仅处于被动状态;只要能够获得各种物品,他们就会像孩子一样享受它们。

这段话再次引发了另一个严重的反对。康德在这里将两个完全不同的问题联系在一起:一个是关于行动动机充分与否的道德问题,另一个是对于哪种动机最有利于实现人类(个人和社会)利益加以权衡的问题。

如果我对这些文本的阐释是正确的,那么这四个思想实验远不能令人满意,但至少我们在其中找到了对我们的解释的有力支持。这里的四个案例对法权立场与爱的立场之间的关系作了极为关键的说明。说得尖锐一点:(a)康德要求一种僵化的个人的道德正确性;(b)他忽视了源于人性的需要,将社会经济问题边缘化,也许还低估了自然之恶的重要性;(c)他利用一种刻板印象来批评一个假想的道德爱好者不遵守道德;最后,(d)他夸大了占有性个人主义的重要性,将功效问题与道德要求混为一谈。然而,仔细观察之后,我们会发现康德引入这四个案例的目的显然是为了突出道德动机的适当形式和不适当形式之间的对比。因此,我们是否必须得出结论,说康德以一种激进的方式否定了爱的道德意义? 从某种意义上说,是的,但还有一点需要说明。到目前为止,我在处理科林斯的1784/1785 年的讲座笔记时,忽略了一段值得注意的文字。在这段话中,康德从某种目的论或天意的角度描述了我们爱他人和造福他人的倾向,并认为我们都参与了某种形式的"普遍的不公正"(*allgemeine Ungerechtigkeit*):

> 但是,既然尊重权利是原则的结果,而人却缺乏原则,那么天意就在我们身上植入了另一个原因,那就是善意的本能,我们通过这种本能来弥补我们不公正的所得。因此,我们有善意的本能,但没有正义的本能。凭借这种本能,人们会怜悯他人,将自己之前攫取的利益还给他人,尽管他们并没有意识到任何不公正;原因在于他们没有正确地审视这件事。即使按照民法和惯例,一个人没有对任何人不公,他也可能在普遍的不公正中分一杯羹。因此,如果我们现在对一个不幸的人施以援手,我们就不是白送了什么给他,而是把我们通过普遍的不公正夺走的东西还给了他。因为如果没有人可以比他人占有更多的世间财物,那么就不会有富人,但也不会有穷人。因此,即使是善举,也是源于他人权利的义务行为。(27.1:415,37 – 416,16)

这篇文章在两个方面似乎特别有趣,值得我们密切关注:首先,康德为爱(在善意的意义上)①提出了一种目的论的理由,试图揭示我们的慈善的自然倾向的隐含意义:善意的爱并不像乍看起来那样是一种失衡的或不道德的态度。相反,它具有可观的道德功能。其次,善意之爱不过是对一种普遍的不公正的补偿,普遍的不公正是一种我们每个人都身处其中的状态。我们支持一个陷于困境的人,无非是补偿这个人在当前普遍不公正的条件下遭受的损失。在前两页,即页边码第 413 和 414 页,康德告诉我们为什么他认为社会世界中的物品分配是一种影响深远的不公正状况。根据这段文字,人类是自然界的"客

---

① 在康德看来,即便是性欲之爱,也可以是导向敬重和道德的目的论叙事的一部分。在《人类历史揣测的开端》(*Speculative Beginnings of Human History*)(Ⅷ.112 – 3)中,我们可以找到一小段文字,在此康德讨论了理性对我们的性欲和性行为的影响。

人";每个人都有权利(right)享用我们在自然界中发现的物品。权利这一明确的术语强调了这里所涉及的是一种道德权利。康德特意补充道,每个人对世界上的物品具有平等的权利。但是,由于"上帝并没有把他的那一份分给任何人,而是让人们自己来分配这些物品,因此,每个人都必须享受这些美好的东西,以便生活下去,同时也考虑到他人的幸福……"(27.1:414)康德以某人发现"森林中有一张摆满食物的桌子"这一假想情况来说明这一点。他认为,在这种情况下,这个人无权吃掉所有食物。因此,我对自然物品的享用必须受到他人有平等的享用权这一理念的限制。康德总结说:"我有义务限制自己的消耗,并牢记大自然为每个人都做出了这样的安排。这就是出于义务而善行的根据。"

可以毫不夸张地说,我们的文本包含了康德关于"团结的义务"(obligation to solidarity)的论证。尽管如此,我们也不应该过分夸大;它并不支持康德为福利国家的理念辩护的主张。① 但这段文字至少可以削弱康德将贫困边缘化、对社会经济问题不感兴趣的印象。这一点应被修正如下:康德认为,每个人都有平等的权利从世界上的物品中获益,因此,我们在道义上有义务尊重他人用以获得福祉和幸福的真正利益。② 现在,如果我们有道德义务造福他人以便他们能够享有公正份额的物品,那么我们就必须在某种意义上履行我们的义务。我们必须能够以道德上适当的方式抵抗普遍的不公正,而不仅仅是被自然所支配,因为自然——值得称赞的是——已经在我们心中植入了一些慈善的倾向。正因如此,康德在同一文段中要求"所有道德家和教师都应……将善意视为义务,并将其归结为权利问题"(417)。如果我们考虑到了康德为"人人都对世界上的物品具有平等的权利"这一观点所做的辩护,就会清楚地发现这一要求并不是超然脱俗的。他当然不希望道德教师们在解释作为义务的善意行为时说谎。

还有一个方面进一步提高了科林斯的讲座笔记对我们这个主题的价值。细读之下,康德并不只是用团结的义务来重新表述善意之爱的倾向。相反,他更进一步,为作为一种道德情感的爱留下了空间。在第 417 页中,康德在宣称"意愿善好"只能作为一种义务(而不是爱)来要求之后,描述了一种获得充分的情感的方法。在略显简短的道德教学法

---

① 与大多数康德学者不同,这些学者为康德在一定程度上支持福利国家的观点辩护,参见 J. C. Merle, Funktionen, Befugnisse und Zwecke der Staatsverwaltung, Otfried Höffe ed., *Metaphysische Anfangsgründe der Rechtslehre*, Berlin: Akademie, 1999, pp.195 - 212, at 203 - 6; K. Steigleder, *Kants Moralphilosophie. Die Selbstbezüglichkeit reiner praktischer Vernunft*, Stuttgart/Weimar: J.B. Metzler, 2002, pp.215 - 22。但我们的这段话没有为这种解释提供任何证据,因为康德并没有谈到与平等份额的权利相对应的(机构或个人的)义务。

② 康德在《德性论》中没有完全重复这一思路,但有一段话与之十分接近(《道德形而上学》Ⅵ.458,1 - 11)。在这里,他同样提出了一个问题:如果只有法权义务,并且人们都自觉遵守这些义务,那么世界会变成什么样? 他的回答是,善意作为"一种伟大的道德装饰"将因此"在世界中消失"。

中,康德提出,我们应该在意识到自己有义务的情况下实施善意行为,通过这种实践,我们可以获得一种道德习惯。这段话如下:

> 然而,如果我们出于义务而为某人做好事,我们就会习惯于这样做,以至于后来我们也会出于爱和偏好而这样做。如果我们称赞某人,只是因为我们认为他配得上,我们就会习惯于这样做,以至于后来我们在任何事情上都会提到他的优点。因此,即使是源于偏好的爱也是一种道德德性,而且可以在这种程度上要求一个人首先把行善作为一种义务,然后通过养成习惯,也出于偏好而行善。(27.1:417,11-9)

我们在《德性论》的第一段引文(上文5-6页,第6点)中看到一种在行动者身上建立道德情感的习惯化。在上述引文中,这一点得到了有力的证实:情感性的爱可以以某种方式被塑造为道德上充分的爱,即使这种方式是次要的和间接的。一个人如果实践对他人的善意之爱(意愿善好的爱),就会习惯于希望别人好并且称赞别人。康德认为,特定的道德情感是存在的,就像其他情感一样,标示着愉悦和不愉悦,但它们的特点在于,它们是意志道德性的"主观效果"。① 众所周知,尤其是从《实践理性批判》(V.82-6)中更广泛的讨论来看,康德把这种习惯化的过程——而不是其结果——视为道德德性。因此,美德并不等同于神圣性;相反,它意味着"克服障碍的力量",而且在某种意义上,按照康德的思想,它甚至比现实的道德完善更为出众(《道德形而上学》VI.396-7)。

因此,康德只承认爱和其他道德情感间接或次要的作用。这个结论可以通过最后一个观点得到确证。在《德性论》中,康德区分了两种同情的情感,他使用了"*humanitas practica*"和"*humanitas aesthetica*"两个术语(《道德形而上学》VI.456-7)。前者指一个人将自己的情感传达给他人的能力,后者指一个人对他人情感的接受能力。康德通过提醒我们斯多亚学派智者的理想来接受第一种能力。② 这种能力使我们有可能过上道德英雄的生活。然而,他拒绝接受第二种能力,他之所以反对是因为这种情感不必要地增加了世界上的罪恶。在康德看来,道德上的刺激或受动状态并不具有内在价值。所有有价值的

---

① 参见《道德形而上学》VI.221:"……产生了一种义务的概念,遵守还是违背这种义务虽然也与特殊性质的愉快或者不快(一种道德情感的愉快或者不快)相结合,但对这种愉快或者不快,我们在理性的实践法则中却根本不予考虑(因为它不可能涉及实践法则的根据,而只能涉及在通过那些实践法则规定任性时心灵中的主观作用……"(引文参见李秋零主编:《康德全集》第6卷,北京:中国人民大学出版社,2007年,第229页。——译者注)

② 关于这一论题,参见 Marcia Baron, "Sympathy and Coldness: Kant on the Stoic and the Sage", *Proceedings of the VIIIth International Kant Congress*, vol. 1, part 2, Milwaukee, 1995, pp.691-702。

道德情感都必须来自实践理性。

The Concept of Love in Kant's Virtue Ethics

Christoph Horn

【Abstract】 Kant concentrates on the concept of love in the Metaphysics of Morals. However, comparing his related discussions in other texts, we can find that Kant not only has inconsistency in using the concept of love, but also holds two seemingly contradictory views on the moral importance of love as an emotion. By distinguishing between Kant's broad and narrow applications of love, Kant's problematic use of the concept is clarified; by regarding love narrowly as a maxim, and thus as a moral obligation to practice beneficence, the nature of love as a moral emotion is clarified: its moral adequacy lies in the fact that it is an emotion that is shaped through moral action in the process of habituation, while at the same time as a practical love it remains emotional, and morally plays a merely indirect or secondary role.

【Keywords】 Kant, Doctrine of Virtue, Duty of Love, Moral Emotion, Moral Habituation

【贺腾主持:古代中世纪生活方式理论(上)】

导语[①]:

法国古代哲学史家皮埃尔·阿多(Pierre Hadot)认为,古代哲学应该被视为一种"生活方式"(Way of Life)。因为古代哲学不仅仅关注纯粹的思考和逻辑的思辨,更关注自我的塑造、自我关怀和生命实践等议题。此外,阿多指出,由于中世纪经院哲学的影响,哲学与神学、生活方式与哲学的专业训练被割裂,导致哲学作为生活方式的内涵丧失。

阿多的这一命题在国际学界产生了广泛而深远的影响。从事古代晚期及中世纪哲学研究的学者,如迪奥·克布什(Theo Kobusch)、克里斯托夫·霍恩、安德烈亚斯·施佩尔(Andreas Speer)、米歇尔·沙斯等,都纷纷对这一哲学史方法进行回应和进一步发展。综合来看,阿多所阐述的古代哲学作为生活方式可能受到两个方面的批评:首先,并非整个古代哲学都将哲学视为生活方式,或许阿多的理论只能准确描述希腊化时代的哲学;其次,阿多认为经院哲学区分了哲学和生活方式,但这显然忽略了经院哲学中的实践面向。

本专栏的文章呈现了复旦大学哲学学院 2022 年组织的"中世纪哲学系列讲座"文章的翻译稿。这个系列讲座以阿多的哲学研究方法为框架,呈现了古代哲学、早期教父哲学以及中世纪哲学的生活方式理论,不仅凸显了阿多在西方哲学史研究中的影响,同时也展示了不同学者对阿多理论的修正和补充。

本专栏文章分为三个主要部分。第一部分是生活方式理论的方法论基础。首篇文章由法国国家科学研究中心的米歇尔·沙斯研究员撰写。作为阿多著作的英译者,沙斯教授对阿多的理论非常熟悉。在他的报告中,他全面介绍了阿多对古代哲学的关键术语,如精神修炼、向逻各斯看齐以及与宇宙合一等。

第二个部分涉及古代哲学及早期基督教的生活方式理论的思想史论述。首篇文章由克里斯托夫·霍恩教授撰写,他主要从柏拉图哲学出发,总结了柏拉图主义及奥古斯丁关于生活之艺的讨论。在这篇文章中,我们可以看到柏拉图主义哲学与早期基督教哲学之间具有非常重要的融合度。霍恩认为奥古斯丁也追随了新柏拉图主义关于生活技艺的教

---

① 本栏目主持人简介:贺腾,复旦大学哲学学院青年副研究员,主要研究方向为教父哲学及中世纪哲学。限于篇幅,本期刊出 4 篇,另 4 篇将于《伦理学术》第 17 期刊出。

导。第二篇文章由牛津大学的约翰内斯·扎克胡伯教授撰写,展示了早期基督教神学作为生活方式的一面。然而,他认为阿多的理论不能完全描述早期基督教神学,尤其不能完整刻画其中的哲学实践的公共性维度,即教会的维度。第三篇文章来自明斯特大学的阿尔冯·福尔斯特教授,他主要展示了奥利金的释经学理论,并将其视作为一种生活方式。第四篇文章是由香港中文大学的任卓贤博士撰写,讨论了大巴西尔关于动物理智的问题,提供了一个早期教父关于人和动物之间区别的思考视角。

第三部分专注于中世纪哲学对生活方式的讨论,着重关注中世纪哲学中的拜占庭传统、拉丁传统以及德国神秘主义传统。首篇文章由保加利亚索菲亚大学的乔治·卡普列夫(Georgi Kapriev)教授撰写,探讨了汉语学界相对陌生的"拜占庭哲学",在一定程度上揭示了该领域的基本问题,特别是展示了哲学与神学之间的密切关系。第二篇是由科隆大学的安德烈亚斯·施佩尔(Andreas Speer)教授以案例研究的方式介绍 13 世纪巴黎大学关于智慧问题的论战,讨论了四位哲学家对知识和智慧的不同定义。第三篇是约翰内斯·布拉赫滕多夫(Johannes Brachtendorf)教授探讨了奥古斯丁与埃克哈特的比较,展示了埃克哈特对奥古斯丁思想的改造和对神秘主义哲学的推进。

通过上述几篇文章,我们了解到哲学作为生活方式的理论视角是如何从古代哲学传统通过早期基督教教父传承至中世纪哲学的。在当今高度学科化、专业化的学术环境下,通过了解和学习这一传统,我们得以进一步探讨哲学的本质是什么。该系列讲座主要在线上举办,正值疫情期间在一定程度上陪伴着复旦学子度过了异乎寻常的艰难时刻。希望该专栏的几篇译文可以将西方哲学的生命关怀进一步推广到汉语学界。

皮埃尔·阿多论古代哲学:我们还能同宇宙休戚与共吗?

[加]米歇尔·沙斯①(著)

彭昱森②(译)

【摘要】皮埃尔·阿多介绍了一种研究古代哲学的全新方法,并展示了这种哲学如何与当今生活息息相关。阿多解释的核心概念是精神修炼,使我们能够改变感知世界方式的技巧,从而使我们能够以更深邃、更真实的方式存在。本文聚焦"俯视"的精神修炼,它能让我们改变视角,将我们的问题相对化,令我们意识到自己是宇宙中不可分割的重要组成部分,而不是宇宙中孤立的陌生人。实现阿多这种所谓的"宇宙意识"在今天看来似乎越来越成问题,但最近的科学发现有助于使之可能而且可信。

【关键词】皮埃尔·阿多,生活方式,精神修炼,俯视

第一部分

(一) 皮埃尔·阿多论"哲学作为一种生活方式"

我们要感谢已故法国哲学史家皮埃尔·阿多提出的"哲学作为一种生活方式"③的观点。他的意思是,哲学在古希腊-罗马不只是话语、一种类似解填字游戏的智力消遣,亦非构建繁复的形而上学体系并撰写阐述这类体系的论文,而首先关乎人的生活方式。用阿多的话说,哲学活动的目标是"将个人从一种因无意识而阴沉、因忧虑而疲惫的非本真的生活状态提升为一种在其中获得自我意识、准确的世界观、内在平静以及自由的本真的生活状态"④。

皮埃尔·阿多表明,这种生活方式哲学观与古代的历史、政治与社会经济环境密切相

---

① 作者简介:[加]米歇尔·沙斯(Michael Chase),法国国家科学研究中心(Centre National de la Recherche Scientifique)让-佩潘中心(Centre Jean Pépin)副研究员。本文译自作者于 2022 年 4 月 25 日在复旦大学哲学学院所做的讲座。

② 译者简介:彭昱森,南开大学哲学院讲师,主要研究领域为古代晚期圣经解释、古代晚期及中世纪哲学。

③ 参见 Pierre Hadot, *Philosophy as a Way of Life*: *Spiritual Exercises from Socrates to Foucault*, Arnold I. Davidson ed., Michael Chase trans., Cambridge, M.A.: Wiley-Blackwell, 1995。

④ Hadot, *Philosophy*, 83.

关,这种条件下的哲学培育是以对话方式师徒相传的。因此,古代哲学著作是"或直接或间接地模仿口授"①;如果我们有时觉得它们令人费解或文笔糟糕,那是因为"它们是一系列练习,旨在让[学生]操练一种方法,而非阐述学说"②。当希腊哲学四大流派——学园派、漫步学派、伊壁鸠鲁学派和斯多亚学派——的雅典本部在公元前 1 世纪几乎被彻底摧毁后,哲学教育自此向全帝国扩散,不再能仅凭师徒间的口耳相传,哲学逐渐呈现为评注各学派鼻祖的作品。③ 此即近千年来继续从事哲学的主要形式。

中世纪至今,哲学的学术研究逐渐成为涉及或关于哲学的论述,而非其实践。如今,这仍是大多数哲学院系教授哲学史的方式:可以被分解、分析与评估的一系列论证,不甚关注其所根植的历史及文学背景。

而皮埃尔·阿多研究哲学史的进路相当不同。基于对古代文本精密的语文学研究,阿多考虑到它们的历史、社会和文学背景,④希望发现古代哲学在何种意义上可能与我们如今的生活方式相关——与其说是为哲学问题提供解决方案,或发现现实的最终正确本质,毋宁说它能指导我们如何转变自身。阿多认为,我们可以通过学习以不同的方式看待世界而让自己变得更好。

听起来不错,不是吗? 但是,一个人如何实现如此崇高的目标呢?

(二) 精神修炼

根据阿多的说法,自始至终,古代哲学首先包括一套转变人的个性的技术,其手段是阿多所谓的"精神修炼"(spiritual exercises)。这些不是圣伊纳爵·罗耀拉(St. Ignatius of Loyola)的《灵操》(*Spiritual Exercises*),而是比伊纳爵早了近两千年的转化性练习,阿多称其为"精神",因为它们不仅关涉人类智力,而且关涉包括欲望与想象在内的整个人。它们旨在改变我们感知世界的方式,从而改变我们的存在模式。理想情况下,这类练习可以引导我们如初次观看般感知世界,即塞涅卡所谓的仿佛新观众(*tamquam spectator novus*)。⑤

---

① Pierre Hadot, "La philosophie: une éthique ou une pratique?" in *Problèmes de la Morale Antique*, *sept études*, ed. P. Demont, Amiens, Faculté des Lettres, 1993, p.11;参见 Hadot, *Philosophy*, 62。

② 正是这种解释古代哲学文本明显不融贯的尝试,使他开始了对精神修炼的研究;参见 Hadot, *The Present alone is our happiness*: *Conversations with Jeannie Carlier and Arnold Davidson*, 2nd Marc Djaballah and Michael Chase eds., trans., Stanford, C.A.: Stanford University Press, 2011, p.59。

③ 参见 Arnold Davidson, "Introduction" to Hadot, *Philosophy*, 5,并提及阿多的著作。

④ 关于这一点,参见 I. Hadot, "L'idéalisme allemand a-t-il, chez Pierre Hadot, perverti la compréhension de la philosophie antique?" *Revue des Études Grecques* 129, no. 1 (2016): 195 – 210。

⑤ Seneca, *Ep.* 64.

　　根据柏拉图时代以降的希腊哲学,我们一直在同自身对话。哲学的主要目标之一是训练这一内心论辩,就像修辞术是训练或使我们的外部论辩井然有序的技艺。我们要不断训练它们,以免遭受不为我们所控的混乱的思想浪潮冲击。正如斯多亚学派所教导的,伤害我们的并非事物本身,而是我们对事物的态度,一种我们能够凭借系统的操练来改进的态度。这要求我们使自身的思想和情感与一些核心的哲学信条相适应。例如,斯多亚学派对事物的基本划分:取决于或不取决于我们。健康、财富和美貌等不取决于我们,我们可以在一定程度上促使自己获得这些事物,然而,它们在很大程度上不为我们所控,因此,斯多亚学派认为我们不应为之挂怀;道德意图的纯洁性取决于我们,无人能阻止我们打算做正确之事,因此,这些道德意图对斯多亚学派来说最为紧要。①

　　然而,古人很清楚——也许比我们更清楚——仅仅读过或听过某种哲学学说——例如,斯多亚学派的"道德恶是唯一恶"——并视其为真是不够的。如果某人希望能够立即掌握这种学说,以便快速而可靠地将其应用于生活中的突发挑战,便需要沉思它、接受它、领悟它,使其化为自身的一部分。这种对规范(*kanôn*)或生活规则的沉思的操练是被阿多称为"精神修炼"的一种。

　　阿多将精神修炼定义为"一种自愿的、个人的实践……旨在实现自身的转化"②,并详细地加以说明。它们或是身体的,如某些饮食规则;或是思辨的,如对话和沉思;或是直观的,如静观。③ 公元前 1 世纪,亚历山大里亚的斐洛列举的一些例子包括研究、倾听、专注、自我管理、对无关紧要之事漠不关心、阅读、沉思、治疗激情、内心对人与事的疏离、回忆美好事物、履行职责以及检查自己的良心。④ 斯多亚学派的一种专门技术是定义物体(physical definition),即把某事物或事件分解成其组成部分,厘定它们的界限,并各自命名(我们稍后将看到马可·奥勒留使用这一技术)。⑤ 与该操练密切相关的是练习"生活在当下"(living in the present),专注于每一刻,因为我们知道,不同于不为我们所控的过去或未来,唯有当下真正取决于我们。因此,伊壁鸠鲁学派会专注于可以从每个瞬间获得的无限快乐——一种无法经由时间延续而增加的快乐——和幸福,斯多亚学派会仔细检查自己在每个瞬间的道德意图,确保只赞成客观的陈述,自身的行为有益于人类共同体,与

① 此即现代英语哲学中"义务论"思想的观点。

② Pierre Hadot, *The Present Alone Is Our Happiness*, p.87.

③ Hadot, *What is ancient philosophy*? Michael Chase trans., Cambridge M.A.: Harvard University Press, 2002, p.6.

④ 印度思想中与这些练习的相似之处,参见 Jonardon Ganeri, "A Return to the Self: Indians and Greeks on Life as Art and Philosophical Therapy," in *Philosophy as Therapeia*, C. Carlisle & J. Ganeri eds., Cambridge: Cambridge University Press, 2010, p.124。

⑤ 最近的研究表明,这种技术可以有效地减少焦虑。

理性宇宙的意志一致,将自身置于整体的视角中。① 正如阿多在其最后发表的作品中所写的,专注于当下时,"意识不但不会畏缩,反而会提升到一个更高的视点,人们由此可以透过当下看到过去与未来,而且这种意识会向存在的无限和永恒开放"②。因此,它是实现宇宙意识的理想方法,阿多将其定义为"意识到我们是宇宙的一部分,以及在整个宇宙自然的无限性中,自我随之的扩张"③。这种感觉类似于一种与整体融合的神秘体验,阿多一生中曾多次体验到这种"海洋般的情感"。法国作家米歇尔·于兰(Michel Hulin)的定义是"在我和周围的宇宙之间有一种基本的共同归属感"④。

皮埃尔·阿多描述的另一项精神修炼是所谓的"俯视"(view from above)。⑤ 想象自己飞到某地点的高处——例如自己的房间或办公室——然后是栖居的房屋,身处的街区,所在的城市、地区、省份、国家、大陆、半球以及地球——旨在从一个新视角看待自己日常的担忧与疑惑。一经俯视,许多对我们来说似乎难以招架的问题便显得微不足道。塞涅卡意识到,⑥从高空俯瞰地球,人类的劳作好似蚂蚁来回乱窜,为了弹丸之地发动战争。较之宇宙的浩瀚,我们的问题的确不足挂齿。柏拉图在《理想国》(Republic)中写道:

　　一个思想宏伟,眼观一切时间和一切本质的人,你认为,在他看来,人生会是某种重大的事件? 因此,这样的人不会认为死亡是一种可怕的东西。⑦

这种实践物理学的修炼使我们在想象中翱翔于地球之上,有助于达到古人所谓的"大度/自重"⑧(greatness of soul/μεγαλοψυχία/magnanimitas),其中一个重要方面是淡化我们个人在整个宇宙经济(economy)中的重要性。⑨ 阿多援引马可·奥勒留皇帝:

---

① Hadot, *Philosophy*, p.84,引自 Marcus Aurelius, *Meditations*, 7, 54。此即斯多亚学派三重操练的一个例子,我们会再回到这里。

② P. Hadot, *N'oublie pas de vivre*: *Goethe et la tradition des exercices spirituels*, Paris: Albin Michel, 2008, p.79.

③ Hadot, *Philosophy*, p.266.

④ Michel Hulin, *La mystique sauvage*, Paris: Presses Universitaires de France, 1993, pp.56 - 57.我已在"Existe-t-il une mystique néoplatonicienne?"(in *Mystique et philosophie dans les trois monothéismes*, D. Cohen-Levinas, G. Roux and M. Sebti eds., Paris: Hermann, 2015)中讨论过这部作品。

⑤ Hadot, *Philosophy*, pp.238 - 250. 参见 Hadot, *The Inner Citadel*: *The Meditations of Marcus Aurelius*, Michael Chase trans., Cambridge, M.A.: Harvard University Press, 1998, p.172ff。

⑥ Seneca, *QNat.*, Preface, pp.7 - 11.

⑦ Plato, *Republic*, 486a[原作 406a], 引自 Hadot, *Philosophy*, 97(据王扬译本略作调整)。

⑧ Hadot, *Philosophy*, p.243.

⑨ Hadot, *Philosophy*, p.97.

观察星辰的轨迹,好像你在它们身边奔跑……当你思考人类,好像居高临下,俯瞰尘世事物。①

阿多认为,经由精神修炼带来的转变,哲学家有望摆脱个体性的孤立,上升到逻各斯或普遍理性的高度,实现心灵的平静、自由并强化(intensification)自身的存在。他写道,在所有的古代哲学流派中,"哲学被视作一种修炼,学习从普遍性的角度看待社会和组成社会的个体"②。

(三) 向逻各斯看齐

阿多的逻各斯概念承继自斯多亚学派。该学派认为,整个宇宙被一条理性或合理性的原则所渗透,它可以被称作逻各斯、"命运"(Fate)、"自然"(Nature)或"宙斯"(Zeus)。这种逻各斯相当于决定世界上一切事件的因果序列,但它也与我们自己的理性能力同质。因此,提升到逻各斯的层次意味着意识到自己是宇宙的一部分,就此而言,一个人的理性能力与激活宇宙具有活力的原则本质相同。

当皮埃尔·阿多讨论古代哲学的精神修炼的目标时,他的描述方式多样,其中大多数涉及自我提升,并认同某种更高的原则,或从这一角度看待事物。我们注意到他言及从整体(Whole)或大全(All)的角度看待事物,不过,当他写道,做哲学之于斯多亚学派意味着"训练生活,即有意识地、自由地生活:自由地,通过超越个体性的限制,承认自己是由理性驱动的宇宙的一部分"③,他也谈到向自然或普遍理性(逻各斯)看齐或与其保持一致。最后,我们为之努力的全球视角也可以被称为普遍性,他写道:"在每个学派中,哲学都表现为试图将人类从个体性和特殊性提升到普遍性和客观性。"④因而此处的普遍性等同于客观性。所有这些言说方式似乎都与阿多所说的"宇宙意识"几近相同,正如我们所看到的,这意味着我们意识到自身是宇宙的一部分,并认为某种与我们自身的理性能力同质的逻各斯或理性注入并支配该宇宙。

我们今天要关注的问题是,阿多认为对宇宙的这种认同是哲学作为一种生活方式的关键部分,这在 21 世纪是否仍然可能。

(四) 幸福与自我卷入

我们过于关注自身,所以我们中的许多人常闷闷不乐。这是皮埃尔·阿多的古代哲

---

① Marcus Aurelius, *Meditations*, pp.7, 47 – 48.
② Hadot, *Philosophy*, p.242.
③ Hadot, *Philosophy*, p.86.
④ 阿多在别处(*Philosophy*, p.242)称个体是"逐渐如自然本身看待事物般看待它们"。

学研究中的洞见,也是其作品中一再出现的主题。我们每个人都自认为是宇宙的中心,我们的问题无论大小——甚至我们的小问题也很快会变成大问题,尤其当我们独处时——都是世界上最重要之事。在阿多看来,按照他所认为的古希腊罗马哲学家的观点,这种将我们自身视为孤立个体的观点是以错误的方式看待世界的结果和表征,而幸福与意识到这一点相伴或一致。

阿多认为,适当更新后的古代哲学有助于纠正这种错误观点。我们可以转变视角,摈弃我们通常对实在的孤立的、个体性的观点——据此,世界绕着我们转——转而使我们意识到我们隶属于一个更大整体的同心序列:理性、人类、宇宙之为一个整体。阿多说,当柏拉图在《斐多》(*Phaedo*)中说哲学是一种"死亡练习"(*meletê thanatou*)时,他的意思是操练者应该"舍弃他的个性和激情,以便从普遍性和客观性的角度看待事物"。换言之,为了看清世界真实的壮丽,我们要抛开所有仅仅是特殊的和个人的事物——我们所有的偏见、先入为主的观念、恐惧、忧虑与遗憾,即塞涅卡所谓的沉浸在世界的整体之中(*toti se inserens mundo*)。① 这种视角改变将使我们自身的问题相对化,抛开我们孤立无助的错误信念,并意识到我们是世界不可或缺的组成部分。这最后一个特征相当于宇宙意识的感觉。

(五) 马可·奥勒留与斯多亚学派的三重训练②

斯多亚哲学历来被划分为三个部分:逻辑学、物理学与伦理学。将这些领域作为理论学科加以研究是必不可少的,斯多亚学派为此撰写了许多技术论文。然而,这并非哲学的全部:逻辑学、物理学和伦理学这三门理论学科亦有实践的一面,反映了理论方面的应用、具体化或现实化。这三个门类的理论方面对应有关哲学的话语,其实践方面则对应做哲学或以哲学的方式生活。因此,阿多可以谈论某种生活的逻辑学、生活的物理学和生活的伦理学,③而正是在哲学的这些活生生的层面,精神修炼才有其地位。

作为阿多构想出古代哲学中话语功能的方式的一个例子,粗略看看斯多亚学派的三重训练的实践的、生活的一面吧。

关于逻辑的话语对应研究思维规律,在思维训练或生活的逻辑学中,我们尽可能确保我们客观地看待事物,不认同虚假或可疑之事。例如,如果我们看到一些最初在我们看来骇人、恶心甚至过于诱人的事物,我们要尽力区分我们的激情何以引起这些印象。因此,

---

① Seneca, *Ep.* 66, p.6.

② 之后的内容参见 Hadot, *Inner Citadel*。

③ 三分法仅适用于关于哲学的话语,哲学本身对于斯多亚学派仍是独一的行动,参见 Hadot, *La Philosophie*, 26。

我们可以希望对事物的看法更加客观：斯多亚学派的圣贤在理想状态下可以一边看着突豕的獠牙，一边感受到与在绘画中观看它们相同的审美愉悦，因为他使自己的感知摆脱了恐惧或欲望的扭曲效果。换言之，我们必须在我们的感知或描述中不作价值判断。

马可·奥勒留《沉思录》中的许多段落被学者们一再解释为其极端悲观主义或苦修精神的标志，例如：

> 我们面对烤肉及其他食物，在脑海中这样想，这是一条鱼的尸体，那是一只鸟或一头猪的尸体，这是多么有用啊！此外，再想想费勒年是葡萄串的液汁，紫袍是用贝类的血浸染的羊毛，性交是伴有黏液的痉挛性喷射的内部摩擦……一生都该如此行事，每当事物显得过于诱人，我们要使它们赤露，剥去夸耀他们的神话。①

然而，正如皮埃尔·阿多所展示的，奥勒留在这些段落中所做的其实是操练定义物体，旨在训练自己不要被物质享受过度吸引从而高估它们，或因其不可避免的损失而过于忧伤。

斯多亚学派的行为准则对应于伦理学理论的实践层面或实现。我们现在履行了我们的职责，行为举止合乎人类社会的善，而非创建关于德行与恶行的理论，将它们分门别类并分析它们的关系。

最后，训练欲望对应于生活的物理学的修炼。我们要提醒自己，宇宙受一个与我们自身的理性同质的理性法则支配，我们是宇宙的一部分；我们必须训练我们的意志，不仅接受而且热切地渴望由那个理性法则导致的结果。因此，训练欲望在于在整体的语境中替换每个事件；②换言之，在于达到宇宙意识的状态。

生活的逻辑学、生活的伦理学与生活的物理学三种修炼共同构成了做哲学的单一行为。正如马可·奥勒留的自我提醒：

> 无论何时何地，你都要虔诚地满足现状〔此处，我们辨识出生活的物理学的修炼〕，公正地对待周围的人〔生活的伦理学的修炼〕，并将辨别规则应用于你当前的呈现，以免任何非客观的想法溜进去〔生活的逻辑学的修炼〕。③

---

① Marcus Aurelius, *Meditations*, pp.6, 13（参见王焕生译本）。
② Hadot, *Inner Citadel*, p.142.
③ Marcus Aurelius, *Meditations*, pp.7, 54,引自 Hadot, *Philosophy*, p.84.

对奥勒留来说,认同宇宙或宇宙意识意味着我们应该以爱与自愿的态度接受我们遭遇的一切,因为它是由与我们自己的理性原则同质的逻各斯注定的。

因此,实现宇宙意识的方法包括"接受自然的意志"以及"专注于当下"的修炼。① 用阿多的话说:

> 斯多亚学派认为,每个瞬间、每个当下都暗指整个宇宙……通过意识到我们生命中的某个瞬间、某一声心跳,我们可以感觉到我们自身与整个浩瀚宇宙的关联……整个宇宙存在于现实的每一部分。②

这种专注于当下使我们能够把它看作仿佛同时是生命的源始和终结。作为起点,正如塞涅卡③所说,我们仿佛新观众,惊讶于世界的美。然而,我们也可以像马可·奥勒留所建议的,视每个瞬间均为我们的最终时刻。④

第二部分　我们仍能同宇宙休戚与共吗?

(一) 宇宙虔敬

我们如今居住在城市中,繁星多半被城市照明所遮蔽,很难意识到夜空对于古代世界的人们来说是多么无所不在和印象深刻,以及它多么强烈地影响了他们的意识。

至少早在公元前 4 世纪,古希腊宗教和哲学的主要特征之一即是所谓的"宇宙虔敬"(cosmic piety):相信天体是有生命的、神圣的,因此应受我们崇拜及模仿。

柏拉图的《蒂迈欧》(Timaeus)是一篇基于将人类和世界分别类比为微观宇宙与宏观宇宙的对话,他在其中劝告人类静观天体的运动,以使其灵魂的旋转有序化(Timaeus 90a -d)。还可以举出其他例子,如亚里士多德佚失的对话、西塞罗的著作,以及斯多亚主义者克里安忒斯(Cleanthes)伟大的《宙斯赞》(Hymn to Zeus)。正如道明会士、学者安德烈-让·费斯蒂吉埃(André-Jean Festugière)所写:

> 在希腊化时期的圣贤看来,神明本质上是一位世界之神,人类本质上是世界的一

---

① Hadot, *Inner Citadel*, p.145.
② Hadot, *Philosophy*, p.260.
③ Seneca, *Ep.* 64, pp.6-7.
④ Marcus, *Meditations*, II, 5, 2。参见 Hadot, *Inner Citadel*, p.135。

部分,一刻也不能认为脱离了这一整体……4世纪末,当从尘世城市[即城邦宗教]转变为宇宙(Kosmos)城市时……人类本质上被定义为整体的一部分。最重要的是整体;因为与现代概念不同,这一整体本身被认为是一个生命体。①

(二) 古今宇宙论

当然,自古以来,我们日益了解地球的结构及其在宇宙中的位置。古人生活的世界中,地球在一系列同心球面的中心保持不动,每个球面均包含七颗已知行星中的一颗——当然也包括太阳和月亮——最后一个球面承载着固定的恒星。波兰天文学家尼古拉·哥白尼复兴了萨摩斯的阿里斯塔库斯(Aristarchus of Samos,约公元前310—230年)提出的地球如同其他行星一般绕日旋转的理论。关于这场哥白尼革命的著述甚丰,根据许多有影响力的历史学家的说法,人类突然意识到他们不在宇宙的中心,这应该是非常痛苦的。其实,从天体是完美的、永恒不变的世界观来看,地球与其说是在宇宙的中心,毋宁说是在其底部,尽可能地远离天体的永恒的完美;月下地区通常被污名化为生成和消灭的领域。给托勒密宇宙论以致命一击的伽利略很清楚这一点。他辩称,他所支持的日心说使地球"可以移动,亮度超过月球,因而不是污秽的底舱和宇宙的渣滓"②。

然而,现代宇宙学确实不再将地球置于宇宙的中心,而是一个边缘星系的边缘位置。我们现在知道,我们的太阳系围绕着一颗相当普通的恒星——太阳——运行,而太阳又是银河系中约1000亿颗恒星中的一颗。银河系又是一个普通的螺旋星系,位于一个被称为本星系群的星系群中,而本星系群又位于室女座超星系团的外围,后者隶属于更大的拉尼亚凯亚超星系团。总的来说,已知的宇宙预计含有约1000亿个星系。更重要的是,这些与我们之间的距离已经无法想象的星系正在以越来越快的速度远离我们。目前的研究似乎表明,这一趋势将一直延续,或许永远如此。

对人类意识来说,比哥白尼革命更令人不安的是这些难以想象的宇宙浩瀚通常被认为是完全陌生的,与我们毫无关系;而我们以及所有的生命,不过是碰巧出现在其中的一个意外。用著名宇宙学家、哲学自然主义的拥趸肖恩·卡罗尔(Sean Carroll)的话说,"宇

---

① A.-J. Festugière, *La Révélation d'Hermès Trismégiste*, Paris 1949, p.328.
② "vagam enim illam ac Lunam splendore superantem, non autem sordium mundanarumque fecum sentinam, esse demonstrabimus"; Galileo, *Sidereal Messenger* 57, Opere, vol. II, pt. I, 75, 引自 L. Bezzlola Lambert, *Imagining the unimaginable: the poetics of early modern astronomy*, Rodolpi 2002, p.52.

宙不关心我们……"①;"宇宙……不关心我们做什么"②;它根据"非个人的和无情的自然规律"③运作;它"不提供指导;它不知道或不关心应该发生什么"④。

我们如何能像斯多亚学派所建议的那样,与这样一个巨大的非个人结构有所关联,更不必说感到休戚与共了?我们如何才能实现阿多所说的那种宇宙意识,作为操练生活的物理学的结果,我们在其中逐渐意识到我们是宇宙的一部分?我们能否像斯多亚学派那样仍然"活在内在于宇宙的普遍理性的持久在场中",并"从这种理性角度看一切,喜悦地满足于它的意志"⑤?

(三)审美的解决方案?

阿多很清楚这一困难。他写道,"现代思想或多或少有种普遍的趋势——或许这种趋势更多是本能性的而非反思性的——根据这种现代思想,'普遍理性'和'普遍自然'的想法不再有什么价值……如今,自然对我们来说不过是人的'环境';它已经成为一个纯粹的人类问题、一个工业卫生问题。普遍理性观念不再有什么意义"⑥。因此,如今似乎很难谈及体会普遍理性。

这对阿多的论述,至少就他关于哲学作为一种生活方式对现代生活的适用性而言是一个非常严重的困难。对于这种异议,很可能没有完全令人满意的解答。阿多本人曾建议,当代人类可以选择使用审美经验而非斯多亚学派的天意自然,以达到古代哲学向往的宇宙意识和客观性。继柏格森之后,阿多指出,艺术家们天然是不带感情的,他们观看世界和它所包含的对象,并非根据它们对我们的效用,而是它们自身。这种无利害关系的审美感知,如同宇宙意识,可以由专注于当下来实现,⑦可以带给我们更完整的实在感。更确切地说,它能帮助我们恢复对世界存在这一事实的惊讶。阿多就此援引保罗·克利(Paul Klee),后者写道,当艺术家模仿神的创造性工作时,能动的自然(*natura naturans*),即创造性方面的自然,比被动的自然(*natura naturata*),即作为既存的和客观的事物的自

---

① Sean Carroll, *The Big Picture: On the Origins of Life, Meaning, and the Universe Itself*, New York, N.Y.: Dutton, 2016, p.422.

② Ibid., p.418.

③ Ibid., p.405.

④ Ibid., p.396.

⑤ Hadot, *What is ancient philosophy?* Michael Chase trans., Cambridge, M.A.: Harvard University Press, 2002, p.138(据张宪译本)。

⑥ Hadot, *Philosophy*, p.252.

⑦ Hadot, *Philosophy*, p.259.

然更重要。① 这让人想起已故法国物理学家贝尔纳·德·埃斯帕尼亚（Bernard d'Espagnat）的想法，他提出，作为能动的自然而非被动的自然的自然概念可能是最不适合描述终极现实的。②

（四） 其他可能的解决方案

1. 我们是星辰

然而，还有一些需要考虑的其他因素，可能使我们认为宇宙的其他部分也许并不像时而声称的那样陌生。

首先，众所周知，构成我们的元素在恒星中心被锻造。构成我们的碳、氧、氮、铁、硫等原子均在恒星内部合成，然后，当恒星——准确地说，那些质量至少八倍于太阳的恒星——耗尽其氢燃料时，就以难以置信的烈度，以一种被称为超新星的爆炸方式被送入太空。③ 如此形成的宇宙尘埃富含重元素，继续以每年约 4 万吨的量向地球坠落。④ 1992 年天鹅座新星（Nova Cygni 1992）形成的图案与大肠杆菌在细胞复制阶段的图像相似，这可能纯属巧合。⑤ 无论如何，当乔尼·米切尔（Joni Mitchell）在半个世纪前唱出"我们是星尘"时，她说得很对。

2. 宏观宇宙与微观宇宙

其次，我们已经看到，根据最新的估算，已知宇宙被认为包含约 1000 亿个星系，每个星系包含约 1000 亿颗恒星。正如肖恩·卡罗尔所说，"1000 亿这个数字也是对人脑中神经元数量的一个非常粗略的计数"⑥，这可能纯属巧合。宇宙的大尺度结构以粗大的星系团为特征，由像长丝一样细长的星系团连接在一起，而且正如宇宙学家理查德·戈特（J. Richard Gott）所写的，"有人把这一图景比作由突触相互连接的大脑神经元"⑦，这也可能纯属巧合。

---

① Hadot, *Philosophy*, p.255. 参见 Berhard Marx, *Balancieren im Zwischen: Zwischenreiche bei Paul Klee*, Würzburg: Königshausen & Neumann, 2007, p.35。

② Bernard D'Espagnat, *Traité de physique et de philosophie*, Paris: Fayard, 2002, pp.509 – 510.

③ 参见例如 Marcelo Gleiser, *The Dancing Universe: From Creation Myths to the Big Bang*, Hanover, N.H.: Dartmouth College Press, 1997, pp.294 – 295。

④ 参见 Karel Schrijver and Iris Schrijver, *Living with the Stars: How the Human Body is Connected to the Life Cycles of the Earth, the Planets, and the Stars*, Oxford: Oxford University Press, 2015。

⑤ Mario Livio, "The Microcosm and the Macrocosm", *Huffington Post* Feb. 2, 2016, available at http://www.huffingtonpost.com/mario-livio/the-microcosm-and-the-mac_b_9139946.html?

⑥ Carroll, *The Big Picture*, p.50.

⑦ J. R. Gott, *The Cosmic Web: The Mysterious Architecture of the Universe*, Princeton, N.J.: Princeton University Press, 2016, p.173.

我重申,大脑和宇宙之间的这些数量和形式上的类比很可能纯属巧合。但人们怀疑,如果古人拥有使我们最近能够进行观察从而能够做出这些估计的先进技术,他们根本不会认为这些发现是巧合。他们反而可能会认为这是一个令人愉快的确认——也许是最引人注目的——支持他们对一切现实的基本联系以及微观宇宙和宏观宇宙之间相似性的信念。用公元 3 世纪下半叶在罗马授课的新柏拉图主义创始人普罗提诺的话说:

> 我们每个人都是一个可知的宇宙,通过灵魂的底层力量与低级世界接触,通过高层力量与可知世界接触。(《九章集》[*Ennead*] III.4 [15].3, 18 – 24])

微观宇宙和宏观宇宙相对应的概念在古希腊罗马很普遍。人是一个小宇宙(*mikros kosmos*)或小世界的想法至少可以溯及前苏格拉底哲学家德谟克利特。① 及至公元前 1 世纪,我们在亚历山大里亚的斐洛的作品中发现:

> 因此,有些人甚至有信心宣布,最小的动物,人,相当于整个世界,考虑到他们中的每一个都由一个身体和一个理性的灵魂组成,因此,他们改变了表达方式,称人为小世界,世界为大人。②

大约在同一时期,罗马天文学家曼尼利乌斯(Manilius)写道:

> 人类之内有一个世界,每个人都是一个较小图像中神的副本,人类能够理解这个世界有何奇怪之处?③

在马可·奥勒留治下,伟大的医生盖伦通常不喜欢过分流露神秘主义,了解并支持这一学说:

> 深谙自然知识的古人说,动物就像某个小世界(*mikron kosmon*),你会在两者中发

---

① Fragment B34 Diels-Kranz = fr. 10 Luria = Aristotle, *Physics*, VII 2, 252b24.

② Philo, *Who is the heir of divine things*, 31, pp.155 – 156.

③ Manilius, *Astronomicon* IV, 893 – 895: Quid mirum, noscere mundum si possunt homines, quibus est et mundus in ipsis exemplumque dei quisque est in imagine parva?

现德穆革(Demiurge)同等的智慧。①

同样的想法盛行于古代晚期,诸如希腊的新柏拉图主义者波菲利(3 世纪晚期)②和普罗克洛(Proclus,5 世纪)③,以及拉丁作家马克罗比乌斯(Macrobius,5 世纪)④和塞维里亚的伊西多尔(Isidore of Seville,6－7 世纪)⑤。

可能在 4 世纪的某个时期,拉丁作家卡尔西迪乌斯(Chalcidius)根据事实解释了人是一个微观宇宙的观点——每个人均由与宇宙相同的基础原料构成:

> 在我们的身体中,有一部分是水,也有一部分是气,还有火和土。我相信,正是由于这个原因,古人将人类定义为一个小世界(*mundum brevem*)。的确如此,因为整个宇宙以及所有人类均由完全相同的事物组成:一个具有相同质料的身体,以及一个同一性质的灵魂。⑥

我们已经看到,现代科学承认我们是由与宇宙相同的基本元素构成的,尽管它将这些元素确定为碳、氧、氮、铁和硫,而非土、气、火和水。当然,今天很少有科学家会赞同卡尔西迪乌斯的观点,即我们的灵魂和世界灵魂由同一种原料构成。

无论如何,人类是一个微观宇宙的学说从卡尔西迪乌斯、马克罗比乌斯和伊西多尔传入拉丁中世纪,同时它也通过其他渠道传入中世纪的伊斯兰⑦和犹太⑧思想。在文艺复兴时期,它再次启发了列奥纳多·达·芬奇在约 1490 年绘制的名画《维特鲁威人》(Vitruvian Man)以及一个世纪后罗伯特·弗鲁德(Robert Fludd)的《两个亦即较大与较小宇宙的形而上学、物理学与技术史》(*Utriusque cosmi, maioris scilicet et minoris, historia,* 1617－1621)。

---

① Galen, *On the Use of Parts*, 21, Vol. 3, p.241, 13－16 Kühn.
② Porphyry, *On the Know thyself*, ap. Stobaeus, *Anthologium*, III, 21, 27.
③ Proclus, *In Tim.*, I, 5, 11－13; 33, 25; I, 202, 26－28; III, 172, 9; 355, 9.
④ Macrobius, *Commentary on the Dream of Cicero*, II, 11.
⑤ Isidore of Seville, *On the Nature of things*, IX, 1－2.
⑥ Calcidius, *Commentary on Plato's Timaeus*, Section 202.
⑦ 有关精诚兄弟会(Brethren of Purity)中微观世界和宏观世界的概念,参见 Syyed Hossein Nasr, *An Introduction to Islamic Cosmological Doctrines*, London: Thames and Hudson, 1978, pp.96－104。
⑧ 有关犹太思想中的观点,参见例如《拉比纳坦先贤录》('Aboth de-Rabbi Nathan)中的片段,ch. 31,引自 Gershom Scholem, *Die jüdische Mystik in ihren Hauptströmungen*, Zürich: Rhein-Verlag, 1957, p.391: "神所创造的一切,他也在人身上创造了。"

3. 宇宙为家

最后,理论生物学家斯图亚特·考夫曼(Stuart Kauffman)认为,我们人类和所有其他的生命形式,远非起源于一些极不可能的意外和仅仅基于随机选择而进化,而是"物质和能量在非平衡系统中耦合的自然表达。如果大量的生命注定要出现,不是作为一个不可估量的不可能的意外,而是作为自然秩序的预期实现,那么我们果真以宇宙为家"①。

在 21 世纪初,科学发现表明,我们是由星辰本身产生的材料构成的,宇宙在很大程度上具有与我们大脑——我们理性能力的所在地——结构相似的形式和结构,我们的存在可能是自然秩序的准必然(quasi-inevitable)实现。

虽然我们可能不再能够信奉斯多亚学派的观点,即整个宇宙是一个有生命的有机体,由一个与我们自身相同的理性原则所统治;但这些新近的科学发现似乎加强了古老的想法,即我们并非与宇宙完全无关,可以合理地尝试在宇宙的背景下重新定位自己,并认识到我们与它相近,是它的一部分。将注意力从我们作为个体的孤立性质和以自我为中心的担忧和恐惧中转移出来,并意识到我们是一个更大的整体的一部分,这种古老的精神修炼可能仍然保有其治疗价值。正如阿多所看到的,构成古代哲学作为一种生活方式的支柱的古代精神修炼,经过适当的更新,仍然可以帮助教导我们将自己的问题相对化,并惊讶地注视着这个世界,我们好像初次观看它,仿佛新观众。

Pierre Hadot on Ancient Philosophy:
Can We Still Identify with the Cosmos?

Michael Chase

【Abstract】 Pierre Hadot introduces a radically new methodology of the sturdy of ancient philosophy and shows how this philosophy can still be relevant to life today. The central concept in Hadot's interpretation is that of spiritual exercises, viewed as techniques that enable us to transform the way we perceive the world, and consequently enable us to be in a more intense and authentic way. I focus on the spiritual exercise of the View

---

① Stuart Kauffman, *At Home in the Universe: The Search for the Laws of Self-Organization and Complexity*, Oxford: Oxford University Press, 1995, p.20.

from Above, which allows us to change our perspective, relativize our problems, and realize that we are not isolated strangers in the cosmos, but essential and inseparable parts thereof. Achieving this "cosmic consciousness", as Hadot calls it, may seem increasingly problematic today, but I argue that recent scientific discoveries can help make such a realization both possible and plausible.

【Keywords】 Pierre Hadot, Way of Life, Spiritual Exercises, View from Above

作为一种生活方式的早期基督教神学?:反思皮埃尔·阿多

［德］约翰内斯·扎克胡伯①（著）

彭昱森②（译）

【摘要】 皮埃尔·阿多将古代哲学视为"一种生活方式",在其颇具影响力的论著中,他论述了早期基督教"哲学"。阿多认为,早期基督教思想家称自己的作品为哲学,这一做法可以通过观察古代基督教和异教哲学家共同的实践观来解释。在阿多看来,哲学的"基督教化"以及古代哲学流派的中断其实是哲学转变为纯理论学科的原因,他对此深表惋惜。本文将从阿多对早期基督教哲学的阐释入手,并对其方法稍加修正。本文将特别关注这些反思的公共维度,从而关注教会作为早期基督教思想发展的驱动力的制度特征。虽然可以说教会将早期基督教的理论、教义和论述与它们在基督徒生活中的实践结合在一起,但是维护制度完整性的需要也鼓励了远离基督徒生活方式的基督教哲学的出现。

【关键词】 皮埃尔·阿多,生活方式,早期基督教哲学

我将试图解释早期基督教思想是何种话语,我们应该怎样理解它? 20 世纪晚期的古代哲学研究的权威、法国人皮埃尔·阿多曾提议将其理解为一种哲学。阿多更笼统的论点——与其说古代哲学是纯粹的理论思辨,毋宁说是精神修炼——促进了这一判断。为此,他创造了一个美妙的习语,即作为一种生活方式(comme une manière de vivre)的哲学。我在许多方面同意阿多的论据,但它也留有一些问题。无论我们怎样强调基督教实践对古代晚期"神学"的意义,以基督教教义的形式显现的,被证实、否认和论辩的,依然是某种形式的理性话语。我们认同阿多对实践的强调时,这种宗教信仰的理性化及其对新兴的基督教会的意义尤其需要被解释。因此,在今天的讲座中,我将展示作为一种生活方式的古代基督教思想如何增添了理论的话语形式,它们在某些时候几乎可以脱离其实践及灵性的基础。

---

① 作者简介:［德］约翰内斯·扎克胡伯(Johannes Zachhuber),牛津大学三一学院(Trinity College Oxford)历史与系统神学教授,主要研究方向为希腊教父哲学与现代神学。本文译自作者于 2022 年 10 月 24 日在复旦大学哲学学院所做的讲座。

② 译者简介:彭昱森,南开大学哲学院讲师,主要研究方向为古代晚期圣经解释、古代晚期及中世纪哲学。

一、神学与哲学：澄清术语

然而，在我想方设法澄清这一问题的某些内容之前，我需要从一些基本的术语问题开始。如今，当我们谈论基督教思想，我们总是冠之以"神学"。没有解决这个问题的好办法，我自己在演讲中也会这么做。尽管有必要使用该词，然而，我们也需要意识到它的问题，尤其是用于古代晚期或教父时期基督教思想的情况。"神学"一词的历史无疑十分悠久，在前古典及古典希腊语中含义颇多。然而，如今的用法，即作为一门特定的学科，它将对基督教信仰的理性反思与一门更世俗的学科——哲学——区分开来，则晚得多。在欧洲，中世纪大学于13世纪建立，哲学和神学开始被划分为两门不同的知识学科。这些机构有哲学系与神学系，于是，伴随着一种机构制度的建立，相当直接地划分了两种知识探究模式，这些话语隶属其中不同的科系。

我不能在这里深入探讨中世纪发展的历史细节，我关注的是较早时期、教父时代的"神学"，约在基督教史的第一千纪，它尚未被用以指涉特定的基督教知识话语。某些希腊语作者出于它与异教的联系（神学有时可以被翻译为"创作神话"，"神学家"则是赫西俄德、俄耳甫斯等）而刻意避开它。一些基督教作者在使用该词时保留了多种含义，但通常可以认为，无论其确切含义为何，都不是指他们对自身信仰的教义的（或一般而言的）理性反思。如今，"教父神学"或许是一个方便的、不可或缺的术语，却并非第一千纪的作家们使用的历史名称。

二、作为哲学的古代基督教思想：这意味着什么？

然而，认识到"神学"并非第一千纪的基督教作家在自己的作品中常用的术语，一系列问题接踵而至：早期教父们使用过哪些术语？他们如何看待自己的工作？他们认为他们的写作构成了什么？试图回答这些问题的学者们指出，这一时期的基督教作家多称自己的思想为"哲学"，而且相当频繁。

最著名的早期例证无疑是殉道者查士丁（Justin Martyr）的《与特里弗的对话》（*Dialogue with Trypho*）开篇，在这部成书于2世纪中叶的作品中，基督教教师被视为哲学家，随后，他将自己借一位"老人"皈依基督教描述为发现了真哲学，此前，他也曾试图从其他哲学中寻找真理。关于转向基督教，他是这样说的：

> 我的灵魂中燃起了一团火焰，对先知和那些与基督为友的人的爱占据了我；当我

在脑海中反复思量(基督)的话语时,我发现唯有此种哲学安全而有益。

关于查士丁的叙述的历史真实性,学界看法不一;话虽如此,我的论证重点是,在这段文字中,查士丁将他成为基督教思想家的最终使命描述为实现了对真理的哲学探索,其实,这是一次穿越主要哲学流派的旅程。

查士丁为他的基督教洞见选择了"哲学"一词,这并非反常之举;它得到了同时期其他基督教作家的响应。根据 4 世纪作家凯撒利亚的尤西比乌(Eusebius of Caesarea)提供的证据,萨狄斯的梅利托(Melito of Sardes)笔下的"我们的哲学"即"与帝国一起诞生的哲学"。塔提安(Tatian)、德尔图良(Tertullian)等对希腊文化和哲学的看法较为负面,即便如此,这些作者依旧断言基督教是哲学。亚历山大里亚的克莱门(Clement of Alexandria)亦然,就他而言,基督教思想是"蛮族的哲学",与希腊人的(异教)哲学相对。

将镜头对准奥利金,他是 3 世纪早期最重要的基督教思想家,情况乍看之下有些不同。正如此前的查士丁和克莱门,生于埃及亚历山大里亚的奥利金在一所学校里教授"神学"。在写给昔日弟子神行者格列高利(Gregory the Wonderworker)的一封著名的信中,奥利金描述了自己的学校的教育理想:

> 我想请你从希腊人的哲学中提取可以作为学习课程或为基督教做准备的内容,从几何学和天文学中提取可以解释圣经的内容,为的是哲学家的儿子们对几何、音乐、语法、修辞和天文的一切说法,作为哲学的同伴,我们可以言说哲学本身,与基督教有关。

关于这段话,首先,奥利金意识到,哲学或他口中的"希腊人的哲学"不只是简单的对首要原理的思辨,而是所有科学、几何、音乐、语法和修辞的顶点。用德国观念论的行话来说,它是知识学(Wissenschaftslehre),因为它将其他所有分支都纳入自身的研究范围,并以最高的思辨洞见作结。

其次,有趣的是,奥利金并未简单地将基督教"神学"的任务视作等同于哲学的任务,也没有将之描述为一种无关的替代品。相反,他声称,他试图向他的学生逐步灌输的那种反思,拥有比一般"哲学"更高的立场。他写道,正如哲学将所有其他学科的洞见纳入其范围一样,基督教也将哲学洞见融入其中。随后,为了说明这一点,他使用了《出埃及记》中掠夺埃及人的著名类比。

因此,人们可能会认为,奥利金有别于查士丁,前者毕竟将基督教神学视为一门独立的学科,甚至可能预见了中世纪"哲学是神学的婢女"的观念。其实,对奥利金来说,"哲学"一词看似通常指的是异教思想,然而,他在"希腊人的哲学"与"基督教"之间构建的高度相似暗示,从根本上说,他的概念较之查士丁或克莱门差别不大。我们可能会怀疑,他口中的"基督教"(Χριστιανισμός)是一种替代的、真实哲学形式的名称。它不仅在洞察力上更胜一筹,而且植根于制度化共同体的存在之承诺;因此它提供了异教学派无法发展的最完整的真理形式。

让我进一步澄清这一点。看到许多基督教作者使用"哲学"一词描述他们的作品,绝不等于说早期基督教只是柏拉图主义或斯多亚主义的变种之一。长期以来,研究早期教父和古代哲学之间关系的作品几乎排他地采取了智识依赖的形式,以对古典与希腊化哲人的关键概念(或准确或偏离)的基督教化改造为主题,正是这种形式的结果。

我无意于在此处谴责这些研究的合法性。然而,关键是要注意到,他们的目的——在古代晚期发生的变革中显示哲学思想的连续性——与承认基督徒相信他们试图阐明其信仰的理性基础是一种哲学的意义根本不同。这两个问题并不相互对立,却是不同的。可以研究哲学思想在非哲学学科中的传播,包括现代意义上的神学,或古代晚期世界中更典型的例子,如医学与文法。

同时,基督教思想是一种哲学的观点,与希腊化世界中对现有哲学的激进的对立态度是相容的。这一点很明显,称基督教思想为哲学不仅见于那些经常被冠以"基督教柏拉图主义者"的作者的作品中,如亚历山大里亚的克莱门,而且还体现在那些因激进地将他们个人的、基督教的观点与其异教的替代品并列而闻名的作者身上,如塔提安和德尔图良。

其原因不难看出。将基督教思想视为"哲学",显然意味着对比和类比。其实,据我们所知,没有一位早期基督教作家仅仅自视为柏拉图主义者,尤其是这一名号被用来描述2世纪的阿尔比努斯(Albinus)或3世纪的普罗提诺(Plotinus)和波斐利(Porphyry)的方式。当他们称基督教思想为哲学时,他们都会对其进行修饰,例如,作为"真正的"哲学或(有趣的)"蛮族的"哲学,不用说,他们并不打算轻视自己的宗教,而是表明它起源于讲希腊语的希腊化世界之外。

然而,如若接受这一点,基督徒为什么会自认为是哲学家的问题只会更加紧迫。如果不是或主要不是学说的相似性,他们认为自己的活动与柏拉图主义者和斯多亚学派所追求的活动之间有何相似之处呢?回答这一问题,只能通过研究古代哲学的本质,以及公元后最初几个世纪的人们理解它的方式。

三、古代基督教"哲学"之为一种生活方式

截至目前,通过对基督教"神学"的分析,我们现在可以看到这一问题与皮埃尔·阿多以如此有影响力的方式所处理的问题有什么联系。众所周知,他本人热情地倡导:古代哲学不应该被简化为一套理论或思想,确切地讲,古代哲学是一种"生活方式"。成为一名哲学家并不只是、也不首先意味着学习了逻辑学,或者知道柏拉图的宇宙论与斯多亚学派的物理学之间的区别,而是投身于一种实践、一种培养关键性习惯从而塑造个人的"精神修炼"。

这种对自身的灵性内核的关注,对自我形塑的强调受到各学派的一致认同,这比他们的形而上学、宇宙学或道德理论更能解释他们有关哲学家的共识。

早期基督教亦然。对基督徒来说——也许更直观,至少从今天的角度来看——个人的行为举止、灵魂转变和永恒幸福等问题也是他们的身份的中心。在任何一个基督徒开始思辨神学教义之前,他们选择了一种新的存在形式,他们接受了一种信仰。

因此,对阿多来说,结果显而易见。基督教思想家们自称为哲学家,与他们对所谓柏拉图式或斯多亚式宇宙起源或灵魂性质的兴趣关系不大。准确地说,它反映了他们对实践、自我形成和精神修炼的共同关注。

> 然而,尽管一些基督教作者可能会把基督教说成是一种哲学,甚至是哲学本身,但这并不是因为基督教提出了一种类似于异教的评注和神学,而是因为它是一种生活方式与存在模式,正如古代哲学一样。(《什么是古代哲学?》,第240页)

我认为阿多察觉到了一些基本的内容。对今天的许多人来说,不仅存在着哲学与神学的学科分际,还存在着另一种对垒,一方为信仰或宗教,另一方是理性。因此,回顾古代晚期,我们直观地发现,我们很容易接受早期基督教强调精神修炼,或他们将基督教视为"一种生活方式"的观点,而即使在阿多之后,仅仅依照理论的连贯性阅读古代哲学家是非常普遍的。同时,大多数当代观察者,包括许多学者,都很难将早期基督教"神学"视为一种理性的形式,他们却愿意将这一称谓赋予哲学家,无论他们之后如何批评这些思想家的具体设想。

阿多鼓励我们避免将这种分离视为人造物。也许用更传统的语言来说,我们可以说所有种类的古代哲学都有一个"宗教"维度,早期基督教思想也有一个理性维度。我们面临的挑战是如何看待这两者的相互结合,而不是将它们视为互斥。

这当然意味着要问另一个难题。古代所谓的哲学家与教父们共同关注的实际甚至宗

教问题,竟催生出其中许多人明显从事的理论思考,原因何在? 在我看来,阿多的分析固然有其长处,却无法彻底解释这一关键事实。因此,为了找出这个问题的答案,我现在要扩大调查的范围。

四、苦修精神之为基督教哲学:个人与社群

为了达到这一目的,我打算迂回地开始,即指出早期基督教中"哲学"的用例之一——也许是一个怪胎——似乎特别支持阿多的解释。我的意思是,从4世纪起,基督教中涉及哲学,特别是"哲学生活"的内容多与修道生活或苦修士有关。阿多本人并未忽视这一事实,而且正如人们所预料的,他运用这一事实以加强其理论。

> 对于〔一些基督徒修道士〕,"哲学"自此将标示完满的基督徒生活,即修道生活。然而,这种"哲学"继续与诸如心灵宁静、不动情以及"合乎自然与理性的生活"等世俗范畴紧密联系。此后的修道生活——与世俗哲学并无二致——表现为灵性修炼的实践,其中一些是基督教的原创,更多却是世俗哲学的遗留。(《什么是古代哲学?》,第242页)

阿多可以通过诸多细节表明,见于亚他那修(Athanasius of Alexandria)、大巴西尔(Basil of Caesarea)及本都的埃瓦格理乌(Evagrius Ponticus)等思想家的专门的苦修神学,以及汇编于被称为《沙漠教父言行录》(Apophthegmata Patrum)中的世说如何显示了那种亦见于希腊化诸学派的自我关怀。在这种文学作品反映出较高教育水平之处,例如埃瓦格理乌的作品,我们发现了柏拉图传统的清晰回声,尽管根据具体的基督教思想有所修改。

然而,我认为,阿多如此强调苦修文献,也表明其模式的局限性,或者至少表明了他本人对其理解的片面性。因为苦修文献和修道神学很显然仅占早期基督教"神学"(终究在此处使用了该术语)之一隅。其实,或者可以说,它们未必是教父思想中最有特点或最典型的部分。

如果我们想完整地解释早期基督教思想,或者至少解释它作为一种哲学的最典型的方面,我认为,我们不能只关注乃至主要关注苦修文献。相反,我们需要考虑早期基督教思想中无疑最有争议的,而且就当下而言最令人困惑的方面,即教会教义的出现,尤其是有关三一上帝与耶稣基督的位格的教导。

考虑到这些信条,我们立即觉察到早期基督教思想的两个方面,我发现这两个方面在

阿多的复原,即自我照顾与形塑中没有得到充分反映。这两个方面如下:首先,教父神学主要不是某个人或几个人,而是被称为教会的团体的思考。其次(也是相关的),就这些教导达成一致是至关重要的,尽管如此,这种一致显然在很长一段时间内仍然难以实现。因此,完善这些教导的作品通常采取论战体裁,反驳论点并确立己方的对应论点。

在注意早期基督教思想的这些重要方面时,我无意否认其与哲学的相关性——恰恰相反,准确地说,我将试图表明,在古代晚期的基督教哲学中,存在着理性化的倾向,而阿多的观察不能完全解释这一现象。

五、教会与学派

我不想夸大其词,我想说的是,无论是教父时期抑或其他时代,如果有一个特征最能体现基督教神学的特点,那就是这种反思是在一个被称为"教会"的团体中开展的,并与之相关。除非考虑到它与教会的密切关系,否则无法理解基督教内部特殊形式的理性反思的出现或持存。

这种关系是双重的。一方面,基督教"神学"的形成始终与这个信仰共同体有关。另一方面,该共同体的重中之重是由一套能够且必须由理性辩护的教义构成的。

然而,提出这些主张并不是说早期基督教思想在这方面不能与古代哲学类比地理解。恰恰相反,整个古代的哲学也几乎不是个人事务。准确地说,它是在学校中从事的。这种"学校"的结构其实是古代的知识和职业生活的特点,远远超出我们如今所说的哲学。当然,有著名的哲学学派,学园派、斯多亚派、伊壁鸠鲁派、漫步派,以及其他更小的派别;也有医学流派,确切地说,最早提及的各种派系似乎就见于这一领域,当奥利金等后起的作者提到学派时,他们往往从医学流派开始;还有其他学派,例如文法学派。

这些学派有内部的权威结构,包括学派的时任领袖,以及历史维度。掌门人根据他与学派始祖的直接血缘关系证明他的权威。正如学园派的情况,这可能涉及未成文学说的传承,但是,无论如何,传统观念是关键。

汉斯·冯·坎蓬豪森(Hans von Campenhausen)在其经典的《前 3 世纪教会中的教会权力和灵性权力》(*Ecclesiastical Power and Spiritual Power in the Church of the First Three Centuries*)中指出了这种哲学学派的结构与早期基督教的相关性。他写道:

> 古代哲学与基督教会高度相似,倘若没有作为其载体的共同体概念,或者至少是前后辈的传承,便不知道教义传统。正如之后的主教名单,这些哲学的继业者

(*diadochoi*)是根据其与学派创始人的间距计算的,继承(*diadoche*)的不再是教导的内容(*paradosis*),而是交接的联系得以建立的过程,即学派(*airesis*)。

冯·坎蓬豪森继续说,这一结构最早见于诺斯替主义学派,他们经常提到学派领袖与使徒的直接关系。他认为,正是为了回应这些论调,主流教会将这一概念转化为使徒承继理论,作为基于君主式主教制度的机构、教会权力的基础。

我们看到,必须在与新兴教会的关系中看待早期基督教思想的主张,这未曾削弱它是一种哲学的说法,而是证实了我们的总体猜测(与阿多一致)。此外,这种相似性进一步延伸到学校与教会共有的一个重要特征:教条的存在。

在古代,承认学派归属的一个显著因素是遵守某些教义。柏拉图主义者至少可以借助假设灵魂的非物质性与不朽被识别,斯多亚学派是对天意的信仰,伊壁鸠鲁学派是其原子论,不一而足。学派成员基于公理接受的这些设想被称为教条;实际上,不仅是严格意义上的哲学家,医生和其他人也根据他们与某个特定学派的关系接受教条。到目前为止,基督教神学对教义的采纳与它作为一种哲学的总体特征是一致的。

六、教义的重要性:需要一致

教义与教会共同体或学校之间的具体联系是什么? 似乎很明显,就某些内容达成一致是集体认同的重要基础。因此,正如接受某些教义表明属于某一特定学派或教会,保持并维护对这些基本教导的接受和遵守也同样重要。

换言之,这些学校的机构稳定性取决于他们能否保证其成员都愿意接受共同观点的基本信条。这当然也适用于基督教会。我也不会叙述旨在就关键教义达成一致而召开的各级教会会议的历史。我不会详细提及教会最终与政府和国家结盟,以确保信理——教义的罗列——不被抛弃,或者此种罪行出现后的严重后果。总之,这一点应该是清楚的:共有的教义对于机构的存在意义重大。因此,就教义原则达成一致是绝对必要的,偏离不可容忍。

七、教义之争:不可能一致

明确规定信条必须被共同体的所有成员一致接受是非常好的。现实情况却是,有教义之处也有分歧。无论多么令人向往,教义上的一致在现实中都难以实现。其故何在?

答案是,就某种层面而言,所有这些教导都是理性的,它们具有命题的结构。因此,它们需要辩护,而这也必须由理性的、命题式的话语给出。因此,每有一处认定,就有一则批判;每一个诉求都有一份反诉;每一条教义的正统性都制造出对其的异议。

教义之争在早期基督教神学史中发挥的作用如此重要,其故在兹。传世文献中,成千上万页的内容尽是有关教会要义的合法性及其含义的争论。这些文件中的许多内容是纯粹的论战、修辞、对反对派咄咄逼人的谴责,但是,最终不可能不尽力理解对方的观点。然而,这样做的唯一途径是寻求更好的论证、更有力的理由,运用广义上的理性论证捍卫正统,拒绝异端。

八、反思皮埃尔·阿多

正是基于此,我认为我们可以回到阿多的理论,即早期基督教思想是一种实践哲学,一个从未脱离自我照顾和灵性发展问题的思想体系,一种与其他版本的古代哲学十分相似的"生活方式"。我们可以返回该理论,重新审视它。而且,我认为我们可以看到这样的可能性:接受阿多的理论,继而超越它,并且解释一些重要的内容。我相信,它们在他本人提出的版本中并未得到充分的解释。

当我们接受哲学实践的语境是公共的,而非个人的,就基督教而言,这种语境是教会,教义的存在并不因此而脱离基督教哲学整体上具有的实践性。这些教义很像哲学学派的信条,准确地说,有点类似于基本规则,旨在使个别成员所献身的共同体的实践得以实现。它们不是任意的法律,而是这些实践基础的理论表达。

然而,我已经论证过,它们也不止于此。它们是维系共同体的黏合剂。就基本教义达成一致是团体认同的基本形式。因此,不一致是危险的,分歧是不可容忍的。然而,与此同时,一致也总是难以实现的。教义的表述方式使它们能够被批评,甚至被拒绝。无异端,则无正统。

这种张力的实际结果是产生了论战性的文本,教义在其中(除其他外)被理性地论辩。我表明,这些论辩是基督教哲学——至少在某种程度上——离开其实践基础的地方。论证为其本身而被评估。之所以采用类比,是因为它们可能对修辞策略有用;接纳理论,是为了在复杂的争论中取得优势。换言之,理论理性从其实践基础中解放自身。

九、结论

我至今尚未处理的一个问题是:早期基督教思想被理解为一种哲学的限度是什么?在无法详述这一点的情况下,我至少想强调,我确实相信存在这种限制,任何对作为哲学的早期基督教思想的全面描述都必须考虑这些限制。例如,尽管有理由说——正如阿多正确地坚持的——基督教在其对自我培养和形塑的方向上延伸了早期的哲学,仍须注意到,基督教对拯救的承诺,即基于一个人——耶稣基督——的替死的永生的礼物,不仅有别于柏拉图主义或斯多亚主义有关人类完美的概念,而且属于另一种类型。较之哲学学校,教会的机构的情况亦然;将主教的权威与学校校长的权威相比,亦复如是。我还可以说下去,但我的观点足够清晰。早期基督教哲学与希腊化诸学派的教导之间的任何类比都必须通过承认基督教在古代晚期是一个自成一类的实体予以平衡。虽然我们需要类比以理解它的出现,这些类比却会在某一时刻崩溃,哪怕它们仍然有帮助且不可或缺。

正是在这个意义上,我最后要重申皮埃尔·阿多的论点:早期基督教思想是一种哲学。虽然我更同意这种哲学与其他形式的古代哲学一样,皆奠基于实践,但它在建立教会中所扮演的特殊角色也解释了更具理论性的话语模式是如何在很大程度上以脱离其最初的实践和灵性基础的方式发展的。因此,通往随后的合理化形式的轨迹可以追溯到基督教时代的最初几个世纪。

Early Christian Theology as a Way of Life？—Reflection on Pierre Hadot

Johannes Zachhuber

【**Abstract**】 In his influential treatment of ancient philosophy as "a way of life", Pierre Hadot included a treatment of early Christian "philosophy". The practice of early Christian thinkers to refer to their own work as philosophy can be explained, Hadot argued, by observing the practical outlook shared by Christian and pagan philosophers throughout antiquity. In fact, the "Christianization" of philosophy together with the discontinuation of the ancient philosophical schools was responsible, according to Hadot, for the transformation of philosophy into a purely theoretical discipline which he so bemoaned. This lecture will start from Hadot's interpretation of early Christian philosophy and subsequently offer some modifications of his approach. In particular, the lecture will be focused on the communal dimension of these reflections and thus on the institutional character of the church as driving intellectual developments within early Christianity. While it can be argued that the Church held together the theoretical, doctrinal, discourses of early Christianity with their practical realization in the Christian life, the need to preserve institutional integrity also encouraged the emergence of a Christian philosophy far removed from the Christian way of life.

【**Keywords**】 Pierre Hadot, Way of life, Early Christian Philosophy

解经作为一种生活方式:亚历山大里亚的奥利金的圣经灵性①

[德]阿尔冯·福尔斯特②(著)

冯子杰③(译)

【摘要】 古代的哲学不仅是一种理智活动,也是一种生活方式。与此相对,亚历山大里亚的奥利金将解经视为基督教的生活方式。如同评注柏拉图和亚里士多德著作的新柏拉图主义者一样,他将自己对圣经的评注和布道理解为一种精神修炼。因此,解经起到了教育灵魂的作用,它是"灵魂的指引"。在他的解经著作中,奥利金运用了亚历山大里亚语文学和哲学诠释学的方法来解释圣经文本,以此奠定基督教的文学和文化基础。对奥利金来说,成为一名解经者虽然是一项临时任务,但他也将解经理解为与上帝之道、基督的永恒相遇。他对圣经和古代哲学的开创性结合对基督教神学和灵性产生了长远的影响。

【关键词】 奥利金,解经,精神修炼,基督教

一、哲学与基督教作为生活方式

古代哲学不仅是一种理智活动,更是一种习惯、一种生活方式。哲学家甚至根据精神修炼来安排他们的日常生活,塞内卡等罗马哲学家以及古代晚期的新柏拉图主义者等希腊哲学家俱是证人。④ 哲学生活中的这些安排为基督教解经的发端准备了重要背景。正因为哲学被视为一种灵性的生活方式,其中上帝、人类和世界等大问题均是沉思的对象,

---

① 本文基于我的德文文章 Alfons Fürst, "Exegese als Lebensform: Christliche Paideia und Psychagogie bei Origenes" (in Peter Gemeinhardt ed., *Zwischen Exegese und religiöser Praxis: Heilige Texte von der Spätantike bis zum Klassischen Islam*, Tübingen: Mohr Siebeck, 2016, pp. 85–115)修改后形成英文版。

② 作者简介:阿尔冯·福尔斯特(Alfons Fürst),明斯特大学古代教会史方向讲席教授,国际奥利金协会主席,出版专著有 Origenes. Grieche und Christ in römischer Zeit (2017)、Hieronymus. Askese und Wissenschaft in der Spätantike (2016)。

③ 译者简介:冯子杰,北京大学哲学博士,中山大学哲学系(珠海)助理研究员,主要研究方向为德国古典哲学。

④ 对古代哲学这一领域的开创性研究是 Pierre Hadot, *Philosophy as a Way of Life: Spiritual Exercises from Socrates to Foucault*, Michael Chase trans., Arnold I. Davidson ed., Oxford: Blackwell, 1995。关于阿多的概念的讨论,参见 Michael Chase, Stephen R. L. Clark, Michael Mcghee eds., *Philosophy as a Way of Life: Ancients and Moderns. Essays in Honor of Pierre Hadot*, Chichester: Wiley-Blackwell, 2013。

早期基督教思想家也将基督教视为一种生活方式。他们将说明基督信仰的理智活动称为"基督教哲学",修道生活在古代晚期也被称为"真哲学"或"哲学的生活方式",其含义与哲学总体上被理解为一种生活方式相同。此外,亚历山大里亚的斐洛在将犹太传统表现为犹太人的哲学时,已经做了同一件事。①

在罗马帝国的学园派学校中,训练始于阅读柏拉图的《阿尔喀比亚德前篇》。这篇对话的主旨是把了解自己作为认识上帝的起点,以及把自我关怀作为获得自我认知的手段。② 柏拉图规定灵魂为人类的本质,因此,当务之急是获取知识、照顾灵魂。③ 这是苏格拉底哲学的基本观念,在柏拉图的许多对话中均有描述。基督教出于自身的目的完全接纳了这种对灵魂的关怀。所有古代基督教哲学家都强调实践生活比理论思考更重要。正如亚历山大里亚的奥利金首先指出的,德尔斐神谕"认识你自己!"所要求的对自身的认识存在于关于灵魂本性的理论知识中,更存在于关于其习惯和倾向的实践知识,与对每个灵魂的行为的审视中。④ 关注自己的灵魂并非旨在退回内心世界,而是意在引入一种生活的实践哲学。基督徒传播的真理是一种生活的真理——"我得说,"奥利金反驳学园派哲学家塞尔修斯时写道,"谁能够使听他们讲话的人活下去,谁就是正确的。"⑤基督教哲学家们持有一种实践的真理概念。

与奥利金关于自我认知的观念息息相关的是他对自我关怀的持续呼吁。在《耶利米书布道》中,他告诫他的听众,并向每一位听众说道,"你,要照料自己",或"要关注自己"。⑥ 这可以被看作古代自我关怀传统中清晰的表述范例。⑦ 基于《耶利米书》4:3 中的命令"要开垦你们的荒地,不要撒种在荆棘中",奥利金劝告他的每位听众要照料自己:"因此,你们要成为自己的农夫,不要在荆棘中撒种,而要把宇宙之神托付给你的田地当作荒地来耕种。"每个人的独有任务是在自己的实际生活中考虑并尽可能改进自己的道德习惯:"看看田野,那里有荆棘、有世上的思虑、钱财的迷惑和对享乐的喜爱。"(参见《马可福音》4:19;《路加福音》8:14)此外,奥利金描述了从旧人到新人的变化:"犁地翻土。

---

① 关于古代晚期的"基督教哲学"概念,参见 Theo Kobusch, *Christliche Philosophie*: *Die Entdeckung der Subjektivität*, Darmstadt: Wissenschaftliche Buchgesellschaft, 2006; ID., *Metaphysik der Freiheit*: *Ausgewählte Abhandlungen von Origenes bis in die Neuzeit*, Alfons Fürst ed., Adamantiana, 28, Münster: Aschendorff, 2022。

② Cf. Plato, *First Alcibiades* 127d – 135e.

③ Cf. ibid. 132c.

④ Cf. Origen, *Commentary on the Song of Songs* 2.5.1 – 15.

⑤ *Apology against Celsus* 8.48.

⑥ *Homilies on Jeremiah* 18.3.

⑦ 对这一传统的开创性研究是 Michel Foucault, *The History of Sexuality*, *Vol. 3*: *The Care of the Self*, New York: Vintage Books, 1988; London: Penguin Books, 1990.

而且为了让它不再旧,就要脱去旧人的行为,穿上了新人,这新人在知识上渐渐更新。"
(《歌罗西书》3:9－10)以这种方式准备好,每个人都能将神圣话语的种子播种到自己的
灵魂中,正如奥利金所说:"为自己制造荒地,如果你制造了荒地,从那些教导的人那里取
种子,从律法中取种子,从先知中取种子,从福音书中取种子,从使徒的话语中取种子,当
你拿到这些种子时,通过记忆和训练播种到灵魂。"①在奥利金最后谈到这些关于"记忆"
(mnéme)和"训练"(meléte)的话语中,他显然提到了古代的自我关怀传统,例如斯多亚派
哲学家爱比克泰德②——正如奥利金所指出的,他被许多同时代的人阅读,也为基督徒所
熟知。③

　　在奥利金的基督教哲学中,自我认知作为静观上帝的方式与道德和社会实践是相互
依存的。④ 道德实践作为对错误感觉和思想的净化,不仅是一个预备阶段,而且本身就已
经是静观上帝,亦即上帝之子。通过模仿基督的智慧、真理和公正等核心特征,灵魂分有
了这些价值,从而通过基督静观上帝。反之,由于这种对上帝的静观,产生了更加强烈的
实践,即以更大的道德努力按照基督的智慧、真理和公正生活。在理论和实践的循环统一
中,实践的爱处于主导地位,因为没有实际行动,对上帝的静观就失去了其价值。早期基
督徒根据基督信仰强调实践生活是一种共同特征。在这方面,基督教比古代哲学更像一
种生活方式。爱邻人是通过模仿基督静观上帝的实践途径。因此,照料自己和自己的灵
魂与照料他人相结合。正如使徒保罗所说(《腓立比书》3:20),基督徒的完美理想是超越
世俗的,早期基督徒的对话是属天上的,但他们将这种超世俗的人生目标与一种兼具个人
道德与社会实践的义务结合起来。我们在基督教的教与学的概念中也发现了同样的理论
与实践的相互依存。基督教灵修导师的主要职责是教导别人他已获得并实践的自我认知
和道德实践:"那个先实践他所教的,才有资格和义务教导他人。"⑤

二、评注作为一种精神修炼

　　基督教生活概念的基础是圣经。圣经文本包含上帝的命令,基督徒应该根据这些命

---

① Origen, *Homilies on Jeremiah* 5.13.
② Cf. Epictetus, *Discourses* 1.1.27, 31.
③ Cf. Origen, *Apology against Celsus* 6.2.
④ 关于奥利金的灵性的伦理方面,参见 Eberhard Schockenhoff, *Zum Fest der Freiheit*: *Theologie des christlichen Handelns bei Origenes* (Tübinger Theologische Studien, 33), Mainz: Matthias-Grünewald-Verlag, 1990; Christian Hengstermann "Leben des Einen: Der Tugendbegriff des Origenes", Friedrich W. Horn, Ulrich Volp, Ruben Zimmermann eds., *Ethische Normen des frühen Christentums*: *Gut — Leben — Leib — Tugend* (Wissenschaftliche Untersuchungen zum Neuen Testament, 313), Tübingen: Mohr Siebeck, 2013, pp. 433－453.
⑤ Origen, *Homilies on Numbers* 12.2.

令生活。因此,解经成为解释圣经文本的伦理意义的必要手段。但圣经解经不仅是获得伦理和精神生活的工具,它本身被视为一种精神修炼。①

在此,我们再次发现了哲学与基督教之间的联系,在古代晚期的柏拉图主义中存在类似的发展。新柏拉图主义作家们认为评注柏拉图和亚里士多德著作是一项神圣的工作,注释本身则被视为对神的颂歌。② 例如,5 世纪的亚历山大里亚的希罗克勒斯认为他对毕达哥拉斯的《金诗》(Golden Verses)的评注是一种精神修炼,而新柏拉图主义者辛普利修斯也将他对斯多亚派哲学家爱比克泰德的《手册》(Enchiridion)的评注视为一种精神修炼。③ 辛普利修斯还写了一些祷文,其中我们可以看到这种灵性,④而且他将他对亚里士多德《论天》的注释奉献为对神的赞美诗。在这篇注释的结尾,他写下了以下祷文:

> 我将这些解释作为一首赞歌献给您,您是整个宇宙以及您创造的所有物质和身体的创造者。我深深地希望思考您作品的伟大之处,并将其展现给那些有资格的人,以便我们这些对您没有任何卑劣和人性的想法的人,能够按照您对您所创造的万物的超越性,虔诚地崇拜您。⑤

这段非常虔诚的文本也可能是由一位基督教作者撰写的。古代晚期的异教哲学家认为思考一段文本以解释它是对神圣话语的沉思,因此是获取关于世界和上帝的知识的一种方式。评注这种行为被视为灵魂内在变化以及理智的、灵性的进步的过程。这些哲学家是非常虔诚的人,通过阅读和解释他们视为权威的作者,他们奉献一生去沉思上帝和世界。

这同样适用于基督教哲学家。第一位以类似的虔诚习惯撰写注释的基督教解经家是

---

① 这是 Peter W. Martens, *Origen and Scripture*: *The Contours of the Exegetical Life* (Oxford: Oxford University Press, 2012)的主题,然而当中并未谈到奥利金圣经解释的哲学背景。

② 参见 Henri D. Saffrey, "Quelques aspects da la spiritualité des philosophes néoplatoniciens de Jamblique à Proclus et Damascius", in: *Revue des Sciences Philosophiques et Théologiques* 68 (1984), pp. 169 – 182; Pierre Hadot, "Théologie, exégèse, révélation, écriture dans la philosophie grecque", Michel Tardieu ed., *Les règles de l'interprétation*, Paris: Éditions du Cerf, 1987, pp. 13 – 34。

③ 参见 Ilsetraut Hadot, "Der fortlaufende philosophische Kommentar", Wilhelm Geerlings, Christian Schulze eds., *Der Kommentar in Antike und Mittelalter*: *Beiträge zu seiner Erforschung* (Clavis Commentariorum Antiquitatis et Medii Aevi, 2), Leiden: Brill, 2002, pp. 183 – 199。

④ 参见 Philippe Hoffmann, "Sur quelques aspects de la polémique de Simplicius contre Jean Philopon: de l'invective à la réaffirmation de la transcendance du ciel", Ilsetraut Hadot ed., *Simplicius*: *sa vie*, *son oeuvre*, *sa survie* (Peripatoi, 15), Berlin/New York: de Gruyter, 1987 (22013), pp. 183 – 221。

⑤ Simplicius, *In caelum* (p. 731 HEIBERG)。

亚历山大里亚的奥利金。在其《约翰福音评注》序言中,他将自己的全部生活和学术工作描述为对上帝的奉献。① 此外,他也将自己本身奉献给上帝,②并以对上帝的信仰付诸解经。③ 为了理解福音的含义,他努力成为真正的门徒、基督的形象。④ 因此,他在评注第一卷的序言中以传统的求助祷告和对上帝的祈求结束,他请求上帝通过圣灵中的基督帮助他从福音的话语中发现神秘的意义。⑤ 在这方面,斐洛再次成为他的先驱:这位犹太柏拉图主义者认为他的圣经评注受到上帝的启发,而他对文本的理解则是神圣奥秘的起点。奥利金认为他对《约翰福音》的解释是献身上帝的表达和追求理智与灵性的进步。他的每一本评注可以说是他通向上帝之旅的诸阶段。⑥ 后来的神学家采纳了这一观点,并在同样的意义上描述他们的解经工作。比如,大巴西略解释说,长期研读圣经应该"将上帝庄严而神秘的话语印刻在灵魂上",从而促进"生活的纯洁"。因此,一个人应该毕生全心全意地沉思神圣话语。⑦ 因此,解经成为一种神圣的行动。解经被认为是一种精神修炼,成为解经家就成了一种宗教生活方式。

三、解经作为一种灵魂教育

圣经是基督教生活和灵性的核心。圣经为个人生活提供了意义和方向,同时解释了整个世界。解经被视为对世界以及自己生活的解释。在奥利金的诠释学概念中,逻各斯(基督)既是一切存在的创造和救赎原则,也是所有理性存在的内在生命原则。⑧ 不仅世界和圣经之间存在类比关系,圣经与灵魂之间也存在类比关系。⑨ 每个人的灵魂深处都寄居着神圣的逻各斯。因此,解释圣经既是宇宙论又是人类学,是对世界的解释,也是对灵魂的教育。根据德尔斐箴言"认识你自己!",奥利金通过解释圣经努力追求的知识是

---

① Cf. Origen, *Commentary on John* 1.1.1 – 4.26, especially 1.2.12.

② Cf. ibid. 10.1.2.

③ Cf. ibid. 6.2.7.

④ Cf. ibid. 1.4.23 – 24.

⑤ Cf. ibid. 1.15.89; similar prayers ibid. 6.2.10; 20.1.1; 28.1.6; 32.1.2.

⑥ 参见 Matthias Skeb, *Exegese und Lebensform: Die Proömien der antiken griechischen Bibelkommentare*, Clavis Commentariorum Antiquitatis et Medii Aevi, 5, Leiden: Brill, 2007, pp. 159 – 168。

⑦ (Pseudo—?) Basil of Caesarea, *Commentary on Isaiah*, preface 6.

⑧ 参见 Alfons Fürst, "Bibel und Kosmos in der Psalmenauslegung des Origenes", in *Adamantius* 20 (2014), pp. 130 – 146。

⑨ 参见 Henri De Lubac, *Geist aus der Geschichte: Das Schriftverständnis des Origenes*, Einsiedeln: Johannes Verlag, 1968, pp. 404 – 415; Alfons Fürst, "Origenes als Theologe der Geschichte: Exegese und Philosophie in der Geschichtstheologie des Origenes", in ID., *Von Origenes und Hieronymus zu Augustinus: Studien zur antiken Theologiegeschichte*, Arbeiten zur Kirchengeschichte, 115, Berlin/Boston: de Gruyter, 2011, pp. 125 – 162。

对自身的知识。他的解经目的在于阐明圣经文本的存在和伦理意义,从而使从圣经获得的知识对自己的生活产生重大影响。奥利金的解经旨在启发人们反思自身生活,并因此劝诫人们按照圣经的标准生活。解释世界与解释人类生活之间的相关性的一个显著例子,是奥利金在他的第一篇《创世纪布道》中对创世的解释。根据古代将人比作宏观世界(大世界)中的一个微观世界或小世界,奥利金将宇宙解释为关于人的寓言:"所有这些可见之物都是上帝通过他的道发出命令而出现的,巨大的可见世界已经准备就绪,但同时,讽寓形象也表明了那些可以装饰较小世界(即人类)的东西是什么。"① 举个例子:"我们所说的第一个天堂,即属灵的天堂,是我们的心灵,它本身也是灵,也就是我们那能够看见和感知上帝的属灵的人。但那被称为天穹的有形的天堂,是我们的以肉体方式看待事物的外在之人。"② 人类生活处于圣经解释的核心。奥利金的解释因此导向道德劝诫,例如,在《创世记》1:7—8 中关于空气将下面的水与上面的水分开的陈述:

> "让你们每一个人,"传道人对他的每位听众说,"都渴望成为分开上面的水和下面的水的人。其目的当然是为了让每个人都能理解并分有穹苍之上的属灵之水,从自己的内心汲取涌现出永生的活水(《约翰福音》7:38,4:14),毫不迟疑地远离并分开下面的水,即深渊之水,据说黑暗就在深渊之中,这世界的王(《约翰福音》12:31)和敌人、巨龙及其天使(《启示录》12:7)就居住其中。因此,每一个信徒都要通过分有据说在天之上的天堂之水,成为神圣的人。也就是说,当他醉心于崇高的事情,不考虑地上的事情而是完全专注于天上的事情,求在上面的事,那里有基督坐在神的右边(《歌罗西书》3:1)。因为到那时,他也会被认为配得上帝的赞美,就像这里的经文所说的那样:神看着是好的(《创世记》1:8)。③

　　奥利金最常用来描述圣经的意象之一是水井。④ 井一方面代表着圣经,另一方面代表着将自己奉献于圣经的灵魂。⑤ 圣经和灵魂两者紧密相连:它们各自依靠上帝过属灵生活,因为三一是这口井的源头。⑥ 就上帝的同一面容照耀到两者的深处而言,它们有着

① Origen, *Homilies on Genesis* 1.11.

② Ibid. 1.2.

③ Ibid.

④ Cf. *Homilies on Genesis* 7.5－6;10.2－5;11－13;*Homilies on Numbers* 12.1－3;*Homilies on Jeremiah* 18.4;*Commentary on the Song of Songs*, prologue 4.6－7;*Commentary on John* 13.1.3－4.

⑤ Cf. *Homilies on Genesis* 13.3－4;*Homilies on Numbers* 12.2.

⑥ Cf. *Homilies on Numbers* 12.1.

相同的结构,并依靠同样的神圣启示。同样的永恒之道,即逻各斯,在圣经和灵魂中产生共鸣。灵魂对圣经的意义理解得越深刻,就越能理解自己存在的隐秘意义。斐洛早已将圣经中的井解释为教育和知识的象征。① 当谈到《创世记》中利百加每天来到井边取水的故事时(《创世记》24:11,15),奥利金将圣经解释为一口我们每天都应该从中汲水的井:"利百加每天来到井边,她每天汲水。因为她每天在井边停留,所以,亚伯拉罕的仆人可以找到她,并与以撒结为夫妻。"你们认为,"他问礼拜的集会者,"这些是传说吗? 圣灵在圣经中讲述的是否仅仅是故事?"他的回答为如何理解圣经故事给出了重要建议:"这是灵魂的教导和属灵的教学,它指教你每天来到圣经的井边,来到圣灵的水边,并始终汲水,带回满满一桶,就像圣洁的利百加过去经常做的一样。"②阅读和解释圣经是一种精神修炼和灵魂的教育。因此,阅读和评注圣典成为一种精神指导,借此灵魂被引向上帝:

> 但可以肯定的是,灵魂与道的这种联合,只有通过在被比喻为井的神圣书籍中的教导才能实现。如果有人来到这些井前并从中汲水,也就是通过默想这些话语,感知到更深层次的含义,他将找到配得上帝的婚姻,因为他的灵魂已经与上帝合一。③

除了灵魂与上帝的婚姻之外,奥利金还使用了另一个意象解释圣经对读者的灵魂和生活的意义。在解释诺亚方舟时,他提出将圣经的意象比作内心的图书馆:

> 如果有人在邪恶不断增加、恶习泛滥的时候,能够转身离开那些变动不居的、消逝的和堕落的事物,倾听上帝的话语和神圣的戒律,那么他就在自己的心中建造了一艘救赎的方舟,也可以说是在自己内心深处献身于一座神圣话语的图书馆。他将信仰、爱和希望搭建为长、宽和高。他将对三位一体的信仰延伸至生命和永生的长度。他用温柔和善良的怜悯建立起爱的宽度。他将希望的高度提升至天上和崇高之处。……但是他并不是用未经加工的粗糙木板建造这座图书馆,而是用经过切割整齐排列的木板,也就是说,不是用世俗作者的著作,而是用先知和使徒的著作。因为这些作者经受了各种诱惑,所有的恶习都已削弱和剔除,他们都有正直的生活,并且

---

① Cf. Philo of Alexandria, *Questions and Answers on Genesis* 4.19 – 20; *Concerning Noah's Work as a Planter* 79 – 80; *On Flight and Finding* 200.

② Origen, *Homilies on Genesis* 10.2.

③ Ibid., 10.5.

其生活中的每个部分都获得了自由。……因此，如果你要建造方舟，如果你要建立图书馆，就从先知和使徒或者那些在信仰的正确道路上跟随他们的人的话语中收集吧。①

在《出埃及记布道》中，他解释道，我们每个人都应该在内心最深处拥有一个约柜，其中装有律法的石板，好使他可以昼夜思想上帝的律法（《诗篇》1∶2）。让他的记忆成为约柜和上帝的书库，因为先知也说过，牢记上帝的命令的人是有福的，好使他们可以去遵行（参《诗篇》105∶3；《以西结书》37∶24）。② 在这一断言背后，我们可以再次发现一个哲学背景，即柏拉图的"被铭刻在灵魂中"的逻各斯。③ 奥利金更广泛地运用了这个观点，来解释圣经作为基督徒生活基础的基本价值，并将阅读和解释圣经描述为基督徒的生活方式。我们应该"将圣经的话语铭记于心，并按照它们的光辉生活"，④并再次强调：

> 因此，真正的皈依就是阅读古老的书籍（即《旧约》），看看那些已经成为义人的人，模仿他们；是阅读、看看那些受到指责的人，防止自己陷入这样的责难；是阅读《新约》，使徒的话语；阅读之后，将这一切写入心中，并按照其中的教导生活，以便……我们能够归于神圣的传承。⑤

因此，古代基督教中，圣经的核心作用是在古代世界创造基督徒的生活方式。基督教解经者的努力旨在阐明圣经文本对实际生活的意义，并将其教导给其他基督徒。通过解释圣经获得的知识既是认识论的，又是伦理的。解经旨在促进理智的进步和道德的提升，而这两者都是引导人认识和沉思上帝的一部分。因此，解经者的任务是将圣经建立为灵魂通向上帝之旅的教育工具。根据奥利金的说法，这个旅程有三个阶段：从对激情和恶行或罪孽的净化开始，然后是逐步展开对逻各斯（基督）的认知，最终以对上帝完美而永恒的沉思结束。⑥ 在其《雅歌评注》序中，他将所罗门的书籍序列与灵魂的进步和向上帝攀升结合起来，并对这一顺序的含义做出如下解释：

---

① Origen, *Homilies on Genesis* 2.6.
② *Homilies on Exodus* 9.4.
③ Plato, *Phaedrus* 276a, 278a.
④ Origen, *Homilies on Jeremiah* 2.3.
⑤ Ibid., 4.6.
⑥ 参见 Karen J. Tørjesen, *Hermeneutical Procedure and Theological Method in Origen's Exegesis*, Berlin/New York： de Gruyter, 1986; Elizabeth A. Dively Lauro, *The Soul and Spirit of Scripture within Origen's Exegesis*, Leiden：Brill, 2005。

如果一个人通过改变习惯摆脱缺点并遵守诫命——如《箴言》所示——在此之后，当世界的虚荣被揭露，其可消逝之物的脆弱被清楚地看到时，他就会来到放弃世界和世间万物的地步，然后他将会（在《雅歌》中）非常合宜地去沉思和渴望那些看不见的永恒之物（参林后 4:18）。①

在同样的意义上，奥利金在一篇著名的《民数记布道》中解释了以色列人在沙漠中迁徙时的 42 个宿营地的名称：前 12 个代表对激情和恶习的胜利，接下来的 29 个（在上帝在西奈山上启示之后）代表朝向对上帝的知识的刻苦迈进，只有最后一个象征着进入永恒沉思上帝之前即将迈出的一步。② 这个灵魂的旅程是其治愈和救赎的过程。这也是奥利金解经的核心原则：圣经"是为了治愈灵魂而写的"；③"在圣经的每一部分中都充满着灵魂的药物"；④"仅仅是阅读圣经，灵魂就会受益，就像药物驱散了有毒食物的毒素一样"；⑤先知、使徒和教师是"灵魂的医者"。⑥ 阅读和解释圣经的目的是教育和治愈灵魂，解经是"灵魂的指引。"

四、圣经与文化

这种解经和灵性的概念必须在古代晚期文化更广泛的发展中加以理解。⑦ 从 2 世纪末开始，圣经已被确立为新的古典文本。在基督教话语中，圣经取代了古代古典文学。这个权威的与神圣的文本的新经典被认为是真理的启示。圣经提供了基督教话语中所使用的模式、范例、引文和典故，它充当了任何辩论的基础。论据源于圣经，因为圣经提供了基督教信仰的基本原则。这一发展挑战了古代异教世界的文学传统及其文化基础。基于圣经，基督徒创造了一个新的、另一种的教化（paideia），即基督教的文学与文化。

在 2 世纪末形成基督教《旧约》和《新约》正典之后，基督教哲学家开始以越来越多的精力对其进行仔细的研究，这绝非偶然。通过对几乎每一种圣经书卷的大量评注和数百篇布道，奥利金开始利用新的权威性文本，即基督教正典来满足基督徒生活的需要。但这

---

① Origen, *Commentary on the Song of Songs*, prologue 3.22.
② Cf. *Homilies on Numbers* 27.9 – 12.
③ *Commentary on John* 10.28.174.
④ *Homilies on Psalms* 37.1.1.
⑤ *Homilies on Joshua* 20.2 (= *Philocalia* 12.2).
⑥ *Homilies on Jeremiah* 14.1.
⑦ 关于这一发展，参见 Frances M. Young, *Biblical Exegesis and the Formation of Christian Culture*, Cambridge：Cambridge University Press, 1997 (Peabody M.A.：Hendrickson, 2002)。

种探索并不仅仅针对古代传统。通过将古代学术引入圣经解释，他将新的基督教教化与古代文化联系起来。① 他依靠在希腊化的亚历山大里亚发展起来的科学语言学方法和哲学诠释学，将圣经的文本解释为导向对存在的新而深刻的理解。奥利金的解经旨在以圣经为基础，对整个现实进行新的解释。根据他的诠释学，对圣经的解释和对世界的解释相互依存：文本中的世界阐明文本外的世界，反之亦然——文本外的世界有助于理解文本中的世界。如果像圣经这样的宗教文献要产生任何文化影响，这种联系是不可或缺的。一个权威性文本只有与人们所生活的世界相关联，才能对他们的生活有意义，而它的被接受程度取决于阅读文本时所处的文化背景的合理性和真实性结构。因此，将圣经文本与人们所生活的世界与他们的思考联系起来是必不可少的。奥利金建立了这种联系，从而奠定了此后所有基督教解经和文化的基础。②

以这种方式建立和塑造的基督教文化在很大程度上是古代文化的一面镜子。当奥利金基于古代方法和诠释学阅读圣经并将其与哲学相结合时，他创造了一种古代传统与圣经传统的混合体，这种混合体是不可分割的，否则就会被摧毁。这不意味着古代信仰和基督教信仰之间没有差异和矛盾。主要差异在于，基督教的核心信条是神子为了救赎和普世救赎的希望道成肉身。奥利金本人非常细致地描述了两者的异同。令人惊讶的是，他指出了许多关于上帝和伦理的共同观念，然而，他并没有忽视分歧：

> 哲学既不与上帝的一切律法对立，也不与其中的一切协调。因为许多哲学家都写道，有一个上帝创造了一切事物。在这一点上，他们与上帝的律法是一致的。有些人还补充道，上帝通过他的话语创造并统治一切，而万物都是由上帝的话语引导。在这一点上，他们所写的不仅与律法一致，而且与福音一致。事实上，几乎所有被称为道德和自然的哲学，都持有与我们相同的观点。但当他们说物质与上帝永恒共存时，

---

① 参见 Alfons Fürst, "Origen: Exegesis and Philosophy in Early Christian Alexandria", Josef Lössl, John W. Watt eds., *Interpreting the Bible and Aristotle in Late Antiquity: The Alexandrian Commentary Tradition between Rome and Baghdad*, Farnham/Burlington: Ashgate, 2011, pp. 13 – 32; Alfons Fürst, "Spiritual Life and Philosophical Reason: Features of Philosophical Exegesis in Origen's *Commentary on John*", Anna Usacheva, Anders-Christian Jacobsen eds., *Christian Discourse in Late Antiquity: Hermeneutical, Institutional and Textual Perspectives*, Paderborn: Brill-Schöningh, 2020, pp. 109 – 123。

② 关于这一点，另参见 Alfons Fürst, "Origenes — der Schöpfer christlicher Wissenschaft und Kultur: Exegese und Philosophie im frühen Alexandria", in ID., *Von Origenes und Hieronymus zu Augustinus: Studien zur antiken Theologiegeschichte*, Arbeiten zur Kirchengeschichte, 115, Berlin/Boston: de Gruyter, 2011, pp. 81 – 114; ID., "Origenes und der Ursprung der philosophischen Bibelauslegung", Martina Roesner ed., *Philosophische Schriftauslegung: Geschichte eines ungewöhnlichen Programms*, Adamantiana, 25, Münster: Aschendorff, 2022, pp. 15 – 35。

他们与我们意见相左;当他们否认上帝关心凡人之事,而他的旨意局限于月球以外的空间时,他们与我们意见相左;当他们通过星球运行轨迹来评价诞生的生命,他们与我们意见相左;当他们说这个世界是永恒的且永远不会终结时,他们也与我们意见相左。还有其他许多方面,他们要么与我们意见相左,要么与我们意见一致。①

除了这些内容上的分歧外,形式上的主要区别涉及权威的基础:基督教话语主要(却非完全)依赖于一套不同的文本和故事(圣经),而不是古代文化中的博学者的论述(荷马或维吉尔,以及希腊和罗马文化中的其他古典作者)。在基督教修辞中,古代传统当然从属于圣经传统。但对基督徒来说,这场有争议的辩论导致了两者的相互渗透。尽管如此,圣经仍然占据主导地位:经文并不仅仅被引用来证明采纳哲学思想的合理性,而且成为呈现在古代哲学传统中的观点和实践的基础。

通过在使用圣经时强调教育和劝诫,尤其是在布道中——例如金口约翰的布道,他因此而闻名——可以看到古代晚期的基督教呈现出学校的特征,即一个"灵魂的学校"(schola animarum),甚至是一个"讲堂"(auditorium),如同奥利金所描述的天堂。② 圣经对基督徒生活方式的影响在修道生活中最为明显。圣经,尤其是每天诵读的《诗篇》,塑造了灵修和日常的修道生活。然而,许多普通的基督徒是通过在教堂中的礼拜接触圣经的,在那里,长段经文被朗读和解释。这种礼拜的实践对听众关于上帝、世界和人类的观念产生了影响。在大多数解经布道中,布道者塑造了男女基督徒的思想和生活。当然,一方面,我们必须考虑到宣扬的理想与实际生活之间存在一定的距离;另一方面,我们可以假设在 3 世纪和 4 世纪,普通基督徒对圣经有相当广泛的了解,并且它在他们的日常生活中起着至关重要的作用。基督教布道者和解经者强调道德行为,并以教条的方式解释基督信仰。通过这样做,他们在形成一种新的基督教文化方面作出了重要贡献,在其中整个世界和人类生活得以被全新解释。

奥利金通过在大量注释和众多布道中的方法论和诠释方法,为这一历史发展奠定了体系的基础。在基督教学术和文化中,解经是一种生活方式,尤其是对于解经者本人而言。换句话说,他以自己的生活方式为例,展示了将基督教生活建立在圣经上的含义。奥

---

① Origen, *Homilies on Genesis* 14.3. Cf. *On First Principles* 1.3.1, 2.1.4.

② *On First Principles* 2.11.6.

利金提出了这种解经生活方式的基本概念，影响深远。① 与他那个时代的各种二元论概念，尤其是各种诺斯替主义体系相反，奥利金坚持对存在的多样性进行理性认识，并将基督教哲学聚焦于可理解的宇宙统一性上。对奥利金来说，真理，亦即正统，是要有这种统一的现实观，而错误，亦即异端，是将差异呈现为解决方案，并将二元论鼓吹为最终概念。对他而言，区别只是理解作为整体的现实统一体的工具。在对抗诺斯替主义的二元论时，奥利金捍卫了上帝和世界的统一观：不存在两个原则，一个好的原则和一个坏的原则，上帝是一切存在的唯一原则。这种统一观也适用于圣经。因此，解经者的关键任务是展示圣经的统一性。"我们必须，"他在《约翰福音注释》中写道，"把所有经文当作一个整体，不要破坏或切断其总体和谐中最有力和坚固的纽带。那些在自己能力范围内打破全部经文中的圣灵统一的人就是这样做的。"②只有保持圣经的统一性，它才能成为教会的教义和生活的基础。

因此，解经者面临重要的责任：他的解释工作有助于确立基督教义和教会的统一。属灵的解经者的生活和工作是基础性和不可或缺的：他揭示了隐藏在经文中的各种文本的统一性。如果他完成了这项任务，他就证明了这种统一是可行的，他也为其他蒙召做同样事情的基督徒树立了榜样。在这个意义上，解经者将自己的生活和工作作为其他人效仿的榜样，这个榜样对每一个基督徒来说都有实存意义。当解经证明了基督——即逻各斯——存在于圣经的每一部分时，解经导师便延续了道成肉身的教学法，并将救赎的工作传递给每一个灵魂，它们都被要求为建立基督教团体作出贡献："教会里教士作为老师净化道德，无论是自己的道德还是他们子民的道德，通过他们的勤勉，他们建立了上帝的殿宇——教会，他们的工作就是上帝的建造。"③因此，奥利金将井的比喻用于布道的每一位听众："因此，听众啊，你也尝试拥有你自己的井和自己的泉水，这样，当你拿起一本经书时，你也可以开始从你自己的理解中产生一些意义，并根据你在教会学到的东西，尝试从你自己能力的泉水中汲取。"④正如"我们每个人都有自己的井一样"，⑤他可以凭自己为圣经解释作出贡献。

---

① 该概念参见 Rowan D. Williams, "Origen: between Orthodoxy and Heresy", Wolfgang A. Bienert, Uwe Kühneweg eds., *Origeniana Septima: Origenes in den Auseinandersetzungen des 4. Jahrhunderts*, Bibliotheca Ephemeridum Theologicarum Lovaniensium, 137, Leuven: Peeters, 1999, pp. 3 – 14。

② Origen, *Commentary on John* 10.18.107.

③ *Homilies on Ezekiel* 8.2.

④ *Homilies on Genesis* 12.5.

⑤ *Homilies on Numbers* 12.1.

这种解经的概念奠定了基督教文化的基础。根据这一概念,基督教是寻求对圣经和世界的统一解释,从而造就统一的基督教会的持久过程。基督教文化在于将解经视为一种与每个时代和地区的理智成就对话的沉思训练。这种精神修炼的目的是获得对世界的统一性的信心,就像圣经一样,充满了上帝的逻各斯、理性和话语。

五、解经作为与上帝之道的永恒相遇

基于这种信心,奥利金终其一生都在寻求圣经中的统一性,他不断地阅读和解释圣经。因为他长期与上帝之道——圣经的文字——打交道,他感到自己在理智和情感上都在向上帝靠近。从追求善的柏拉图式爱欲(eros)的角度来看,他被圣经深深吸引。① 这种对圣经的执着使他与上帝之道即基督之间建立了非常紧密的关系。在这个意义上,奥利金将《雅歌》中新郎和新娘的关系解释为解经者的灵魂与上帝之道的关系的象征。根据《雅歌》1:2,新郎即基督的吻象征对圣经更深层的、往往难以理解的含义的领悟。因此,在教育之初,灵魂需要老师的指导,但随着时间的推移,灵魂越来越独立,能够自行研究:

> 因为只要她(即新娘或灵魂)无法领受上帝之道本身坚实而纯净的教义,她就不得不从老师的口中接受吻,也就是解释。但是,当她开始自己分辨模糊的东西,解开纠结的问题,展开复杂的内容,根据自己的专业思维解释寓言、谜语和智者的话语时,那么让她相信,她现在已经得到了配偶本人的吻,即上帝之道。②

首先,灵魂需要老师来理解圣经。但经过一些训练后,每个灵魂都将能够自己找到圣经的含义。新郎即基督对灵魂的吻象征着圣经中上帝之道进入灵魂或心灵,使后者获得有关上帝的知识。

解经者也听到了心爱之人的声音(《雅歌》2:8),这位心爱之人正走向他的新娘,即解经者,③而那些年轻的女子,即灵魂,"听到这声音后,越来越被新郎,即基督的爱所激

---

① 参见 John M. Rist, *Eros and Psyche: Studies in Plato, Plotinus, and Origen*, Toronto: University of Toronto Press, 1964 (22019), pp. 195 - 212; Patricia COX MILLER, "'Pleasure of the Text, Text of Pleasure': Eros and Language in Origen's *Commentary on the Song of Songs*", in *Journal of the American Academy of Religion* 54 (1986), pp. 241 - 253。

② Origen, *Commentary on the Song of Songs* 1.1.11.

③ Cf. ibid., 3.11.1 - 3.

发"。① 整篇《雅歌》"讲述了欢悦的灵魂对上帝之道的爱"。② 反之，"新郎，即上帝之道，爱着那绽放着胜过天地之美的新娘，即灵魂"。③ 这种对《雅歌》的解释被古代教会所有后来的解经者所继承，即尼撒的格里高利、米兰的安波罗修和大格里高利。

在奥利金看来，解经者的灵魂与上帝之道的密切关系意味着与耶稣非常紧密和直接的关系。④ 他描述了他实际拥抱在圣经的文字中遇见的耶稣：

> 因为，只要我没有抱住基督，只要我的双臂没有将他拥抱，我就被囚禁，无法摆脱对我的束缚……任何离开这个世界的人，任何从监狱和枷锁之家解放出来，要去统治的人，都应该把耶稣握在手中。他应该用双臂拥抱他，将他完全拥入怀中。然后他将能够欢欣地去他渴望去的地方。⑤

这种亲密的温情是奥利金生活和不懈的解经工作的核心。圣经对他来说是喜乐和安慰的源泉，是他灵魂的新生的源泉，是他探寻上帝的广阔之地：

> 如果困境降临……如果身体需求引起属世的困苦，我们将寻求上帝的智慧和知识之广度，在其中世界无法限制我们。因为我回到圣经的广阔原野；我将寻求上帝之道的属灵意义，在其中，任何狭窄的困境将无法束缚我。我将驰骋于神秘和属灵理解的最广阔之地。⑥

2012 年，在慕尼黑的巴伐利亚州立图书馆发现了 29 篇迄今为止不为人知的希腊文奥利金《诗篇布道》。在其中一篇布道中，有一段话完美地描述了奥利金作为解经者的自我塑造。他对《诗篇》74:10(《七十士译本》)的"我要永远宣告，我要歌颂雅各的神"的解释如下：

---

① Origen, *Commentary on the Song of Songs* 2.11.3.
② Ibid., prologue 2.46.
③ *On Prayer* 17.2. 关于奥利金在描述灵魂与逻各斯之间的关系时所使用的情感语言，参见 Walther Völker, *Das Vollkommenheitsideal des Origenes: Eine Untersuchung zur Geschichte der Frömmigkeit und zu den Anfängen christlicher Mystik* (Beiträge zur Historischen Theologie, 7), Tübingen: Mohr Siebeck, 1931, pp. 98–116。
④ 参见 Alfons Fürst, "Origen", Jens Schröter, Christine Jacobi eds., *The Reception of Jesus in the First Three Centuries*, Vol. 2: *From Thomas to Tertullian: Christian Literary Receptions of Jesus in the Second and Third Centuries CE*, London: t&t clark, 2020, pp. 473–491.
⑤ Origen, *Homilies on Luke* 15.2.
⑥ *Commentary on Romans* 7.9(11).2.

我们的老师和主掌握了许多科学,因此他不像语法学家只能教十年书,然后再也没有什么可教的了;也不像哲学家讲授他的传统,却无新意可言。然而,基督的科学如此之多,他将永远宣讲。①

这段文本中的讲话者是基督本人,他是卓越的神学家,因为他不仅宣讲上帝,而且揭示上帝,且他将一直这样做。然而,我们可以把这段话看作一种自传式注解。年轻的奥利金曾以语法学家的身份为生:他是一位阅读和解释古希腊古典作家并教授语法的教师,但他是在父亲于公元202年左右在亚历山大城因基督徒受迫害被杀后才开始这样做的。奥利金一家除了他的母亲,还有六个年幼的弟弟、妹妹,父亲去世后,长子奥利金的责任便是养活全家。因此,他成了一名语法老师,但几年后他放弃了这份工作。然后,大约在公元211年,他开始在著名的阿莫尼乌斯·萨卡斯的学院学习哲学。萨卡斯被认为是新柏拉图主义之父,许多年后,大约在232年左右,他还是普罗提诺的老师。奥利金学习哲学只是为了了解不同哲学流派的信条和传统,从未打算成为一名职业哲学家,也从未像一名哲学家那样行事。他想成为的只是一名基督徒和基督的真正门徒,就如他在《路加福音布道》中的著名告白:"我希望成为教会的人。我希望不是以某个异端教派之名称呼我,而是以基督之名称呼我。我希望拥有他的名字,他的名字在世上受祝福。无论在行动上还是思想上,我都希望成为并被称为基督徒。"②但由于他接受过哲学的训练,他对哲学传统非常了解。因此,当奥利金说"语法学家只能教十年书,然后再也没有什么可教的了;也不像哲学家讲授他的传统,却无新意可言"时,显然是根据他的个人经历和背景而写的。

然而,《诗篇布道》中引用的这段话既不是针对语法学家,也不是针对哲学家,而是针对基督,针对"基督的科学"或"基督的知识"。这些科学可以在哪里学习? 所有的教父都会回答:在圣经里。对基督的知识就是对逻各斯、对道的知识,上帝之道在圣经中启示。因此,要获得这种知识就需要研读圣经,奥利金也因此终其一生致力于研究圣经的话语,并且希望其他所有基督徒也这样做。他经常引用耶稣本人在《约翰福音》5:39中的劝诫:"你们查考圣经!"在《以赛亚书布道》中,他注释了这节经文:"如果我们都只行经上所记的!"③这是对解经的呼吁。奥利金认为自己不是语法学家,也不是哲学家,而是一位解经

---

① *Homilies on Psalms* 74.6.
② *Homilies on Luke* 16.6.
③ *Homilies on Isaiah* 2.2.

者，一位圣经的人。① 他希望所有的基督徒都成为解经者。

因此，基督的科学就是解经，它如此丰富，乃至布道永远不会结束。解经不能仅仅被看作一份工作，可以做一段时间后放弃，也不仅仅是许多其他职业之一，它更是一种生活方式，不仅是此世的生活，也是来世的生活。在圣经中研究基督的话语，因此将自己奉献给基督，即逻各斯，是永无止境的。然而，这并不是消极地意味着无法达到目标。相反，通过在圣经中研究基督的话语来更接近基督，进而更接近上帝，是一种永恒的生活方式，人们对此永远不会感到厌倦，因为它越来越激动人心：

> 那里永无止境，因为有什么能限制上帝的智慧呢？一个人进步得越多，他将发现的奥秘越深奥，而一个人探索得越多，他就会意识到上帝的智慧是多么不可言喻和难以理解。因为上帝的智慧难以追索、无穷无尽，这就是为什么那些走在上帝智慧之路上的人……永远在路上，不断前行，他们越往前行，路越开阔，向无尽处延伸。②

人类可以接近上帝，但造物主和被造物之间始终存在差距。上帝的奥秘是无限的、无穷无尽的。因此，通过模仿基督而与神相似永远不会结束。奋进的灵魂将永远在上帝中发现新的事物。这正是尼撒的格里高利曾精确描述的末日论的伟大希望。在启发了格里高利的奥利金那里，③这种愿景与诠释学相结合。起初，灵魂因疏忽大意而远离了上帝。奥利金所宣扬的解经美德，即正念、专注和献身，与导致堕落的错误恰恰相反。因此，它们使逆转堕落成为可能：如果堕落的灵魂不断沉浸于圣经中的上帝话语，他们将会遇见基督，并通过模仿他重新回到上帝面前。在这一生中，除了解经的努力，始终献身上帝的话语将确保永恒地默想上帝。这就是为什么对于奥利金来说，天国也是一所"灵魂学校"。④ 就像地上的解释学家一样，天国中的灵魂也在不断地与圣言接触，进而从无限崭新的方面静观上帝。

---

① 参见 Lorenzo Perrone, "Der Mann der Bibel. Das Origenesbild in den Psalmenhomilien", in ID., "*Meine Zunge ist mein Ruhm*": *Studien zu den neuen Psalmenhomilien des Origenes*, Alfons Fürst ed., Adamantiana, 20, Münster: Aschendorff, 2021, pp. 13 – 34。

② Origen, *Homilies on Numbers* 17.4.

③ 这一点最近已经被阐明，参见 Nikolai Kiel, *Das Erbe des Origenes bei Gregor von Nyssa*: *Protologie und Eschatologie im Kontext des Origenismus*, Adamantiana, 24, Münster: Aschendorff, 2022.

④ Origen, *On First Principles* 2.11.6.

Exegesis as a Way of Life:
The Biblical Spirituality of Origen of Alexandria

Alfons Fürst

【Abstract】 Philosophy in Antiquity was not only an intellectual effort, but also a way of life. Correspondingly, Origen of Alexandria conveived of exegesis as a Christian way of life. Like the neo-platonic commentators of Plato's and Aristotle's writings, he understood his commentaries and homilies on the Scriptures as a spiritual exercise. Thus, exegesis functioned as education of the soul. It was "guidance of souls." In his exegetical works, Origen used the methods of Alexandrian philology and philosophical hermeneutics to interpret the biblical texts. In doing so, he laid the foundation of a Christian literacy and culture. For Origen, to be an exegete was not only a temporary task, but he understood exegesis as an everlasting encounter with the Word of God, Christ. His pioneering combination of the Bible and ancient philosophy had a long lasting impact on Christian theology and spirituality.

【Keywords】 Origen, Exegesis, Spiritual Exercise, Christian

巴西尔与古代晚期对动物理性的讨论

任卓贤①(著)

刘曼婷②(译)

【摘要】巴西尔在《创世六日》的《布道书》中对动物的讨论通常仅被视为轶事汇编和对读者的道德教训。与这种刻板印象不同,本文将论证巴西尔对动物的讨论与同时代哲学及此前的犹太教和基督教传统间的紧密联系。利用柏拉图主义者和斯多亚学派之间关于动物理智的辩论,本文将展示巴西尔如何运用斯多亚学派的语言和框架来解释动物性,以反对柏拉图的观点,同时借鉴基督教的创造神学。本文将进一步表明,巴西尔对动物性的理解是由斐洛和奥利金塑造的。然而巴西尔通过修改斯多亚学派关于动物性的学说,与此二者区别开来,这或可以证明早期基督教对动物的友好程度比通常认为的要好得多。

【关键词】巴西尔,动物理智,早期基督教,斯多亚学派

一、破题

在《创世六日》的《布道书》(*The Homiliae in Hexaemeron*)7－9中,巴西尔注解了《创世纪》1:20－27。这段经文讲述了水生动物(创1:20a)、有翼动物(创1:20b)、陆生动物(创1:24)与人类的创造(创1:26－27)。遵循《创世纪》1:20－27的顺序,巴西尔连续地讨论了三种动物:他在第7篇《布道书》中讨论了鱼(水生动物),在第8篇中讨论了鸟(有翼动物),在第9篇中讨论了陆生动物和人。读者们或许会预想,人类的创造是巴西尔此处讨论的核心与顶点。然而巴西尔仅用了极少的篇幅来讨论此问题,因为他把布道的时间用完了。这导致了这三篇布道词主要是对非人类的动物的讨论。

由于巴西尔强调对圣经的字面解读,他的注解与斐洛和奥利金所代表的寓意解经传统非常不同。无疑他了解寓意解经的技术,也很熟悉这一传统,但他有意识地拒绝了这种方法,正如他在其为人熟知的段落中表述的那样:

---

① 作者简介:任卓贤(Colten Cheuk-Yin Yam),香港中文大学文化及宗教研究系助理教授,德国图宾根大学神学博士,主要研究方向为早期基督教及教父学,包括奥古斯丁、大巴西流及斐洛。
② 译者简介:刘曼婷,复旦大学哲学学院硕士研究生,主要研究方向为古希腊思想史。

我知道寓意解经法，但是与其说是我自己想出来的，不如说是从别人的著作中看到的……对我来说，青草就是青草；无论是植物，是鱼，是野兽，是家禽家畜，我都按字面意思理解。因为，"我不以福音为耻"。①

了解巴西尔对字面解经的坚持，在我们理解《布道书》7—9 时是非常重要的。字面解释的进路将他引向利用科学知识（动物学的知识）来解经，由此，他开启了基督教与希腊科学及当时文化互动的新路径。这也使巴西尔的《布道书》富有研究价值。这三篇《布道书》的写作策略多少是相似的：在前半部分，巴西尔给出大量动物的例子，来证明物类之繁多——正如经文"κατὰ γένος"②所言；而在后半部分，他描述了不同动物的行为，从这些行为中，可以衍生出对人类道德的训示。

在巴西尔这三篇布道书中，我们可以看出他对希腊文化中流传的动物奇闻非常熟悉。此处我将罗列一部分：

（1）章鱼会根据自己所依附的岩石变色，这暗指一类诡谲而狡诈的人。（7.3）

（2）蜜蜂演示了邦国的成员与邦民的角色。（8.4）

（3）鹳鸟关心老鹳。（8.5）

（4）斑鸠的贞洁：一旦雌斑鸠失去伴侣，她便不再寻找新的伴侣，保持守寡。（8.6）

（5）蚂蚁会为冬天储藏食物：从它们保持食物不发芽，以及能为了自己的安全储备粮食中，证明了它们的创造力（明智）。（9.3）

（6）狗可以通过复杂的推理来选择正确的路径。（9.4）

这些例子表明，巴西尔熟悉希腊文献。它们也为我们了解巴西尔的知识背景创造了问题。这些例子是散见的，可以在很多古典文献中找到，既有希腊文献，也有拉丁文献。可能的文献包括：老普林尼（Pliny the Elder）的《自然史》（*Natural History*）、埃里安（Aelian）的《动物志》（*On the Animals*）、俄庇安（Oppian）的《论捕鱼》（*Halieutica*）、普鲁塔克的《论动物的智慧》（*On the Cleverness of Animals*），以及最重要的，亚里士多德（Aristotle）的《动物史》（*History of Animals*）。就文献的多样性来看，巴西尔不可能全都读过这些文献。而且如果只是简单地指出表面上的相似性，却不涉及巴西尔思想的内涵的话，并没有什么意义。我们应该如何理解巴西尔此处的讨论？是否存在一个可能的原则，使得我们可以用它来诠释巴西尔提到的所有动物的例子？

---

① Basil, *The Homiliae in Hexaemeron* 9, 1.
② "各从其类", *Genesis* 1:21.

二、动物理智讨论的文献来源

我认为我们可以通过将巴西尔此处的文本放在古典晚期对于动物理智讨论的背景下进行阅读，如此，我们能够更好地理解巴西尔的思想资源，以及他讨论的独特性。巴西尔用到的很多例子也会被其他哲学家用来证明或反对动物理智。因此，如果我们将巴西尔与其他的讨论进行比较，会更清楚他所继承的哲学传统是什么。有四篇值得我们注意的文献，可以为这一讨论作出贡献，即：普鲁塔克（Plutarch）的《论动物的智慧》（*On the Cleverness of Animals*）、波菲利（Porphyry）的《论对食用动物的禁欲》（*On Abstinence*）、斐洛的《论动物》（*On the Animals*）、奥利金的《驳塞耳修斯》（*Contra Celsum*）。它们各自独立，在其各自的语境下写就。但它们都显示对动物理智的争论主要发生在柏拉图主义者与斯多亚主义者之间。普鲁塔克与波菲利持有柏拉图主义的立场，而斐洛与奥利金虽不是斯多亚主义者，也在此问题上遵从斯多亚学派的意见。

在普鲁塔克反驳斯多亚主义者的论战中，普鲁塔克坚持"所有动物都在某种方式上分有理智与认识能力"。[1] 每一造物都在一定程度上有理智，虽然是不完美的理智。[2] 对普鲁塔克来说，"真正与完美的理智是养育与教化的产物"[3]。换言之，普鲁塔克认为动物理智在表象上劣于人类，但并没有本质上的差别，而只是量上的差距。这显示了人类与动物之间的连续性，而不是断裂性。进一步，普鲁塔克认为动物的理性能被它们不同的思维能力与其种类中的社会纽带而证明。

> 总的来说，哲学家证明兽类有其理性的证据是它们有目的和预见、记忆与情感。它们关心老少，感恩益处，而对伤害它们的事物有敌意。除此之外，还可以加上它们找到自己所需之物的能力，以及它们良好品质的展现——如勇气、闻达、恒久与大度。[4]

普鲁塔克对动物理智的赞成态度由波菲利继承。在《论对食用动物的禁欲》第 3 卷中，波菲利引用了普鲁塔克《论动物的智慧》中的一长段文本，由此也证明了他与柏拉图

---

[1] Plutarch, *On the Cleverness of animals* 959B.
[2] Ibid., 962D.
[3] Ibid., 962C.
[4] Ibid., 966B.

主义在此问题上的思想延续性。① 除了像普鲁塔克那样,论述动物的理智外,《论对食用动物的禁欲》显示,动物语言/话语的本质是新柏拉图主义与斯多亚学派两方阵营在立论时都十分关切的问题。波菲利反驳说,斯多亚学派认为,动物的话语只是无理性的、非意愿行动;而波菲利认为,用舌头发出的每一种声音都蕴含着先在的"思想"②,动物有声音暗示了它们具有理智,即使它们的语言不能为人所理知。③

另外两个思想来源:斐洛的《论动物》与奥利金的《驳塞耳修斯》,代表了斯多亚主义的论证。实际上,斐洛与奥利金与我们的讨论更相关,因为他们在一定程度上被普遍认为是巴西尔思想上的前辈:巴西尔援引了斐洛的《论世界的被造》(*De Opificio mundi*),并编辑(或至少读过)了《慕善集》(*Philocalia*)——从奥利金作品中摘录出的论著。在《论动物》中,斐洛用冗长的段落记录了他的侄子提比略·尤利安·亚历山大传统柏拉图主义式的,对动物理智的讨论④,继之以斐洛自己对亚历山大的观点的简短的反驳⑤。奥利金与斐洛有许多相似的观点。奥利金主要的观点是,动物表面上理性的行为并非出于它们的理智,而是由于其自然的本能。⑥ 奥利金文本另一个突出特点是他强调动物低于人类。

总而言之,在其关于动物理智的讨论中,主要推论如下:

(1) 动物有理智被认为是动物与人平等,或至少有动物权利的主要论据。

(2) 对此问题的争论主要发生在柏拉图主义与斯多亚学派之间。柏拉图主义者(普鲁塔克与波菲利)赞同动物理智,而斯多亚学派反对。

(3) 部分动物行为被突出讨论:自我保存、预见、言说。柏拉图主义者们认为这是动物理智的证据,而斯多亚学派认为这只是本能,不应涉及理性。

了解动物理智讨论的语境,可以帮助我们理解巴西尔的讨论。下文我们将要讨论巴西尔将这一讨论扩展到更大的范围。

三、巴西尔的斯多亚主义框架

将巴西尔的文本置于对动物理智讨论的背景中,我们会立刻发现巴西尔带有斯多亚主义的色彩。这可以从两个方面发现:(1)他明确地认为,动物灵魂是无理性与物质性

---

① Porphyry, *On Abstinence* 3.18－24.

② Ibid., 3.2.

③ Ibid., 3.4.

④ Philo, *On the Animals* 10－71.

⑤ Ibid., 73－100.

⑥ Origen, *Contra Celsum* 4.81.

的;(2)他持有斯多亚学派的目的论,并举具有斯多亚主义风格的例子。

(一) 无理性与物质性的动物灵魂

从他依据理性程度对灵魂三等级进行的分类中,我们能明确地看出,巴西尔认为动物的灵魂是无理性的。他认为,植物是最低等的,根本没有灵魂。如他所言:"虽然植物树木也可以说是活的,因为它们能够吸收营养、发育生长,但是它们既不是能活动的物,也没有生命。"①第二等级是动物,它们有灵魂,但只是无理性的灵魂:"野兽有一个共同的灵魂,其共同特点就是缺乏理性。"②只有在最高的等级,即人类中,灵魂才是有理性的。③ 此三等级划分立刻将巴西尔与柏拉图主义及亚里士多德主义区分开来,因为柏拉图-亚里士多德传统认为,植物也有灵魂。巴西尔在这一点上更倾向于斯多亚主义。虽然斯多亚学派最开始的三位学者——芝诺、克里安特斯、克律希普(Zeno, Cleanthes, Chrysippus)——并没有一部完整作品传世,且现存的斯多亚学派文献仅存残篇,但其对灵魂三等级的划分可见于数种不同文献来源。其中一个常见的文献是希耶罗克勒斯(Hierocles)的《伦理学基础》(*Elementary Ethics*),言"有灵魂的东西是动物",而"动物在两个方面区别于非动物,即动物有知觉(αἴσθησις),且能动(ὁρμή)"。④

巴西尔也认为动物灵魂本质上是物质的。他两次提及"兽类的灵魂本质上是一种属土的实体""兽类的灵魂就是土"。这是巴西尔动物灵魂论中最有趣的部分,它将巴西尔的思想与柏拉图主义清晰地区分开来。对柏拉图主义者而言,所有灵魂本质上都是非物质的,这对所有形式的生物都如此,无论是植物、动物还是人类。通过假设动物的灵魂是物质性的,巴西尔与柏拉图主义式的、对灵魂的非物质性理解形成了值得注意的对立——尽管他认同柏拉图主义对人的灵魂是非物质性的理解。事实上,将动物灵魂视为物质性的观点带有异常浓厚的斯多亚学派色彩。对于斯多亚主义者来说,动物灵魂之所以是物质性的,是因为非物质的东西不能作为任何行动的主体,只有具有一个身体,才有能力行动与受动。西塞罗《论学园派》(*Academia*)中对芝诺的讨论⑤,以及涅墨西乌斯(Nemesius)对克律希普的引用都可以证明这一点。克律希普说:"灵魂既与身体接触,又与之分离。因此,灵魂是一个主体。"⑥

---

① Basil, *The Homiliae in Hexaemeron* 7, 1.
② Ibid., 9, 3.
③ Ibid., 7, 5.
④ Hierocles, *Elementary Ethics* 1.31 – 33.
⑤ Cicero, *Academia*, *Stoicorum Veterum Fragmenta* (SVF) I.90.
⑥ Nemesius 81, 6 – 10, SVF II.790.

（二）斯多亚主义的目的论及例证

巴西尔用具有浓厚斯多亚主义色彩的词汇去形容动物。除了"无理性"（ἄλογος，irrational）外,他还提到了"总领"（hegemonia）,该词汇与"οἰκείωσις"（适切）相关,且建立在该理论上:这两个词汇都是斯多亚主义目的论用以描述灵魂与伦理的概念。巴西尔在阐释动物灵魂的本质时,说陆生动物的灵魂起总领作用（ἡγεμονίαν; hegemonia）:"灵魂转向所有总领（之职责）。"①这一引领职能不仅与活动的动力相关,而且产生理解与记忆。对"总领"概念的使用,以及将它与灵魂的理解能力关联起来,在现存的斯多亚学派残篇中非常显著。埃提乌斯（Aëtius）援引斯多亚学派学者的话,说"总领者（hegemonikon）,即是产生表象、赞成、知觉与动力的部分,是灵魂最高的部分"。② 在另一个文献来源,即阿里乌（Arius Didymus）的作品中,也提到"斯多亚学派的学者们称,动物有一总领,除没有理性外,构成它们的生命、感觉与动力"。③

另一个我们能在巴西尔对动物的描述中找到的明确的斯多亚主义概念是"适切"（οἰκεωσις，oikeosis）,可以被翻译成对自身的亲切,或更笼统地,如西塞罗所言翻译为"conciliatio et commendatio",即可亲近、可赞许的——这也点出了其中"根据自然"的意涵。④ 斯多亚学派对"属己"的用法在第欧根尼（Diogenes）的《名哲言行录》（Lives of Eminent Philosophers）对克律希普《论目的》（On Ends）的直接引用中,表现得十分明晰:

> 斯多亚学派说,动物首要的动力是自我保全。因为其自然从一开始便使得它与自身适切（oikeiouses）。如克吕希普在他著作的第一卷《论目的》中所言:"对所有动物而言,最可亲的东西是它自己的身体与在之中的意识。"⑤

这种本能的、对其自身的亲近性是动物自身同一性的基础,而这也是巴西尔试图从中开出道德的基础。为了敦促听众远离罪恶,巴西尔提到了动物的自我保全,以论证对德性的亲近与对罪恶的厌恶是所有人生来就有的自然,就像动物中的适切一样。他说:

> 无理智的动物既没有植物学的研究,也不是靠对草药的知识才发现哪些对它们

---

① Basil, *The Homiliae in Hexaemeron* 8, 1.
② Aëtius 4.21.1 – 4.
③ Arius Didymus, SVF 2.821.
④ Cicero, *De finibus bonorum et malorum* 3.7.23, SVF III 186.
⑤ Diogenes, *Lives of Eminent Philosophers* 7.85.英译文为 R. D. 希克斯（R. D. Hicks）译出,译者根据英文转译。

有用。然而每个动物天生就知道什么东西适切其安全($\tau\tilde{\eta}s\ o\iota\kappa\epsilon\iota\alpha s\ ...\ \sigma\omega\tau\eta\rho\iota\alpha s$)，并令人惊奇地使用适切其本性的事物。($\tau\grave{\eta}\nu\ \pi\rho\grave{o}s\ \tau\grave{o}\ \kappa\alpha\tau\grave{\alpha}\ \phi\acute{v}\sigma\iota\nu\ o\iota\kappa\epsilon\acute{\iota}\omega\sigma\iota\nu$)

进一步的，巴西尔举的例子也揭示了他归属于斯多亚学派。最明显的是他提及"狗的三段论"，或曰"精密推论的秘密"。巴西尔写道：

> 当狗追踪野兽时，如果它看到小路分向许多不同的方向，就检查这些不同路径，就差用语言说出它的三段论了。它用行动说，"野兽要么往这里走，要么往那里走，或者往第三个方向走。既然它不是从这里走，也不是从那里走，那就必然往第三个方向走"。①

结论是，狗可以通过排除错误选项来找到正确的路。该例源于克律希普，被塞克斯都·恩披里柯(Sextus Empiricus)记录在《皮浪学说概要》中，用以说明动物中不能证明的直觉。(但不是理性！)②这个例子也被记录在普鲁塔克的《论动物的智慧》中，尽管普鲁塔克从另一个方向加以论说——将它作为动物理智的证据。③

四、巴西尔借助基督教教义而超出斯多亚学派的论证

上述分析展示了巴西尔的讨论有浓厚的斯多亚学派色彩。如果我们需要给出一个准确的来源，我认为斐洛的《论动物》很可能塑造了巴西尔的观念，因为巴西尔沿用了斐洛所用过的很多例子，如蜜蜂的王权、鹳对老年鹳鸟的照料，以及燕子的创造性才能，等等。两人也都认为陆生动物由于其灵魂和行为，比水生动物更高级——这个观点并不见于其他古代作者。但是，仍有可能巴西尔也读过普鲁塔克《论动物》——如我们已经提及的那样，是支持动物理智的论证。但即便这样我们也应该记得，巴西尔可能使用了普鲁塔克的材料，但他是从反对作者本身立场的方式上使用的。可能巴西尔采纳了普鲁塔克作品中的部分，却将它用斯多亚学派的论述重构，使得它更加符合基督教教义。

事实上，巴西尔并没有完全复制斯多亚学派的论点。只要斯多亚学派的论据能帮助巴西尔拒斥他认为与基督教教义相矛盾的柏拉图学说，他就使用斯多亚学派的论据。因

---

① Basil, *The Homiliae in Hexaemeron* 9, 4.

② Sextus Empiricus, *Pyrrhōneioi hypotypōseis* ($\Pi\nu\rho\rho\acute{\omega}\nu\epsilon\iota\upsilon\iota\acute{\nu}\pi\upsilon\tau\nu\pi\acute{\omega}\sigma\epsilon\iota s$, PH)I.69 – 71.

③ Plutarch, *On the Cleverness of animals* 13(969b).

此,他的用法更多的是出于实用主义的观点,而不是出于对这一哲学阵营的归属感。在我看来,这种是出于基督教的关注,甚至使他偏离了他的前辈斐洛和奥利金,他们更严格地遵循斯多亚学派的论点。我们可以从以下三个方面看出巴西尔的修改。

(一) 认为动物灵魂与人类灵魂不同

在断言动物灵魂是物质性的同时,巴西尔坚持认为人类灵魂是精神性和不朽的——这一观点与认为人类灵魂也是物质的斯多亚学派不一致。这表明巴西尔选择性地接受了斯多亚学派的论点。这个语境对于理解他的理由很重要。事实上,他对动物灵魂的物质性的主张是为了拒斥柏拉图的灵魂转世(轮回)学说。他说有些"骄傲的哲学家"不以将人类灵魂和狗的灵魂视为相似为耻,并且还认为他们"曾是女人、灌木或海里的鱼"。显然,这里指的是可以追溯到恩培多克勒传统的柏拉图轮回学说。

为了反对灵魂转世说,他认为动物的灵魂是物质性的,因此不同于人类的灵魂。他的论点是,当圣经说"地要生出活物"①时,意思是活物来自大地,因此在自然界中是属世的(或物质性的)。换句话说,他将圣经"地要生出"的字面解释作为动物灵魂在本质上必须是物质性的保证。但更重要的是,在他的论证中,他试图证明灵魂可以化约为血,然后血化约为肉,然后肉化约为土的想法。此处值得注意的是斯多亚学派元素与基督教教义的结合。巴西尔遵循斯多亚学派的传统,在相同的物质性的视域下处理灵魂和血液之间的联系。斯多亚学派将灵魂视为先天的热量(呼吸),更具体地说是气(pneuma),通过血液传递到全身。巴西尔以某种方式塑造了这种论证,就好像它是诉诸《圣经》作为最终权威。

(二) 动物与自然的关联

这一直是柏拉图派和斯多亚学派争论的焦点,各自持有不同的对立解释。对于柏拉图主义者,正如普鲁塔克和波菲利所论证的那样,动物被自然赋予了理性:(1)动物的自我保护和远见表明它们是理性的;(2)它们之间有语言和交流;(3)它们也可以教授和学习技能,就像人类一样。然而,对于斯多亚学派来说,这三个方面都不是指理性,而是指动物的自然本能。它们的自我保护和远见行为并非源于深思熟虑的选择,而只是根据自然的设计。② 它们所做的一切都是通过它们设计的特殊性不由自主地完成的。③ 因此,鸟类

---

① *Gensis* 1:24.
② Philo, *On the Animals* 97；Terian 104.
③ Ibid., 80；Terian 102.

的语言只是不同种类的声响,而不是任何明确表达的嗓音。动物的技能,如蚂蚁和蜜蜂所展示的技能,不是通过学习获得的①;它们完全源于自然,就像植物的自然功能一样。②

但巴西尔并没有完全遵循理性与本能之间的这种二元划分。毫无疑问,他采用了斯多亚学派动物是非理性的论证。他多次强调动物是非理性的,它们的动物行为不是理性的结果:"蜂王不是选出来的,而是自然居于首位"③;鹳照顾他们的父母,但它们是非理性的;等等。④ 然而,他将动物的本能解释为第二种理性。他断言这些动物本能的价值"等同于理性"⑤。这是造物主对动物的补偿。⑥ 我们可以在巴西尔的许多例子中看到这一论点,包括狗、羊和鸟的声音,他将这种动物行为描述为"被自然教导"或展现"自然之声"。请注意,学习和语言的想法不被斯多亚学派的论证所接受,但巴西尔在这里根据其基督教版本重新解释了它们:动物不是自身发出声音与学习,而是来自自然。

事实上,这种将动物本能视为"理性的等价物"和补偿的概念明显偏离了斯多亚学派和柏拉图主义者。一方面,他没有像斯多亚学派那样贬低动物的本能,认为它不如理性;另一方面,他也没有像柏拉图主义者那样,从理性的角度限制动物行为的价值。

(三) 动物作为造物的奇迹

在巴西尔对动物的讨论中,一个反复出现的主题无法在普鲁塔克、波菲力、奥利金或斐洛的作品中找到,即动物是造物的奇迹。我认为这是巴西尔添加到讨论中的重要见解。在断言人与动物之间的区别时,他的前辈奥利金和斐洛都遵循了克律希波的观点,即动物是为了人类而被创造出来的。奥利金的话清楚地表达了这一观点:

> 造物主创造了一切,以服务于理性存在和他的自然智慧。出于某些目的,我们需要狗,如看守牛群或山羊群,或作为家犬;对于其他人,我们需要牛用于农业,对于另一些人,我们使用牲畜来搬运重物或行李。⑦

令人惊讶的是,在巴西尔的《布道书》7—9 中,一处声称动物对人类有用的声明都没

① Ibid., 77; Terian 101.
② Ibid., 78 – 79; Terian 101 – 102.
③ Basil, *The Homiliae in Hexaemeron* 8, 4.
④ Ibid., 8, 5.
⑤ Ibid., 9, 1.
⑥ Ibid., 9, 2.
⑦ Origen, *Contra Celsum* 78.

有。相反,巴西尔重申动物是造物的奇迹①或上帝的智慧($\sigma o \varphi \acute{\iota} \alpha$ $\tau o \hat{\upsilon}$ $\theta \varepsilon o \hat{\upsilon}$)②。下面这段话就是一个明显的例子:

> 这只小狗还没有牙齿,尽管如此,它还是用嘴来保护自己免受任何取笑它的人的伤害。小牛还没有角,但它知道大自然在哪里植入了它的武器。这些事实都是证据,支持所有动物的本能都是无须教导的($\alpha \delta \iota \delta \grave{\iota} \kappa \tau o \upsilon \varsigma$),所有存在的事物中,没有一个是无秩序或节制的,而所有事物都带有造物主智慧的痕迹,表明它们被创造出来是为了确保自身的持存($\tau \hat{\eta}$ $o \iota \kappa \varepsilon \acute{\iota} \alpha \varsigma$ $\alpha \grave{\upsilon} \tau \hat{\omega} \nu$ $\sigma \omega \tau \eta \rho \acute{\iota} \alpha \varsigma$)。

在关于动物理智的争论中,就像巴西尔例子中的小狗和小牛,动物的自卫被柏拉图主义者用作证明动物理性的论据。而在斯多亚学派阵营中,它们只是代表本能的行为。但是,巴西尔改变了讨论的方向。虽然他认同动物无法被教导,因此认可"动物是非理性的"这一斯多亚学派论点,但他将重点转移到将动物解释为造物主智慧的痕迹($\tau \alpha$ $\check{\iota} \chi \nu \eta$),并且动物是为自己的目标而创造的。

五、对现代动物伦理讨论的启示

基督教因其对动物的不友好态度而受到批评,也被认为是将动物物化的罪魁祸首,没有赋予它们适当的"他者性"(otherness)。这种批评体现在可以被视为动物权利运动的经典——彼得·辛格(Peter Singer)的《动物解放》(*Animal Liberation*)中,他将基督教对动物的态度归因于基督教的 *imago dei*(上帝的形象)教义和由奥古斯丁与阿奎那发展的西方天主教传统③。理查德·索拉布吉(Richard Sorabji)在其广受好评的《动物心理与人类道德》(*Animal Minds and Human Morals*)一书中,详细分析了基督教对动物的(不友好)态度。尽管阐述得比辛格的要精微得多,但观点与辛格一致:基督教应该为人类对动物的不公正行为负责。其要点是基督教否定动物的理性,这一点它继承了亚里士多德-斯多亚学派的传统,并将其视为与基督教教义相一致的金科玉律。占主导地位的神学回应,无论是安德鲁·林齐(Andrew Linzey)的动物神学还是米勒(Miller)的动物伦理学和神学,都从基督对他人的牺牲之爱或"爱你的邻人"的基督教金律的角度解决这个问题。关于动物

---

① Basil, *The Homiliae in Hexaemeron* 7, 6;8, 7;9, 3.

② Ibid., 8, 7;9, 4.

③ Peter Singer, *Animal Liberation*, New York:Ecco Press, 2002, pp.185 - 197.

理智的争论的症结——动物理性和本能之间的关系——在很大程度上被忽视了，传统的基督教观点被不加批判地归因于拉丁西方传统。

在文章最后，我希望我已经证明巴西尔可以成为基督教动物伦理学的另一个传统。如果说目前对动物价值的神学论证是基于上帝牺牲的爱，巴西尔的动物价值则是基于创造。在断言动物终有一死，以及人与动物之间存在理性差异的同时，巴西尔基于创造中的神圣性，给予动物应有的尊重。动物的本能等价于人类的理性，因为这是造物主对它们不足的弥补，因而它们在造物中享有与人类相媲美的尊贵地位。此外，巴西尔强调动物是创造的奇迹，带有造物主智慧的痕迹。换句话说，动物是为它们自己而创造的，而不仅仅是为了人类使用。有了巴西尔，基督教对动物不友好态度的刻板印象应该得到实质性的修正。

Basil and the Debate of Animal Intelligence in Late Antiquity

Colten Cheuk-Yin Yam

【Abstract】 Basil's discussion of animals in his *Homiliae in hexaemeron* has been treated as a mere compilation of anecdotes and moral lessons for his readers. Beyond this stereotype, this lecture will argue for a strong association among Basil's discussion on animals, the philosophy of his time, and Jewish and Christian traditions before him. In light of the debate on animal intelligence between the Platonists and the Stoics, I will demonstrate how Basil has deployed Stoic language and framework to interpret the animality against the Platonic view, while simultaneously drawing upon the Christian creation theology. This lecture will further suggest that Basil's understanding of animality has been shaped by Philo and Origen. However, Basil has departed from these two predecessors by a modified Stoic position on animality, which testifies to an Early Christianity considerably more friendly towards animals than has been commonly perceived.

【Keywords】 Basil, Animal Intelligence, Early Christianity, Stoicism

【道义论伦理学研究】

道德化自然，自然化自律

——康德在《判断力批判》中
（以及在《道德形而上学的奠基》中）弥合鸿沟的路径①

［德］H.F.克勒梅②（著）

廖含茹③（译）

【摘要】康德把自律作为道德最高原则与他律对立起来，面临着沟通自然和自由的问题。他是如何协调自律和他律所对应的两种因果性的关系呢？本文提出，关键是理解《道德形而上学的奠基》中所提及的"自然的智慧"的内涵，并结合康德在《判断力批判》中所提出的遵循准则的阶段模型给出解决策略。反思性判断力首先会做带有规定性意图的运用，根据机械法则来评判自然产品，如果判断力未能根据机械法则评判对象，它就会根据理性托付给它的终极因原则来进行评判，从而理性以这种方式建立起自然的统一性。正是因为理性的终极因原则能在理论和实践上都得到运用，这才为反思性判断力弥合知性和理性间的鸿沟提供了可能性。而人类作为设定目的的主体，在把诸事物的集合看作目的系统的同时也把自然的终极目的指向自身。因此，康德将"自然的智慧"作为一种预想，是为了说明理性通过实践指涉自身的方式，在按照自律原则使道德在自然界中充分实

---

① 本论文 II-IV 节的早期版本在东京的法政大学（Hosai University）、巴西的圣卡洛斯联邦大学（UFSCar）、马里利亚的圣保罗州立大学（UEP）以及比萨（Pisa）的第十一届国际康德大会上宣读。日语版载于 volume 11 of "Aktuelle Kant-Forschungen" edited by Masao Onohara and Yuichiro Yamane（Kyoto, 2009）；葡萄牙语版载于 the journal "trans/form/ação"（vol.32 no.1）（Marília, 2009）；德语版载于第十一届国际康德大会论文集（Berlin, New York 2012）。我要感谢 Falk Wunderlich（美因茨）的英文翻译。

这篇论文英文版标题为"Moralized nature, naturalized autonomy: Kant's way of bridging the gap in the third Critique（and in the Groundwork）"，载于 *Kant on Moral Autonomy*, Oliver Sensen ed., Cambridge: Cambridge University Press 2013, pp.193-211。本文以英文版为翻译底本，感谢克勒梅教授的授权，感谢中山大学哲学系刘作副教授的校订。——译者注

② 作者简介：H.F.克勒梅（Heiner F. Klemme），德国马丁路德·哈勒维滕堡大学哲学系讲席教授，学界名刊《康德研究》（*Kant Studien*）的主编。

③ 译者简介：廖含茹，中山大学哲学系博士生，主要研究方向为德国哲学、伦理学。

现的过程中,我们会认识到作为有理性存在者的人类是自然运作的最终意图。

【关键词】 康德,自然,自律,鸿沟,反思性判断力

一、提出问题

在《道德形而上学的奠基》(以下简称《奠基》)中,康德将"意志自律的原则"①(GMS 4:433)确立为"道德的最高原则"(GMS 4:440)。这一原则在哲学的沿革中史无前例。康德是第一个对这一看似矛盾的论题进行充分阐明的哲学家:我们之所以服从道德法则,仅因为我们自己将其赋予自身。康德将这一论点即责任是基于理性意志的自我规定与动机这一新颖观念联系起来。通过将道德法则应用于我们的准则,我们不仅认识到自己的义务,正是理性自身在我们内部造成了对道德法则的敬重感。如果没有这种情感,我们就会缺乏履行义务的主观动机。关于义务和道德应当的康德式理解具有以下特性:我们的意志并不由我们对义务的认识及敬重的情感所规定。如果我们愿意,我们人类就能够按照我们的义务行动。但我们并不必然这样去做,因为人性条件(condition humaine)中具有决定去支持或反对自身义务的自由。②

自律原则和意志的他律原则相对应。每当我们在遵守道德法则的过程中为了自己的偏好擅自破例时,我们的行动就是他律的(参阅 GMS 4:424)。在这种情况下,我们在自身意欲中服从的是自然因果法则(参阅 GMS 4:433,441)。但倘若我们把基于自身感性本性的私人目的置于理性之上,我们的行动就没有内在的道德价值。我们的行动充其量是合乎义务的,但并不与义务相一致。

如果我们认可自律和他律之间的区分(按照康德的立场,这种区分是彻底的),那么在这二者之间及二者所对应的两种因果性,即基于自由的因果性(目的因,causa finalis)和自然因果性(动力因,causa efficiens)之间,似乎不可能存在一种调解或协调(用黑格尔的话说)。纯粹的理性存在者按照基于道德法则的实践必要性行动,纯粹的感性存在者必然

---

① 本文中引用的康德原文的出处,按照(书名缩写/AA 德文科学院版卷数:页数)的形式标出。其中,《道德形而上学的奠基》=GMS,《道德形而上学》=MS,《纯粹理性批判》=KrV,《实践理性批判》=KpV,《判断力批判》=KU,《判断力批判》第一导言=EEKU,《未来形而上学导论》=Prol,《纯然理性界限内的宗教》=RGV,《法权论的形而上学初始根据》=MSRL。除《判断力批判》第一导言采用邓晓芒教授《康德三大批判合集》的译文,其余皆采用李秋零教授主编《康德著作全集》的译文。——译者注

② 参阅 Heiner F. Klemme, "Moralisches Sollen, Autonomie und Achtung. Kants Konzeption der, libertas indifferentiae' zwischen Wolff und Crusius," Valerio Rohden et al. eds., Recht und Frieden in der Philosophie Kants. Akten des X. Internationalen Kant-Kongresses. Vol. 5. Berlin, New York: de Gruyter, 2008, S. 215 – 227.

基于自然法则行动,而仅有作为"理性的自然存在者"(MS 6:379)的人类才有能力选择他们希望在自然界中发挥作用的因果性类型。既然每个理性存在者都必然把自身实存表象为目的自身,并以自律作为其尊严的基础,那么他就应当按照法则规定自身行动(参阅GMS 4:429, 436)。自然伪装成我们的偏好构成我们道德追求的阻碍,同时又促进我们的道德追求,这一观点在康德的道德哲学中似乎并无一席之地。

然而在《奠基》的一些关键段落中,康德对自然概念的使用看上去与自然和自由之间的严格区分并不相称。令读者惊讶(也常常是担忧)的是,康德似乎在《奠基》的这些关键段落中取消了目的因和动力因的区分,转而诉诸传统目的论。如以下两个例子:(1)在《奠基》第一部分的开端,康德就参照了自然的有机合目的性来回答理性何以作用于我们的行动这一问题。理性发现其"真正的使命"不是创造幸福,而是生成一种"本身为善"①的意志。人类在自我立法和自律中找到其"自然目的"(natural end)(GMS 4:432)。② (2)在康德通过将定言命令的自然法则公式运用于我们的准则来演绎具体义务的过程中,他认为自杀是道德上所禁止的,因为自爱的"使命"是"敦促人增益生命"而非"毁灭生命本身"(GMS 4:422)。

这些段落充分地证明了康德在《奠基》中并不是偶然地,甚至是在不利于其论证的情况下退回到自然按照目的运作的立场。但康德所提到的"自然的智慧"(GMS 4:397)究竟该如何理解呢? 他是否曾于1785年认真地接受了自然是由按目的运作而构成的观点?③ 然而,在《纯粹理性批判》(第一版1781年,第二版1787年)和《未来形而上学导论》(1783)中,康德认为目的因并不是认识我们的经验对象的建构性原则。④ 因此,如果说康德曾暂时修正了他的观点,只是为了在1790年的《判断力批判》中再次放弃它,这将更令

---

① GMS 4:396;参阅 KrV A 819/B 847。只因为我们理性的自我规定是"自然的真正目的"(GMS 4:395),康德才会在《奠基》第一章的第一句话写道:"在世界之内,一般而言甚至在世界之外,除了一个善的意志之外,不可能设想任何东西能够被无限制地视为善的。"(GMS 4:393)
② 剑桥版将此处误译为"自然的目的"(nature's ends)。此处德文原词为"Naturzweck"。——译者注
③ 请参阅 Herbert James Paton, *The Categorical Imperative. A Study in Kant's Moral Philosophy*, Chicago University Press (reprint University of Pennsylvania Press, 1971), 1948, p.154; Paul Guyer, *Kant's*, *Groundwork for the Metaphysics of Morals*, London, New York: Continuum Press, 2007, p.117; Jens Timmermann, Kant's "Groundwork of the Metaphysics of Morals". A Commentary, Cambridge University Press, 2007, p.22; 以及 Christoph Horn, Corinna Mieth and Nico Scarano, "Kommentar", in: Kant, Immanuel, Grundlegung zur Metaphysik der Sitten. Frankfurt am Main: Suhrkamp, 2007, S.234。
④ "因此,道德神学只具有内在的应用,也就是说,通过我们适应一切目的的体系来实现我们在此世的使命,而且不狂热地或者干脆渎神地离开一种在道德上立法的理性在善良生活方式中的导线。"(KrV A819/B 847)并且,在康德开始创作《奠基》时所撰写和发表的《未来形而上学导论》中(请对照 AA 23:60),他认为我们"不得不这样看待世界,就好像它是一个最高的知性和意志的作品似的"。(Prol 4:357;也可参阅 Prol 4:358 – 359, 362 – 363)

人吃惊。① 依托于康德在 1797 年"德性论的形而上学第一原则"中再次使用"自然目的"这一概念的背景，②这种发展式的阐释似乎是悖于情理的。因此，康德诉诸这种常见于斯多亚学派的自然目的论立场，必然出于不同的动机。将之考虑为一种启发式理由似乎是合理的：康德在《奠基》的第一章和第二章中求助于自然目的论，以使他的当代读者（很可能这种论点的有效性为大多数人所信服）转向他自己关于定言命令的观点。只要我们还没有进入《奠基》第三节中"纯粹实践理性批判"（GMS 4:446）的范围，就可以援引"自然的智慧"来阐明道德法则。然而，这种解释面临着一个不足：它显然不是最终结论。我们没有理由去怀疑康德曾严肃地设定自然为理性赋予了目的。然而关键性问题在于，康德在《奠基》中提及的自然目的是否应该理解为关于自然的建构性法则。倘若不在建构性法则的意义上作考虑，那么就不得不从调节性法则的意义上加以理解；但在 1785 年，康德似乎并没有谈到关于后一种法则的特征。因此，对康德在"目的论判断力的批判"，即《判断力批判》的第二部分中关于目的论判断力（teleological judgments）的观念（conception）进行讨论或许会有助于理解。我将做出如下论证，康德的目的论判断力这一概念（concept）能够为《奠基》中自律和自然间的关系提供一些新的启示，这正是因为它澄清了如何理解那里关于纯粹实践理性、反思性判断力和自然之间的关系。如果我们理解了康德在《判断力批判》中关于目的论判断力的观念，或许我会如此论证：我们能够清楚地看到，康德提到自然的设计功能既不是出于一种纯然启发性策略，也不是基于传统目的论的意义，毋宁说它应该被理解为实践理性自身反思性结构的标志。

二、康德在《判断力批判》中的策略

在"目的论判断力的批判"中，康德试图表明，我们可以借助特定判断对一个被给予对象是否与其概念相符作出断言。这一概念并不是通过物理—机械自然法则作为对象之可能性的原因，而是规定了一个对象应当是什么。康德将这一概念称为"目的"，将这一判断称为"目的论的"，将被判断的对象称为一个"自然产品"③，将我们得出这一判断的能

① 根据保罗·盖耶尔（Paul Guyer）的观点，康德直到《判断力批判》才超越了《奠基》中在启发式原则意义上的传统目的论："《判断力批判》不是对目的论的简单重申，而是对它的悲伤告别。"参阅 Paul Guyer, *Kant on Freedom, Law, and Happiness*, Cambridge University Press, 2000, p.170。
② "正如对生命的爱是由自然所规定以保存人格一样，对性的爱由自然所规定以保存物种；也就是说，这两种爱的任何一种都是自然目的。"（MS 6:424）
③ "一种目的论的判断把一个自然产物的概念按照其所是的而与它应当是的东西加以比较。在这里，对该产物的可能性的评判是以一个先天地先行于它的（有关目的的）概念为依据的。"（EEKU 20:240）

力称为"反思性的判断力"。康德不仅仅把那种发觉自然现象间——从规定性判断力的角度来看,诸自然现象显现为偶然的——相互协调之必然性的能力归结为依照必然性原则进行反思性应用的判断。他在《判断力批判》的"导言"中进一步指出,反思性判断力使得在"通过自然概念"(动力因)的知性立法和"通过自由概念"(KU 5:174)(目的因)的理性立法之间"架起桥梁"①成为可能。从反思性判断力的角度来看,自然看似自由,自由看似自然,是因为我们必须以这样一种方式来表象自然,好像它如同一个理性存在者一样"按照法则的表象"(GMS 4:412;参阅 4:427)或"按照概念"(KU 5:369)来运作。

自然和自由间的这种桥梁应当成为可能,乍一看似乎并非显而易见。一方面,自然界中的一些现象或对象虽服从于知性立法的必然性和普遍性的规定,同时也有资格或要求为理性立法所规定。而另一方面,应用这两种性质完全不同的因果性决不会推翻对象的建构性统一,从而也不会推翻自然的建构性统一。然而,如果根据两种法则来规定一些对象被证明是成功的,那么我们就会获得一种并不存在"鸿沟"的自然概念,自然的机械作用和出于自由的因果性之间就不存在根本性断裂。就像人作为纯然理性的存在者,自然也会根据目的来运作,并规定一个对象应当是怎样的。那么,这个对象于我们而言就不仅仅是一个由我们的直观和知性形式所构成的经验对象,它同时也作为一个自然产品存在。这一结论引人注目,尽管通过反思性判断力所建立的对象的合目的性并不具有建构性的(正如在知性法则的条件下)有效性,而只具有调节性的有效性:由于我们认识能力的特殊本性,我们必须把自然的特定形式——这类形式的存在单凭动力因不能得到解释——评判为好像自然本身要求它们具有其特定特征似的。当然,这一结果也能适用于人类:人类的任何能力都不会偶然存在,而是将不得不被评判为好像它们有一个为自然所规定的目的。

尽管学界对康德的反思性判断力理论在诸多方面达成了广泛共识,但就根本而言,反思性判断力和理性之间的关系仍存有争议。首要分歧点或许在于理性概念的地位和功能,如果反思性判断力根据合目的性原则评判其对象,那么它与康德在导言末尾关于我们认识能力的表格中明确地、专门地归为欲求能力的,且按照先天原则运作的理性能力之间的关系是什么呢?(KU 5:198)康德将合目的性的先天原则赋予判断力,将"终极目的"(KU 5:198)的先天原则赋予理性,这表明(反思性的)判断力和理性这二者的原则是密切相关的。如果有人论及目的和合目的性,他使用的仅仅是目的因(在调节性或建构性的意

---

① KU 5:195.康德只在这里使用"架起桥梁"这个词;关于"鸿沟"和"过渡"的概念,参阅 KU 5:175-176,179,196。

义上理解)的用语,而不是关于我们知性的动力因的用语。

尽管作为整体的《判断力批判》的复杂文本也许并没有强制我们对问题给出一个特定答案,但依我所见,康德确实在这部发表于 1790 年的著作的导论中给出了一个答案,这能够在"目的论判断力的批判"的各个段落中得到印证。这个答案相当于宣称,反思性判断力之所以能够将自然的特定形式评判为有目的的系统安排,仅仅是因为纯粹实践理性本身指示它这样做。为什么康德在导论中如此清晰地给出了他的答案,却没有在"目的论判断力的批判"中——他在这一部分中偶尔会给人留下这样的印象,即反思性判断力的运作实际上与知性和理性的立法能力相等同——一以贯之,这或许可以解释为《判断力批判》的这一部分是他所撰写的最后部分。康德直到完成了《判断力批判》的两个主要部分之后,才继而对我们认识能力的结构和统一性进行详尽阐述,这种阐述是形成某种观点所必需的,而这一观点通常只是在正文中所暗示的立场。那这个立场是什么呢?

三、纯粹实践理性和反思性判断力

理解康德立场的关键在于前文所提到的导论末尾处关于心灵的高层能力的"表格"(KU 5:197 f.)。在这里,康德区分了知性、判断力和理性等认识能力(广义的角度)。知性及其机械因果性建构起我们的经验对象,理性则以其终极目的或终极原因的原则规定我们的欲求能力。① 现在,康德认为,在道德领域向我们揭示出自由的实践法则的同种理性,指导反思性判断力来评判一些自然产品,就好像自然按照目的创造了它们似的。"因此,前一条原则是规定性判断力的一条客观的原理,后一条原则却只不过是反思性判断力的一条主观的原理,因而是反思性判断力的一条由理性托付给它的准则。"②这段话中的关键词是"托付"(德语:"auferlegen")。康德借其指涉一种由纯粹实践理性——这种理性指导在此所讨论的反思性判断力——所建立的责任(一种应当)。③ 规定性判断力把一个

---

① 参阅 KU 5:198, 388。承认第一批判和第三批判之间的差异性是至关重要的:在第三批判中,关于自然统一性的调节性判断是从纯粹实践理性而非(如同在第一批判中,参阅 A 804/B 832)纯粹思辨理性的角度来诠释的。直到 1790 年康德对反思性判断力这一能力的引入,才使得将自然的理论合目的性最终解释为实践的合目的性成为可能。

② KU 5:398. 在别处,康德写道:"自然的客观合目的性的概念是对于反思性判断力来说的一条批判的理性原则。"(KU 5:397)

③ 对于"auferlegen"的使用,可参阅 GMS 4:442, KpV 5:76, 85, 130 - 131, 210, 257, KU 5:455 - 456, 470 - 471, 481, RGV 6:99. MSRL 6:264。在我所了解的文献中,反思性判断力和纯粹实践理性的关系很可能被忽视了,因为康德同时主张合目的性这一概念属于反思性判断力(例如,参阅 Förster, Eckart 2011. Die 25 Jahre der Philosophie. Frankfurt am Main: Klostermann, S.146 ff.)。但这不应该被理解为反思性判断力脱离于纯粹实践理性的支配。

对象归摄在自然法则之下,而反思性判断力应当将某物归摄在"一种唯有通过理性才可设想的因果性之下"(KU 5:396)。因此,如果没有理性,没有终极原因的因果性,反思性判断力将会是一种不得不全然盲目和无助地评判自然现象的能力,它将无法形成一个自然目的的概念。如果没有理性,就不会有"偶然的东西的法则性"①,(正如在"感性判断力的批判"的范围内)充其量是一种"无目的的合目的性"(KU 5:301)。

在反思性判断力中——对于理性(自由)和知性(自然的机械作用)之间的中介功能,这条线索是极为重要的——终极原因的实践原则带着一种理论的②意图得以运用,即为了认识一个按照目的运作的自然。不仅是被赋予理性的人类,而且自然也能够被表象为好像它是按照目的的表象来行动。这种论述引起了这样一个问题:一方面是知性的自然机械过程和规定性判断力,另一方面是理性的自然目的论和反思性判断力,二者如何能联结为统一的自然概念? 也就是说,如果我把蛆虫视作"物质的纯然机械作用"(KU 5:411)的产品,我就不能同时按照终极原因的原则来评判它。同样,如果我把一个对象评判为自然的有机产品,那么,这个对象就不可能同时由自然的机械作用所引起,即使自然机械作用的法则也是它存在的原因。机械法则是自然有机产品存在的必要条件,而非充分条件。

《判断力批判》第 69 节的筹备工作及第 70 节中所论述的"判断力的二律背反",与确定自然机械过程和自然目的论之间的关系息息相关。由于判断力能够通过两种不同的准则来评判自然产品,所以产生了一种二律背反的印象。首先,判断力能够根据机械法则来评判它们。其次,可以从以下准则出发:"物质性自然的一些产品不能被评判为按照纯然机械的法则就可能的",(KU 5:387)如果判断力在对自然的反思中无一例外地遵循第一条准则,它将会拒绝理性的要求,即在自然的运作中寻求终极目的;按照第二条准则,如果判断力屈服于理性的要求,即按照终极目的来评判质料的自然中的某些事物,那么它将面临跌入传统目的论或物理—神学的困境,从而设法将终极因原则确立为自然的建构性原

① 关于这种对偶然事物类似法则之规定性的观点的意义,请参阅 Hannah Ginsborg, "Kant on Aesthetic and Biological Purposiveness," Andrews Reath, Barbara Herman and Christine M. Korsgaard eds., Reclaiming the History of Ethics. Essays for John Rawls. Cambridge University Press, pp.329-360;还可参阅 Rachel Zuckert, Kant on Beauty and Biology. An Interpretation of the "Critique of Judgement". Cambridge University Press, 2007, p.5ff。在 Ginsborg 关于我们诸判断的规范性特征的有趣讨论中,他似乎没有看到纯粹实践理性和反思性判断力之间的决定性关系(参阅 Ginsborg 1997: 351-356)。

② 这种以反思性判断力为中介的理性的理论运用(theoretical application of reason),不应误认为是康德在导论中谈到的"理性的理论应用"(theoretical use of reason)(KU 5:176)。此处"application"德文为"Anwendung",侧重于程序上运用某种方法达到某种目的,而"use"的德文为"Gebrauch",侧重于将某物作为工具的具体使用。所以,根据康德的语境将它们译为"运用"和"应用"以分别作为建构性的意义和调节性意义来区分二者。——译者注

则。康德提出了一种遵循准则的阶段模型,意在将两种准则结合起来。反思性判断力首先应遵循第一条准则。之所以应该首先遵循它,是因为如果判断力不总是"按照自然的纯然机械作用来反思",就"不可能有任何真正的自然知识"(KU 5:387)。

但是,为什么那样将没有"真正的自然知识"呢?而我们为什么对这类知识如此感兴趣呢?如果我们放弃了这种对自然的机械解释,我们就放弃了对纯粹知性概念的建构性应用——据《纯粹理性批判》中的论述,我们通过这种应用来认识自然必然性及其建构性统一。我们不应该放弃康德将其解释为纯粹理性之规范的这类自然知识:"理性无限重视的就是不放弃自然在其产生中的机械作用,并且在对自然的解释中不忽略这种作用,因为离开这种作用,就不可能达到对事物本性的任何洞识。"①在这种情况下,纯粹实践理性也就被证明适合于为判断力运用的责任奠定基础。理性若缺乏这种规定目的的能力,我们关于自然现象的判断就不会有明确的等级。

如果判断力按照第一条准则进行反思,我们可以将其看作反思性判断力带有规定性意图的运用。在这里,反思性判断力对自然现象进行反思,旨在把它们归摄于普遍机械法则之下,只要判断力成功地将被评判的现象归摄到机械法则下,这种判断就是合目的性的。在这种情况下,自然中的一切都必然存在,其中没有任何事情是偶然发生的。然而,如果判断力未能根据第一条准则来评判对象,它就必须尝试根据第二条准则来对其进行评判,即根据那条"理性托付给它"(KU 5:398)的准则。判断过程必然如此,因为我们的理性有在显然的偶然性中觉察出必然性的需要,并相应地指导判断力的运用。因此,否定性的判断,即某一自然特征不能按照知性范畴被评判为必然存在,就是对判断力的纯然反思性应用。如果判断力成功在目的论的意义上评判了借助知性所不能评判的对象形式,那么偶然性的危险就得以避免,否则所有理性都会由此从根基处被破坏。在这种情况下,我们把这个对象视作一个自然产品。在一个自然产品内部,因果性原则在两个方向上被运用,不仅 X 是 Y 存在的原因,而且 Y 同时也是 X 存在的原因。这种双重维度的因果性无法为知性所构想,因为知性不能把这两种维度看作同一因果事件的不同维度。对于知性和判断力而言,两种维度只是偶然地相关联,这意味着它们不能把握住我们通过把合目

---

① KU 5:410. 康德在《判断力批判》中仅使用了一次"Verstandesbedürfnis"(我们的知性需要)的表达(KU 5:186;同样出现在 AA 8:453)。不仅理性,而且知性也有这种自然中没有偶然的事物发生的"需要",康德对此既没有做出解释,也没有做出辩护。然而,如果这确实是知性的需要,那么如何才能避免知性和理性的需要间的潜在冲突就不甚明朗了。如果这两种情况下都是理性的需要,就会出现这样的问题,理性有何种兴趣来完成属于知性领域的任务。或许知性和理性的共同兴趣能作为解决该问题的线索,即对真理的兴趣。这种兴趣就解释了为什么知性尽量避免认识太少,理性尽量不认识太多。

的性原则运用于自然所获得的认识附加值。

因此,康德的立场是,我们在辅助性原则的意义上退回到终极因原则。如果第一条准则不成立,那我们就通过第二条准则来评判。康德关于反思性判断力的辅助性概念有其优势,但也有一个关键性缺陷。优势在于我们能够以必然性的模式来评判自然中存在的一切事物。这正是理性所要求的。其缺陷在于,我们似乎通过两种不同类型的因果性背离了自然统一性。如果把机械论的解释方式和目的论的解释方式完全分离,那么理性将会流露出不满,因为理性在解释自然的过程中,不仅要求必然性,还要求统一性。因此,必然有一种建立自然统一性的方式,尽管我们把这种自然表象为按照两种不同类型的因果性来运作。康德把这种为理性所要求的,其可能性也由理性来确立的统一性称为自然的"一个系统"(KU 5:413)。①

自然作为一个系统是如何可能的呢?针对该问题的以下三个答案,康德都不予考虑:他既不愿意接受莱布尼茨的前定和谐②,也没有兴趣给物理学插上"翅膀"③——例如《德国唯心主义的最初的体系纲领》一文将自然—机械法则解释为类似创造事件的目的论法则,他也不愿为了顺利调和合目的性原则与自然机械论原则就建立一个广泛的自然概念,把自然机械法则的建构性特征界定为仅仅是偶然的或调节性的有效法则。④ 所有这些关于自然的系统化特征的回答都是孱弱的,因为它们所依赖的前提与康德关于动力因的建构性功能的观点互不相容。如果我们拒绝给予动力因以自然之建构性原则的地位,我们就放弃了"自然的真正知识"而去支持一种自然诠释学,就后者而言,我们不能再宣称自己是自然的立法者。

那么,康德在《判断力批判》中针对如何调和两类因果性这一问题所提出的解决方案是什么呢?理性如何实现它自身对建立一个自然系统之可能性的要求呢?让我们首先更进一步来考察目的论判断力的调节性特征。与自然的机械作用不同,目的论判断力取决于我们认识能力的特征。在第 75 节中,康德写道:"我是说:自然的某些事物的产生,或者

---

① 这个翻译与剑桥版的翻译有所不同。在迈纳版和科学院版德文中,此处均为"ein System",Werner S. Pluhar 的译本中也是"a system",而剑桥版为"a principle"。——译者注

② "根据这种(前定和谐的)系统,身体活动就好像(假定这种不可能性)没有灵魂,灵魂活动就好像没有身体,这两种活动好像彼此相互影响。"Gottfried Wilhelm Leibniz, The Monadology and other philosophical writings. Trans. with introd. and notes by Robert Latta, Oxford: Oxford University Press, 1989, p.81.

③ Hegel 1979:234. 正如人们从文献中所熟知的那样,黑格尔是否真的是作者这一点争议尚存。Georg Wilhelm Friedrich Hegel, Werke. Eva Moldenhauer and Karl Markus Michel eds., Vol. 1. Frankfurt am Main: Suhrkamp, 1979.

④ 这似乎就是 Angela Breitenbach 的主张,她把《判断力批判》第 70 节中的"两个背反原则"视作"考虑自然的调节性原则,而非关于自然自身特征的命题"。Angela Breitenbach, Die Analogie von Vernunft und Natur. Eine Umweltphilosophie nach Kant. Berlin, New York: de Gruyter, 1990, S.130。

还有整个自然的产生,都唯有通过一个按照意图被规定去行动的原因才是可能的;还是我按照我的认识能力的特有性状,对于那些事物的可能性及其产生不能作别的判断,只能设想出这个按照与知性的因果性的类比而是生产性的存在者。"①如果我们要宣称最高知性是自然中诸事物的原因,我们就必须阐明目的概念的客观实在性。但那是不可能的。目的概念不是知性概念。如果它是自然的建构性要素,它将会成为《纯粹理性批判》中范畴表的成员,但事实并非如此。② 作为一个理性概念,目的概念的功能并不像知性范畴那样,以一种有规律的(gesetzmäßig)方式来规定感性杂多。相反,它的功能是在反思自然中特殊的东西时指导判断力的应用。随之,我们以这样一种方式评判自然,就好像有一种合目的的知性产生了它。因此,我们可以进行类比。通过这种方式,反思性判断力就建立起从自然概念向自由概念的过渡,并由此实现了从感性向超感性的过渡(参阅 KU 5;196)。

然而,反思性判断力之所以能够弥合知性和理性间的鸿沟,仅因为基于理性的终极因原则能够在实践和理论上都得到运用:纯粹理性通过合目的地规定我们行动的意欲而具有实践性。但同一种理性作为纯粹实践理性也可以在理论上发挥作用——这就是"目的论判断力的批判"的新学说,按照终极因原则来指导反思性判断力对自然中的某些现象进行评判的活动。反思性判断力是一种理论能力(就像知性一样),但它判断所依据的原则却源于纯粹实践理性。这个原则是终极因的合目的性原则之一:"因此,对于一个就自身而言并按照其内在可能性应当被评判为自然目的的物体来说,就要求它的各个部分在其形式以及结合上全都交替地产生,并这样从其因果性中产生出一个整体,这整体的概念反过来……按照一个原则是该物体的原因,因而作用因的联结就能够同时被评判为由终极因而来的结果了。"尽管目的概念只有通常在规定我们的自由时才能作建构性运用,而不能用来建构关于经验对象的知识,但调节性的"好像"兼具描述性的和规范性的意义。换言之,纯粹实践理性的应当在意欲的范围内被理解为一种评判自然的规范,就好像它在反思性判断力的范围内为其自身规定目的。如果你愿称之为一种双重的应当:首先是理性

---

① KU 5:397-398. 可进一步参阅 Eckart Förster, „Die Bedeutung von § § 76, 77 der Kritik der Urteilskraft für die Entwicklung der nachkantischen Philosophie,"Zeitschrift für philosophische Forschung 56, 2002, S.169-190 and 321-345. English translation 2009/2010: "The significance of § § 76 and 77 of the Critique of Judgment for the Development of Post-Kantian Philosophy," Graduate Faculty Philosophy Journal 30/2: 197-217 and 31/2: 323-347;以及 Eckart Förster, „Von der Eigentümlichkeit unseres Verstandes in Ansehung der Urteilskraft (§ § 74-78),"in: Höffe, Otfried ed., Immanuel Kant, Kritik der Urteilskraft. Berlin: Akademie Verlag, 2008, S. 259-274。
② 请参阅 Watkins, Eric 2008. „Die Antinomie der teleologischen Urteilskraft und Kants Ablehnung alternativer Teleologien (§ § 69-71 und § § 72-73),"in: Otfried Höffe ed., Immanuel Kant, Kritik der Urteilskraft, Berlin: Akademie-Verlag, 2008, S.254 作为比较。

对于判断力所指导的应当,其次是自然对其自身产品所指导的应当。为了认识自然本身以调节性的方式所指导的应当,我们必须基于理性来评判。在这种情况下,我们根据一个实际被给予的自然产品所归于的目的来评判它本应当是什么,①就可以知道自然是否已经达到它自身的尺度。

康德关于合目的性原则在我们心灵中起源的观点可能招致以下反对意见:如果我们知道这种判断不可能有客观的(建构性的)内容,而仅仅基于我们认识能力的主观本性,那我们为什么应当以某种特殊的方式评判一个自然对象呢?康德可能会对这一问题作如下回答:尽管我们"真正说来并未把自然中的目的视为"在对象之中的,"而只是在对自然产品的反思中把这个概念设想为判断力在这方面的导线"(KU 5:399),但我们不得不考虑这一额外观点。我们有主观必要性做出相应评判,因为我们具备了我们被配备的认识能力(cf.KU 5:403)。对于作为理性存在者的我们而言,自然和自然目的是在目的论意义上所规定的整体。摒弃这种评判的视角,就等于摒弃了我们的理性。但那样的话,我们将不再是我们之所是。

的确,我们可以想象两类不会按照目的论原则来评判自然的存在者。如果我们拥有的是直觉的知性而非曲行性的知性,我们也许就能以机械论法则的规定方式来评判自然中的所有形式。考虑到《判断力批判》中的进一步论证,这将产生以下结论,即我们不必再思维一个最高存在者,因为根据第 77 节,上帝理念是一个具有有限认识能力的理性存在者的公设。然而,如果我们既没有纯粹理性,也没有直觉的知性,我们将没有能力——就像康德在《论俗语》一文中所描述的魔鬼,对它而言,不借助纯粹理性也可以解决对一种状态的建构性问题——甚至无法思考终极因原则。我们或将成为伊壁鸠鲁主义,对他们而言无法想象一个"理念"如何能够是"这种自然产品的可能性的基础"(KU 5:377)。我们既不会觉得有必要将自然接受为一个系统,也不会需要被配备获得这种知识的手段。我们将对超感性事物一无所知,并在自然的表面混乱中迷失方向。我们不会把自己设想为"理性的",而是设想为非理性的"自然存在者",并满足于某种合理性,就这种合理性而言,活蛆虫和死蛆虫之间的区别仅仅是自然的突发奇想。当康德认为"关于自然的某些事物(有机存在者)及其可能性必须按照终极因的概念来作出判断,这条原理的正确性还没

---

① 在"《判断力批判》第一导言"中,康德写道:"于是这个'应当'就包含有一种必然性,它是与一物据以按照单纯的(没有一个该物的先行理念而)起作用的原因法则而可能的那种物理—机械的必然性有明确区别的,并且它也正像通过心理学法则不能规定审美判断的必然性一样,也不能通过单纯物理的(经验性的)法则来加以规定,而是要求一种在判断力中——只要这种判断力是反思性的——所持有的先天原则,目的论判断所服从的就是这种原则,它也必须从这一原则中按照其有效性和局限而得到规定。"(EEKU 20:240–241)

有人怀疑过"(KU 5:389－390),他本可以加上这样的注释:除非这个人具有一种直觉的知性,或他像魔鬼一样非理性。

虽然目的论判断力只是一种我们由于自身认识能力的特殊性而不可避免要借助的"启发性原则"(KU 5:411),但它必须有与动力因协调一致的可能性。康德是如何实现这一目标的呢?这个问题可以用"超感性"(KU 5:175)来回答。这种超感性使我们能够把两种类型的因果性视作可调和的。① 康德在提到超感性时指出,我们无疑对反思性判断力的二律背反不可能有自然主义的解决办法。这种调和以先验观念论为前提(在"两个世界"学说的意义上),因此世界这一概念指示着我们自然中的另一面。理性指导反思性判断力把自然评判为合目的的和成系统的,同一种理性也递给我们一把用以斩断戈尔迪之结(the Gordian knot)的剑。既然理性把我们引向超感性,"基于唯有自由概念才通过形式的法则使之可以辨识的超感性东西"(KU 5:173),实践哲学和理论哲学的原则就得以区分开来。然而,如果没有自由的法则,这个问题于我们而言就不存在了。那么我们就只有属于理论哲学范围的技术—实践规则了;就把自然本身是偶然的形式规定为对于我们的认识能力是必然的而言,这些规则将变得毫不相干(参阅 KU 5:174－175)。

如果我们现在继续追问这两种类型的因果性在超感性这一概念中如何能够得到调和,那么在康德看来,我们就超出了自身理性的界限。康德对超感性这一概念的引入使我们能够思维动力因和目的因之间的相容性,但我们无法想象这一概念如何使这种调和成为可能。批判主义(而非形而上学的教条主义)是理解自然作为一个系统的关键,也同时论证了超感性概念的正当性。康德所深思熟虑的总体观点在于,他认识到我们只能诉诸超感性的概念来解决如何调和自然机械论和自然目的论这一问题。怀疑论是先验哲学家的锦囊妙计,使其能驳斥自然主义者和那些支持偶合的哲学家们的自命不凡。

四、道德化自然

这些解释对于目的论和自然科学的关系有哪些影响,对自律和自由的关系又有哪些影响呢?康德在《判断力批判》的第 79 节中区分了"理论自然科学"和"自然描述"。然而理论自然科学通过将自然描述为"对于自然理论或者对自然现象起作用的原因所作的机械解释来说……一无所获"(KU 5:417),来评判自然形式的"产生和内在可能性"(KU 5:

---

① "应当使这两种解释方式在按照它们评判自然时的可结合性成为可能的那个原则,必须被置于那处在这两种解释方式之外(因而也处在可能的经验性的自然表象之外),但却包含着这种自然表象的根据的东西中,亦即被置于超感性的东西中,而且这两种解释方式的任何一种都与之相关。"(KU 5:412;请参阅"审美判断力的二律背反")

417)。按照康德的说法,一旦反思性判断力将某些自然现象规定为自然目的,我们还得问自然本身是否有一个最高目的,即是否有一种自然目的作为目的而非手段存在。① 对于康德而言,这个问题可以参照人类来回答。人"是创造在这尘世上的最终目的,因为人是尘世唯一能够给自己形成一个关于目的的概念,并能够通过自己的理性把合目的地形成的诸般事物的集合体变成一个目的系统的存在者"。(KU 5:426 - 427)

当我们把人类视为创造的终极目的时,这个循环就结束了:如果我们不能按照机械法则来认识自然事物中的必然性,理性便指导反思性判断力把它们归摄到以目的为根据的因果性原则之下。于是,我们以这样一种方式来评判事物,就好像知性的行动合目的地产生了它们。在第二步中,当我们询问在这些自然目的中是否有一个以特殊的方式于自然系统内的其他自然目的中脱颖而出时,我们就会发现自己是能够按照目的和法则的表象来行动——即具有道德的能力——的那类存在者。我们不仅将自然中的某些事物表象为自然目的,而且将自然表象为一个系统。我们不仅把自然设想为按照一种有目的的合目的性来有序安排,也通过自然中的终极目的来设想一种合目的性。理性在自然中发现自己是一种必须就其自身而加以重视的能力,否则自然中的一切都将是无目的的(偶然的)。

初看似乎是自然科学和生物学领域内的附属研究原则,但后来证明是康德借以确立自然描述和道德哲学之间内在联系的原则。② 在科学限度内,"作为科学的目的论根本不属于任何学说,而是仅仅属于批判,确切地说属于一种特殊的认识能力,亦即判断力的批判"(KU 5:417)。就方法论而言,目的论的关键成果是驳斥了"理论自然科学"的自命不凡,因为后者声称能够根据机械法则解释自然中一切事物的起源。如果它成功了,如果没有自然目的,我们也将无权把人类评判为作为自然终极目的而存在。反思性判断力及其终极因原则成了自然科学身上一根尖锐的刺,它阻挠了(用当代术语讲)对所有有机体——从而阻挠了对自然系统内部的人类存在者——的还原论及自然主义解释。

---

① "因此,这就只有物质了,只要物质是有机的,这样的物质必然带有关于它是一个自然目的的概念,因为它的这种特殊形式同时是自然的产品。但是,这个概念必须导致全部自然是一个按照目的的规则的系统的理念。"(KU 5:378 - 379)

② 令人震惊的是,康德尝试在自然和自由间建立一种"温和的"目的论联系,却没有得到那些哲学家一句赏识的话,他们从亚里士多德的视角指责康德将其大部分谋略都划归于"世界的祛魅";参阅 Heiner F. Klemme, „John McDowell und die Aufklärung. Eine Kritik der neo-aristotelischen Ethik," Heiner F. Klemme ed., Kant und die Zukunft der europäischen Aufklärung, Berlin, New York: de Gruyter, 2009, S. 369 - 385。

五、回到《奠基》

在《奠基》中,康德试图找出并确立道德性的最高原则(参阅 GMS 4:392)。然而,他在论证过程中使用了很多在《奠基》中尚未解释的学说。例如,康德并没有充分清晰地解释他关于"自然目的"(GMS 4:432)的构想。因此,自律和自然间的联系仍然是模糊的。考虑到康德的观点的进一步发展,我们可以假设,康德在 1785 年还不能以自己满意的方式回答关于"自然的智慧"(GMS 4:396)的问题。因为在 1785 年,他还没有掌握反思性判断力的概念,这就是为什么他自己可能对纯粹实践理性和反思性判断力的关系并不了解。然而,康德在 1785 年就已经意识到,我们只有怀着实践的意图才有权利将目的归于自然。因此,《奠基》并没有退回到传统目的论①的理论阶段,也没有落后于《纯粹理性批判》的理论发展,但康德在这里使用的是一个并无建构性意义的自然目的论概念。这在关于自然王国概念的评论中变得尤其明显:"目的论把自然视为一个目的王国,道德学则把一个可能的目的王国视为一个自然王国。在前者,目的王国是用来说明存在着的东西的一个理论理念。在后者,目的王国是一个实践理念,用来实现,而且恰恰是依据这个理念来实现并不存在,但通过我们的所作所为就能够成为现实的东西。"②这段话表明,康德关于纯粹实践理性的规定性及我们诸义务的根源,是依托于理性以实践的方式指涉自身,通过将自然法则公式运用于我们的准则推导而来。③ 纯粹实践理性的这种自我指涉结构在于,每一个理性存在者都必然将自己的存在表象为"目的自身"。④ 没有自我指涉就没有自律。

---

① 我认为 Paton 将康德的自然法则公式诉诸"好像"的目的论解读是完全正确的:"当我们被要求将一个拟议的准则设想为自然法则时,我们必须将其设想为一个自然目的论法则;因为这是一个行动的准则,而行动本身(且不谈道德思虑)本质上是合目的性的。此外,我们被要求首先把它设想为人性法则,即使我们把它置于整个自然背景之下;并且,人性必须被视为本质上合目的的。所有这些显然都是康德认为理所当然的乃至未加明确阐述的,但这样往往会误导读者。"(Paton 1948:151)然而,Paton 没有看到的是,自爱的自然规定本身就是实践理性赋予自然以实践意义的产品。正因为 Paton 忽略了这一点,他才会认为康德关于自杀的论证中未直接言明地提及了"一些关于神的旨意的运作理论"(Paton 1948:154)。

② IV 436 注释。另请参阅《纯粹理性批判》第二版:"同时又是自然秩序的目的秩序"(KrV B 425);以及前面已经引用的《道德形而上学》的第 7 节,康德在这里把自然目的的概念进一步阐明如下:"……把自然目的理解为原因与一个结果的联结,在这种联结中,甚至无须赋予原因一个理智,它毕竟也被设想为按照与这样一个理智的类比产生出结果,因此仿佛是有意地产生出人来。"(MS 6:424)因此,自然不被视作按照意图行动,而是被认作"好像它按照目的产生了人类"。这也是康德在《奠基》中所论述的。

③ 对于纯粹实践理性对自身的联系或自我指涉的概念,参阅 Dieter Henrich, Selbstverhältnisse. Gedanken und Auslegungen zu den Grundlagen der klassischen deutschen Philosophie. Stuttgart, 1982, S.64: Reclam;还可参阅 Klaus Steigleder, Kants Moralphilosophie. Die Selbstbezüglichkeit reiner praktischer Vernunft. Stuttgart:Metzler, 2002, S.67。

④ GMS 4:429."这种原则的根据(即定言命令的根据——作者注)是:有理性的本性作为目的的自身而实存。人类必然以这种方式表象其自身的存在;所以,就此而言,它是人类行为的一个主观的原则。但是,其他任何理性存在者也都根据对我也有效的同一个理性根据来如此设想自己的存在;因此,它同时也是一个客观的原则,意志的一切法则都必须能够把它作为一个最高的实践根据而从它导出。"(GMS 4:429)

但理性解释了由理性所决定的①意志与自身的关系,其同时也是自然与这个具有实践意图的理性的关系。正如意志能通过理性来规定自身,按照目的行动的自然把理性规定为我们意欲的最高目的。② 世界上的最高目的是产生一个理性的意志。我们人类具有理性的资格,不仅意识到自己绝不仅仅是自然物,也提出了对拥有一个自由意志的"合法要求"(GMS 4:457)。我们发现我们"真正的自我"(GMS 4:458, 461)不是"仅仅属于"(GMS 4:457)我们的"欲望和偏好"(GMS 4:452),而是在我们理性的"纯粹的自动性"中。然而,如果自然本身不是理性的,如果我们的目的并非同样是自然的目的,这种"纯粹的自动性"就会受到威胁。如果"意志自律"是"道德的最高原则"(GMS 4:440),但目的王国从根本上与自然王国相分离,那么在受到自然因果性规定的经验世界中,我们应当做的事情如何能够发生,就根本不清楚了。而若这一点是不清楚的,道德上的应当就会处在动摇的基础之上。由于这个原因,康德在《奠基》中就已经证明了自然如何能被"道德化",以及理性如何能被"自然化",这一点至关重要。③

由于我们的理性的自我指涉,因而也有必要从目的论的角度来解释自爱。自爱的自然意图——在我运用自然法则公式的时候,我将这一意图与如下准则相对照,即如果我的生命似乎预示了更多负担而非愉悦,我就出于爱自己而结束自己的生命——之所以能够被设想为自然意图,仅因为我作为一个理性存在者,不能将自然理解为对我自身的目的漠不关心。如果(关于自爱的)同一种感觉不止有一个终极目的,这将等同于自然的运作是偶然的。然而,理性不会接受把自然界中的任何事物都想象为不符合其运作目的。

在纯粹实践理性的基础上,我们的理性本性不可避免地自我赋权和自我认同,并以此作为自然的最终目的,这相当于自然的道德化,也相当于自律的自然化。但康德直到1790年才认识到,这种自律和自然间的非莱布尼茨式调和只有通过反思性判断力的概念才能实现,这种判断力能让我们设想纯粹理性在其实践应用中如何获得一种理论的、自然的和因果性的意义,以及一种真正的实践意义。由此看来,康德对"自然的智慧"的运用——最初难以为读者所理解——是对他正要发展的精妙学说的一种预想。然而,如果我们把"目的论判断力的批判"和《奠基》相互关联起来,似乎康德写作前者就是为了解释

---

① "但这里所说的是客观的实践法则,从而是就一个意志仅仅被理性所规定而言它与自身的关系。"(GMS 4:427)

② "如今,用来作为意志自己规定自己的客观基础的东西,就是目的,而目的如果是由纯然的理性给予的,那就必然对一切理性存在者同样有效。"(GMS 4:427)并且,我们还可以补充道:自然也可被解释为按照目的运作。

③ 关于这一点的进一步阐明,请参阅我即将发表的关于《奠基》的评注性著作。
该著作中译本现已出版,参见[德]海勒·克勒梅:《康德〈伦理形而上学的奠基〉系统释义》,刘作译,上海:上海人民出版社,2023年。——译者注

《奠基》中关于自然的合目的性概念。据 1790 年所提出的立场,自然和自由间的鸿沟就自然的建构性原则而言是无法逾越的。但就自由而言,它是能够被逾越的:"自由概念应当使通过它的法则所提出的目的在感官世界中成为现实;因此,自然必须也能够这样来设想,即它的形式的合法则性至少与要在它里面造就的目的按照自由法则的可能性相协调。"(KU 5:176)康德在《奠基》中已然主张,我们必须把自然设想为好像是按照我们的目的而运作,然而,他所授予自然的这种形式,即合目的性,并不具有建构性意义。反过来,"知道自己的最高使命在于确立一个善的意志"(GMS 4:396;参阅 4:437)的理性按照机械法则为自然的运作规定了一个目的。如果我们从纯粹实践理性的角度来审视自然,我们就会意识到自己是自然的最终意图,并清晰地觉察到目的论绝不建构自然。在实践方面,我们把自然解释为一面镜子,在其中,我们出于自我指涉的自律而认识到自身是作为这个自然之最终意图的理性存在者。

Moralized Nature, Naturalized Autonomy:
Kant's Way of Bridging the Gap in the
Third Critique (and in the *Groundwork*)

Heiner F. Klemme

【Abstract】 By regarding autonomy as the supreme principle of morality in opposition to heteronomy, Kant faces with the problem of bridging nature and freedom. How does he reconcile the two causality corresponding to autonomy and heteronomy? According to Prof. Klemme, the key is to understand the connotation of the "wisdom of nature" mentioned in the *Groundwork of the Metaphysics of Morals*, and to give a strategy in the context of a stage model of maxim-following proposed in the *Critique of Judgment*. The reflective power of judgment first is applied with a determining intention, judging natural products according to mechanical laws. If judgment fails to judge the object according to mechanical laws, it does so according to the principle of final causes prescribed by reason, and thus reason in this way establishes the unity of nature. It is precisely because the principle of final causes of reason can be applied to both theory and practice that it provides the possibility for the reflective power of judgment bridging the gap between understanding and reason. We human beings, as purpose-setting subjects, regard the aggregate of things as a system of ends while at the same time pointing to themselves as a final purpose in nature. Thus, Kant's conception of the "wisdom of nature" as an anticipation is meant to illustrate the way in which reason refers to itself through practice. In bringing morality to its full realization in nature in accordance with the principle of autonomy, we come to recognize that human beings, as rational beings, are the ultimate purpose of nature's operations.

【Keywords】 Immanuel Kant, Nature, Autonomy, Gap, the Reflective Power of Judgment

实践同一性与本真性：
基于海德格尔重思科思嘉对康德式规范性理论的生存论改造①

贺　念②

【摘要】 当代康德式哲学的主要代表人物科思嘉通过对康德"道德行动实现了更好的人格"观点进行发挥，提出人的实践同一性是规范性的来源，从而将"成为一个好人"与"成为你自己"统一起来。本文指出，她从四个方面对康德道德哲学进行的生存论改造都与海德格尔的存在论现象学有互通之处，但在对比中发现她的改造具有根本的不彻底性，即她遗忘了规范性的二重性：作为常人态的公共规范与本真的规范。如果针对前者，她所追求的"道德与成己"的统一是无法实现的，要想达至这一目标，必须对规范性进行现象学还原，即在规范性的第一人称视角内部完成从"宾格的我"到"主格的我"的转变。

【关键词】 科思嘉，海德格尔，规范性，实践同一性，本真性

规范性问题是人类精神领域中不可或缺的一环。自休谟区分"是"（what is/Sein）与"应当"（what ought to be/Sollen）以来，关于实践行动的规范性问题便成为道德哲学和伦理学的核心内容，也成了哲学的根本任务之一。克里斯汀·科思嘉（Christine Korsgaard）不仅是当代实践哲学领域重要的哲学家之一，也是当代康德式哲学的主要代表人物，她的突出贡献在于创新性地运用康德的理性哲学来解决"规范性的来源"、人的行动理由、实践同一性以及主体性的自身构成问题。其主体性的自身构成论实际上是对康德哲学的"生存论"改造，因此，自科思嘉的代表作《规范性的来源》出版以来，关于康德式哲学与存在主义之间的内在关联就成为西方学界的研究热点之一。

表面上看，康德哲学强调道德法则的普遍性，强调法则建立的根据是排除了感性偏好的纯粹理性，而存在主义则强调"在情境中的选择"，因此它们似乎构成了立场完全对立的哲学阵营。但随着对康德"判断力"以及"人类学"问题研究的深入，人们发现康德哲学中道德法则在运用到经验时，同样需要接受亚里士多德的"实践智慧"（phronesis）思想，因

---

① 本文是国家社会科学基金一般项目"海德格尔存在论现象学中的规范性问题研究"（项目编号：21BZX094）阶段性成果。

② 作者简介：贺念，武汉大学哲学学院特聘副研究员，主要研究方向为德国哲学与现象学、西方美学、美学原理。

为"道德法则还需要经验磨砺的判断力"(GMS, AA4: 389)。赫费就曾指出,"道德行动不仅包括我们称之为应用或归摄的能力,而且实际上展示了一种创造性的成就,即根据规则对个别情境进行判断的成就",因此"康德伦理学为个别性和经验留下了惊人的空间"。① 科思嘉同样沿着这一方向对康德哲学进行推进,她一方面指明具有经验内容的"实践同一性"如何给出道德规范性,另一方面也指明主体如何在具体的实践性选择中自身构成,从而别开生面地将"道德地行动"与存在主义探讨的核心议题"成为你自己"结合了起来。正如克劳威尔(S. Crowell)在《存在主义及其遗产》一文中所总结的那样,科思嘉思想中占据中心地位的理念"自身(self)不是简单给定的东西——作为实体,甚或作为"主体"——而是通过我的选择和承诺而被做出(made)或构成(constituted)的东西",②根本上乃是"存在主义式的"。他并将科思嘉思想看作当代最有影响力的存在主义思潮的"遗产"之一。

本文首先梳理了科思嘉规范性的哲学含义,揭示了"实践同一性"何以成为规范性的来源,并从四个不同的方面说明科思嘉的生存论改造与海德格尔思想之间的互通,进而在与海德格尔思想的比较中,指出了她的改造的不彻底性,最后指明海德格尔生存论现象学在思考规范性问题时所给出的启示。

一、规范性与实践同一性:"成为好人"与"成为自己"的统一

就广义的实践哲学来说,它的主要研究对象是人的行动(action/Handlung)以及行动的善恶问题。行动是具体的,它包含具体的物理活动(movement)及其目的,然而它所关涉的善和恶却并不是指一个行动的某种可供观察的属性,善和恶并不是实在的经验对象或其特征,而是价值。如果世界是质料,那么价值就是形式,科思嘉认为,康德的自律伦理学才是唯一跟现代的形而上学观念相协调的伦理学,因为由理性代表的形式并不存在于世界之中,而是我们施加给世界的,道德成为我们的义务。

那道德的根基是什么呢?对这个问题的回答首先取决于对这个问题本身含义的理解。我们完全可以从进化论的物种自我保存、趋利避害的生物本能来解释很多道德现象。我们之所以要关爱他人,建立家庭并照料和保护小孩,乃是因为有一种自然性的正当理

---

① O. Höffe, Universalistische Ethik und Urteilskraft: Ein aristotelischer Blick auf Kant, in *Zeitschrift für philosophische Forschung*, Bd. 44, H. 4, 1990, pp.548, 556.

② Crowell, Existentialism and its legacy, in *The Cambridge Companion to Existentialism*, Cambridge University Press, 2012, p.9.

由:保存自己的物种。科思嘉认为,如果仅仅从这种科学说明的角度来解释道德的根基,会导致真正的道德怀疑论,因为"一旦我们仅仅将道德还原为其背后的那些科学上真实的东西,我们就不会在乎它了"①。所以,道德的根基不能还原为科学说明,而必须从规范性出发来理解。

规范性不是对我们实际行为的过程、起因和结果的描述,毋宁说,它向我们提出要求,它能够命令我们或者引导我们。科思嘉提出,这里真正涉及的乃是从第三人称的理论视角向第一人称的行动视角的转化:"我们怎么解释道德行为的问题是一个第三人称的、理论上的问题,是一个关于某种理智动物为什么会以某种方式行动的问题。而规范性问题是第一人称问题,它是对那个必须实际地做道德要求他做的事情的那个道德行为者提出的问题。"②如果纳粹来搜查躲在我家里的犹太人,我应该保护他吗? 或者我应该救一个落水的小孩吗? 虽然进化论及生物学、社会学理论可能会对我自己作出的选择进行好的解释,然而它却从不可能从我自己的视角来确证它。

规范性是一种要求,它瞄准了我,它命令我按照准则去行动。它迫使我直面它,迫使我行动,而不是事后再企图对它进行一种描述或说明,这其实是对它的要求的回避。不仅如此,这同时也意味着,我必须对这个行动的理由正当与否也保持清醒。如果行动的理由是正当的,那行动就同时是我自身的同一性的表达,它表达了我原来就是这样一个人,具有某种身份或同一性的人;而一旦行动的理由不正当,行动是错误的或者恶的,那就是对我同一性的损害,对我自身的背叛和摧毁。因此,规范性的来源就直接指向了主体的这种"实践同一性"(practical identity)。

实践同一性指的是对个人同一性的非理论和科学事实的描述,"在这种描述下,你评价你自身,发现你的生活值得一过,你的行动值得采纳……你是一个人,男人或女人,某个宗教的信徒,某个族群的成员,从事某种职业的人,或者某人的爱人或朋友,所有这种同一性(身份),都带来了理由和义务"③。 从这一段论述来看,科思嘉对实践同一性的理解是非常清晰的,它就是指行动者在采取行动中展现出来的"我是谁"。"杰克为了看望母亲而回芝加哥",展现出来的就是,他是一个关爱母亲的儿子。为什么杰克会认同"为了看望母亲而回芝加哥"呢? 他的这一行动的理由是由谁给出的? 答案就是:作为儿子的这一"实践同一性"。我把我自己放在"儿子"这一实践同一性的观念之下,我来评价我是否去

---

① [美]克里斯汀·科尔斯戈德:《规范性的来源》,杨顺利译,上海:上海译文出版社,2010 年,第 14 页。
② 同上书,第 16 页。
③ 同上书,第 115 页。

看望我母亲的行动,并且发现我的行动是值得的。"儿子"的这一实践同一性给出了我看望母亲的理由,它要求着我,成了我这一行动的规范性的来源。

按照实际内容来看,实践同一性其实就是一般意义上的"社会身份",但二者有一个根本区别:后者是从第三人称的立场出发对一个人的社会分工角色的描述,而前者乃是从第一人称出发,经过个体反思之后的一种自我认同。我将自己认同为一个男人,那么"你要像个男人一样!"这句表达我实践同一性的话,对我的实践行动而言就成了一个规范性的要求,一个击中我的命令。在此意义上,"实践同一性"同时与另一个重要的哲学概念"完整性"(integrity)直接相关。完整就是一,就是使某物成为一的东西,成为一个统一体,在形而上学的意义上,成为一个合于我的实践同一性的人就意味着"成为一个完整的人"。然而,一旦我违背我的实践同一性而行动,就意味着一个完整的我的丧失(海德格尔同样将"非本真性"理解为"丧失自身"),而这是一件比死还要糟糕的事情。① 正是为了抵制这种实践同一性的丧失,从而捍卫自我的完整性,义务便产生了。

科思嘉对"实践同一性"的引入,使她的实践哲学具有了极强的"生存论"色彩,因为她将规范性的来源与"去成为你自己"的生存哲学课题结合了起来:去道德地行动,去做一个好人同时也就是去实现我的实践同一性,去成为我自己。② 实践同一性不仅可以处理传统的经典道德问题,也可以处理更广阔的生存领域中的诸多规范性问题,比如母亲生病,儿子是否应该回家探望,等等。它在我们日常的伦理生活中更能发挥实际性的指导作用。但也有学者对科思嘉的这一生存论改造表达出了担忧,认为其偏离了康德哲学的精神。内格尔就持有这种意见,他说,"虽然科思嘉接受了自由乃是对法则的服从这一康德主义论证,她仍然偏离了康德,因为她认为,法则的内容取决于某种别的东西,即我们的实践同一性观念。她的观点的核心部分,显然是非康德主义的,倒挺像存在主义的东西"。③

那么,科思嘉会因为捍卫其康德立场,而放弃她对规范性思想的"生存论改造"吗?如果她坚持存在主义立场,那她又会如何弥补这二者之间看上去的矛盾呢? 对这一根本问题的澄清,都系于揭示科思嘉如何在坚持康德哲学精神的前提下,通过完成对主体性的生存论改造从而达到一种新的推进性思考。

---

① [美]克里斯汀·科尔斯戈德:《规范性的来源》,杨顺利译,上海:上海译文出版社,2010 年,第 17 页。
② 武小西同样指出,对科思嘉的能动性理论来说,"正义不仅是关乎社会制度的'外在'的规范,更是涉及人成为自身的'内在'关切"。武小西:《正义与成己——以科尔斯戈德和海德格尔为例》,《华中师范大学学报》(人文社科版),2020 年第 5 期。
③ 内格尔:《普遍性与反思的自我》,[美]克里斯汀·科尔斯戈德:《规范性的来源》,杨顺利译,上海:上海译文出版社,2010 年,第 236 页。

康德曾在《纯粹理性批判》和《纯然理性限度内的宗教》中都论述过一个与"实践同一性"相关的概念:"智性品格"(intelligibeler Charakter)(B567－584),它与"经验性品格"相对,指的是同一个主体可以摆脱自然律的束缚并遵循自由意志从而自发地开启行动因果性的品格。智性品格不具有经验内容的具体规定,根本上只有好和坏两种,然而科思嘉的实践同一性所代表的"我是谁"的问题,严格来讲,在康德的道德形而上学体系之下看来,似乎属于经验的领域,无论"儿子"还是"男人""老师"等,都是对自我的某种包括了经验内容的规定,它如何可能为道德建立法则从而成为规范性的来源呢? 这难道不是违反了康德先验哲学的精神吗? 如果完全站在康德的立场上,正如内格尔所总结的那样,"我们的实践同一性是道德的产物,而不是道德的来源"。①

科思嘉直接回应了内格尔的批评,她说道:"内格尔把我对同一性的诉求描述为具有'存在主义'的味道(这一点我接受),因此不是康德主义的(这一点我不能接受)。"②这个回应明确地表达了科思嘉的立场:她承认自己的哲学工作是对康德的生存论改造,但同时也认为这一改造不是违背反而恰恰是贯彻了康德主义。科思嘉引用康德在《道德形而上学的奠基》第三章"一种定言命令式如何可能?"中关于道德自我与"更好的人格"的探讨来为自己辩护。康德强调人一方面因为自由的理念使其成为一个智性世界的成员,另一方面人又直观到自己是感性世界的成员,前者包含着后者的法则的根据,就其纯粹意志而言,前者应当成为立法者,所以道德义务对人而言就是定言命令。即便是一个恶棍,都因为他可以摆脱感性冲动的意志,从而"期待他的人格的一种更大的内在价值",并且"当他把自己置于知性世界的一个成员的立场上时,他相信自己就是这个更好的人格"(GMS,AA4:455/李秋零译本,p.463)。这也就是说,康德认为,只要人意识到一个善的意志,不是出于感性冲动和个人偏好,而是遵循定言命令而行动,那实现出来的就是一个"更好的人格"。科思嘉正是抓住康德关于道德行动实现了一个更好人格的论点,提出"道德自我是在规范性的意义上构想的自我,也就是我称之为实践同一性的那个东西。这个'更好的人格'马上就作为渴望和认同的对象起作用了"。③ 一个能动的理性自我的观念,在康德思想中起到的核心作用,正对应于科思嘉思想中的规范性意义上的自我观念,即实践同一性。

① 内格尔:《普遍性与反思的自我》,[美]克里斯汀·科尔斯戈德:《规范性的来源》,杨顺利译,上海:上海译文出版社,2010年,第241页。
② 同上书,第275f页。
③ 同上书,第276页。

科思嘉通过将道德行动所关涉的完全形式化的理性自我转化为"一个更好的人格",从而完成了对道德行动主体的生存论改造,这一改造为思考规范性问题对于现实人格的积极意义打开了全新的局面。它同时与海德格尔对此在的生存论分析有诸多互通之处,通过与海德格尔的思想,尤其是他对本真性问题的论述进行比较,我们对规范性的思考会得到进一步推进。

二、科思嘉生存论改造的四个方面:与海德格尔的互通

科思嘉为了进一步推进对"实践同一性"之哲学意义的思考,完成了另一部代表性著作《自身构成》。其中,她鲜明地提出,人的主体性正是通过行动而自身构成的,人的自身构成是否成功取决于能否赢得实践同一性的完整性,并为如何实现"成为自己"与"成为好人"的统一提供了现实性方案。综合科思嘉不同时期的论著,从她对康德式规范性理论的生存论改造整体来看,与海德格尔的生存论现象学有诸多互通之处,在此我们将从如下四个方面来阐明其内在关联,借此,我们也可以更清楚地理解,科思嘉的改造工作具体是如何展开的。

第一,科思嘉认为,代表主体性的自我不是一种先验自我、一种先于经验的先天理性自我,不是一种形而上学的理论设定,而是在具体的选择和行动之中的一种"自身构成"(self-constituion)[①]。她说道:"极其重要的是,并没有一种先于选择和行动的你,因为你的同一性(身份)恰恰是被你的选择和行动所构成的。"[②]人的主体能动性就体现在他自己是他行动的作者,他通过行动选择而自身决定他是谁,他自身为其行动负责。主体并不先在于他的行动,而恰恰是在行动中自身构成起来的。

这一改造难道不正是以海德格尔和萨特为代表的存在主义精神的体现吗?海德格尔在《存在与时间》中将此在的首要特性理解为"此在的本质就在于他的生存"[③],他"如何去是"总是先于他"是什么",以及萨特的名言"存在先于本质"都是对这一思想的强调。科思嘉进一步解释,这一思想似乎难以回避一个悖论:如果我要构成我自身,创造我自身,难道不是首先必须要有一个我吗?她将此称之为"自身构成的悖论"。科思嘉对此的解悖同样也是海德格尔式的:"事实上,作为一个生存着的存在者就是以如下方式自身构成

---

① 皮平就曾在其论文《论自身立法》中指出,后康德哲学传统不再是从形而上学规定,而是从其实践性出发来理解主体性。R. Pippin, Über Selbstgesetzgebung, in *Deutsche Zeitschrift für Philosophie* 51 (6),2003, p.914.

② C. Korsgaard, *Self-Constitution: Agency, Identity, and Integrity*, Oxford University Press,2009, p.19.

③ M. Heidegger, *Sein und Zeit*, Tübingen: Max Niemeyer Verlag, 1927, p.42.

的:生存着的存在者总是不断地使他自身成为他自身……这不同于一个工匠生产他的产品。"①用海德格尔的话解释就是,具备能动性的行动者在其生存活动中构成他自身,完全不同于一个工匠生产某个现成状态的产品,因为此在与"现成存在者"(Vorhandenes)具有完全不同的存在类型(Seinsart)。

科思嘉用"此在"式生存论自我取代康德哲学中形式化的先验自我,②是其生存论改造最为关键的一步,也是下文将要论述的其他三个方面的基础。国外最早研究海德格尔与科思嘉比较的学者克劳威尔也正是在此意义上,将科思嘉称为"生存论的康德主义"③。

第二,一旦主体性不再是形而上学的设定,不再是单纯形式上一个普遍化的先验自我,那他就是具体的人格。科思嘉的"实践同一性"不仅是复数性的,是具体的,而且也是个体化的。她说道:"我声明,通过选择符合一个实践同一性的形式原则而行动,我便使这一同一性(身份)成为属我自己的。"④具有具体经验内容的"实践同一性"现在成为规范性的来源,科思嘉就使得康德哲学中形式化的"人格"(Person)以及"人格性"(Persönlichkeit)概念被具体的、可复数化的"诸人格"(persons)所取代。

这一点难道不也正是对海德格尔《存在与时间》中此在的第二个特性,即"向来属我性"(Jemeinigkeit)的直接表达吗?"成为一个更好的父亲"经过我的选择之后,就是一个直接作用到我,一个属于我自己的行动规范性,它虽然具有普遍性的要求,但却并不首先针对所有人,而是首先针对我这样一个具体的人格。它对我而言,就不再是无所谓的或无关紧要的,而是直接关乎我自己如何去是。我并不是人格这个属下面的一个成员或样本,我就是我的人格。用海德格尔的话解释就是,"根据此在这种是者的'向来属我性'这种性质,谈及此在必须总是连带说出人称代词:'我是','你是'",⑤所以,此在不能被理解为一个对人类这一特殊存在者进行普遍规定的属的概念,此在总是表现为你的或我的此在,它总是落脚在具体的行动人格之上。

第三,一旦主体性是生存着的自身构成,那么它就同时具备了成功与失败两种可能。也就是说,主体性不再是先天地现成摆在那里的,而是恰恰要靠我们在行动中去赢获的。

① C. Korsgaard, *Self-Constitution*: *Agency*, *Identity*, *and Integrity*, Oxford University Press,2009, p.41.
② 实际上,海德格尔也正是在此意义上批评了康德"人格"概念的缺陷,"归根结底康德那里的人格都是被理解为现成存在者,康德并没有超出现成存在者的存在论(Ontologie des Vorhandenen)。M. Heidegger, GA24, *Die Grundprobleme der Phänomenologie*, F.-W. von Herrmann ed., Frankfurt:Klostermann, 1975, p.210.
③ Crowell, "Sorge or Selbstbewußtsein? Heidegger and Korsgaard on the Sources of Normativity", in *European Journal of Philosophy*, 15, 2007, p.239.
④ C. Korsgaard, *Self-Constitution*: *Agency*, *Identity*, *and Integrity*, Oxford University Press,2009, p.42.
⑤ M. Heidegger, *Sein und Zeit*, Tübingen:Max Niemeyer Verlag, 1927, p.42.

科思嘉说到,"作为一个理性行动者,你面临着实现自身的任务,所以随着你在此任务上或成功或失败,你也必须将自身看作可能成功也可能失败的"①。主体性不是既定的已经实现了的东西,它不是一种具备某些先天能力属性的实体,而恰恰是有待实现的,它根本上是一项"在存在上或成功或失败的任务"。

科思嘉在此提出的"主体性自身构成的成功与失败形态"也正好对应于海德格尔基于此在的"向来属我性"所进一步提出的"本真性"与"非本真性"这两种存在样式(Seinsmodi)。本真性指的就是此在赢获它自身,非本真性指的就是此在失去他自身,他自身作为一个常人样态的他者而生存。尤需注意的是,与海德格尔将本真性理解为一种朝向死亡的终结而筹划的"整全能是"(Ganzseinkönnen)完全类似,科思嘉也将主体性的自身构成之成功样态称为"完整性"(integrity)。科思嘉对康德道德哲学的生存论改造还体现在她认为善并不是人们行动的直接目标,"毋宁说,人们是在为完整性,为心灵的统一性,为成为一个单一的统一了的能动者而奋斗"②,成为一个更好的自己,成为一个统一的人格,将主体性完整地实现出来才是一个能动者行动的目标。澄清这一点之后,科思嘉再致力于论述自身构成的法则就是道德法则,人只有依赖于道德法则才能够真正成为他自己,"成为你自己"与"成为一个道德主体"达到了同一,但是前者具有行动目标上的优先性。

第四,在接受《鲁汶哲学通讯》采访谈到她的规范性思想与存在主义之间的关联时,科思嘉直接承认她的理论需要建立在一个"存在主义时刻"的基础之上:"我的理论需要一个将价值带到世界的存在主义时刻,也就是我们决定将我们自己看成有价值的时刻。"③科思嘉认为,道德价值乃是由人建立起来的,它们并不具有与世界内一般事物一样的实在性,我们之所以为我们的行动赋予道德价值,并且出于理由而行动,根本上是因为我们将我们自身的人性看成有价值的。但是,为什么我们根本上将我们自身的人性看成有价值的呢? 它当然不能基于一个理性的理由,否则就会陷入循环论证,因为行动之所以需要理由恰恰是基于前者的。所以科思嘉认为,它来源于一个存在主义的决断,换言之,它来源于主体决定珍视自己的人性价值。

这样的决断是理性运用的生存论前提,它是非理性的,但是却并不是为了反理性,严

---

① C. Korsgaard, *Self-Constitution*:*Agency*,*Identity*,*and Integrity*,*Oxford University Press*,2009, p.xii.
② Ibid., pp.7,35.
③ C. Korsgaard, "Katrien Schaubroeck, Interview with Christine Korsgaard, holder of the Cardinal Mercier Chair 2009", in *The Leuven Philosophy Newsletter*, volume 17, 2008-2009/2009-2010, p.53.

格来说,它其实是理性的"唤醒机制"。我们在海德格尔哲学中能找到关于此在如何通过决断而赢获本真性的深刻的论述:"决断——作为理解着地向着终结而在,即作为先行到死中——本真地成为它所能是的东西……它包含着本真的向死而在——将之作为其本己的本真性的一种可能的、生存活动上的样态。"①科思嘉对于康德先验主体性的改造不仅体现在她将一种先天的形式规定改造成行动中的自身构成,即具有具体内容的实践同一性,而且某种程度上她还跨出了理性主体的范围,将非理性的决断也纳入了主体性构成的考察之中,为理性的运作找到了更深的生存论基础。

三、常人与非本真的规范性:科思嘉生存论改造的不彻底性

上文我们从四个方面阐明了科思嘉对康德式规范性理论的生存论改造与海德格尔思想的互通之处,从而也对科思嘉所真正推进和突破的点究竟在哪里有了更加清晰的认识。但随着我们进一步深入海德格尔思想中的规范性论题,我们便会发现科思嘉生存论改造仍然存在着不彻底性,这一点最主要地体现在其忽视了规范性本身的二重性,即分别作为非本真的与本真的规范性,以及它们与实践同一性和能动者的自身构成之间的关联。

一般来说,人们将海德格尔早期思想理解为存在论现象学,似乎从这两方面来看它都与规范性问题无关。如果海德格尔一方面坚持哲学的根本问题是存在问题(Seinsfrage),那似乎意味着与"是/存在"相对立的关于"应当"(Sollen)的规范性思想就被海德格尔抛弃了;另一方面由于海德格尔继承胡塞尔现象学方法,其核心精神是如其所是地对现象进行描述,不仅胡塞尔曾将现象学理解为"描述心理学",而且海德格尔在《存在与时间》中也接纳了"描述性现象学"②这一表达,这似乎也很容易造成一个印象:现象学只是描述(是如何),而并不提出要求(应当如何是)。鉴于科思嘉对规范性哲学含义的揭示,即不是描述行为的过程、起因和结果,而是对如何行动提出要求,那这似乎更加强化了得出"海德格尔存在论现象学中没有规范性思想"这一结论的合理性。

然而,思想的探索与争论不能仅仅从表面的名称上匆匆得出结论。以上两方面的指责,在我们深入海德格尔思想后,都会发现是站不住脚的。针对第一方面,海德格尔在《现象学基本问题》和《形而上学导论》中都给出了明确的回应:不能将康德所强调的"作为目的自身的人格"仅仅当作一种现成存在者意义上的"应当",而必须理解为现实生存活动

---

① M. Heidegger, *Sein und Zeit*, Tübingen: Max Niemeyer Verlag, 1927, p.305.
② Ibid., p.35.

中的"人之本真性的应当所是"（das eigentliche Seinsollen des Menschen）①，"目的王国"同时也要在存在论意义上理解为"生存着的诸人格的交互共处"②。所以海德格尔的存在问题不仅没有耽搁关于应当的规范性问题，反而还推进了它，因为它让之前仅仅作为理念性的现成存在样态的应然转化为了实际生存中的应当，即此在生存的本真性问题。海德格尔的确消解了存在与应当对立的二元论，但他却绝没有消除"实然是"与"应当是"之间的区别，毋宁说，海德格尔的存在问题（"存在"本身的含义要远远大于"实然存在"）是多维度的（其多维统一的时间性结构就是明证），它在保持传统哲学中的"实然是"与"应然是"相互区分的基础上，再把二者放进一个更大的、多维统一的存在论视野中加以全新考察。所以，海德格尔将"存在与应当"的关系总结为："这个 Sollen（应当）依然是关于 Sein（存在）的设置，即理解为：它只是尚不是（ist noch nicht），但应当所是的（sein soll）。"③这意味着规范性问题同样是海德格尔哲学必须要考察的，而且它必须要作为存在问题中的一个必不可少的环节加以解决。

针对第二方面，我们首先需要澄清科思嘉所批判的作为一般实证科学的"第三人称描述"与"现象学描述"之间的本质区别。科学描述为了保证理论的客观，试图尽量排除主观的因素，而对所研究对象保持"冷静中立的旁观"，故采取"第三人称"视角。然而现象学在哲学上的根本出发点就要求悬搁一切自然态度，其中包括被实证科学所接受的朴素的实在论设定，即相信"客观世界本来是如何的"理论设定。现象学要求一种彻底的"无前提性"，也就是说回到世界与心灵源初的意向性关联，专注在直观中现象是如何给出自身的，"被给予性（Gegebenheit）概括了这样的观点：一切经验都是按照经验行为的一种特殊方式而成为对某人的经验。在此经验中存在有一种第三格的'所与的'因素，一种经验之'给予谁'的因素"④。现象学描述是建立在对作为现象学基石的这种意向性结构进行反思的基础上进行的，"作为反思性描述，对精神进程的这种研究就不可避免地是第一人称的"⑤。海德格尔现象学虽然不再是从意识活动，而是从生存出发，然而他对此在的

① M. Heidegger, GA24, *Die Grundprobleme der Phänomenologie*, F.-W. von Herrmann, ed., Frankfurt：Klostermann, 1975, p.196.

② Ibid., p.197.

③ M. Heidegger, GA40, *Einführung in die Metaphysik*, Petra Jaeger ed., Frankfurt：Klostermann, 1983, p.206.

④ ［爱尔兰］德尔默·莫兰：《现象学：一部历史的和批评的导论》，李幼蒸译，北京：中国人民大学出版社，2017 年，第 10 页。

⑤ S.Crowell, *Normativity and Phenomenology in Husserl and Heidegger*, Cambridge University Press, 2013, p.81.史密斯（D. W. Smith）在其著作《胡塞尔》中同样提出"现象学是从第一人称视角对被体验的意识结构的研究"（Smith, p.251）。

整体规定"在世界之中存在"根本上继承了意向性关联,故其对此在生存活动的描述并不是一种外在化的科学描述,而是关涉于己的生存论描述。

由此看来,现象学描述并不是仅仅针对"事实"的第三人称的科学描述,它本身就带着第一人称视角,而这就意味着,现象学不仅描述事实,描述意识活动,同时也可以如实地揭示科思嘉所提出的"规范性的要求",这就是为什么现象学伦理学会诞生的根本原因,比如列维纳斯通过对他者之呼声现象的揭示,提出了伦理学作为第一哲学的观点。[1] 有了以上两方面的澄清,我们就可以名正言顺地进入海德格尔存在论现象学中的规范性思想。

"Norm"(规范)这个词在《存在与时间》中一共出现了三次,其中最为关键的地方在第 58 节,海德格尔说道:

> 随着这种选择(对良知召唤的倾听),此在使得他自己那最本己的欠责存在(Schuldigsein)对他自己变得可能——这种有欠责存在对于常人—自身而言始终是锁闭着的。常人(das Man)的见解只知道是否满足手头的规矩和公众的规范(Norm)。[2]

德雷福斯(H. Dreyfus)作为美国最重要的海德格尔研究学者之一,在其代表作《在世》(1991)一书中充分发掘了这一表达的哲学意义,并首次将对常人与公共规范问题的探讨带向了学界关注的前沿。不同于一般学者仅仅批评常人的"庸庸碌碌、平均化和平整化"这种消极作用,德雷福斯创新性地提出"常人"具有"作为可理解性之源泉的遵从"的积极作用(除了消极作用之外),并甚至认为《存在与时间》第 4 章中的"常人"分析对理解全书"应当拥有核心地位",因为它真正揭示了人的存在乃是作为共享的社会活动,它让公共规范的源初性得以确立,因而它是"笛卡尔传统的棺材上最后一颗钉子"[3]。

德雷福斯发现了"常人"在海德格尔生存论分析中所扮演的结构上的"构成性"地位。它作为日常此在的"谁",一方面揭示出了"共在"的真正含义,即不是如胡塞尔所主张的

---

[1] 国内学者邓安庆教授甚至认为"整个现象学运动的起源、发展和旨归本质上是着眼于时代意义危机的克服和意义理念的重建,从这个意义上说,现象学本身就以伦理学为旨归"(邓安庆,p.56)。

[2] M.Heidegger, *Sein und Zeit*, Tübingen: Max Niemeyer Verlag, 1927, p.288.另外,海德格尔在第49、59节也分别提到了"规范",后一处是引用康德的概念,前一处则同样是在常人的"公共规范"意义上使用。参见 M.Heidegger, *Sein und Zeit*, Tübingen: Max Niemeyer Verlag, 1927, p.248, 293。

[3] [美]休伯特·L.德雷福斯:《在世:评海德格尔的〈存在与时间〉第一篇》,朱松峰译,杭州:浙江大学出版社,2018年,第 173 页。

从个体的先验意识转到公共世界,将共在看作意识构成的一个"成果"。相反,应该是从公共世界转向特殊此在,因为规范性先于我们每一个人的理解"已经在此",常人取代了个体主体成为意蕴的源泉。另一方面,常人也揭示了器具的存在规定,锤子之所以在指向钉子的捶打活动中了解自身的存在,而不是在单个此在端详锤子的物理性质时体现其存在,乃是因为每个人都源初地作为"常人"而与物打交道,在常人所组成的公共世界中,关于锤子是什么,锤子如何使用,或者应当如何使用筷子、刀叉吃饭等都已经先于个体此在而发挥作用了。因此,此在所生存的世界是一个预先就被"已经在此"的规范性所规定了的世界,它构成了可理解性的源泉,常人的理解首先就表现为对公共规范性的遵从。①

那常人具体是谁呢?其实它指的就是科思嘉所提出的那些"实践同一性"。与科思嘉认为实践同一性是规范性的来源类似,海德格尔认为此在在日常状态下对物的理解同样也是对规范性的一种揭示,并且"常人"作为日常此在的"自身"就是规范性的来源。

海德格尔将与物源初的交道描述为在"牵连整体"中的相遇,一个物总是首先被我作为一个"用于什么的"(um-zu)器具来理解,一个锤子是用来锤钉子的,而钉子又是用来钉木头的,钉木头又是为了建房子,以此类推,整个周围世界便成为一个"牵连整体"。在一个充满意蕴的牵连整体之中,人对物的理解有一种基本的结构,即"a 作为 b"(als 结构)②。讲台之为讲台,对海德格尔而言就是"作为一个讲课的地方",这样一种作为结构无非就是一种实践上的规范,③因为我将讲台作为讲课的地方,不是我个人首先的发现,而是我对于已经先在的公共规范的遵从。

对于海德格尔来说,尤为重要的是,他提出从锤子到建造房子的牵连整体,最后会指

---

① 克劳威尔同样是在德雷福斯所提出的这一思路之上理解现象学与规范性的关系的,但他有了一个新的提法:"意义空间"。他认为胡塞尔和海德格尔的超越论现象学都导向了共同的哲学问题:意义(meaning/Sinn)现象。只要此在生存着,就有了对存在者的揭示,被揭示状态就展开为一个"意义空间",而这个"意义空间"是"规范性的","对存在(Being)的理解指向的就是这些标准、规范,从而我们让它们成为有价值的(存在者自身并不能这样做),凭借于此,'存在'就被移交给了存在者"。因此,意义空间就是一个由规范性所主导的现象。在此,规范性指的是"判断任何一种成功或失败的标准",它既包括具体的立法,比如成文的足球赛场规则,也包括潜在的、没有说出的所有丈量我们的言说和行为的规则。参见 S.Crowell, *Husserl, Heidegger and the Space of Meaning*, Nothwestern Universiity Press, 2001, p.5; *Normativity and Phenomenology in Husserl and Heidegger*, Cambridge University Press, 2013, p.2。

② M. Heidegger, *Sein und Zeit*, Tübingen: Max Niemeyer Verlag,1927, p.159.实际上,海德格尔将对物的源初理解看作这种"作为结构"在 1919 年的讲座《哲学的使命》中分析"讲台体验"时就已经体现出来了。参见 M. Heidegger, GA56/57, *Zur Bestimmung der Philosophie*. Bernd Heimbüchel ed., 1987, Frankfurt: Klostermann, p.72。

③ S. Crowell, Normativity and Phenomenology in Husserl and Heidegger, Cambridge University Press,2013, p.194.格罗布(Sacha Golob)同样认为,这种在康德哲学中就已存在的"作为结构"表明了"海德格尔的世界是一个规范性地结构化了的世界"。参见 S. Golob, *Heidegger on Concepts, Freedom and Normativity*, Cambridge University Press, 2014, p.196。

向一个"为何之故"（Worumwillen），这个为何之故不再是"什么"，而是"谁"，具体来讲，就是"此在自身的可能性"。他说："例如，我们称之为锤子的那种上手的是者与锤打有牵连，锤打与修固有牵连，修固与防风避雨之所有牵连，这个防风避雨之所则是为了向此在提供安身之处，也就是说，为了此在之存在的某种可能性之故。"①很明显，使用锤子捶打钉子而修固房子的整个行动，都是对我作为工匠的"实践同一性"的敞开，这里所涉及的"牵连整体"最后指向的"为何之故"就是作为工匠的"我自身"。如果我将讲台"作为讲课的地方"加以揭示，那同时我的作为老师的"自身是"也就一道被揭示了。换言之，"工匠""老师"这些"实践同一性"成为我如何理解锤子、讲台的规范性的来源。所以，克劳威尔具有洞见地指明："牵连整体的可理解性乃是来源于此在的'实践同一性'，亦即海德格尔的术语'为何之故'。"②

尽管科思嘉的"实践同一性"与海德格尔的"为何之故"都同样具有"规范性的来源"的作用，但二者却有如下两方面的根本差异。第一，科思嘉认为实践同一性给出行动的规范需要建立在"反思"（reflection）的基础上。不同于动物，人具有自我意识，尤其是反思能力，所以能够"疏离"（distancing）动物性欲求（这里指的并不是人没有动物性的欲求，而是不以这种欲求直接当作行动的准则），并"选择一种能够规定我们意志的原则"③。在科思嘉看来，反思的成果就表现为：我为我的行动给出一个理由。"'理由'（reason）意味着反思的成功。所以，如果我判定我的欲望是一个行动的理由，我必须判定，我基于反思而认可了这个欲望。"④比如"我应该在大雨天里去上课吗?"，尽管我的原始欲求可能是不想去，但是经过反思我知道，作为一个老师，我必须基于一个原则而行事，一个可能的原则只是：为了完成教学任务，我应该按时上课。这样，我不仅知道我应该去上课，而且也给出了为什么要去的理由：作为一个老师，按时上课才是一件值得做的事。

然而，在海德格尔看来，此在的"为何之故"不是通过对人与物打交道的行动进行"反思"而得出的。此在的"自身是"（Selbstsein）是在指向上手之物的意向中"随同"（而不是事后）被揭示的，也就是说，对我自身的理解与对上手之物的理解相比，并不是第二层面的活动，而恰恰是与对上手之物的理解同时发生的。我向着某物的筹划，同样并且同时就是

---

① M. Heidegger, *Sein und Zeit*, Tübingen: Max Niemeyer Verlag, 1927, p.84.
② S. Crowell, *Normativity and Phenomenology in Husserl and Heidegger*, Cambridge University Press, 2013, p.174.
③ 本来康德对理性的定义是"（建立）原则的能力"（B356），从科思嘉将代表人的理性能力的反思定义为"选择一种原则"的时候，同样可以明显看到她对康德哲学的生存论改造的倾向。参见 C. Korsgaard, *Self-Constitution: Agency, Identity, and Integrity*, Oxford University Press, 2009, p.108。
④ [美]克里斯汀·科尔斯戈德:《规范性的来源》，杨顺利译，上海:上海译文出版社，2010年，第111页。

对我自身之是的展示。这意味着,此在在与物的交道中,对其自身的"实践同一性"总是"自身觉知"(self-aware)①的,这种自身觉知优先于反思。"此在并不需要一个朝向自身的返回……毋宁说,他直接在其日常生活中所遭遇到的事物中找到自身……他并不需要对'我'的特别的观察或刺探才能获得自身,毋宁说,在其对于世界的直接的倾心付出中,此在的自身就已经从事物中反映(widerscheinen)出来。"②海德格尔提示我们,实践同一性是在我们与物打交道的生存活动中自身反映出来的,它并不需要一个脱离行动的额外的"反思"活动。我在使用讲台从事教学的活动中,对我自身之是具有自我觉知,正是在我的这些教学活动中,反映出(并不是反思)了我是谁。科思嘉在思考能动者(agent)与他的具体行动之间的这种反身性关系时,并未能对"reflection"的不同含义进行区分,③依然局限在以往传统观念论中的理性反思的视角,从而错失了生存论意义上此在的"为何之故"所具有的"自身觉知"特点。

而第二方面的根本差异才是本文认为科思嘉的生存论改造的不彻底性的真正体现:科思嘉认为"老师"不仅给我的行动提供了规范性,我必须像一个老师那样即便在下雨天也要去上课,而且只要我遵循"老师"的规范去行动,那么我就成了我自身。不同的是,海德格尔明确地指出,"老师"这种实践同一性给出的规范很可能是在"常人"的视野下的非本真态。海德格尔说道:

> 这个"谁"不是这个人,不是那个人,不是人本身,不是一些人,也不是他们的总和。这个"谁"是个中性的东西,是常人。④
>
> "我"并不首先在本己的自身之意义上"是着",而是以常人的方式是他人(die Anderen)。我首先是从常人那儿并作为常人而"被给予"我"自身"的。此在首先(zuächst)是常人,而且通常大多(zumeist)如此。⑤

在日常生活中,此在的实践同一性所给出的那些规范,"首先和通常"是作为一个匿

① S. Crowell, "Sorge or Selbstbewußtsein? Heidegger and Korsgaard on the Sources of Normativity", in *European Journal of Philosophy*, 15, 2007,p.321.
② M. Heidegger, GA24, *Die Grundprobleme der Phänomenologie*, ed. F.-W. von Herrmann. Frankfurt:Klostermann,1975, p.226f.
③ 奥克伦特(Mark Okrent)同样指出了科思嘉"reflective"一词的含混性,并对它的三重含义进行了区分。参见 M. Okrent, "Heidegger and Korsgaard on Human Relection", in *Philosophical Topics* 27(2), 1999, p.49。
④ M. Heidegger, *Sein und Zeit*, Tübingen:Max Niemeyer Verlag,1927, p.126.
⑤ Ibid.,p.129.

名的、平均化的"公共规范"被给予我的,我不经意地"接受"它们,并且是以一种中性的"常人"的方式,而本真性的我自身是缺席的。也就是说,仅仅外在地遵循"老师"的公共规范,只能帮助我们达成基本的社会生活,却并不能完成科思嘉所主张的能动主体的"自身构成"。我准时上下课,我按照课本要求的内容教学,但很可能这些规范于我而言"仅仅是任务",我按照老师的规范去讲课也"仅仅是照本宣科"。所有这些行动虽然都是"我的行动",但却不是出自"我自身",毋宁说,它出自任何一个老师,一个"常人",而我则成了"常人"的替身。正如海德格尔所指出的:"此在首先和通常并不是它自身,他在常人—自身中失去了自己。常人—自身乃是此在的本真性自身的一个生存论变种……通过此在的沉沦,此在逃避自身而滑入了常人。自然性的'我说''我做'其实是以常人自身的方式而实行的。"①海德格尔虽然以共在的存在论为"实践同一性何以成为规范性来源"奠基,但与科思嘉不同是,他看到了实践同一性与本真性自身("自身构成")之间的断裂,因为遵循日常的规范性可能仅仅彰显的是庸碌、平均化和千篇一律的"常人"。

科思嘉对规范性理论的生存论改造在此体现了其最大的不彻底性:她遗忘了规范性自身的二重性,即它可能仅仅表现为一种消极地、被动地顺从平均化的外在规范。在这种情况下,我尽管在形式上当好了"老师"这个角色,但却可能表现为一种"伪善",甚至还会沦为阿伦特所批判的"漠视思考的平庸之恶",因为仅仅外在地依循一个社会分工中的角色所需要的规范性要求,比如艾希曼,他完全接受纳粹的宣传套话,不假思索地按照"军官"的规范性做事,最后反而会酿就实践上的道德悲剧。对一种常人意义上的非本真的规范性来说,科思嘉所追求的通过实践同一性实现"道德与成己的统一"是无法实现的。而这一目标,只有在规范性的第二重性,即作为本真性的规范性下才能达成。

四、走向本真的规范性:对规范性的"现象学还原"

如何实现本真的规范性呢?甚至人们首先会问,海德格尔所强调的本真性难道不恰恰是对规范性的拒斥吗?因为本真性只有在先行向死的决断中才能实现,而死亡又是人最本己的、不可逾越的、他人不可替代的、无所关联的(unbezüglich)可能性,②所以这种"无所关联性"难道不就正意味着与共在世界及其中被预先给予的规范性的拒斥吗?对这一问题的澄清,关键之处在于我们要区分规范性的二重性。

一方面,海德格尔认为常人仅仅满足于遵循公共规范,而本真性的确就是从迷失于常

---

① M. Heidegger, *Sein und Zeit*, Tübingen: Max Niemeyer Verlag, 1927, pp.317, 322.

② Ibid., pp.255, 258.

人的非本真态中唤醒,因而是对"现实的规范"的远离,他说道:

> 向着作为可能性的死亡而存在的最直接的切近,就是尽其可能地远离了某种现实的东西……作为可能性的死亡没有将任何"要实现的东西"、任何此在的自身能是作为现实的东西给予此在。死亡是不可能"关联他物"(Verhalten zu),也即任何的生存活动这一不可能性的可能性。①

海德格尔将死亡看成一种可能性,而且是对每个人来说的一种经验的可能性,我们确定地知道它终究会来,但却不确定它具体什么时候来,甚至任何时候都可能会来,我们任何时候的去生其实都同时是走向死。死亡的哲学含义就是"终结",生存的终结,也即在世界之中与物和人的关联活动的终结,同时也就意味着与任何现实的规范性之关涉的终结。因为人永远无法现实地完成死亡(如果人死了,那他就不再生存),所以海德格尔将死亡称为与所有现实规范切断连接之不可能性的可能性。总之,如果本真性要在向死而在中实现,那它首先意味着某种对现实的规范性的远离。

但另一方面,海德格尔在《存在与时间》多处(尤其是第 53 和 60 节)中同时强调,实现本真性的决断并不意味着与世界断绝联系,也不意味着从现实中完全抽离,他讲道:

> 决断作为本真的自身是并不把此在从其世界那儿分开,并不将此在孤绝到一个漂浮无据的我中。决断恰恰把自身带入到当下有所操劳地依寓于上手存在者而存在之中,并把它推入到有所操神地同他人一道共同存在之中。②

海德格尔在这一段文字中的立场是非常鲜明的,值得我们格外重视。在他看来,我个人的决断就是我实现自身本真生存的方式,它意味着对常人状态的中止,但是这种中止却绝不意味着将此在从在世界之中完全抽离出来,从而使我成为一个孤立的、单个的原子。海德格尔强调个人决断的目的恰恰是要将我自己推入与他人本真性的共在之中。这也就是说,个人的决断不是要取消规范性,恰恰是为了更好地实现规范性。

乍看上去,上面两方面的论述是矛盾的:本真性既与现实的规范性切断关联,又并不要取消规范性。到底本真性与具体实践同一性所给出的规范性之间是何关系呢?海德格

---

① M. Heidegger, *Sein und Zeit*, Tübingen: Max Niemeyer Verlag, 1927, p.262.
② Ibid., p.298f.

尔在第 53 节的这段文字中完成了对这一暧昧关系的澄清:

> 死亡并不仅仅无差别地"属于"本己的此在,而且它要求此在作为个别化的此在……这种个别化(Vereinzelung)公开出:当所关乎的是最本己的能在时,所有依寓于被操劳的东西而在以及所有的同他人一起共同存在都被拒认了(versagt)……然而,对操劳和操神的拒认(Versagen)绝不意味着此在的这两种方式从本真的自身那儿的某种掐断(Abschnürung)①。

死亡是每个人自己的事,它要求我的个别化,也就是说,只有个别化的我才能自己单独地面对死亡,常人就是因为陷于公共化的规范而遗忘了死亡的可能性,所以,无法通过个人决断而完成个别化。这种个别化意味着对基于公共的规范而对物的操劳以及对他人的操神进行拒认,但却又并不是完全掐断它们。笔者主张,这里的不同于掐断的"拒认"就是对"现象学还原"②内涵的精准表达。正如胡塞尔所说,还原的首要含义是悬隔(Epoche),是中止判断,即将其放进括号之中让其不起作用,但却并不是完全否定或拒斥它们。对世界进行现象学还原,绝不是要将外部的物理世界全部还原成内在的表象对象,通过拒斥由物本身组成的世界而走向显象(Erscheinung)——如康德的观念论所主张的那样——这样恰恰是与现象学的基本口号"走向事物自身"相违背的,毋宁说,现象学还原是要获得一种现象学的眼光,通过将物作为物本身还原为意识的相关项从而避免陷入独断的形而上学或者无根基的理论预设。

同样,通过先行向死而实现的对公共规范的"拒认",也只是对规范性的一种现象学还原。通过将日常规范放进括号之中,它并没有在存在论意义上否定或撤销它们,只是中止了它们的功用。因此,发生改变的并不一定是行动规范的内容,也不是此在在世界之中存在的这一基本的存在论规定,毋宁说,改变只是此在的"存在样式",一种新的实际的可能性得以敞开。正如海德格尔在第 60 节所说的:

---

① M. Heidegger, *Sein und Zeit*, Tübingen: Max Niemeyer Verlag, 1927, p.263.
② "现象学还原"是由胡塞尔在《观念 I》中所提出的基本的现象学方法,它指的是中止对外部客体是否实存的判断,对我们的"自然态度"进行悬搁,将它还原到纯粹意识的意向活动和意向对象。(cf. Husserl, *Ideen* 1, Hua 3/1, S. 68f.)海德格尔并没有明确提及他的哲学中运用了"现象学还原",但也没有表示过拒绝,他在《时间概念史导引》中高度肯定了"现象学还原"对现象学研究的基础性作用,并且同时指出它真正指向的就是(但同时也被胡塞尔所遗忘的)Sein 问题。笔者主张,海德格尔在《存在与时间》中隐秘地引入了现象学还原的思想,只是他谈论的不再是关于我们如何打破成见从而形成对对象真的认识,而是如何通过对规范性进行本己转化从而实现本真的生存。

上手的"世界""在内容上"并未变成另一个世界,他人的圈子也并未改换,而且有所理解、有所操劳地向着上手存在者而存在以及有所操神地同他人一道共同存在现在都根据其最本己的能够自身是而被规定了。①

因此,从非本真性向本真性的转化所意味的日常状态的中断,它并不一定改变了我的行动规范的具体内容,起码它绝对不会取消行动的规范,顶多可能我会以一种独特的、属于我自己的方式调整我的行为规范,也就是说,它真正的功能乃是对行动规范进行一种形式上的关系调整②:从"合于规范"走向"出于规范"。这正如克劳威尔所总结的,"(良知的召唤所实现的)并不是从一种前规范性的存在论境况向着一种由规范性主导的境况转化,毋宁说,它是完成了一种现象学的揭示,即它使得我能够不仅像是在日常交道中那样符合规范(in conformity to norms),而且也出于规范(in light of norms),也就是说,对规范性的规定负有责任和义务,并为我的所作所为给出理由"③。在良知的召唤下,常人状态里对"父亲"的一切外在的社会规范,比如"过生日要给女儿送花"等突然对我中断了,它们不再起作用,它们全部被放进了括号之内,我不再能够运用它们进行任何行动,直到我获得了对它们的一种全新的眼光,我自身成为给出这些规范的根据,凭借于将规范内在化而使规范成为"我自己的"规范。尽管在女儿过生日时,我在良知召唤下的决断之后,依然给女儿送了花,但这时"过生日送花"的规范对我而言,是"个别化的",它出自本真性的我自身,而不是出自一个匿名的常人。经过对"在过生日时要给女儿送花"这一由"父亲"的实践同一性所给出的规范性进行现象学还原,规范性自身并没有被取消,改变的只是我与规范性的关联关系。

还原后的本真性的规范性作为一种新的可能性,并不是指我将获得一种新的实践同一性,我不再是父亲,不再是老师,而恰恰只是一种新的我与这些实践同一性的关系,亦即我将重新(以一种新的方式)成为一个本真的父亲和老师。具体来说,在一种本真状态下,如何成为一个真正的父亲,就不再是对父亲的社会角色的外在模仿或顺从,而是一种内在的义务。"去成为一个父亲!",对我而言,就是一个觉醒着的召唤,它在我的"个别

---

① M. Heidegger, *Sein und Zeit*, Tübingen: Max Niemeyer Verlag, 1927, p.297f.

② 德雷福斯最早看到了这一点,他在《在世》中说道:"对于海德格尔来说,向本真性的转变预示着我们日常生活之形式(form)的一种转变,但内容并未改变。我在我所有消散着的、有意蕴的活动中施行我的本真性。"(德雷福斯:《在世:评海德格尔的〈存在与时间〉第一篇》,朱松峰译,杭州:浙江大学出版社,2018 年,第 384 页),但克劳威尔才进一步讲清了这种形式上的转变究竟意味着什么。

③ S. Crowell, "Sorge or Selbstbewußtsein? Heidegger and Korsgaard on the Sources of Normativity", in *European Journal of Philosophy*, 15, 2007, p.322.

化"生存中击中了我,并勒令我出于它而行动。这时,我对父亲的规范的践行就完全是本真性自我的内在化表达,本真性的我与践行规范的我达至同一。对规范性的现象学还原,就表现为从"合于规范"走向"出于规范",通过对被动地应合外在规范进行拒认,从而实现对内在规范的主动遵循。可以说,这也就是将规范性从外在的"他律",转变为内在的"自律"。

这种转变同时也意味着规范性的一种人称视角的转变。克劳威尔错误地将非本真性的规范性向本真性规范性的转变理解为从第三人称向第一人称的转变。他认为"海德格尔所论述的常人自身以一种特别的匿名的方式描绘了我的实践同一性:我参与到世界之中,我将我自身仅仅看成'他人'或'任何人'——这是一种第三人称视角"①,并且将此在非本真性自由与本真性自由理解为第三人称和第一人称之间的差异。我们知道,海德格尔认为常人并不是一个具体的他人,常人实际是"无人"(das Niemand)②,它乃是内在于我们每一个此在自身之中的可能的存在样式,因此"我按照老师的日常规范"去行动并不是一种完全的第三人称视角。首先,将常人态的非本真的规范性理解为"第三人称"容易与对道德事实的科学性描述形成混淆,这一点是科思嘉进入规范性问题的原则性的起点,不容妥协;其次,这一理解与海德格尔原意并不相符,笔者则认为对规范性的现象学还原意味着从宾格的我(mich/me)向主格的我(ich/I)的转变③,也就是说,是规范性作为第一人称视角下的内部的转变。

对海德格尔来说,日常规范性对常人样态的此在来说,是一种接受性,这种接受性尽管是被动发生的,但施行的却依然是"我",只是以一个"宾格的我"的方式接纳着规范性的要求,只是单纯地符合外在的规范。早在1921年弗莱堡讲座《对亚里士多德的现象学阐释》中,海德格尔就曾指明这一点:

> 自身世界首先并不能等同于主格我(Ich)……作为自身世界,我操神的其实是宾格的我('Mich'),它在全部生活世界里所展现出来的特定意蕴中被经验到。④

---

① S. Crowell, *Normativity and Phenomenology in Husserl and Heidegger*, Cambridge University Press, 2013, pp.175, 189.

② M. Heidegger, Sein und Zeit, Tübingen:Max Niemeyer Verlag,1927,pp.126,128.

③ He Nian, *Sein und Sinn von Sein:Untersuchung zum Kernproblem Martin Heideggers*, Freiburg/München:Karl Alber Verlag, 2020, p.254.

④ M. Heidegger, GA61, *Phänomenologische Interpretationen zu Aristoteles:Einführung in die phänomenologische Forschung*, W. Bröcker and K. Bröcker - Oltmanns, eds., Frankfurt:Klostermann,1985, p.94.

这就是说,作为沉沦态的我,总是消散在关于事物以及如何与人打交道的规范性之中,到处都"有我被发现",我仅仅作为一种宾格被给予,并不是"我自身是"(I myself am),而是"在某某中有我"(there is me in something)。但正如海德格尔在分析此在的谁时所强调的那样:"在此'非—我'绝不等于本质上缺乏'我性'的存在者,相反,它意指'我'本身的某种特定的存在类型,例如失去自身。"①如果这里的非本真态的常人作为"不同于我自身"在本质上并非缺乏"我性",而仅仅是作为"我失去我自身"这种我自身的一种特别的变状(Modifikation),并且这一变状必须要作为"积极的可能性"②理解,即它揭示了要向本真性的自身存在进行转变的迫切性,那么从常人向此在的自身存在的转变就只能理解为从宾格的我向主格的我的转变。

这意味着规范性除了科思嘉所提出的必须要从第三人称转向第一人称之外,海德格尔还进一步发现了自我从第一人称角度与规范性的要求之间其实存在着两种不同的可能性:要么以宾格的我(mich)的方式被动接纳规范,要么则以主格的我(Ich)的方式积极主动地对待规范。前者指的是每一个人类此在首先所寓于的非本真的日常状态,他总是不经意地把自己放在了已有的规范之中,"满足于公共规范",而后者指的是打破日常状态的本真存在,从而"给出我自己的规范"。这种转变就是对规范性的现象学还原。德雷福斯最早看到了此在的本真性乃是扭转了与规范性在"形式上"的关系,克劳威尔进一步指出了这种形式上的转变是从"合于规范"走向"出于规范",而笔者则在此基础之上,再进一步提出,这种转变的实质是对规范性的现象学还原,③并且意味着规范性在第一人称内部从"宾格的我"向"主格的我"的还原。

最后,我们还需要澄清的一个问题是,如果对规范性的现象学还原要在"个别化的"先行向死中才能实现,那个别化所具有的这种优先性与规范性之间是何种关系呢? 第一,规范性自身绝对不是单纯私人的(private),因为它意味着根据实践同一性为行动给出一个理由,而"理由都是公共的(public)"④。第二,实现本真性的决断绝不意味着对理由的拒绝,毋宁说,它给出自身的理由,使此在自身成为行动的根据,从而"使理由成为自己的"。正如海德格尔在针对"良知的召唤"与"根据"(Grund)之间的关系时说:

---

① M. Heidegger, *Sein und Zeit*, Tübingen: Max Niemeyer Verlag, 1927, p.116.

② Ibid., p.176.

③ 费格尔(Günter Figal)也曾富有洞见性地指出过,从非本真状态向本真性状态的转变,其实就是海德格尔的"现象学悬隔",但他却完全没有思考它与规范性之间的内在关联。参见 G.Figal, *Martin Heidegger: Phänomenologie der Freiheit*, Frankfurt am Main: Anton Hain Verlag.l, , 1991, p.266f.

④ C. Korsgaard, *Self-Constitution: Agency, Identity, and Integrity*, Oxford University Press, 2009, p.207.

此在自身是它自己的存在之根据不是仅仅因该根据来自它本己的筹划,而是它作为自身存在就是作为根据而是(Sein des Grundes)。①

响应良知的召唤要求此在自身成为一个根据,进而要求将一种完全公共的、外在的根据内在化,它不是对规范性的拒斥,而是对规范性与此在之间的关系的重建。回到我们之前说到"过生日要给女儿送花"的例子。响应良知的召唤而进行个别化的决断,并不是回到主观的个体的任意或随机,而是对理由与此在自身之间的内在关系进行转化。② 作为常人,此在与理由的关系是:(1)作为一个父亲,过生日的时候都是要给女儿送花的;(2)我的女儿生日到了,我自然也是要给她送花的。而响应良知的召唤,此在自身成为根据,这时此在与理由的关系是:(1)我是我女儿的父亲,我应当在女儿生日来临时,对她表达祝福和爱,因为一生中与女儿庆祝生日的次数是有限的;(2)为了表达祝福和爱,也许送花是一个不错的选择。

这两者之间的区别是,前者的理由是外在的公共规范预设的,我将自己作为一个常人般的社会角色依循于它,而后者的理由是我给出的,支配我行动的并不再是作为常人的"实践同一性",它被我悬搁了起来,我作为本真性的我而行动。但需要注意的是,"我给出理由"并不意味着规范性的主观任意的个人化,否则它实际上意味着规范性自身的取消。科思嘉也同样鲜明地指出过,理由自身一定具有可公度性的特质,而对理由的认同却是个人化的。③

第三,这种个别化也仅仅是作为对规范性进行现象学还原的方法,而并不是还原的终点或者目标,也就是说,此在的生存活动的两个方面,对我的操劳以及对他人的操神,经由这种还原,并没有取消其"共在"作为"本质规定"的特质。海德格尔对此讲道:

> 决断意味着从在常人那儿的迷失中让—自己—被唤醒。甚至决断也依然有赖于常人及其世界。决断并不将自己从"现实"那儿抽离,而是首先以下面这种方式揭示着实际可能的东西:它把实际可能的东西如其作为在常人中的最本己的能在所能够是的那样加以把握。④

---

① M. Heidegger, *Sein und Zeit*, Tübingen:Max Niemeyer Verlag,1927,p.285.
② 克劳威尔认为"成为本真的就意味着对我的实践同一性所给出的理由保持一个特定的态度"。参见 S.Crowell, *Normativity and Phenomenology in Husserl and Heidegger*, Cambridge University Press, 2013, p.300.
③ C. Korsgaard, *Self-Constitution:Agency, Identity, and Integrity*, Oxford University Press,2009, pp.207－211.
④ M. Heidegger, *Sein und Zeit*, Tübingen:Max Niemeyer Verlag,1927,p.299.

还原的终点是重新回到世界,以激活规范性,激活实践同一性,而不是摆脱社会生活,规范性经过还原之后,依然是要回到常人所处的日常世界中来。这也正如"先行向死"的目标也绝不是"实践死亡",而是从未来回到当前,也就是说回到当下的生存活动之中,并实现与他人和他物共同存在的本真性。个别化之后,对本真的规范性的践行依然是在常人中实施的,这就是海德格尔会说"甚至决断也依然有赖于常人及其世界",只是这时此在是"以一种绽露自我而不是掩盖自我之所是的方式在筹划公共的可能性"①。

第四,要想赢获本真的规范性,先行向死的"个别化"相对于"共在"来说的优先性,绝不意味着一种伦理意义上的优先性,仿佛海德格尔主张某种意义的唯我论,主张一种完全主观的行动理由,只有我的理由才是理由,这是一种完全的误解。实际上,毋宁说,海德格尔现象学中,"个别化"所具有的优先性是一种"现象学意义上的优先性"②,它仅仅意味着,"拥有对自己和他人本真性存在的责任"只有以"个别化"这一现象的发生为基础才是可能的,因为良知的召唤只会走向个别化的此在,只有凭借这种个别化的处境(Situation),此在才能中断日常状态,一种对生存行动的规范所进行的"现象学还原"才是可能的。

五、结语

在实践哲学领域,科思嘉对规范性问题的研究成就斐然并独树一帜。作为当代康德主义的主要代表之一,她认为规范性不是从第三人称视角对我们实际行为的过程、起因和结果的理论性描述,而是从第一人称视角对行动中的我们所提出的命令和要求。她通过对康德"道德行动实现了更好人格"观点进行发挥,开创性地提出人的实践同一性(诸如"老师""父亲"等)是规范性的来源,"成为一个好人、道德的人"于是便与"成为你自己"统一起来。随着科思嘉将康德的"道德自我"不再看成形式化的先验自我,而是在具体选择和行动之中的一种"自身构成",她就对康德式道德哲学在四个方面进行了生存论改造,而这些改造与海德格尔的此在分析论都有极深的内在关联。

海德格尔的存在论现象学同样也别开生面地处理了规范性问题,通过对海德格尔文本以及德雷福斯、克劳威尔等学者的研究进行剖析,我们发现与科思嘉将实践同一性看成规范性的来源类似,海德格尔同样也将此在的"为何之故"看作日常规范性的来源。不同

① [美]休伯特·L.德雷福斯:《在世:评海德格尔的〈存在与时间〉第一篇》,朱松峰译,杭州:浙江大学出版社,2018年,第372页。
② He Nian, *Sein und Sinn von Sein*: *Untersuchung zum Kernproblem Martin Heideggers*, Freiburg/München: Karl Alber Verlag, 2020, pp.267-273.

的是,海德格尔哲学提供了理解规范性的双重视角:(1)规范性对于此在来说,首先是一种已经被给予的公共规范,它规定了"器具是什么",人"应当如何使用器具"等,但作为常人的此在是非本真性的,它仅仅被动地顺从着一种平均的外在规范;(2)此在响应良知的召唤在个别化的决断中则展示了规范性的第二层视角:从非本真性的"应当"转向本真的规范,即"出于本己的内在规范"而行动。这种转化并不是对规范性的拒斥和否定,而是对规范性与此在关系的一种重建:从"合于规范"走向"出于规范"。

在与海德格尔的对比中,科思嘉对规范性理论的生存论改造体现出其不彻底性,即她遗忘了规范性的二重性,如果仅仅是在常人态的非本真规范性中,她所追求的"道德与成己"的统一是无法实现,要想达至这一目标,必须要扭转规范性与此在在"形式上"的关系。德雷福斯最早看到了这一点,克劳威尔进一步指出了这种形式上的转变如何发生,而笔者则在此基础之上更进一步提出,这种转变的实质是对规范性的现象学还原,即规范性在第一人称视角内部还要完成从"宾格的我"向"主格的我"的还原。只有通过这种现象学还原,规范性才能从外在的"他律"真正落实为内在的"自律"。

海德格尔的思想贡献在于,他警醒到实践同一性所提供的规范性很可能沦落为一种僵死的、浑浑噩噩的常人态的循规蹈矩,人的自律的使命要求我们在行动中将规范性重新激活,使它成为"我自己的"本真的规范。对这一议题持续的研究,不仅有助于我们澄清海德格尔的本真性与公共生活之间的本质关联,而且也为我们重新理解规范性与个人成己之间的关系打开了新的视角。

Practical Identity and Authenticity: Rethinking Korsgaard's Existential Transformation of Kantian Theory of Normativity Based on Heidegger

HE Nian

【**Abstract**】 As the main representative of contemporary Kantian philosophy, Korsgaard proposes that practical identity of human beings is the source of normativity by developing Kant's view that "moral action achieves a better personality", thus unifying "being a good person" with "being yourself". This paper points out that her existential transformation of Kant's moral philosophy from four aspects is interlinked with Heidegger's ontological phenomenology, but by comparing the two, we find that her transformation is lack of thoroughness, that is, she has forgotten the duality of normativity: the public normativity in name of the one and the authentic normativity. If the former is aimed at, the unity of "morality and self-constitution" she pursues cannot be realized. To achieve this goal, a phenomenological reduction of the normativity is necessary, that is, completing the further transition from "accusative I" to "nominative I" within the first-person perspective of the normativity itself.

【Keywords】 Korsgaard, Heidegger, Normativity, Practical Identity, Authenticity

自由、法则与义务：论鲍姆嘉通的实践形而上学

王大封①

【摘要】 鲍姆嘉通的实践形而上学是对沃尔夫普遍实践哲学的继承与发展。实践形而上学是关于人的实践知识中最初原理的科学，本质上是一门关于义务最初原理的科学。实践形而上学旨在为义务寻找最初根据。自由是义务的最初根据，也是义务的存在理由。义务是法则对自由任意的强制。

【关键词】 鲍姆嘉通，实践形而上学，自由，法则，义务

近些年，学界对德国古典伦理学已有深入、细致的研究，但对近代德国伦理学，尤其是对由沃尔夫所开创，经鲍姆嘉通所继承的实践哲学研究不够。在 18 世纪，鲍姆嘉通哲学的影响，特别是对康德哲学的影响是不容忽视的，他是在沃尔夫与康德之间最具影响力的哲学家。② 20 世纪，国内学界便开始关注、研究鲍姆嘉通的美学，却忽视了他的伦理学。《实践形而上学的初始根据》③（下文简称《初始根据》）是鲍姆嘉通最重要的伦理学著作。在这部著作中，他首次提出实践形而上学，并就自由与义务的关系、法则与自由的关系作了深入探讨，这些探讨有助于学界理解鲍姆嘉通与康德的义务学说的关系，进而认识到康德道德形而上学的确立并非无源之水。

本文分为三部分：第一部分讨论普遍实践哲学向实践形而上学的过渡；第二部分探讨自由与义务的关系，旨在解释为什么自由是义务的存在根据；第三部分进一步阐释义务为何关涉自由与法则。

---

① 作者简介：王大封，哲学博士，湖南师范大学教育部人文社会科学重点研究基地中华伦理文明研究中心助理研究员、湖南师范大学哲学系讲师，主要研究方向为德国哲学。

② Alexander Baumgaten, *Metaphysics：A Critical Translation with Kant's Elucidations Selected Notes，and Related Materials*，Courtney D. Fugate ed.，Jahn Hymers, 2014, p.3.

③ 德国曼纳出版社于 2019 年出版了由德国哈勒大学亚历山大·艾歇尔博士（Alexander Aichele）翻译的《实践形而上学的初始根据》（Anfangsgründe der praktischen Metaphysik）（由拉丁文翻译为德文）。

一、普遍实践哲学向实践形而上学的过渡

"普遍实践哲学"的概念最先由克里斯蒂安·沃尔夫（Christian Wolff）①提出，他在1703 年所提交的教授资格论文《普遍的实践哲学，以数学方法撰写而成》中提出了这个概念。随后，在 1720 年《德语伦理学》的第一章"论人的行为的普遍规则和自然法则"中，他将普遍实践哲学定义为一门规范人类行为的普遍实践学说。②

鲍姆嘉通继承了沃尔夫的普遍实践哲学观念，并以此为基提出实践形而上学（die praktische Metaphysik）。《初始根据》是鲍姆嘉通最重要的伦理学著作，该书包含了沃尔夫在其资格论文中所确立的普遍实践哲学的体系性原初样貌，曾多年在德国大学中被用作哲学导论的核心文本。③

《初始根据》由两个导论和两章构成。④ 在导论部分，鲍姆嘉通首先介绍了普遍实践哲学，随后讨论实践形而上学。他将普遍实践哲学定义为关于人的义务的科学，"正如哲学是无须信仰便可被我们所认识之事物属性的科学，因此实践哲学也是一门无须信仰便可被认识的关于人的义务的科学"。⑤（§1）此处的"哲学"特指与实践哲学相对的理论哲学或形而上学。无论理论哲学还是实践哲学，是无须凭借信仰而仅凭借理性便可被人们认识到的科学，但它们的研究对象不同，理论哲学是关于事物的属性的科学，实践哲学是有关人义务之科学。因此，理论哲学的对象是事物（Dinge），实践哲学的对象是人的义务（Verflichtung/Obigatio）。

既然实践哲学是一门无须信仰便可以获得关于人的知识的学问，它绝不能通过信仰的方式，从誓言、神圣的或人的权威或历史中推导出来，"只能以不可置疑的方法从确定的

① 克里斯蒂安·沃尔夫（Christian Wolff,1679—1754），德国大学教师、法学家、数学家，同时也是在莱布尼茨与康德之间重要的启蒙哲学家，他是自然法的重要代表人物，同时被视为概念法理学（Begriffsjursprundenz）的奠基人。德国哲学的确立在某种意义上离不开他所确立的基本术语，例如意识、意义（Bedeutung）、自身（an sich）、法则、规则等。

② 海纳·克勒梅：《"上帝将我指派给大学"——克里斯蒂安·沃尔夫和普遍实践哲学的发现》，王大封译，《清华西方哲学研究》，2019 年第 1 期。

③ Baumgarten, Alexander, *Metaphysics: A Critical Translation with Kant's Elucidations, Selected Notes, and Related Materials*, Courtney D. Fugate and John Hymers eds. and trans., London: Bloomsbury Academic, 2014, p.1. 在 1760 至 1794 年间，康德曾 24 次将《初始根据》用作课程讲义，有学者将该书视为理解康德道德哲学的重要背景。

④ 两个导论和两章分别是：实践哲学导论、一般实践哲学导论与义务、赋予义务者。在"实践哲学的导论"部分，鲍姆嘉通讨论了实践哲学的定义、对象、方法、效用及其优缺点；在"一般实践哲学导论"部分，他提出了实践形而上学的概念以及它与其他实践哲学的关系。第一章"义务"侧重讨论义务的内容以及义务的分类，第二章"赋予义务者"主要讨论法则与义务的关系。

⑤ Alexander, Gottlieb Baumgarten, Anfangsgründe der praktischen Metaphysik: Vorlesung, hg. und übers. von Alexander, Aichele, Hamburg: Felix Meiner Verlag, 2019, S.11.

诸原则推导出来"。① 从中可看出,德国哲学家试图摆脱神学伦理学的影响,从人的本性出发去确立关于人的知识。鲍姆嘉通并没有对这种不可置疑的方法进行说明,但从他的《形而上学》《初始根据》的写作风格可以窥探出他所使用的这种方法或许是沃尔夫所强调的哲学方法,例如对概念作清晰的规定、严格的推论。②

在"一般的实践哲学导论"部分,鲍姆嘉通就(第一)实践哲学的含义、实践形而上学与其他实践科学的关系以及实践形而上学的用处作了介绍。"正如形而上学与所有的其他学科相关一样,因此,实践形而上学也与所有的实践学科相关。(§1)"③鲍姆嘉通通过类比形而上学来界定"实践形而上学","形而上学是关于在人的知识中最初原理的知识"。④ 实践形而上学是关于在人的实践知识中最初原理的知识,并且它与所有具体的实践学科,例如道德神学、法学相关。由于它研究关于人的实践中最初原理的知识从而为其他实践哲学奠定基础,所以它先于其他实践科学和道德科学。鲍姆嘉通的实践形而上学相当于康德的道德形而上学,即一门用以确立实践的最高原则以及诸实践法则的学问,不同之处在于,后者强调这门科学是一门纯粹的科学,它的原则绝不能从经验中获得,而只能源于纯粹实践理性,而前者并没有区分实践形而上学原则的经验性来源和纯粹来源。

概言之,实践形而上学本质上是一门关于义务最初原理的科学,它旨在为义务寻找到最初根据和来源,什么是义务的最初根据和来源? 鲍姆嘉通认为,自由是义务的存在根据,法则是义务的来源。

二、无自由则无义务

鲍姆嘉通与沃尔夫所面临的问题是一样的,他们都旨在回答:责任与义务何以可能? 该问题也是德国早期启蒙道德哲学所关注的主题。于沃尔夫看来,责任和法则是义务得以可能的两个条件,没有责任和法则也就没有义务。鲍姆嘉通的回答不同于沃尔夫,他主

---

① Alexander, Gottlieb Baumgarten, Anfangsgründe der praktischen Metaphysik: Vorlesung, hg. und übers. von Alexander, Aichele, Hamburg: Felix Meiner Verlag, 2019, S.11.

② 参见[德]康德:《纯粹理性批判》,邓晓芒译,杨祖陶校,北京:人民出版社,2012 年,第 25 页。而以此种方法确立实践哲学有三点好处:第一,它将以不同的方式完善我们的义务理论;第二,通过这样的一种知识(Erkenntnis)使得实践和践行(义务理论)更容易;第三,为道德神学、实证法、特殊的(义务)案例提供多产的原则以及统领的普遍概念。因此,实践哲学既有利于义务理论的完善,有利于人们在实践活动中有原则可循,又有利于道德神学、实证法等具体的实践科学。

③ Alexander, Gottlieb Baumgarten, Anfangsgründe der praktischen Metaphysik: Vorlesung, hg. und übers. von Alexander, Aichele, Hamburg: Felix Meiner Verlag, 2019, S.15.

④ Alexander Gottlieb Baumgarten, Metaphysik: Historisch-kritische Ausgabe, hg. und übers. von Norbert Hinske, Lothar Kreimendahl, Clements Schwaiger, Stuttgart: Frommann-Holzboog, 2011, S.53.

张无自由,则无义务;无道德法则,则无义务。为什么没有自由就没有义务？为什么法则是使义务得以可能的前提？鲍姆嘉通如何理解自由,他的自由观是否与康德的自由观一致？这些问题都值得思考,留待以后专文讨论。

在鲍姆嘉通《形而上学》的第三部分《经验心理学》(第21节)中,鲍姆嘉通如此定义自由:

> 依据他感观的喜好去欲求或者厌恶的能力是感性任意,依据他的喜好去意愿或者不意愿的能力是(自由的任意)自由(§707、708、710)(或者说,道德上的自由、绝对自由)。纯粹地意愿或者不意愿的自由是纯粹自由。因此,一个拥有任意的主体,要么只有感性任意,要么只有纯粹自由,要么同时有纯粹自由与感性任意(§718)。在一个主体的内在力量中通过自由所规定的行为是自由行动,并且主体自身,就其能够作出自由的行动而言,它是一个自由主体。[1]

依鲍氏之见,自由是依据非感官喜好去意愿或不意愿的能力,即自由任意。首先,自由任意不同于感性任意,前者是一种根据非感官的喜好去欲求或厌恶的能力,后者是一种根据感官的喜好去意愿或不意愿的能力;前者本质上是一种感性的欲求或厌恶的能力,后者本质上是一种理性的欲求或厌恶的能力。这一区分很关键,它强调人的任意本质上是一种道德自由或纯粹自由,它与人的道德能力相关,没有这种自由,也就没有道德可言。其次,任意主体拥有任意的三种可能性:他要么只有感性任意,要么只有纯粹自由,要么同时有纯粹自由和感性任意。主体拥有的任意可能是动物的任意、神圣存在者的任意与人的任意。

自由与道德是什么关系？首先,道德与自由紧密相连,自由的规定(freie Bestimmungen)等同于道德规定,道德能力是一种与自由相关的能力。其次,自由是道德得以可能的前提,只有通过自由,道德才有可能,因此,没有自由也就没有道德可言。再次,道德只能通过道德法则一致的自由实现,真正的道德行为是自愿地符合法则的行为。[2] 在《初始根据》第11节,他明确地表达了"无自由,则无道德"的思想:

---

[1] Alexander Gottlieb Baumgarten, Metaphysik: Historisch-kritische Ausgabe, hg. und übers. von Norbert Hinske, Lothar Kreimendahl, Clements Schwaiger, Stuttgart: Frommann-Holzboog, 2011, S.385.

[2] Ibid., S.387.

没有自由,也就没有义务。因此,义务不能取消(hinwegnehmen)自由,也不能是自由的反面,而是自由的结果和附属物(Zusatz/sectarium)。对于那些我们能赋予义务或者我们被赋予义务的行为,它们不仅能够是自由的,而且也是必然地如此。因此,对于那些不是自由的规定,我们既不能赋予义务也不能被赋予义务。那些绝对不可能的事物以及超出我们力量(Gewalt)范围之内的事物是不自由的。因此,对于无条件的、物理的绝对不可能的事物,既不存在积极的也不存在被动的义务(Verpflichtung)。①

"无自由,则无道德"所要表达的无非是"无自由,则无道德义务",因为道德或道德能力具体表现为一种履行"义务"或违背"义务"的能力,当人们谈及道德行为时,谈论的其实是义务。"无自由,则无道德"也可以理解为"无自由,则无义务"。自由是义务的前提,义务是自由的结果和附属物。对一切义务行为而言,无论是赋予义务还是被赋予义务的行为,它们都是自由的行为且是一种必然的行为。相反,对于那些不自由的存在者而言,它们不存在自由的规定,即它们并不是受高级欲求能力所规定,它们没有自由可言,也不存在义务。

尽管鲍姆嘉通未使用"自由是道德的存在理由"这样的说法,但实践形而上学已蕴含此意。对行为主体而言,有自由才有义务,无自由则无义务。什么是义务? 鲍姆嘉通认为,义务是道德法则对自由任意的一种规定。因此,自由虽是义务存在的理由,但就义务本身而言,它涉及法则与自由任意的关系。熟悉康德《奠基》的读者会惊奇地发现,康德关于义务的理解与鲍姆嘉通何其相似,他们都从法则与任意的关系去讨论义务,不同之处在于两位思想家对于自由以及法则来源的理解不同,而这恰恰决定了他们伦理学的不同。

三、义务:道德法则对自由任意的规定

"规范(法则)表示一种符合理性(rationi/Grund/Vernunft)(BM §83)的规定(Bestimmung)。"②根据规定是否与自由相联系这个标准,法则可分为物理法则和道德法

---

① Alexander, Gottlieb Baumgarten, Anfangsgründe der praktischen Metaphysik: Vorlesung, hg. und übers. von Alexander, Aichele, Hamburg: Felix Meiner Verlag, 2019, S.21 - 23.

② "rationi"这个拉丁语词有根据(Grund)和理性(Vernunft)的含义,德译者将它译为 Grund("根据"),笔者认为将它译为"根据"不妥。如若将它理解为"根据",那么该句为:"法则表示一种符合根据的规定"。但这个根据是什么,不得而知。但如若将它理解为"理性",即"法则表示一种符合理性的规定",该句的语义将变得清楚、明白,该句意指法则是一种规定,该规定符合理性。参看 Alexander, Gottlieb Baumgarten, Anfangsgründe der praktischen Metaphysik: Vorlesung, hg. und übers. von Alexander, Aichele, Hamburg: Felix Meiner Verlag, 2019, S.92.

则。对物理法则而言,该规定并不与自由联系,例如运动法则、流体力学法则,它们是一切无生命的事物的规定,甚至一些心理的法则也属于物理法则;相反,对道德法则而言,该规定与自由相联系。

因此,道德法则与物理法则的本质区别在于前者与自由相联系,后者与自由无关。自由是一种依据理性的喜好去意愿或者不意愿的能力(自由的任意)。因此,道德法则与自由的关系表现为(自由的)规定与一种意愿或不意愿的能力的关系。一方面,由于道德法则在道德上是必要的,另一方面,自由规定与它们的根据,即与强大的动因联系,所以它们负有义务。

道德法则的必要性与自由相关,自由独立于自然法则(物理法则)的规定,但它必受某物规定,既然该规定不是物理法则,那么只能是与物理法则相对的自由法则。对于不接受"充足理由律"的人而言,他们或许会质疑:"为什么自由要根据某个规定行动?"但对近代德国启蒙哲学家而言,"充足理由律"是他们普遍接受的观念,它表达的无非是任何事物都有其存在而不是不存在的理由。既然有自由,那么它必定有根据。自由的根据是自由法则或道德法则。

因此,道德法则对于自由任意而言,"它们是强制性命题(verplichtende Sätze)。而且因为赋予义务的命题表示一种与强大动因(bewegende Ursachen)(BM § § 80)相符合的规定并且它是一种道德的(§ 24)法则,那么它们就会成为道德规范(法则)(BM § 723)。因此,道德规范(法则)可以通过强制性命题定义。"

由此可见,第一,道德法则对自由任意而言是强制性命题,意味着道德法则对于自由任意的一种规定或强制;第二,强制性命题与自由任意的主观动因相符合的一种规定,意味着作为道德法则的规定与主观动因相符合,最终规定自由任意;第三,可以用强制性命令来界定道德法则,因为它们都表示一种对任意的规定。因此,义务是道德法则或强制性命令对于自由任意的一种规定。

在确立了义务的来源后,鲍姆嘉通进一步将道德法则区分为内在的道德法则和外在的道德法则。与康德不同,鲍姆嘉通并不是根据法则所规定的对象的不同,而是以他在第一章所确立的外在义务和内在义务为前提,推论出存在与之相对应的法则。

> 根据义务是内在的(innerlich/internae)或是外在的(äußerlich)(§ 56),以及道德规范(法则)是强制性命题(§ 60),那么强制性命令对于自由规定而言,要么是内在的(不完整的,不完全的,建议性的,劝告)规范,自由规定不会被强迫且在不被强迫

的范围内,要么这些强制性命令是自由规定的外在(完整的,完全的,强制的)规范,自由规定会被强迫且在被强迫的范围内。并且因为一条道德规范(法则)的力量就是它所表达的义务的力量(§16),外在的道德规范(法则)并不总是强于内在规范(§57)。外在的道德规范与内在的道德规范一致时,它总会得到加强(§58)。因此,外在的道德规范应区别于内在的道德规范,但不能盲目地分离,而且必须与它们相结合,但不能混淆和混杂(§59)。①

这段话不仅对于理解鲍姆嘉通的法权和德性的关系而言非常关键,而且与康德法权义务和德性义务的划分息息相关,需对其作详细分析。首先,鲍姆嘉通根据已存在的内在的义务和外在的义务之别反推出内在的法则和外在的法则。由于义务可以分为内在的义务和外在的义务,义务意味着道德法则对于自由任意的规定,因此,道德法则也可分为内在的法则和外在的法则。他的这种推论方式与沃尔夫恰恰相反,后者从不同类的法则推出不同种类的义务,例如由于存在上帝法、自然法和实证法,因此存在对基督徒的义务、自然义务和公民义务。如若说沃尔夫采取的是"由因导果"的推论方式,鲍姆嘉通则是"由果导因"。

其次,内在的法则是一些不完全(unvollkommen)的法则、建议性的法则,它们不会对自由任意构成强迫;相反,外在的法则是完全的(vollkommen)法则、强制的法则,它们对自由任意是一种强迫。那么不完全的法则是否对任意自由构成"强制","强制"(zwingen)和"强迫"(abpressen)是否不同? 根据字面来看,它似乎不会对自由任意构成强制,因为只有外在的法则才对任意自由构成强制。但如若结合他在第55段的论述来看,"他可以强制他自己,这样他反而免受外部的强制,甚至是有条件地强制他自己(§51)"。鲍姆嘉通似乎在两种意义上谈论强制:一种是自我强制,一种是外在强制。后一种强制才是真正的强制,即受到某种外在力量的强迫。因此,"不完全的法则并不对任意自由构成强迫"特指法则对人的强制体现为人的自我强制,人无须外在力量的强迫便做出某个行为。

再次,外在法则的力量并不一定强于内在法则的力量,意味着外在的强制并不强于内在的强制。尽管外在力量可以强迫我做出某个行为,但是这种强迫并不一定强于自我强制,这凸显了人的自我强制的力量。但是当这两种法则相一致时,那么法则的力量就会增

---

① Alexander, Gottlieb Baumgarten, Anfangsgründe der praktischen Metaphysik: Vorlesung, hg. und übers. von Alexander, Aichele, Hamburg: Felix Meiner Verlag, 2019, S.92.

强,意味着任意自由既受内在法则同时也受外在法则的规定。例如"你不应该说谎"这条法则;它既可以是一条道德法则,同时也可以是一条外在法则。当它作为内在法则出现时,它对行为主体虽然没有外在的强迫,但依旧对人有某种约束力;但当它作为外在法则出现时,它对行为主体有一种外在强迫,尤其是当它以禁令的方式"对于一切经受政治审查的人而言,如若说谎,将面临惩罚",因此,当"你不应该说谎"既是内在法则又是外在法则时,它作为法则的力量对人的约束力就会增强,该法则具有双重约束。

最后,外在法则和内在法则既有区别又相结合,一方面外在法则应当与内在法则区分开来,但两者之间又必须要结合起来,这涉及外在法则和内在法则之间的关系。鲍姆嘉通关于外在法则和内在法则的论述非常深刻,他既认识到了两者的区别,又认识到了它们之间的联系。在某种意义上,康德关于法权法则和德性法则的区分承袭自鲍姆嘉通,不过康德并不是"由果导因"推论出这两类法则,而是从自由法则或道德法则所涉及的对象的不同,将道德法则区分为法学的法则(juridisches Gesetz)和伦理的法则(ethisches Gesetz)。由此可知,外在法则和内在法则的区分并非康德首次提出,这种区分可以追溯到鲍姆嘉通。在细致地讨论了义务的来源后,鲍姆嘉通进一步讨论义务的含义及其分类。

义务本质上是道德法则或强制性命令对于自由任意的一种强制(Nötigung)。那么什么是强制? 鲍姆嘉通在《初始根据》的第 50 段中首先将强制分为外力强制和道德强制。外力强制指通过外部强力(äußere Gewalt)而产生的强制,这种强制不属于自由的行为或自由规定,换言之这种强制与自由无关,例如一阵飓风将人从一个地方吹卷到另一个地方。相反,道德强制指并非通过外部强力产生的强制,这种强制属于自由行为或自由规定,这种强制属于自由行为。①

道德强制又可以分为内在的道德强制和外在的道德强制,对于前一种强制而言,一个人自己强制自己而负有义务;对于后一种强制而言,一人受另一个人的强制而负有某种义务,这种强制可以通过诱惑、说服、威胁和劝阻的方式做出。这两种道德强制本质上不同于外力强制,因为无论是内在还是外在的道德强制,它们都与人的自由行为相关,尽管人自由行为的规定不同;相反,外力强制则不涉及人的自由行为,例如飓风的例子,尽管人的位置发生了改变,但人并没有意识到自己做出某个自由行为。因此,每一种义务都可以称为强制,如若没有内在的道德强制且没有外在道德强制,那么也就没有义务。但有时候某人仅受内在道德强制或外在道德强制做出某个行为。

---

① Alexander, Gottlieb Baumgarten, Anfangsgründe der praktischen Metaphysik: Vorlesung, hg. und übers. von Alexander, Aichele, Hamburg: Felix Meiner Verlag, 2019, S.77 – 81.

由于义务是一种道德强制,而道德强制又可分为外在和内在道德强制,与之相应,义务也可以分为外在义务和内在义务。外在义务指通过外在道德强制,即通过另一个人对自己的自由任意的强迫而产生的一种行为;内在义务指凡是不是通过外在强制,即不是通过另一人对自己的自由任意的强迫而产生的一种行为。那么,外在义务和内在义务是彼此分离的还是存在某种关联?

《初始根据》第57段涉及两种义务的关系:

> 因为除了允许另一个人的强迫之外,其他动因(bewegende Uraschen)不仅可能比这种强迫更大,而且可能比这种强迫更重要、更真实,更清晰、更确定和更高明地被认识到,那么假设外在义务总是比内在义务更强是错误的(§§56,17);没有内在义务(§49),外在义务永远不可能,然而没有外在义务(§56),内在义务也经常发生。[①]

这段话揭示了两者之间的三层关系:首先,外在义务和内在义务的共同点在于它们都是人行为的动因;其次,就外在义务和内在义务的强弱而言,前一种义务并不比后一种义务更强,相反后者可能强过前者,这意味着自我强制也有可能强于外在的强制;最后,内在义务是外在义务的前提,没有内在强制,外在强制将不可能发生。相反,外在义务并不是内在义务的前提,因为没有外在义务,内在义务也时常发生。因此,相较于外在义务,内在义务更为根本。鲍姆嘉通就外在义务和内在义务做的区分非常重要,人们有理由推测康德在法权(外在强制的/完全的)义务和德性(内在强制的/不完全的)义务之间做出的区分是对鲍姆嘉通的继承。

结论

如何从人的本性,而非从对上帝的信仰出发去确立人的义务是德国哲学家们面临的难题。该难题涉及自由、法则与义务的关系,沃尔夫、鲍姆嘉通以及康德都试图阐明三者的关系,他们的思路也基本一致,自由是法则之基,义务涉及道德法则与自由的关系。鲍姆嘉通的实践形而上学实质上是对沃尔夫普遍实践哲学的继承与发展,它是一门关于人的实践知识中最初原理的科学,这些原理为其他实践科学奠基。实践形而上学旨在为义务寻找最初根据和来源。自由是义务的最初根据,它是义务的存在理由,义务是法则对于任意的强制。

[①] Alexander, Gottlieb Baumgarten, Anfangsgründe der praktischen Metaphysik: Vorlesung, hg. und übers. von Alexander, Aichele, Hamburg: Felix Meiner Verlag, 2019, S.89.

Freedom, Law and Duty: On Baumgarten's Practical Metaphysik

WANG Dafeng

【Abstract】 Baumgarten's practical metaphysic is the inheritance and development of Wolff's universal practical philosophy. Practical metaphysik is the science containing the first principles that are proper but also common to the rest of the practical disciplines. It is essentially a science about the first principles of duty, which aims to find the ground and source for duty. Freedom is the ground of duty, it is the reason of the existence of duty; moral law is the source of duty, it is the premise of the possibility of duty. Duty is the enforcement of choice free by law.

【Keywords】 Baumgarten, Practical Metaphysik, Freedom, Law, Duty

从《人论》看蒲柏对康德思想的影响

马 彪①

【摘要】 作为英国史诗艺术造诣较高且最受康德喜欢的诗人,蒲柏与康德关系如何,他对康德到底造成了怎样的影响,对于这一议题鲜有学者论及,这不得不说是一个非常奇怪的现象。事实上,蒲柏对康德的影响巨大,尤其是在 18 世纪 50 年代这一时期,康德对乐观主义神正论的看法,以及他关于人在宇宙中的地位的主张,几乎都与蒲柏的《人论》有着莫大的关系。而《人论》之所以在这个时候进入康德的视野,又与 1753 年普鲁士科学院援引蒲柏"存在的就是合理的"这一诗句作为有奖征文的题目密切相关。虽然康德最终没有提交论文,但从由其草就的反思性手稿中可以看到蒲柏对他的深层影响。诚然,在众多对康德哲学给予重大影响的思想家中,蒲柏并不是最为显赫的一位,但不可否认的是,若完全忽视他的作用,实难对康德哲学做出全面、系统的把握与理解。

【关键词】 康德,蒲柏,乐观主义,存在巨链

作为一位从事哲学思考和写作几近 60 年的思想大家,康德哲学的形成并不是一蹴而就的,而是有着一个漫长的历史衍化过程。在其哲学发展的不同时期或阶段,他的思想在不同程度上受到了前贤及其同时期学者的影响。对于这一点,康德在其已出版的著作与书信中或多或少地都有提及。然而,即便如此,当我们谈及是哪些人在塑造康德哲学方面起到重大作用的时候,大多数人立刻想到的还是休谟、卢梭等思想家,还有莱布尼茨、沃尔夫等唯理论者,除此之外,好像再没有其他人似的。事实并非如此。近年来,剑桥大学组织出版了《康德〈纯粹理性批判〉:思想背景资料》②(*Kant's Critique of Pure Reason: Background Source Materials*),以及两卷本的《康德及其德国的同时代人》③(*Kant and His*

---

① 作者简介:马彪,南京农业大学马克思主义学院(政治学院)副教授,主要研究方向为康德哲学。

② Eric Watkins, *Kant's Critique of Pure Reason: Background Source Materials*, Cambridge: Cambridge University Press, 2009.

③ Corey Dyck and Falk Wunderlich, *Kant and His German Contemporaries I: Logic, Mind, Epistemology, Science and Ethics*, Cambridge: Cambridge University Press, 2018; Daniel Dahlstrom, *Kant and His German Contemporaries II: Aesthetics, History, Politics, and Religion*, Cambridge: Cambridge University Press, 2018.

German Contemporaries)等书,具体探讨了康德与其前贤和同时代的学者之间的思想渊源问题,涉猎的人物相当广泛,包括赫尔兹(Marcus Herz)、门德尔松(Moses Mendelssohn)、欧拉(Leonhart Euler)、赫尔德(Johann Gottfried Herder)、迈耶(Georg Friedrich Meier)、兰伯特(Johann Heinrich Lambert)、艾伯哈德(Johann August Eberhard)、温克尔曼(Johann Joachim Winckelmann)、哈曼(Johann Georg Hamann)、莱马鲁斯(Hermann Samuel Reimarus)、鲍姆嘉登(Alexander Gottlieb Baumgartten),以及克鲁修斯(Christian August Crusius),等等。据此不难发现,康德虽然身处普鲁士王国之哥尼斯堡一隅,但其哲学的形成显然不是他独自苦思冥想所致,而是与各个学者深度交流和沟通的结果。

与上述的那些人物相比,本文所要探讨的这位英国诗人蒲柏(Alexander Pope)对康德的影响并不比他们逊色多少。某种程度上可以说,蒲柏之于康德,其重要意义无异于荷尔德林之于海德格尔。康德在其早年的著作中征引过不少诗人的诗句来为其思想背书,其中既有奥维德、贺拉斯这些我们熟知的人物,亦有冯·哈勒(Albrecht von Haller)、艾狄生(Joseph Addison)这些我们较为陌生的名字,可如果要问对康德影响最大和最为深远的诗人是哪一位,那一定非蒲柏莫属。可奇怪的是,后世康德专家对他的关注并不是很多,很少见到与此相关的论著。不止如此,康德的传记作家对这一问题的关注亦不甚多。例如,古留加在其《康德传》中涉及蒲柏的文字就极少;①而另一位《康德传》的学者库恩(Manfred Kuehn)虽然认为蒲柏是"康德自己最喜欢的诗人"②,但只简单介绍了康德早年结识蒲柏的机缘,且又有点语焉不详,没有详细展开论述。诚然,英美学界阐释蒲柏的著作不能说没有,③但大多是从诗歌或文学的角度,很少把他与康德关联起来,进而由哲学的维度将两者一并考察。国内对蒲柏作品的翻译尚不全面,④对他的研究⑤更是匮乏。鉴于此,本文试图借由蒲柏的《人论》(*An Essay on Man*)这一经典文本,从以下几个方面阐释蒲柏对康德思想的影响:首先,介绍蒲柏及其著名诗歌《人论》的基本内容;其次,阐释

① [苏联]阿尔森·古留加:《康德传》,贾泽林,侯鸿勋,王炳文译,北京:商务印书馆,1997年,第32–33页。
② [美]曼弗雷德·库恩:《康德传》,黄添盛译,上海:上海人民出版社,2008年,第473页。
③ 如 Pat Rogers, *The Cambridge Companion to Alexander Pope*, Cambridge:Cambridge University Press, 2007; Pat Rogers, *Pope and the Destiny of the Stuarts: History, Politics, and Mythology in the Age of Queen Anne*, Oxford:Oxford University Press, 2005; Paul Baines, *The Complete Critical Guide to Alexander Pope*, London and New York:Routledge, 2000; Pat Rogers, *Essays on Pope*, Cambridge:Cambridge University Press, 1993 等。
④ 王佐良先生曾选编翻译过一些蒲柏的诗歌,见王佐良,金立群:《英国诗歌选集》,金立群注,上海:上译文出版社,2012年;最新的相关译本当属2022年商务印书馆出版的《呆厮国志》,见[英]亚历山大·蒲柏:《呆厮国志》,李家真译注,北京:商务印书馆,2022年。
⑤ 国内学界由诗歌的角度较为全面地研究蒲柏的,当属马弦教授的《蒲柏诗歌研究》,作者从文学伦理学批评的视角切入,系统讨论了《温沙森林》《论批评》《夺发记》《人论》《道德论》以及《呆厮国志》里的思想内容及艺术特点。

蒲柏对早期康德之乐观主义的影响;再次,侧重梳理康德关于人在宇宙中的地位与蒲柏之间的思想关联;最后文末,再对一些与此相关的质疑略作回应。当然,在切入这一话题之前,我们需要对蒲柏的《人论》及其基本理论有一个大概的了解,然后在此基础上详细探讨其对康德早期思想的形成所造成的巨大影响。

一、蒲柏及其《人论》的基本思想

亚历山大·蒲柏生于 17 世纪的英国,一生多病,终身未婚。由于出生在政治上受排挤的天主教家庭,蒲柏 10 岁以后才进入泰福德学校(Twyford School)读书。大约 12 岁时,他患上了结核性脊柱炎,落下了驼背跛足的病症。这一疾病虽然没有摧毁他的精神,但却严重阻碍了其身体的正常发育,蒲柏比康德的个头(1.57 米)还要矮小,不到 1.4 米。然而,所有这些先天的困难并没有击垮他的意志,反而激发了他一心向学的毅力。除了英文之外,蒲柏几乎自学了法语、希腊语、拉丁语、意大利语等语言,阅读了大量的古代经典著作。后来,他因翻译荷马史诗得到巨额稿酬,建起了自己的别墅,成为第一个靠自身努力走出贫困的职业作家。蒲柏是位极有才华的作家,《牛津名言词典》中收录他的格言警句的数量仅次于莎士比亚,其成名作是《论批评》(*An Essay on Criticism*),其后他还创作了《温莎森林》(*Windsor Forest*)、《夺发记》(*The Rape of the Lock*)、《人论》以及《呆厮国志》(*The Dunciad*)[①]等众多作品。

与康德的哲学书写方式不同,蒲柏的哲理思想是通过诗歌的形式呈现出来的。我们知道,哲学的写作方法从来就不是固定的,在这方面,东西方没什么质的差别:柏拉图的对话体诚然是哲学的一种书写方式,而孔子的语录体未必不是另一种哲学的表现手法。其实,这一点在西方哲学内部也不是一成不变的。比如,就加缪而言,他可能更多的是以小说的形式在从事哲学创作。蒲柏所处的时代更是如此,彼时的思想表现形式也较多样。按照詹姆斯·哈里斯(James Harris)的说法:"18 世纪的哲学并不总是整齐划一地包装成专著、探究或论文的形式;那些关于人类境况、我们的能力和责任,以及我们与他人、创作者和自身之关系的反思在散文、小说和诗歌中随处可见。也就是说,散文、小说和诗歌,即艾狄生、约翰逊(Johnson)、理查森(Richardson)、菲尔丁(Fielding)、

---

① 蒲柏的 *The Dunciad* 国内有不同的译法,王佐良译作《群愚史记》,而李家真的最新译本将其译为《呆厮国志》,见[英]亚历山大·蒲柏:《呆厮国志》,李家真译注,北京:商务印书馆,2022 年。

蒲柏和汤姆森(Thomson)的作品,至少部分是被 18 世纪的人当作哲学作品来阅读的。"①就此而言,作为蒲柏影响较大的一部诗歌,《人论》被那个时代的人当作哲学书来读是十分自然的事情。

创作于 1730—1732 年而发表于 1733—1734 年的《人论》,是由蒲柏献给其友人博林布鲁克(Henry St John Bolingbroke)的四封信札组成。在这一长篇哲理诗中,蒲柏以精练的语言对他以前的诸多思想家的学说做了高度的概括,它不仅涉及宇宙秩序、人在宇宙中的地位、人性、人与社会的关系等议题,还涉及善恶、人的道德和幸福等问题。蒲柏在其第一封信札中明确指出,整个世界都处在普遍的运动之中,这些运动不是盲目的、杂乱无章的,而是依照一定的规则来运行的。蒲柏承认,宇宙的运行规则和秩序是上帝精心策划的结果,没有上帝的干预,自然根本不可能呈现对称、和谐、完美的井然秩序,整个宇宙就是个"存在巨链"(the great chain of being)。诚如他在诗中所言的那样:"哦、一座巨大的迷宫! 但经过精心规划。"②蒲柏的这一句话包含两层意思:"巨大的迷宫"是对人而言的,而"经过精心规划"则是对上帝来说的。就人的立场看,这一世界无限复杂,由于人只是存在巨链中的一环,它的认知必然存在局限,所以它不可能洞悉宇宙的全貌,在它眼中整个宇宙就是一个巨大的迷宫。然而,由上帝的视角看,一切都是被规定好了的,宇宙万物是一个秩序井然的体系,上到上帝下至微尘,无不被放置在巨大的存在链条之中:

> 巨大的存在之链,由上帝开启,
>
> 自然中的天神与人类,包括天使、人,
>
> 畜生、鸟、鱼和昆虫! 肉眼看不到,
>
> 戴上眼镜也看不到的! 从无极限者到你,
>
> 再从你到虚无! 我们越是
>
> 向上攀爬,我们变得越是低级无能,
>
> 抑或完满的创造物中留有空缺,
>
> 只要其中的一个环节被打破,巨大的天平倾斜:
>
> 大自然链条,无论哪个环节破坏,

---

① James Harris, "Introduction" in *The Oxford Handbook of British Philosophy in The Eighteenth Century*, ed., by James Harris, Oxford: Oxford University Press, 2013, pp.9 - 10.

② 转引自马弦:《蒲柏诗歌研究》,北京:社会科学文献出版社,2013 年,第 126 页。

第十个或第一万个,都会使它断裂。①

　　显然,在蒲柏看来,人与世间的万物一样,都被安置在了这一"存在巨链"之中。作为已被规定了的人,它要意识到自己的地位,服从上帝的安排,应该知道上帝的安排自有其道理,因为较于其他生物,人虽然具有理性的思考能力,但较于在其之上的天使和上帝,人本身又是微不足道的。一旦把握了这一点,人就应安于现状,满足于自己的所得,不应再有所抱怨。蒲柏一再地告诫他的读者要认清自己的位置与局限,心存谦卑,毕竟:

> 整个自然都是艺术,不过你不领悟;
>
> 一切偶然都是规定,只是你没看清;
>
> 一切不协,是你不理解的和谐;
>
> 一切局部的祸,乃是全体的福;
>
> 人恨可鄙,只因它不近情理。
>
> 存在的就是合理的,这就是清楚的道理。②

　　蒲柏第二封信札涉及对人性的认知,在他看来,人与其他动物不同,因为它是同时受到自爱(self-love)与理性(reason)两种原则支配的生物。蒲柏认为,对人而言,自爱与理性两者缺一不可,它们并没有高低之别,关键在于如何平衡它们之间的关系。自爱偏向人的激情的一面,它主要在于激发人的欲望,促使人的行动,以及在此一过程中实现他自己的利益和诉求。表面来看,自爱出于人的正当本能,它在现实生活中追求自己应得的东西本也无可厚非。可事实上,并不都是如此,因为大多数情况下自爱在激情的驱动下会走向极端,超出适当的范围,甚至会滑向自私乃至危害他人的地步。为了摆脱由自爱带来的不道德的结果,理性对自爱的牵制和约束就显得极为必要,只有如此人才能不至于偏离或抛弃善的道路。换言之,激情是人前进的动力,而理性才是引导我们趋向正确方向的图标:凭借理性这一机能,人才不致堕入恶的渊薮。但因为人本身具有的原始的、自爱的冲动与羁绊,使得他根本无法达到神的高度,终其一生,他一直生活在自爱与理性、恶和善的冲突与纠缠之中。

---

① Tom Jones, *An Essay on Man*: *Alexander Pope*, Princeton: Princeton University Press, 2016, pp.22 – 23.

② 转引自王佐良:《英国诗选》,上海:上海译文出版社,1988 年,第 164 页。为符合哲学上的习惯表述,此处稍微作了一点改动,译作"凡存在的就是合理的"。

继对宇宙秩序与人性做了分梳之后,蒲柏在第三和第四封信札中又分别讨论了个人与群体的关系,以及人所追求的终极目标问题。对蒲柏而言,世上万物都不是孤立的,大家彼此相连、互相依存,与宇宙中的那种"存在巨链"一样,人类社会也存在着类似的巨链,这一巨链就是"仁爱之链"(the chain of love)。它将每个生命连接在一起,从最伟大的生命到最卑微的生命,一环接着一环、一列接着一列,相互关照,彼此牵连,无限延伸,永无止境。上帝根据每个生物的属性赐予相宜福祉,对它们的不当需求则给予限制,以此建构一个以善为中心的永恒秩序。看得出来,蒲柏在这里的意思极为清楚,作为人我们是不可能单凭自己的力量就能够获得幸福的,因为这里不仅涉及我们对宇宙秩序的理解,以及我们对自身在宇宙中的地位的把握,还涉及我们如何协调我们人性中的自爱与理性原则的议题,只有当理性合理地平衡了自爱的滥用,并在此基础上将自己的爱转化为对他者、社会与上帝的爱之后,我们才能真正实现自身的幸福。18 世纪 50 年代的康德完全赞同蒲柏的这一主张,在他看来:"自爱只有与爱上帝和爱邻居结合起来,才能构成人的幸福。这样的爱越大、扩展得越远,其幸福也就越大。"①

总体来看,蒲柏选择诗歌的形式来表现其哲学思想是成功的,这也基本实现了他的最初预期。我们知道,蒲柏在《人论》前言"告读者"的部分曾对其何以要用诗的语言写作此书做过说明:"我本可用散文来写,但我用了诗,还押了韵,是出于两个原因。一个是原理、箴言、格言之类用诗写更易打动读者,更能使他看了不忘。另一个原因是,我发现我用诗比用散文写得更简短(shortly)。有一点是肯定的,即讲道理或教训人要能做到有力(force)而又文雅(grace),文字非简练(conciseness)不可。"②这段话中的"简短""有力""文雅"以及"简练"等文字,是蒲柏特意用斜体字加以标注过的,这些词语无疑道出了他写作此书的目的,即以简洁的语言打动读者、传递思想。正是出于这一目的,这位被王佐良先生称为"全部英国史诗上艺术造诣最高"③的诗人,采取了后来被人们视为"英雄双韵体诗歌"的体裁来表现其哲理思想。这一体裁的优点在于它遵循格律,每行五个音步,互相押韵,整齐优美,读起来朗朗上口,再加上蒲柏口语化的语言,自然非常有助于其诗歌的广泛传播。事实上,也的确如蒲柏所愿,《人论》在当时的欧洲学界影响极广:卢梭与伏尔泰在里斯本地震之后曾专门探讨了蒲柏存在即合理的思想,而《人论》的部分诗句亦被孔

---

① Kant, *Theoretical Philosophy*:1755—1770, David Walford, Ralf Meerbote trans., Cambridge:Cambridge University Press, 1992, p.78.

② Tom Jones, *An Essay on Man*:*Alexander Pope*, Princeton:Princeton University Press, 2016, p.4.

③ 王佐良:《十八世纪英国诗歌》,《外国文学》1999 年第 2 期。

狄亚克（Etienne Bonnot de Condillac）①、休谟②、亚当·斯密③等学者大量征引，当然康德无疑是其中较为重要的一位。

二、蒲柏与康德的乐观主义思想

众所周知，康德是在哥尼斯堡大学求学期间初次结识了蒲柏，而直接促成这一机缘的是拉波尔特（Carl Heinrich Rappolt, 1702—1753）教授。拉波尔特的哲学倾向是沃尔夫学派的，但同时他也深受英国思潮的影响。1729—1730 年间，他曾在英格兰进修过物理学与数学，1731 年在法兰克福大学获得硕士学位，1731—1732 年在哥尼斯堡大学教授英语、英国文化以及英国哲学。此后，由于经济原因，他于 1741 年开设了关于蒲柏的课程。正如库恩所言："康德对蒲柏的兴趣似乎是在这个时候产生的，至于他后来会认识蒲柏，也是经由拉波尔特的介绍。"④康德是在 1740 年进入哥尼斯堡大学的，步入大学的第二年他就接触到了蒲柏的诗歌，对于求知欲极强的青年康德而言，这一新鲜的印象无疑为他后来对蒲柏的深层阅读埋下了伏笔。

为了谋生，康德 1748 年离开了哥尼斯堡大学，直到 1754 年返校，在此期间他做了 6 年家教。就在准备返回哥尼斯堡大学的前一年，他却经历了一件较为重要的事情，而这件事再次把康德与蒲柏勾连起来。1753 年 8 月 27 日，普鲁士皇家科学院在《汉堡自由评论与时讯》（*Hamburger freyen Urtheilen und Nachrichten*）上刊登了一则征文启事，该启事为命题作文，要求应征者围绕蒲柏《人论》中的一句诗词，即"存在的就是合理的"（whatever is, is right）展开论述。这次征文在当时学界影响很大，一时群贤俊彦都有参与，比如莱辛、维兰德（Christoph Martin Wieland）、门德尔松以及莱因哈德（Adolf Friedrich Reinhard）等都提交过论文，最后莱因哈德摘得该奖。为了应征，康德在 1753—1754 年亦曾写下《关于乐观主义的三篇反思手稿》（*Three Manuscript Reflections on Optimism*）⑤。这一时期，虽然康德写作了一些反思性的文字，可他并没有提交这些手稿，因为在 1754 年 8 月返回哥尼斯堡大学以后，康德的首要问题是准备他的毕业论文，难免就忽略了征文的事项。但时隔一

---

① Condillac, *Essay on the Origin of Human Knowledge*, Hans Aarsleff ed., Cambridge：Cambridge University Press, 2001, p.64.

② David Hume, *The Natural History of Religion and Dialogues Concerning Natural Religion*, Wayne Colver and John Vladimir Price eds., Oxford：Oxford Clarendon Press, 1976, pp.236-39.

③ Adam Smith, *Lectures on Rhetoric and Belles Lettres*, J.C. Bryce ed., Indianapolis：Liberty Press, 1983, pp.33-34.

④ ［美］曼弗雷德·库恩：《康德传》，黄添盛译，上海：上海人民出版社，2008 年，第 109 页。

⑤ Kant, *Theoretical Philosophy*：1755—1770, David Walford, Ralf Meerbote trans., Cambridge：Cambridge University Press, 1992, p.xxxviii.

年,1755 年里斯本发生了欧洲历史上的最大一次地震,这一地震重新唤起了康德对蒲柏的记忆:既然存在的都是合理的,那么我们当如何理解这次地震对无辜者的毁灭？难道伤及无辜也是合理的吗？针对这一现象,康德在 1759 年又写作了《试对乐观主义作若干考察》(*Versuch einiger Betrachtungen über den Optimismus*) 一文,重新反思恶(包括自然的恶)与上帝之间的复杂关系。

需要指出的是,地震之前的康德较为认同蒲柏的神正论思想,在他看来,由上帝而来的存在巨链中没有什么是不合理的,即使世界上存在自然的恶或道德的恶,但这丝毫不影响上帝全善全能的本质规定,它们都能够在上帝的规定中得到合理的解释。康德把这一理论称为神正论的乐观主义,它指的是"这样一种学说,即在设定一个无限完善、仁慈与全能原始存在者的前提下为世界上的恶做出辩护的学说"。① 蒲柏认为,宇宙间所有存在的东西都是合理的,即使世上存在大的灾难也不能取消他对至善上帝的这一信念,原因在于他乐观地相信他已经化解了至善的上帝与恶之间存在的矛盾。对蒲柏而言,宇宙中的那个存在巨链在某种意义上已对恶的存在做出了说明,因为如果从上帝到虚无的这一巨链真实存在,那么由上帝到天使,到人,再到畜生,直至一无所有的过程,其实就是一个存在递减的过程:较于上帝,天使的存在显然是不足的,天使的完满性怎么可能与上帝的至善相比呢？ 同样的道理,人的存在也是不能与天使相提并论的,以此类推,一直到虚无都能用这一理论来解释:就存在巨链中的所有对象而言,下一层级的对象较于上一层级的对象来说都有"存在"上的缺乏,这一缺乏就是恶。简单来说,对蒲柏而言,宇宙中的一切事物的存在都有其理据也都有其位置,它们依照秩序排列,哪一个也不能缺少,而世俗眼中所谓的恶不过是一个存在相对另一个存在的某种缺失,换言之恶是善的缺乏。恶不是终极意义上的存在,而是相对而言不那么善而已:没有"善"作为参照物,恶就不会呈现出来。客观来说,将恶视作善的缺乏,并不是蒲柏的独到见解,更不是他的新创,这一思想奥古斯丁早就有过论证:"这世上没有任何东西生来就是恶的,所谓恶无非就是善的缺乏。"②毫无疑问的是,借助蒲柏优美的诗句及其广泛的传播,这一思想得以更容易被包括康德在内的读者所接受。

现有的文献显示,1753 年普鲁士皇家科学院的征文是有着明确的要求的,即要求应征者在阐释蒲柏乐观主义思想的同时,还要满足如下三个条件:一是应征者应如实考察蒲柏的命题,具体说明这一命题的真实意涵;二是把蒲柏的乐观主义与其他人的乐观主义体

---

① Kant, *Kant's Gesammelte Schriften* XVII, Berlin und Leipzig: Walter de Grunter & Co, 1926, S.230 – 231.
② [古罗马]奥古斯丁:《上帝之城》,王晓朝译,北京:人民出版社,2006 年,第 472 页。

系加以比对,区分其中的差别,并给出说明;三是提出反对或者赞同蒲柏思想的理由。① 显然,征文之所以选择蒲柏诗歌中的这一句诗词作为题目,肯定是与该诗在当时的盛行与广泛阅读有关。再者,征文的意图非常明显,要求应征者不仅要熟悉蒲柏的思想,还要对其他与此相关的理论不能陌生,否则极难对比两者的优劣。康德无疑是一个较为合适的人选,因为他不仅学习过蒲柏的诗歌,还熟稔另外一个乐观主义神正论思想家,这位思想家就是于 1710 年写作《神正论》(*Essais de Théodicée sur la bonté de Dieu*, *La liberté de L'homme et L'origine du mal*)的莱布尼茨。正是在这部其生前出版的唯一一部大部头著作中,莱布尼茨提出了我们所居的世界是上帝创造的最好的世界这一乐观主义理论。② 在这部书中,为解决至善的上帝与恶之间存在的矛盾,莱布尼茨区分了上帝的"前件意志"(une volonte antecedente)与"后件意志"(la volonte consequente)这两个概念。③ 其中,前件意志指的是一种动力性的意志,它涉及一个行为者始终愿意做他想做之事的意愿,只要他有这种能力;后件意志指的是由前件意志之相互斗争而来的意志,这一意志是以前件意志为前提的,它是各种前件意志汇合而来的整体运动。各种前件意志犹如各种运动或力,它们汇集起来并向各个不同的方向推进,这些不同的运动和力共同作用于整体的运动。上帝的至上智慧当然使它的前件意志趋向于善,拒绝每一种恶,无论是自然的恶抑或道德的恶;但是,上帝的后件意志要求的是更加的善,为达此目的,上帝将不得不采取一切手段,包括使用由前件意志冲突而来的恶这一手段在内。就莱布尼茨的这一表述来看,可以说上帝不造成恶,亦不要求恶,但在客观上容许了恶的存在。

相较蒲柏的恶为善的缺乏这一思想,康德认为,莱布尼茨的乐观主义存在明显的不足。因为上帝无论是出于前件意志还是后件意志,它实际上确定不移地承认了恶的存在。④ 与此相反,康德相信,蒲柏的乐观主义是最佳的一种证明的方式,出于上帝的存在巨链,实际上它是把任何事物的可能性都纳入上帝这一最为充足的根据之中。对蒲柏而言,恶是一个比较性的概念,它本身没有独立的性质,是相较于善来说的一种不那么充分的善而已,而说到底,恶是一个程度相对较低的善。我们知道,康德在 1763 年写作出版的《证明上帝存在唯一可能的证据》(*Der einzig mögliche Beweisgrund zu einer Demonstration des*

---

① Kant, *Theoretical Philosophy*:1755—1770, David Walford, Ralf Meerbote trans., Cambridge:Cambridge University Press, 1992, p.lv.

② [德]莱布尼茨:《神正论》,段德智译,北京:商务印书馆,2018 年,第 348 页。

③ 同上书,第 200 页。

④ Kant, *Theoretical Philosophy*:1755—1770, David Walford, Ralf Meerbote trans., Cambridge:Cambridge University Press, 1992, p.79.

Daseins Gottes）一文曾将蒲柏的这一论证加以发挥。基于"可能性"这个概念,康德提出了上帝何以必然存在的根据,与此同时,他也对传统宗教中的本体论、宇宙论以及自然神学的上帝证明给予了严厉批判。当然,18 世纪 60 年代的康德已与 50 年代的康德大不一样,尤其是在经历了里斯本大地震之后,彼时的他已经放弃了从传统宗教的角度来解读自然的恶的理路,认为地震等自然的恶是完全能够通过自然科学的知识加以解决的,这一点我们可以从他在 1756 年一口气写就的三篇反思地震的论文中见出端倪。

然而,奇怪的是 1759 年康德在《试对乐观主义作若干考察》中却一反前面敌视莱布尼茨神正论的立场,转而支持莱布尼茨对上帝的论证。他的这一做法,与 1753—1754 年拥护蒲柏、反对莱布尼茨的态度明显不同。诚然,对于康德何以突然转向的解读存在不同说法,我们这里想要说明的是,康德在这里的转变诚然与他抛弃蒲柏的乐观主义有某种关联,但更与克鲁修斯对莱布尼茨基于理智以诠释上帝的行为相关。对莱布尼茨而言,上帝的行为是出于理性的合理作为,而不是任性的行动。克鲁修斯反对这一看法,在他看来事实若真是这样的话,那么上帝就是不自由的了,因为毕竟上帝也要遵从理性的规范,而没有自由属性的上帝还是上帝吗?颇值得怀疑。在某种层面上,莱布尼茨的主张可视为"理智论"（intellectualism）,而克鲁修斯的立场可视为基于上帝之自由的"意志论"（voluntarism）。康德显然支持前者而反对后者,而且将这一理智论的观点一直保持到了批判哲学时期,关于这一方面的论述有很多,这里不再赘述。①

三、作为中间状态的人

除了在《关于乐观主义的三篇反思手稿》中重点讨论了蒲柏之外,康德与蒲柏关联最大的一次当属《一般自然史与天体理论》②一书。在该书中,康德引用的诗句共有 10 次,分别为蒲柏 6 次、冯·哈勒 3 次、艾狄生 1 次。尤为需要指出的是,康德援用蒲柏的数量不仅是最多的,而且冠在该书每一部分前面的格言都来自蒲柏,于此不难看出,在此期间蒲柏对康德的重要意义和巨大影响。康德在这本书的第三部分"以大自然的类比为基础在不同行星居民之间进行比较的尝试"中,征引了蒲柏的 3 条文字,重点探讨了各个行星

① 具体参见 Hernán D. Caro, *The Best of All Possible World? Leibniz's Philosophical Optimism and Its Critics* 1710—1755, Leiden and Boston: Brill, 2020, pp.122 - 145。
② 康德的这本书原名为《一般自然史与天体理论或根据牛顿定理试论整个世界大厦的状态和力学起源》（*Allgemeine Naturgeschichte und Theorie des Himmels oder Versuch von der Verfassung und dem mechanischen Ursprung des ganzen Weltgebäudes, nach Newtonischen Grundsäßen abgehandelt*）。本文采用的是李秋零教授的翻译,全增嘏先生曾将其译为《宇宙发展史概论》,见[德]康德:《宇宙发展史概论》,全增嘏译,王福山校,上海:上海世纪出版集团,2001 年。

上的理性存在者,以及它们与地球上的人的关系。康德承认,他所援用的诗句都不是没有原因的,都是经过认真考量过的,这一点他在这一部分开头已经做了说明。在他看来,对于各星球上其他居民,我们不能肆意地讲一些似是而非的话,因为那是对哲学的侮辱,相反应该"列举那些确实有助于扩展我们知识的命题,同时,这些命题的可能性都是如此持之有据,使人们几乎不能不承认它们是成立的"①。

就康德在这里所引蒲柏的诗句来看,第一条涉及对宇宙各天体及其不同居民的理解,康德认为,若不了解每一个星体的不同居民,我们就不能对万物给出合理的解释;第二和第三条关涉人在世界中的位置问题,与批判哲学时期把人视为目的本身不同,康德在这里只是把人看作由上帝而来的"存在巨链"的一环。作为人类,我们只是万物的中间状态而已,并没有什么了不起的特异之处。正如康德所指出的那样,在宇宙中的各种存在物的链条上,人这个物种其实处在中间一段,他发现自己处在完善性的两个极限中间,距完善性的两端同样远。如果关于居住在木星或者土星上的最杰出的理性造物的想象引发了人类的嫉妒心,使人由于认识到自己的微贱而自惭形秽,那么当他看到金星和水星这些行星上的低等物种远远低于人这个物种时,人就又会感到满意和欣慰。为了支持自己的这一立场,康德援引了蒲柏的诗词作为背书:

最近,上面的生物都在看,

我们这里的一位凡人,

所做的事情实在离奇。

他们感到惊异,这个人居然发现了自然规律。

这种事情居然有可能让一个地球上的造物作出。

他们看待我们的牛顿,就如同我们看待一只猴子。②

牛顿是蒲柏所处那个时代的伟大天才,至今仍然是最伟大的物理学家之一,但他在人之外的高级生物眼中竟然与猴子无异。康德之所以不反对蒲柏的这一观点,无疑与他在此期间对人的根本理解密切相关。对康德而言,人并没有自我期许的那么高尚,关于人的所谓万物之灵的古老看法显然有失准确,因为本质上看人与其他生物没有大的差别。康德曾在文中引用一位讽刺家讲的故事将人与生活在乞丐头顶上的虱子加以类比:这些虱

---

① [德]康德:《康德著作全集》第1卷,李秋零译,北京:中国人民大学出版社,2003年,第327页。
② 蒲柏的这一诗句,见康德:《康德著作全集》第1卷,第335页。

子把它们长期生活的处所当作一个硕大无比的星球,而且把自己看作造化的杰作;后来,一个聪明的虱子在另外一个贵族的头上安了家,它发现那里还住着别的物种,直到这时它们才发现虱子不是自然界的唯一生物。康德认为,虱子的处境"无论是就其生活方式还是就其微贱来说都很能表现大多数人的性状,所以能够很好地用来进行这样一种比较"①。人和虱子一样,按照它自己的想象,自然界是极为看重它的生存的,而事实上它们并不是造化的目的,因为"无限的造化以同样的必然性包含着它那无穷无尽的财富所创造的一切物种。从能思维的存在物中最高贵的品级直到最受轻蔑的昆虫,没有一个环节是无关紧要的,没有一个环节可以缺少,否则就会由此损害在联系中呈现出来的整体的美"②。据此不难看出,前批判哲学时期的康德显然并没有赋予人本身以过高的期待,宇宙中的人说到底只是造化的一环,而造化的目的在于自然本身,与人无关。

平实而言,康德在此无疑把蒲柏《人论》中有关"存在巨链"的思想发挥到了极致,以至于他竟然得出了与《圣经》教义完全相反的结论。我们知道,在《圣经》的《创世纪》中,上帝在创造诸多生物以后按照自己的样式造了人,并且让人来管理海里的鱼、空中的鸟、地上的牲畜以及所有的爬行的昆虫等生物。可以想见,上帝是以自己的样式造的人,人很难说不尊贵,但在康德与蒲柏这里人显然并没有什么特别之处,几乎与低微的东西没有区别,人的精神和理性的高贵并没有给人带来出类拔萃的荣耀。现在需要追问的是,为什么会这样呢?康德为什么要如此贬低人的地位与价值呢?对于这一点,康德并非没有说明,在他看来我们只要研究一下人类之所以处于这种卑贱状态的原因,就会发现,这是因为人的精神被其粗糙的物质拘囿所致。换句话说,由于人的精神受到了物质的束缚,致使人的理性在对抗外在的干扰时陷入困境状态。用康德自己的话说:"人的思维能力的迟钝,是依赖于一种粗糙的、不灵活的物质的结果,它不仅是罪恶的根源,而且也是错误的渊薮。要拨开混乱概念的迷雾,要把借助观念的比较产生的一般认识与感性印象区分开来,是有困难的。"③康德的立场非常明确,人之所以不能被视为万物之灵,在于其精神或理性的生发受到了粗糙的物质(Grobheit der Materie)的限制,正是这一限制使得人堕入了存在巨链的中间状态:它虽不是最低劣的物种,但也远不是造化的最终目的。康德关于人的精神依赖物质的这一说法,在某种意义上,不仅将其与圣经创世说区别开来,还将其与笛卡尔的物质精神二元论的立场做了区分。而康德之所以主张物质决定精神,根本上来说又与他

---

① [德]康德:《康德著作全集》第1卷,李秋零译,北京:中国人民大学出版社,2003年,第329页。
② 同上书,第329-330页。
③ 同上书,第332页。

关于地球与太阳的距离的看法密不可分。

康德明确指出,虽然人的精神机能深受与它密切相关的粗糙物质的阻碍与限制,然而更值得注意的是,进一步的研究将会发现,物质的这种特殊情况又与太阳发出的热量大有关系。因此,与其说是物质决定了人的精神性状,不如说是太阳的热量决定了人的精神性状,而热量的传递又和各天体与太阳之间的距离存在莫大关系:地球上的居民的身体物质之所以与金星上的居民不同,就在于他们和太阳的距离之相应的受热程度不同相关。整体来看:"不同的行星离太阳越远,形成其居民乃至动物和植物的材料就必定越是轻盈、越是精细,纤维的弹性连同其肌体的优越配置就越是完善……根据这一规则,他们的居处离太阳越近,他们就越优秀、越完美。"①相对于太阳系的其他行星,由于地球恰好处于中间位置,所有地球上的人也自然只能是各物种的中间物,就这一点来说它不可能是自然的或造化的终极目的,毕竟在它之上还有更高级的天使、灵神等物种,即使我们现在无法证实它们的存在。在这一点上,康德与蒲柏的看法无疑具有高度的相似性。

行文至此,我们已经看到,康德前批判哲学时期关于人的看法,与其批判哲学时期的"人是目的"这一立场明显不同。之所以如此,其中的原因亦不复杂,因为此时的康德较为服膺牛顿的学说,这一点我们可以从《一般自然史与天体理论》的全名即"一般自然史与天体理论或根据牛顿定理试论整个世界大厦的状态和力学起源"可见一斑。十分明显,康德此时尝试用牛顿的力学原理来解释宇宙中的各种议题,②对人这一精神的存在物来说,归根结底其精神的存在需要物质来加以说明,而物质又需由热量或其所在的星体与太阳的关系远近而定。在这里,康德明显是由机械论的立场来理解人的,因为由其论证的路径来看,他相信"归根结底精神存在物对它们亲身与之结合的物质有一种必然的依赖"③。当然即便如此,我们不能由此推导出康德对整个宇宙的理解就是唯物论的,事实并非如此。恰恰相反,康德是想由宇宙的合规律性推出上帝的存在这一神学目的,因为自然的合规律性这一点就已揭示了其背后的终极根据即上帝的存在,正是上帝确保了宇宙的井然秩序与完美运行,关于这一点康德在《证明上帝存在唯一可能的证据》中给予了翔实论证。

四、结语

上面已经指出,蒲柏的《人论》其实是献给其友人博林布鲁克的,不过需要提示的一

---

① [德]康德:《康德著作全集》第1卷,李秋零译,北京:中国人民大学出版社,2003年,第334页。
② 康德即使在前批判哲学时期对牛顿的思想,也不是亦步亦趋的,两者区别很大,见 Eric Watkins, "The early Kant's (anti-) Newtonianism", *Studies in History and Philosophy of Science*, vol.44, no.3, 2013, pp.429-433。
③ [德]康德:《康德著作全集》第1卷,李秋零译,北京:中国人民大学出版社,2003年,第339页。

点是,蒲柏这部诗歌的主要观点其实是来自他这位友人的《片语》(Fragments)与《散文选》(Minutes of Essays)①,而博林布鲁克的理论则又与盛行于18世纪学术界的"存在巨链"这一思潮脱不了关系。按照亚瑟·洛夫乔伊(Arthur Lovejoy)的研究,"存在巨链"之于18世纪欧洲思想界的作用无异于"进化论"之于19世纪学术界的影响。② 由此不难看出,当时这一思潮的风靡现状。那么,事实既然如此,我们为什么说是蒲柏,而不说是博林布鲁克或导源于柏拉图的"存在巨链"影响了18世纪的康德的思想呢?毕竟从根本上来说,蒲柏《人论》中的许多理论并不是他个人的原创思想,而是出自博林布鲁克甚至可以上溯到柏拉图。其实,这个质疑不难回应,同样是走向马克思,我们具体是通过阅读普列汉诺夫还是恩格斯来切入的,毕竟是有所差别的。对康德而言,亦是如此,我们之所以说是蒲柏影响了他18世纪50年代的思想,主要指的是蒲柏由"存在巨链"导出的"存在的即是合理的"这一乐观主义思想对康德的影响,而康德为了应对科学院的有奖征文必然在此期间阅读了蒲柏诸多的作品,这一点不难从康德关于乐观主义的反思以及《一般自然史与天体理论》中找到诸多证据。与此相对,康德在其批判哲学时期,尤其是他在《实践理性批判》这一著作中关于"自爱原则"(Prinzip der Selbstliebe)与"实践法则"(praktische Gesetze)的分梳③,与蒲柏在《人论》第二封信札中关于人性中的自爱与理性的分析,具有极大的相似性,但由于1755年11月1日里斯本地震之后,康德走出了蒲柏之乐观主义神正论的影响;与此同时,我们也没有具体的材料佐证康德此时就是因为阅读了蒲柏之后才产生那些思想的,因此,这里若再将康德的道德哲学与蒲柏人性中的两大原则强加比附,定然有失妥当。总体而言,鉴于康德的哲学运思和写作是一个漫长的过程,我们在把握其某一方面思想的时候,需要秉持孟子所说的"知人论世"的态度,才不会错失太远。

On Pope's Influence on Kant from *An Essay on Man*

MA Biao

【Abstract】As the most accomplished poet in the British epic, that how Pope influenced Kant has been

① Arthur O. Lovejoy, *The Great Chain of Being: A Study of the History of an Idea*, Cambridge: Harvard University Press, 1936, pp.188-189.
② Ibid., p.184.
③ [德]康德:《实践理性批判》,李秋零译,北京:中国人民大学出版社,2010年,第20-25页。

rarely discussed by scholars. Obviously, this is a very strange phenomenon. In fact, Pope's role in Kant was great especially in the 1750s. Kant's viewpoint of optimism on theodicy, and his claim about the position of man in the universe, is almost all related to Pope's *An Essay on Man*. The reason why Kant read *An Essay on Man* at this time is closely related to the 1753 when Pope's "whatever is, is right" quoted by Prussian Academy as the title of essay. Although Kant did not submit the paper, an influence of Pope on Kant can be seen in his reflective manuscript. Pope admittedly is not the most prominent one among many thinkers who influence Kant's philosophy, but it is difficult to make a comprehensive and systematic understanding of Kant's philosophy, in the case of ignoring Pope's role completely.

【**Keywords**】 Kant, Pope, Optimism, Great Chain of Being

价值判断与道德判断

陈家琪①

【摘要】 黑格尔在《逻辑学》的"概念论"中讨论"判断","下判断"就是"规定概念",而"概念"是规定什么呢? 黑格尔强调了"概念"是"生命的原则",体现了一种实体之生命的自身造化的形式,是把实体自身内在所隐含、所潜伏着的"内容"在实现自身的过程中都展现出来,因而概念的运动就是自身实体生命的"实现",因而"概念"也是"自由的原则"。在这样的实体形而上学视野下,"下判断"这种主观的思维形式,所表达的就是主观的"识见",而是与生命自由实现的"环节"相关,因而有其"客观性"。但不同的生命实现之"环节"作为自由生命的实现进程中呈现出来的"状态",使得"判断"有的是"价值判断"或"道德判断",侧重于鉴于生命之自由理念之"应然",有的判断鉴于生命实现之"环节"的"实然"。但这篇短论的重点却不是讨论黑格尔的判断理论,而是从黑格尔的判断论引出了对"元伦理"中"道德错论"的讨论,尤其是讨论了其中的"道德投射主义"。因而,这篇短论至少让人感受到,对元伦理学中的"道德投射主义",如果从黑格尔主义的判断理论因而是从形而上学的生命原则和自由原则出发,会作出何种回应。

【关键词】 道德判断,生命原则,道德错误论,道德投射主义

一

黑格尔是在《小逻辑》的"概念论"中讲到"判断"问题的。他的大意是这样的:哲学是一种概念性的认识,概念论基本上是哲学唯心论的观念。他强调了为什么说概念是自由的原则,因为概念本身就是生命的原则,它体现了一种创造性的形式,即把自身所隐含、所

---

① 作者简介:陈家琪,同济大学哲学系教授,博士生导师,研究重点为西方哲学史、政治哲学、法哲学、伦理学。

潜伏着的内容在实现自身的过程中都展现出来。所以概念的运动就是发展，就是展现，就是实现；如果只把概念看作"形式"，只讲形式逻辑，就理解不了概念为什么是活生生的精神。

那么"判断"又是什么呢？判断就是对概念的各环节予以区别，然后再把区别开来的环节连接起来。"下判断，就是规定概念"。规定，主要就是主词、谓词和系词之间的关系。系词"是"标明主词就是谓词，也就是说概念的普遍性就是它的特殊性。比如当我们说"上帝是精神"时，或者说"天就是天道、天理"时，还可以接着问"精神是什么""天道、天理是什么"，总之就是要给原初词（上帝或天）以规定，通过规定使其特殊化，并用一个"是"来说明对其的规定性、特殊化就是原初的普遍性。事物的运动、发展就是一个不断通过规定性、特殊化来实现自身所具有的原初的普遍性的过程。所以概念就是自由，就是生命，就是运动、发展和实现。这一观念背后所必然导致的历史发展的客观规律性及目的性，我们权且不去评论它的是非功过，我在本文中所关注的只是它对"客观性"或"对象性"的强调，因为这与我们所要讨论的价值判断与道德判断是否也具有这样的客观性有关。

马克斯·韦伯曾要求我们应该把事实判断与价值判断区分开来，他所说的"价值中立"是指社会科学（严格来说应该是人文学科）工作者在对自然与社会现象的观察、探索和解释过程中，只陈述事实，而摒弃价值判断和个人的好恶，采取一种"不偏不倚"的态度，因而在社会科学研究中只管真假，而与对错、好恶无关。但我们发现这其实很难，或根本做不到。比如我们今天如何描述俄乌战争？如何记述哈以冲突的起源、发展和现状？我们到底如何才能做到"不偏不倚"的态度？只要我们看一下所有国内外有关这些事件的报道，尽管都似乎在"只管真假，而与对错、好恶无关"，其实所有报道的价值立场就会同时体现在描述事实的文字中。因为对文字必须有选择，而选择其实就指的是个人立场或情感上的选择，而且认为这种选择本身就是认"真"的。大家也都知道，所谓"不偏不倚"只是一种理论上的说法，只要对任何具体事宜进行"事实上的描述"（且不论实际的行为），就都会标明作者政治或道德上的立场与观念。这实际上也规定着言论自由的边界。

黑格尔认为真假、对错都是对象自身所具有的，而不能成为个人立场与情感上的选择。他喜欢举的例子如"这朵玫瑰花是红的"，"这幅画很美"，其实就不仅仅只是"事实上的判断"，也不仅仅只关涉真假问题。且不论"美不美"是个太复杂的问题，免不了与个人的美感或审美经验有关，就以"红"而言，还有深红、浅红之别，而且"红"这个字本身在历史长河中就已经具有了某种隐喻的意义，就与"白""黄""绿""蓝"一样，已经不再只是

"事实上的色彩"。就是"事实上的色彩",科学家们在显微镜下看到的色彩也和我们肉眼所看到的不一样。更何况俄乌战争、围绕以色列问题的中东战局。一百个人眼中有一百个哈姆雷特,哪一个是只讲"真假"的哈姆雷特或只与"真假"相关的莎士比亚? 对这些问题,英国思想家麦凯(Mackie)在他的《伦理学:发明对与错》中已有详尽论述。书的具体内容这里就不多说了,后面还要具体讨论。引起我们注意的,倒是"发明"与"发现"之别。"对与错"就伦理学中的道德判断而言是被"发明"出来的,那么在价值判断中的"真与假"呢? 英语中的"价值"(value)更多被用于"价格""估价",也就是说,它涉及的是对"对象"(客体)到底有无价值(值多少钱)的一种评估。比如金银铜铁锡钛镍锰这些矿产的价值,就是被我们逐渐发现的,还有我们身边的许多人,也许一开始并未注意,但渐渐地,我们就会在他或她身上发现以前所未发现的许多价值,就与一件古董或古代藏品的价值也是日渐被人们所发现的一样。我们对这些被发现的价值几乎不能做"道德评价";而且,我们也几乎无法排除这里面确实有真假之别。

二

瑞典思想家约纳斯·奥尔松(Jonas Olson,同时在牛津大学、圣安德鲁斯大学、蒙特利尔等大学兼职)在《道德错误论:历史、批判、辩护》(*Moral Error Theory*)[①]中主要讨论的就是麦凯的《伦理学:发明对与错》,同时也讨论了休谟、罗素、维特根斯坦等这些我们都比较熟悉的一些哲学家们大体一致的一个观念。这种观念认为,道德只是人内在情感的外在投射,他称之为"道德投射主义"(moral projectivism)。道德判断总是包含着事实和对事实的道德属性这两个方面的认知。所谓"道德错误论"就是指误把自己的好恶情感体验当成了对独立于人的外部事物的认知。尽管我的好恶情感投射到了外部事物(事实)上,但这并不一定就表达了我的道德观念,这属于"温和的道德错误论",如果认为我的情感体验就是道德事实和道德标准,那就是"标准的道德错误论"。前者还承认情感体验是一种非认知的判断,后者则断定任何对情感体验的道德判断均为假。小的如"踢狗""吐痰",大的如"折磨""谋杀"。休谟说,只要我们只单纯地就事论事,是无法做出道德判断的,"直到他转向他自己心中的反思以及发现在他心中涌起的对这一行为的厌恶的一种情感时",他才可能说这些事实都是恶。所以"对休谟而言,基本的元伦理学主张就是:道德是一种关于情感的事物,我们如何用语言来口头表达这种情感是一件很偶然的事

---

① [瑞典]约纳斯·奥尔松:《道德错误论:历史、批判、辩护》,周奕李译,南京:译林出版社,2022 年。

情"①。而且,道德赞赏和厌恶的情感部分是因为,只有当我们将自己置于公正的、同情的旁观者位置时,我们才会具有这样一些情感。于是,我们就看到尼采认为道德只是劣等人群的发明(他针对的是基督教);马克思认为道德有阶级性,现有的道德观念大都体现的是资产阶级道德的虚伪性;罗素说,当我们使用谓词"好""好的"时,认为这是这个事物所具有的属性,而且独立于我们的心智,其实,"好"或"好的"只是我们对其正面的认可情感的相似性的表达。维特根斯坦则认为类似的道德判断毫无意义,比如当我们说"幸福是好的"时,"幸福"是否存在?这其实才是真正的问题。我们说"张三是好人","这是一瓶好酒",只表明它符合或相对满足了自己所预先设定的某种标准。而这些标准,本质上来说都具有某种"古怪性"(queerness)的特征,就如有些人认为吃了猪肉、狗肉就会怎么怎么样一样。当然,也包括各种繁复的宗教仪式在内,其实都具有某种"古怪性"。

"道德投射主义"的基本观念就是:第一,我们将道德的不正当性视为世界的某种客观特征;第二,我们对这种误以为的客观属性有了某种情感体验,比如讨厌、恶心等,于是就有了不认可、不喜欢的态度;第三,但这种不喜欢、不认可的态度并不是客观存在的东西,当我们说它们在道德上是不正当的时,其实是误判了事物或世界。最低限度的道德投射主义就是把个人心理上的不喜欢、不认可说成是外部事物自身所具有的属性,把内在的情感体验说成是独立于个人心情、好恶的感知(休谟喜欢用"印象"这个词)。当我们看见插在水杯中的筷子弯折时,只要拿出来,我们就会"发现"并承认它们其实没有折断;但当我们厌恶一些人随地吐痰、在公众场合大声说话,或用脚踢狗、虐待动物时,我们能让他们"发现"并承认自己是不正当的吗?当我们在"真假"之外"发明"出了"对错"之后,"对错"就越来越变得比"真假"更重要;而且,温和的道德投射者们还会承认事实判断与道德判断的区分(甚至如我这篇文章一样把价值判断与道德判断也区分开来),而标准的道德投射者们则会坚持认为道德判断的非认知性,不承认道德判断有"真假""正当不正当"的问题。

总之,对道德错误论者来说,如休谟所言,美德与邪恶不是物体的特质,只是我们头脑中的感知(印象)。美德只是我们个人特殊的一种满足感,比如扶危济困、仗义执言,客观上帮助了别人,之所以被称为美德,是因为它其实更重要的是满足了自身情感上的需要。

亚当·斯密在《道德情操论》中是承认道德的客观实在性的,但他同时认为,如果我们不大声疾呼,人们就看不到或意识不到这种道德的客观实在性。这种大声疾呼,其实就

---

① [瑞典]约纳斯·奥尔松:《道德错误论:历史、批判、辩护》,周奕李译,南京:译林出版社,第34页。

是一种启蒙。但当休谟告诉我们,这种疾呼的目的是为了唤醒我们头脑中的某种感知能力,或能带给我们一种助人为乐的自我满足感时,又何尝不也是一种启蒙?

反正,正如霍布斯所言,理性而又自利的人类为了走出"丛林法则",结束人与人之间的战争状态,就不得不"发明"一整套的道德体系,为的是确立上下尊卑的道德秩序,使人类有所遵守,有所约束。前不久我去浙江桐庐,看了重修的"孝义荻浦"的牌坊,还有给"渌渚周雄"所修的纪念馆,据说全国许多地方都有给周雄所修建的"周公庙",就是为了弘扬他身上所体现出来的"忠孝"二字。而如此宣扬的结果,就是希望这些地方均表现得民风淳朴,孝义成俗,社会稳定,买卖公平,是大家都想生活的地方。

三

道德错误论,然后呢?

奥尔松在他的《道德错误论》一书的最后,用不多的篇幅专门讨论了"如果我们承认了道德错误论",承认了"道德投射主义",那么然后呢?

然后就会导致"道德废除主义"或"道德虚构主义"吗? 人们就会说:好吧,我们承认那些道德词汇都是人们"发明"出来的,也承认道德并非客观事物的属性,而是表达因我们的喜好而加上去的附加物,那么又怎么样呢? 难道我们就不能"假装"它们就是客观的,也包括假装承认有上帝存在,承认"人做什么,老天都看在眼里",这样不就会让一切都变得更好一些吗?

无论道德废除主义还是道德虚构主义都是不行的。因为它只会使人变得更心口不一,虚伪变态。奥尔松说,我们在生活中最怕的,就是:第一,因为"折磨人是不正当的"这只是人类的一个发明,客观上并不存在对不对的问题,于是就放肆折磨人;而结果,这种折磨说不定哪一天就会落到自己头上。第二,把道德词汇当成了必须抢占的道德高地,于是使自己俨然成为道德的客观化身,有了对一切人和事进行道德评价的资本。马克思曾在《道德化的批判与批判化的道德》中说,这种对道德高地的抢占,就是唐·吉诃德与桑科的合为一体,是"卤莽式的愤怒,愤怒式的卤莽;庸夫俗子以自己的道德高尚而自鸣得意"。①

奥尔松认为,他是支持"道德保留主义"的,其实全部理由也是同一个休谟给出的。第一,习惯是改造人的头脑并植入一种良好性情的有力手段。人必须有自己对美好生活

---

① 马克思,恩格斯:《马克思恩格斯选集》第一卷,北京:人民出版社,1972年,第163页。

的向往,并尝试着努力去过一种自己想过的生活,这样一来,人就会习惯于这种自己想过的生活。比如相信上帝存在,你就真的去相信,不是假装,也不是为了某种图利,只是觉得这是自己所想过的一种生活。那么你就会过上自己所愿意的生活。第二,我们一定要把人际的事与个人的事区分开来。在人际中,发现人与事的独特价值和遵循前人所发明出来的道德观念都是不可或缺的。当然,无论是价值的判断还是道德判断,都首先要求概念的清晰;而概念的清晰度又是通过不断地判断(规定、特殊化、具体化)体现出来的。比如,道德断言在生活中之所以离不了,尽管都无法证实,但都是可以从其概念中推导出来的,如从"财产"中推导出财产法,从对"教育"这一概念的理解中推导出教育的目的、手段等。任何清晰的道德断言都具有某种命令性,如"偷窃是不道德的",它是就偷窃这一事实判断的清晰、明确而言的,它的反面就是"人是可以偷窃的",那么你自己就很可能成为被偷窃的对象。第三,人际的事要求个人具有某种自我控制力,这种控制力的养成离不了人际的道德交流,其中就包括"道德错误论"的各种观点,只有这样,人才有自我选择的意识。说到底,人有自我选择的能力,或者说人有自由意志,这种能力是在政治与道德、公共空间与私人关系、外在约束与自我控制的对立与冲突中体现出来的。"道德保留主义"的意图就是让传统、习俗、人际的约束与自我控制结合起来,培养自己的性情,发现别人的价值,使自己能过上一种自己所喜欢、所愿意过的生活。

Value Judgments and Moral Judgments

CHEN Jiaqi

【Abstract】 Hegel discusses "judgment" in the "Concept Theory" of "Logic", "make a judgment" is to "define a concept", and what does "concept" prescribe? Hegel emphasized that "concept" is the "principle of life", reflecting a form of the self-creation of the entity's life, showing all the "content" hidden and latent in the entity itself in the process of realizing itself. Therefore, the movement of the concept is the "realization" of the life of the entity itself, and therefore the "concept" is also the "principle of freedom". In such a metaphysical perspective of entity, the subjective thinking form of "sub-judgment" expresses subjective "knowledge" and is related to the "link" of the realization of life freedom, so it has its "objectivity". However, the different "links" of life realization as the "states" presented in the process of the realization of free life make some judgments "value judgments" or "moral judgments", focusing on judging "according to the freedom concept" of life, and some judgments judge according to the "actual" of the realization of life. But the focus of this short essay is not to discuss Hegel's theory of judgment, but to lead to the discussion of "moral error theory" in "metaethics" from Hegel's theory of judgment, especially the discussion of "moral projectionism". Therefore, at least this short essay makes people feel that, if we start from Hegel's theory of judgment and thus from the metaphysical principles of life and freedom, what kind of response will be made to the "moral projectionism" in metaethics.

【Keywords】 Moral Judgment, Principle of Life, Moral Error Theory, Moral Projectionism

"修昔底德无陷阱"

——论黑格尔国际法思想及其逻辑基础①

王思远②

【摘要】 黑格尔的国际法思想并非是其法哲学收官之际的续貂之作,而是诸个体国家作为客观精神通过现实性的世界历史回复绝对精神的必然性环节。黑格尔的国际法涉及两个完整的逻辑推论,前者指涉了由"抽象法、道德(法)与伦理(法)"构成的伦理法权,后者指涉了"国家法、国际法与世界历史(法)"构成的精神法权。因此,要全面考察国际法思想,须从国家理念的逻辑结构入手。黑格尔早期的国际法思想局限在主权国家之间战争层面的论述,战争作为伦理法权的否定性力量出场,但是通往绝对精神的路径还被限定在艺术、宗教与哲学之中。直到全书体系的形成,黑格尔才通过象征主权国家的诸民族精神勾画了世界精神显现的辩证图景,精神法权的逻辑结构得以合理地建立。其中,战争成为赋予国际法主体获得平等规定的精神推动,因此,"永久和平"在黑格尔国际法思想中不是一个"应当"的理念,而是自由精神认知自身并解放自身的运动过程。

【关键词】 修昔底德,黑格尔,国际法,逻辑,精神

一、引言

自从艾利森(Graham Allison)提出了"修昔底德陷阱"(Thucydides's Trap)这一概念,③此概念一度成为当今国际关系中现实主义学派的金科玉律。与之相关的,黑格尔在

---

① 本文是国家社科基金青年项目"青年马克思的自我异化理论研究"(项目编号:22CZX004)阶段性研究成果。

② 作者简介:王思远,法学博士,中共大庆市委党校(大庆市行政学院)哲学教研室副教授,主要研究方向为黑格尔法哲学、教化哲学。

③ 该说法源自古希腊历史学家修昔底德对于伯罗奔尼撒战争的结论,即一个新兴的强国势必要挑战现存之强国,而后者也必然会回应这种威胁,这导致国家间的冲突与战争变得不可避免。因此,修昔底德可以被视作国际法中现实主义的古典代表,尽管他并未提供现代系统科学的方法论。见 Micheal T. Clark, Realism Ancient and Modern: Thucydides and International Relations, *Political Science and Politics*, Vol. 26, 1993, pp.491–494.

历史哲学开篇中提出,修昔底德所代表的历史研究方式是"原始的历史学"①,该方式致力于将特定民族在特定时代进行的事件与社会状况转换为观念作品。在当代国际法的讨论中,黑格尔较少被提及,与国际法在其法哲学研究的边缘状况较为相似。即便偶有提及,黑格尔也通常被视为波普尔(Karl Popper)标榜的"开放社会之敌"或者作为反对康德"永久和平论"的"好战分子"的负面形象,从而被刻画成为一个狭隘的民族主义者或者现实的霍布斯主义者,似乎黑格尔只关注国家主义和国家主权的主题,从不染指全球正义与永久和平的主题。即便是那些甘愿为黑格尔辩护的信徒们,譬如泰勒(Charles Taylor)、韦斯特法尔(Merold Westphal),也都声称黑格尔的民族国家理论促使他拒绝一种国际主义。直到 20 世纪末,随着伊尔廷(Karl-Heinz Ilting)、阿维纳瑞(Shlomo Avineri)、史密斯(Steven Smith)以及佩佩尔扎克(Adriaan Peperzak)等学者的开拓,黑格尔国际法思想才借由他的国家学说得以考察。其中最具代表性的作品当属希克斯(Steven Hicks)的研究,他致力于将黑格尔塑造成为一个基于民族"伦理共同体"的国际主义者,②并试图重新诠释一个具有"永久和平"内涵的黑格尔。但本文旨在说明,除非挖掘出作为逻辑科学的思想坐标系,否则黑格尔的法哲学包括国际法在内的实质内容将被长期误读。尽管通过政治哲学或者社会学对黑格尔法哲学的时代解读貌似与时俱进,但那些诠释似乎遗忘了这位辩证法大师最为强调的逻辑基础,下文将结合黑格尔逻辑学的推论结构加以揭橥他的国际法思想的内在根据。

笔者认为,黑格尔的国际法思想并不局限于正义、人权、和平等国际关系等诸多政治哲学的相关论题,也并非排斥一种"永久和平"的哲学理念,反之,黑格尔乃是站在自由精神这一立场为后世提供了关于国家作为逻辑科学的独特认知。得益于亨利希(Dieter Henrich)与沃尔夫(Michael Wolff)的开创性工作,从而使得我们开始重视黑格尔的逻辑学在其自由理念建构中的奠基性作用,作为"应用逻辑"的实践哲学最终还要返回逻辑精神

---

① 黑格尔将历史哲学研究方式划分为原始历史学、反思的历史学以及哲学的历史学三种。GW18,S.122。

② 与之相应,罗尔斯(John Rawls)与伍德(Allen Wood)也将黑格尔划属到自由主义传统阵营。在此基础上,威廉姆斯(Robert Williams)以及卡帕尔迪(Nicholas Capaldi)将伦理中的承认以及共同体的讨论引入黑格尔的国家法思想之中,相关背景讨论详见 Steven V. Hicks, "Hegel on Cosmopolitanism, International Relations, and the Challenges of Globalization", Buchwalter ed., Hegel and Global Justice, *Studies in Global Justice* 10, pp.21－23。

的基地重新定义自身。① 虽然这一点已达成共识,②但是就目前国内外研究状况而言并不乐观。值得欣慰的是,近来这项艰巨工作由科维纲(Jean-François Kervégan)与菲威格(Klaus Vieweg)等学者做出了实质性的推进,前者从哲学全书体系的高度将黑格尔法哲学阐释为自由理念的现实展开,后者运用推论将黑格尔法哲学中伦理国家分化为一个有机的推论系统,并大胆地推演了一个主张"共和主义"的黑格尔。③

本文将试图挑战关于黑格尔国际法思想的普遍观点及对其的误解,并提出一个重塑自由精神法权的黑格尔的说明。首先,黑格尔的早期国际法思想受承于中世纪基督教的国际法,并实现了由基督教共同体向主权国家的国际法主体身份的嬗变,其中,战争作为平等主权者之间关系的本质规定而出现;其次,黑格尔在耶拿时期初步描绘出了以法权人格与主权国家构成的个体性法权体系的全貌,战争成为伦理本质的自否定力量而出现,国际法思想在这一时期以国家间的战争或者精神自为的个体性加以呈现,世界历史(法)还并未依据自身提供"天梯"直通绝对精神;最后,全书体系(1817)建立后,黑格尔将国际法视为个别性的主权国家,即民族精神由客观精神向绝对精神的过渡环节,在世界历史(法)作为普遍性精神的规定下,国际法作为诸民族精神交互形成的特殊性环节才能获得精神性的定位。

---

① 沃尔夫将黑格尔法哲学视为国家科学的有机体,并运用三种推论(E-B-A,A-E-B,B-A-E)阐释了有机体中整体与部分的因果性联系。亨利希则特别指出反映推论(A-E-B)的重要性,因为个体(A-E-B)作为中项在此推论中开始成为特殊性中项(E-B-A)与普遍性中项(B-A-E)的逻辑链条。此外,他开始将逻辑学(§198)与全书体系(§342补充)中的推论结构与法哲学的国家有机体相比较。详见 Michael Wolff,"Hegels staatstheoretischer Organizismus:Zum Begriff und zur Methode der Hegelschen Staatswissenschaft",Hegel-Studien 19(1985),S.166 - 167;Dieter Henrich,"Hegels Grundoperation:Eine Einleitung in die Wissenschat der Logik",in hrsg von Ute Guzzoni,Bernhard Rang&Ludwig Siep,Der Idealismus und seine Gegenwart,Hamburg,1976,S.230。下文涉及推论的论述中,采取 E 代表"个别性",B 代表"特殊性",A 代表"普遍性",每一组推论采取序号 1,2,3 加以区分。
② 富尔达指出,对法哲学的逻辑考察与黑格尔提出的要求相距甚远;基默勒强调,逻辑是黑格尔体系哲学的基础,同时也构成了自然与人类社会的本体规定;耶施克认为,黑格尔的法哲学作为客观精神应当从哲学全书体系当中获得科学的理解;皮平强调处理黑格尔实践哲学不能忽略他的逻辑系统,特别是理念、概念以及现实性之间的关系。见 Hans Fulda,G.W.F.Hegel,München:Verlag C.H.Beck,2003,S.197;Heinz Kimmerle,"Hegels'Wissenschaft der Logik'als Grundlegung seines Systems der Philosophie. Über das Verhältnis von'Logik'und'Realphilosophie'",in hrsg von Wilhelm Raimund Beyer,Die Logik des Wissens und das Problem der Erziehung:Nürnberger Hegel-Tage 1981,Hamburg:Felix Meiner Verlag,1982,S.56;Walter Jaeschke,Hegel Handbuch:Leben-Werk-Schule,3. Auflage,Stuttgart:J.B.Metzler Verlag,2016,S.342 - 343;Robert Pippin,*Hegel's Practical Philosophy:Rational Agency as Ethical Life*,Cambridge University Press,2008,pp.7 - 8。
③ Klaus Vieweg,"The State as a System of Three Syllogisms:Hegel's Notion of the State and Its Logical Foundations",Thom Brooks,Sebastian Stein eds.,*Hegel's Political Philosophy:On the Normative Significance of Method and System*,Oxford University Press,2017,pp.124 - 141.

二、神法的退场与国家法的兴起

中世纪基督教的欧洲国际法具有奠基性的作用,国际法思想是欧洲国际公法进入近代(16—20 世纪)以来的产物,它脱胎于中世纪恺撒统治与教皇统治的空间秩序,萌发于欧洲诸主权国家的建立。鉴于国际法是近代早期政治哲学与道德哲学的一个分支,在它与罗马主义和教会主义的共同法(jus commune)交锋时,哲学开始大显身手。在近代哲学中,康德是首位率先运用思维系统全面考察国际法思想的哲学家,黑格尔则追随康德形成了以独立的主权国家与强力的普遍秩序观念并存的观念论体系。

16 世纪末到 17 世纪中叶以降,欧洲的主权国家逐渐接管教宗在国际法中的属灵权利(potestas spritualis),基督教会的政治职能让渡给新兴的警察与政治制度,王权逐渐向主权国家转换,这些国家性的变化促使对万国法作为一个全面的国际法体系获得了更为普遍的理解。马基雅维利(Niccolò Machiavelli)、博丹(Johanes Bodinus)以及霍布斯(Thomas Hobbes)等进行了大量的早期国家法研究,但是,国际法在他们的国家学研究中并未得到真正重视。另一方面,维多利亚(Francisco Victoria)、真提利(Albericus Gentili)、格劳修斯(Hugo Grotius)与普芬道夫(Samuel Pufendorf)等从"正义战争""正当敌人"等欧洲公法的核心概念的争辩中消解了封建法与神法的传统规范,战争进而获具了新的"正当"(主权国家)的理性内涵。随着 17 世纪末主权国家的日益崛起,战争逐渐成为一种纯粹的国家间关系并被纳入更为丰富的国际法体系之中。在苏支(Richard Zouche)对万民法的论述中,国际法首次被阐述为一个完整的、自主的法律领域,预示着一个世纪后沃尔夫(Christian Wolff)的《万国公法》(1749)和瓦特尔(Emmerich de Vattel)的《万国法》(1758)等古典国际法的诞生。[①]

因此,国际法的本质规定已经从神法向国家法转换,战争的内涵遂由神权的规定向主权的规定的方向进行探索,主权国家的哲学由此大行其道,主要涉及两个方面。一方面涉及主权国家内部关于公民(Bürger)与臣民(Untertan)的区分,当博丹开启了将城邦公民概念嵌入近代主权国家的语境,霍布斯与普芬道夫运用自然法理论系统化了这一主题,卢梭(Jean-Jacques Rousseau)关于资产者与公民的思考促使康德率先倡导了一种融合政治公

---

① 关于国际法起源的思想史及其与哲学之间的交互关系,见 Peter Haggenmacher, "Avant-Propos", in Stefan Kadelbach, Thomas Kleinlein, David Roth-Isigkeit eds., *Order, and International Law: The Early History of International Legal Thought from Machiavelli to Hegel*, Oxford, 2017, pp.x – xii;关于欧洲主权国家取代中世纪基督教共同体的法权阐释,本文参考了施密特的论述,见 Carl Schmitt, *Der Nomos der Erde im Völkerrecht des Jus Publicum Europaeum*, Berlin: Duncker&Humblot Gmbh, 2011, S.115 – 120。

民的身份与法权秩序的法权国家(Rechtsstaat)。另一方面涉及主权国家在战争中的关系及其理论根据。卢梭提出的"战争是一国与另一国之间的关系"的论断已经昭然若揭,对于战争的认知已经作为平等主权国家之间的关系而出现。康德在《论永久和平》(1795)与《伦理形而上学》(1797)中运用哲学伦理学分析了正当敌人(justus hostis)这一古老的公法概念,①并从"占取"(Landnahme)及其建立的法权体制废弃了"正义战争"(bellum justum)与"正当理由"(justa causa belli)等一系列神法规定,将国际法作为一种"理念中的法权制度"真正融入哲学体系之中。② 康德将世界历史的目标定义视为"一个联盟下建立的一个国际法律秩序"。显然,黑格尔赓续了康德国际法思想的系统性塑造以及在其体系哲学的建立过程中合理性地(现实性)证明,战争不再是局限于军事领域以及政治领域的征服手段,而是逐渐成为法权系统中个体性规定的中介环节。

三、伦理法权的形成及其逻辑结构

国际法思想在黑格尔的早期神学手稿中基本上处于空白状态,这种情况一直持续到法兰克福时期,即便有所论述也只是聚焦在国家间战争的只言片语中。与17世纪末以降的启蒙政治哲学不同,这些哲学致力于通过政治个体(homo politicus)的普遍塑造嫁接起公民社会与万国法(jus gentium)之间的桥梁,但是黑格尔在政治哲学的探索似乎缩小了视野,他更为关注"单一政治共同体"的发展。③ 这绝非偶然,因为在法兰克福末期的基督教批判与耶拿初期对自然法的批判中,黑格尔似乎发现,人类社会历史进化的动力不能仅仅依靠抽象个体的概念演绎而实现体系的整体性,而是同时要将问题聚焦在个体之间以及个体与共同体之间展开的现实性斗争,但黑格尔此时专注的共同体大体局限在"单一民

---

① 《伦理形而上学》(Metaphysik der Sitten)在中文译本中通常被译为《道德形而上学》,然而无论是费希特的《伦理学体系》(Das System der Sittenlehre)还是黑格尔的《伦理体系》(System der Sittlichkeit),显而易见的是对于Sitten(风尚、伦理)的诠释,它们都具有相同的词根。这种理解很大程度归咎于黑格尔对康德伦理学的"误读",特别是将其解读为伦理主观性环节的道德(Moralität)。更为细致的分析参见邓安庆:《论康德的两个伦理学概念》,《伦理学研究》,2019年第4期。

② 对于康德而言,致力于永久和平的国际法是一个无限接近但无法实现的目标,因此"永久和平"具有概念自身的动态逻辑,而这也招致了黑格尔对其"坏无限"的逻辑学批判。见 Benedict Vischer, "Systematicity to Excess: Kant's Conception of the International Legal Order", in Stefan Kadelbach, Thomas Kleinlein, David Roth-Isigkeit eds., *Order, and International Law: The Early History of International Legal Thought from Machiavelli to Hegel*, Oxford, 2017, pp.308 - 313。

③ Sergio Dellavalle, "The Plurality of States and the World Order of Reason On Hegel's Understanding of International Law and Relations System", Stefan Kadelbach, Thomas Kleinlein, David Roth-Isigkeit eds., *Order, and International Law: The Early History of International Legal Thought from Machiavelli to Hegel*, pp.353 - 354.

族国家的范围之内"。① 耶拿时期(1801—1807)的国际法思想侧重诠释了战争是伦理的法权体系更迭的否定性力量,但也在世界精神及其历史的论述中埋下了精神的法权体系的伏笔。

(一) 自然伦理的批判与自由伦理的重塑

《费希特与谢林哲学体系的差异》(1801)将哲学体系视作自由与必然性构成的一个体系。通过对伦理学与自然法的区分,黑格尔强调了"概念与本性(Natur)的统一性必须设定于个人",②其中由法律统治国家,个体理性统摄其伦理义务。《德国法制》(1801/1802)则在法国入侵德国领土的背景下,展开了对神圣罗马帝国中政治与市民社会的分析,这对于其耶拿时期的政治思想产生了重要影响。③ 在"德国不再是一个国家"的主题下,④黑格尔对于完整的近代国家理论的设想正在酝酿之中,民族国家应通过建立法权体系而获具自卫能力的独立主权。一方面,战争发生的场域被界定在主权国家之间。战事能够检验一个国家的健全程度,这是和平时期所无法实现的,因为在战事中能够显示出"所有人与整体之间的联合力量"。⑤ 更进一步,黑格尔批判德国公法的建立原则不是基于国家概念产生的,国家法也不是一种"合乎原则的科学"。⑥ 换言之,国家应该是独立的以及本质上是主权性的,而这种主权国家理论只有当其是现实的,"才意味着国家与法制"。⑦ 另一方面,虽然个体国家内部法权的生产具有正当性,然而在个体国家之间的层面却无法形成更高的法权来制裁它们之间的战争、缔和与结盟等关系。由于国家被视作个体意志的活动以及特殊利益的主体,发生在国家间的古老"敌意"的类型也是无穷无尽的,因此各国发生争端时,各方指控莫衷一是。⑧ 由此,黑格尔认为只有在洞见领域才能把握这种为整体最高利益行动的普遍意志即理智,而这项任务需要由一个现代的忒修斯

---

① 尽管黑格尔的国家可以视为一种伦理性的共同体,但他并没有试图运用共同体的重建来对抗现代国家的原子化与异化状态,这与托尼斯(Ferdinand Tönnies)的观点有所不同。参见 Simon Lumsden, Community in Hegel's Social Philosophy, Hegel Bulletin, Vol41,2017,pp.177–201。

② W2,S.88.

③ 拿破仑于 1803 年、1806 年率领军队两次入侵德国战胜普鲁士进而加速了神圣罗马帝国的崩溃,由其命名的威斯特伐利亚王国预示了黑格尔现代国家概念的雏形,这对理解《精神现象学》中的波拿巴主义至关重要。详见 Colin Tyler, Hegel, War and the Tragedy of Imperialism, in History of European Ideas(30), 2004, pp.405–409。

④ W1,S.461.

⑤ W1,S.462.

⑥ W1,S.468.

⑦ W1,S.470.

⑧ 黑格尔举例道:"每一方都以法权为根据论证自己的活动,而指控另一方损害法权。A 国的法权以归于自己的 a 条法权为根据,它受到了 B 国的损害,而 B 国却硬说自己坚持的是它的 b 条法权,决不能看作在损害 A 的法权……于是陷入互相矛盾的就是那些法权。"W1,S.540。

(Theseus)重塑统一,通过强权确证"国家概念及其洞见的必然性"。① 如此一来,战争开始被视作将民族国家间的普遍教化融入精神世界历史的精神原则之中。

《信仰与知》(1802/1803)批判了康德、雅可比以及费希特代表的反思哲学的主体性,肯定了世界精神通过北方(条顿民族)与新教象征的主观性原则认识到自身的"伟大形式"。②《自然法》(1802/1803)则进一步运用了个体性概念区分了民族(das Volk)伦理的内部与外部体系。其中,战争成为维系民族伦理健康的"防腐剂"。③ 也就是说,战争促使"绝对伦理"概念中诸民族之间的否定性(灭亡)关系成为必然性,因为战争赋予了诸民族实现自由精神的可能性。此外,级次(Potenz)的收拢与扬弃过程跻身绝对伦理的统一生命之中,现代自然法中运用民法的契约性原则(正义)属于凌驾于国家法与国际法的错误方式。黑格尔认为,将道德视为伦理原则以及将契约作为国际法原则的构建原则不仅是级次对自身原则的僭越,还是有限物对"绝对"的窃据。因此,国际法主体的个别性与民事契约的依赖性并不能规定"伦理总体与自由民族之间的关系"。④ 民族伦理的生命是个体性的、自身具有形态的,这种形态孕育了世界精神。但是个体性的形态与绝对精神之间总存在着差异,只有绝对伦理建构起来,民族伦理才能客观地在其形态中直观自身,才能承认抽象形式的否定物,并视其为客观的命运并设定对立加以克服,从而获得"它自身的生命"。⑤

《伦理体系》(1802/1803)描绘了自然伦理通过否定的伦理向绝对伦理的进阶过程。在否定的伦理中,战争赋予了斗争双方"无差别的平等性"(Gleichheit der Indifferenz),即和平,⑥然而这种和平必须在理性总体之中才能得到理解。或者说,个人之间的不法之争需要在合法的整体中获得裁决,这就需要伦理法权的统摄;在绝对的伦理中,斗争的双方已经从家庭个体之争上升为民族个体之争。战争一方面成为个体德行(英勇)的具体规定,另一方面也成为民族国家之间的"荣誉"之战。⑦

① W1,S.580-581.
② W1,S.289.
③ W2,S.482.
④ W2,S.519-520.
⑤ W2,S.530-531.
⑥ GW5,S.323.
⑦ 黑格尔将民族的运动视为政府,并担负起伦理共同体的权能。在伦理体系中,政府被区分为绝对政府与普遍政府,绝对政府实际上指涉了精神法权中的国家精神,普遍政府指涉了伦理法权中的国家制度。前者以后者的生成为前提。因此,我们能够理解为何黑格尔将绝对政府视为理性系统(Systemrationalität)的产物而非人造物,因为它源出于普遍者的自由意志。参见 GW5,S.346;Herbert Schnädelbach,Hegels praktische Philosophie,Suhrkamp,2000,S.70。

在耶拿体系的相关草稿群中,个体性的法权体系得到进一步的扩展,伦理法权与更高的精神法权都得到不同程度的塑造,世界精神作为普遍精神的化身降落到民族国家的精神之中。《耶拿体系草稿 I》(1803/1804)将个人与民族都被进一步纳入精神的法权体系中,精神的本质在于以一种单纯的方式在自身具有无限性,使"对立直接扬弃自身"。① 个体间的承认斗争已经传导至民族之间,作为伦理体系的最高表现。民族精神(Volksgeist)继而成为绝对精神的普遍元素而出现,民族的"伦理事业"是普遍精神的生动存在。② 其中,家庭伦理开始具有精神性整体的内涵,民族精神也成为具有能动性的伦理实体。在《耶拿体系草稿 III》(1805/1806)中,坐标"宪法"的部分首次正面地陈述了黑格尔的国际法思想,与后期法哲学中的思想较为接近。国家被视为民族个体(Volksindividuum)并同样具备普遍存在的权利,它的独立自主与和平是通过主权以及契约完成的,然而国家间这些协议并不具有真正现实性。因此,不能像民事合同那样看待国家间的契约,因为一旦其中一方废除了这些协议,它们就不再具有约束力。为了永久和平而建立的国家总联盟将意味着一个国家的最高地位,和平意味着"单个主权国家的至高无上"。③ 在这部草稿中,战争却不再成为国家间关系的唯一推动力,而是被整合到精神法权体系内的逻辑结构之中,并促使单一伦理共同体的成员认识到伦理统一性的精神概念。

严格来讲,《精神现象学》(1807)的内容并未直面国际法思想,但是凭借潜伏于个体自我意识的世界精神,个体向伦理、宗教以及作为绝对者生成的历史中的位置来参与这种自我意识,它是由逻辑学引导的意识的历史。④ 其中,理性以及精神在世界行程中的不同形式,揭示了个体之间以及个体自我意识与伦理实体之间相互统一的理性与精神的逻辑结构。黑格尔在"自我意识"章提出了精神的历史概念,通过主奴的斗争萌发了个体(奴隶)自我意识的自由,个体自我意识通过主人、斯多亚主义、怀疑主义以及苦恼意识的辩证发展在理性中获得了自身的确定性,因此,世界的"持存"(Bestehen)成为自我意识的真理与实现。⑤ 在"理性"章,理性的自我意识通过其自身的双向运动(伦理世界与道德世界)而实现个体性的普遍性,在个体性的德行与普遍性的世界进程(Weltauf)之间的斗争中获得了现实性,这种现实性通过事情自身在"立法的理性"与"审核法律的理性"的统一

---

① GW6,S.313-314.

② GW6,S.316.

③ GW8,S.274.

④ Otto Pöggeler,"Selbstbewußtsein als Leitfaden der Phänomenologie des Geistes",in hrsg von Dietmar Köhler und Otto Pöggeler,Phänomenologie des Geistes,Berlin:Akademie Verlag GmbH,2006,S.141.

⑤ W3,S.179.

中获得自在自为的实体性。"精神"章则用法权状态扬弃了伦理力量之间的矛盾,个体的历史命运诉说了伦理理念的嬗变,即"借助异化与教化,现代世界被实现了"。① 总而言之,对于伦理构成的法权体系而言,战争作为民族或者国家共同体内部关系的否定力量,不仅在于促进伦理个体认识自我持存的意义,更在于彰显共同体权力的真理性;对于精神构成的法权体系而言,战争则凸显了更高的精神性内涵,它赋予了伦理实体的自由精神与形式,促进了个体的民族伦理获得普遍的世界精神,其前提就是伦理实体必须要获得法权状态的存在。

(二)战争作为伦理法权的否定性规定

大体而言,黑格尔直到纽伦堡时期(1808—1816)还仍采用了城邦政治的伦理范式,即个体与实体的直接同一,这种情况囿于黑格尔对伦理法权的政治性建构,譬如《伦理体系》中普遍政府的划分(需求体系、司法体系与规训体系),这与法哲学时期的市民社会(需求体系、司法与警察)的构成相类似。在《耶拿体系草稿 III》中,黑格尔也运用"个体需求"作为中介实现了个体与普遍体的形式(知性)推论,这种情况在《精神现象学》与纽伦堡时期的手稿中仍然得以延续。② 就是说,市民社会还没有以完全独立分化为家庭与国家之间的中介之根据(ground of mediation)出现,也未完全获具伦理理念的"逻辑性"内涵。③

例如在实践领域内,像太阳系那样,国家是三个推论组成的系统:(1)单个的人(个人)通过他的特殊性(各种物质的和精神的需要,它们本身进一步得到发展,就产生市民社会)而与普遍体(社会、权利、法律、政府)结合起来;(2)意志或个人的行动是起中介作用的东西,它使对于社会、权利等的需要得到满足,就像是社会、权利等得到充实和实现一样;(3)但普遍体(国家、政府、权利)是实体性的中介,个人及其满足在这个中介里享有并获得它们得到实现的实在性、中介过程和持续存在。④

---

① [德]安德亚斯·昂特:《"野蛮关系是通向文化的最初阶段"——黑格尔观点下的文化与自然》,张大卫译,邓安庆主编:《伦理学术 13》,上海:上海教育出版社,2022 年,第 22 页。

② 里德尔通过考察黑格尔市民社会的概念史,指出市民社会成为现代国家制度内部结构的原则是在 1817 年之后。Manfred Riedel, Zwischen Tradition und Revolution: Studien zu Hegels Rechtsphilosophie, Stuttgart: Klett-Cotta Verlag, 1982, S.156-160。

③ 科维纲认为,黑格尔直到 1816 年后的第二版及其第三版的《哲学科学百科全书》修改中才完善了伦理体系的理念推论,伦理国家作为根据纳市民社会与家庭于一身,换言之,个体与普遍体(伦理实体)的中介终于由市民社会来保障。见 Jean-François Kervégan, The Actual and the Rational: Hegel and Objective Spirit, Daniela Ginsburg&Martin Shuster trans., Chicago/London: University of Chicago Press, 2018, pp.196-199。

④ W8, S.356.

表 1　对内主权的推论

对内主权	端项	中项	端项
1. 质的推论	E1——个体	B1——个体需要	A1——普遍体
2. 反映推论	A2——普遍体	E2——个体行动	B2——需求体系
3. 必然推论	B3——需求体系	A3——普遍体	E3——个体

（1）在质的推论（E－B－A）中，个别性（E1）指代抽象的个体，通过其特殊性（B1）形成的需求体系与普遍体（A1）指代的社会、政府以及法权相连接。其中，特殊性（B1）的个体需要的满足产生了市民社会，它既成为伦理实体与伦理个体的分裂之处，也成为二者和解的条件。

（2）在反映推论（A－E－B）中，普遍体（A2）指代国家（外在的），个别性（E2）指代拥有主观意志的行动个体，特殊性（B2）指代实现个体与他人特殊需求的制度化的需求体系。其中，特殊性（B2）形成的需求体系可以视为客观化的社会与政治机构，或者说，市民社会的制度化是必然性的。只有当市民社会的客观化建立起来，主观意志的调节才变得可能。

（3）在必然推论（B－A－E）中，特殊性（B3）指代市民社会，普遍性（A3）成为实质的中项即伦理国家，个别性（E3）指代伦理个体。只有在必然推论中，伦理的主客和解才具备现实性，因为国家是主观自由与客观制度的统一体。

在全书体系形成之前，黑格尔的国际法思想还主要围绕国家间的战争主题进行，集中体现在对单个民族国家的法权体系的理想性建构之中。虽然在涉及国际法的逻辑结构中，国家作为个体性的精神存在以及战争作为精神自身的否定性环节登场，但是国家尚未作为民族精神通过世界历史的客观现实性与必然性来建构自身回复绝对精神的桥梁，"世界历史（法）—绝对精神"的这一维度还没有通过国家作为客观精神充分地展开，毕竟艺术、宗教以及科学只有"在国家中才能现实存在"。[①] 因此，要探寻黑格尔国际法思想及其整全的理念内涵，要诉诸哲学全书体系形成后的精神哲学才能加以全面地考察。

四、精神法权的形成及其概念逻辑

全书体系形成后，黑格尔尝试建构一种囊括人类全部生产生活的精神哲学体系，依据自由精神的理念结构，分为主观精神、客观精神以及绝对精神三个阶段，这三种不同形态

---

① 　GW12,S.77.

的精神是作为精神自身展开的逻辑环节并相应地具备真理性。依据法哲学,国际法体现为客观精神衔接绝对精神的外部国家法,外部国家法是从独立国家间的关系中产生出来的,自在自为地看是相同的,即包含着应当的形式。之所以如此,是因为它是现实性的,以享有主权的各个不同意志为依据(PR§330)。黑格尔肯定了国际法的本质在于个别的主权国家作为精神性东西(als Geistiges)中特定环节的内涵(PR§275补充),这种内涵预设了如下形态:民族精神作为践行世界精神的实践理性个体,象征了个体主权国家的个别意志,多主权国家象征的特殊意志以及世界历史(法)象征的普遍意志。类似于法权概念在伦理法权中的现实性确证,主权概念表达了个体国家在精神法权中获得的现实性确证。

在全书体系构筑的庞大的哥特式建筑中,精神在纯粹逻辑的抽象性以及自然的具体性之后得到了发展,自由理念也通过精神诸环节的发展实现了自身的无限性,自由精神的本性就在他者的必然性中实现自己,即在他者中的自身之在(Beisichsein im Anderen),法权因此就成为自由精神的外化世界,也成为自由意志的定在。在主观精神层面,以人类灵魂为前提,以自由精神为根据,表达了个体在自我生成及其持存的状态下,自由意志作为精神的客观性形式潜入伦理性的法权世界之中;在客观精神层面,以继承主观精神中自由精神的法权个体为前提,以伦理国家作为根据,形成了家庭(E)、市民社会(B)以及国家(A)构成的伦理理念的推论;在绝对精神层面,以个体的主权国家或者民族精神为前提,以世界历史法象征的普遍精神为根据,又衍生了国家法(E)、国际法(B)以及世界历史法(A)构成的精神理念的推论。① 上述对精神哲学的剖析,不仅能够清晰地辨别黑格尔法权理念的不同闭环,还有助于理解世界精神法权是最高法权(PR§33)。

可以观察到,主权作为个体伦理国家或民族精神的生成物,它肇始于客观精神(伦理/国家法),并在绝对精神中获得现实性(世界历史法)及其必然性(国际法)。进一步说,主权在法哲学中主要涉及对于个体国家的"理念"及其"概念"的理解。② 或者说,黑格尔明确了理念与概念的区分有赖于伦理理念的现实化(Verwirklichung)这一历史过程。由此,我们能发现,法哲学中的国家被演绎为一个有生命的有机体,此有机体具有"伦理中介"

---

① 在精神哲学中,世界历史(Die Weltgeschichte)是国家精神实现自身的普遍性环节,其中内部国家法作为个别性环节,外部国家法作为特殊性环节。因此,本文采取杨祖陶(人民出版社,2015年)的译法,即"世界历史法"。

② 黑格尔哲学中的理念(Idee)是作为概念(Begriff)及其现实化的有机生命过程,这种理念的逻辑结构广泛应用于黑格尔的法学、历史学、宗教学以及美学等思想中。在哲学全书中(ENCIII§163),黑格尔明确了概念是自身包含着普遍性、特殊性以及个别性相统一的东西。关于理念,黑格尔认为理念是自在自为的真理性的东西,是概念和客观性的绝对的统一性。它的观念性的内容不是别的,而是在其各规定中的概念(ENCIII§213)。W6,S.320;W6,S.385。

(Ethical Mediation)性质的逻辑结构,①它的现实性原则在内部国家法、外部国家法以及世界历史法中获得精神性的规定。黑格尔认为,个体国家需要在与其他国家的关系中才能呈现,而这种特殊性关系只有在第三者(精神)作为根据的基础上才能获得现实性(PR §271)。简言之,国家的概念呈现为三个辩证环节,其中,个别性环节作为内部国家法体现为国家政治制度,特殊性环节作为外部国家法或国际法体现为个别国家对其他国家的关系即国际法,普遍性环节作为民族精神或者伦理国家体现为作为类与对抗强力的绝对精神在世界历史(法)的过程中给予自己现实性(PR §259)。

(一) 个体性精神:作为对内主权的国家法

根据法哲学的定义,国家是伦理理念的现实——是作为显示出来的、自知的实体性意志的伦理精神(PR §257)。进一步而言,国家是具体自由的现实(PR §260),它指涉了个体在伦理法权中所能获得的自由精神的最高形态。由此,黑格尔确立了国家为个别性(家庭)与特殊性(市民社会)的伦理共同体,现代国家的伦理原则也奠基于此。国家权力代表的实体性原则与个人义务(家庭与社会)代表的个体性原则相互渗透(PR §261 附释),伦理在现实性上体现在国家的政治制度,在必然性上成为自由的精神理念。

在内部国家法中,国家作为有机体是精神的普遍性存在,它以自身为目的并将特殊利益囊括于自身之内。内部国家区分为概念的三个环节:普遍性指认为立法权(A),即规定与建立普遍物的权力;特殊性指认为行政权(B),即从属于普遍物的特殊环节;个别性指认为王权(E),即作为最终决断的主观性的绝对权力。需要说明的是,黑格尔的王权作为内部国家个别性环节是个体国家的抽象的自我规定,主权被视为国家的灵魂与生命的原则(PR § 275 补充),王权包括了法律制度(A)、咨议(B)以及君主(E)三个环节。既然主权被视作国家的灵魂,那么依据全书体系的"理念"的原则(概念及其现实化)(PR § 1 补充),则必定会有国家的肉体(制度)相对应。最值得强调的是,无论是作为灵魂的主权还是作为肉体的制度,都需要国家有机体完成其理念的推论后才得以诞生。

---

① 在绝对理念包含的三段式的推论中,我们可以看出,黑格尔的国家并非仅仅是一项法律国家的制度或者机构,而是一个精神性的有机体。Eduardo Assalone, "Ethical Mediation in Hegel's Philosophy of Right", Hegel-Studien, Vol.55,2021,S.112 – 113.

表2　王权的推论

王权	端项	中项	端项
（1）质的推论	E1——个体	B1——特殊权能	A1——全体成员
（2）反映推论	A2——主权	E2——君主	B2——咨议
（3）必然推论	B3——国家法制	A3——主权	E3——个体

（1）在质的推论（E－B－A）中，个别性（E1）指代抽象的个体（国家），通过其特殊性（B1）指代的特殊权能与普遍性（A1）指代的全体国家成员相连接。其中，作为抽象个体的王权通过特殊权能的活动与国家成员相互联系进而获得有机的生命即主权，而主权在此作为一种抽象的自我规定还需通过君主来获得定在，因此王权就以君主形式作为下一推理的中项。

（2）在反映推论（A－E－B）中，普遍性（A2）指代主权国家，个别性（E2）指代君主，特殊性（B2）指代咨议机关及其成员。其中，国家主权通过君主获得了具有特殊规定的现实性，它成为既有自主规定又有客观实在的伦理实体，因此，主权作为统一的中项成为下一推理的中项。

（3）在必然推论（B－A－E）中，特殊性（B3）指代国家制度与法律，普遍性（A3）指代主权国家，个别性（E3）指代获具客观实体性与主观实体性规定的君主。其中，主权国家作为现实的普遍物将自身特殊化为国家制度和法律，这种制度和法律为君主所意识到，继而成为他的普遍目的和良心。

主权的原始定义来自博丹，博丹将主权视为一个国家的绝对的永久权利，其根本属性有赖于此。在继承了霍布斯与卢梭的"主权不可分割"思想的基础上，黑格尔将主权重塑为法权状态下理想性的有机体。黑格尔断定封建国家的主权是一种集合体，现代的主权国家乃是一种机体（PR§269补充），这种机体是指通过特殊职能与权力在国家自身中获得的生命意涵（PR§276补充），由此，主权一方面获得了类似动物有机体中有机环节（肢体）的规定（PR§278附释），[①]另一方面又获得了类似自由意志概念中个别性环节的规定（PR§7）。因此，主权作为个体国家自身的目的与行动受制于整体的目的即国家福利，它具有双重性的形式（PR§278附释）。主权的双重性情况指：一是在和平情况下，主权在于建立国家内部的制度来促进自我保持；二是在灾难情况下，主权将国家有机体集中在其

---

① 黑格尔认为有机体是具有生命在内的理念，是自我持存与自我更新的过程。构成有机体的诸部分服务于整体，或者说，有机体有其自为的意图（zweck für sich selbst）。参见 Stephen Houlgate, *An Introduction to Hegel：Freedom, Truth and History（Second Edition）*, Oxford：Wiley-Blackwell Publishing, 2005, pp.161－163。

简单概念之中。在第二种情况下,主权才能达到它特有的现实性。这种理想性的现实化就是国家职能活动的发起者与终结者,即君主。进而言之,作为决断环节的君主是宪法制度的产物,所以黑格尔是基于君主立宪的条件提出的国家主权理论。

法哲学不断提醒如下观念,即概念具有了现实性才成为理念的真理,个体人格(个人与国家)需要获得法权才能现实性地存在。对于个人,只有具备伦理法权人格,才能成为真正的人。对于国家,只有获得精神法权(主权),国家人格才能成为真正的国家。进一步说,主权也需要体现在主客观两方面获得个体性的存在。就此,黑格尔论证了君主并非派生的人为规定,而是王权内部必然产生的神物,充当了国家意志的自我规定的决断者。或者说,国家人格只有作为一个人,作为君主才是现实的(PR § 279 附释)。由此可见,黑格尔的君主国家是区别于绝对君主制与暴君制的立宪君主,君主并非可以为所欲为,而是受制于"国家整体中的特殊制度"。① 只有在这种理想性的国家中,人民与国家在主权中才形成了有机的联合,主权才可以视为"人民主权"(Volkssouveränität)。② 然而在内部国家法中,主权是完全自我(单个国家)规定的意志,君主则仅仅是国家统一的精神象征。因此,黑格尔认为国家制度的现实运作在于行政,君主不承担政治责任。立宪君主的主权行使的只是"御笔亲批"的象征性职能,君主仅有任免政府官员、赦免罪犯的特权。或者说,君主在内部国家法中只具有"虚君"的效能。

(二) 个别性精神:作为对外主权的国家法

在《法哲学原理》(1820/1821)公开出版前后另存有 7 次讲义手稿,分别收录在历史考订版第 26 卷之中,其中出版前存有 3 个讲义手稿,出版后另有 4 个讲义手稿。在上述关于法哲学的 7 次讲义手稿中,都不同程度地提到了国际法,但是所占篇目较之公开出版的更为精简。在柏林的法哲学讲稿(1818—1819)中首次提出了更为详细的主权概念。但是《法哲学原理》中"内部国家法"的第二环节(PR § 321 - 329)即"对外主权"(Die

---

① 关于这一论断可以参照文中表 2 的推论,借此我们也可以推断,伊尔廷指责《法哲学原理》受到卡尔斯巴德(Karlsbader)法令的影响,而故意篡改其辩证体系有失公允,因为作为个别性的王权是囊括普遍性的法制、特殊性的咨议以及个别性的君主的有机整体。参见 Karl-Heinz Ilting, "Die Struktur der Hegelschen Rechtsphilosophie", in hrsg von Manfred Riedel, Materialien zu Hegels Rechtsphilosophie, Band 2, Frankfurt am Main: Suhrkamp, 1974, S.69。
② 借助于西塞罗与霍布斯对于人民(populus)与大众(multitudo)的划分,黑格尔对于人民主权的概念做出了卢梭式的处理,即人民需要通过政治中介(代表制)而教化成"有定形的大众",因此,黑格尔明确拒绝了民主主义者与自由主义者对于人民主权的简单的线性诠释,譬如作为自由主义者的贡斯当的主权理论。参见 Jean-François Kervégan, The Actual and the Rational: Hegel and Objective Spirit, pp.269 - 273。

Souveränität gegen außen)却并未在出版前的 3 个讲稿中单独罗列出来,①此外,伦理部分的"国家"章形成的"内部国家法""外部国家法"与"世界历史法"三分结构出现在后两次讲义手稿中。②

在法哲学中,主权一方面指涉了对内主权中个体国家理念的实现,它是内部国家法中产生一个类似生物的生命有机体,也是现实的直接的精神性的个体即主权者(Souverän)。另一方面,主权指涉了对外主权中单个国家与别国之间的关系。黑格尔将国家视为个体独立自为存在的无限性精神,它将现存的差别纳入自身之中,从而个体国家在本质上具有排他性(PR § 321)。因此,个体的主权国家达到定在时,它在国际关系中才获得自为的存在,独立自主遂成为一个国家在国际关系中最基本的自由与尊严(PR § 322)。黑格尔认为,国家是个别成员的真理,与国家的无限性相比,个体生命财产权利是有限的、短暂的。同时,国家也是实体的个体性,个体是虚无的个体性,因此,在必要情况下,个体必须无条件牺牲以维系国家的独立与尊严。在此种意义上,战争成为否定更高层级的精神法权个体的重要推动力,它是个体的民族国家通过伦理法权的更迭认识世界精神的必要条件,从而使得战争摆脱了那种意愿、民族激情以及不正义等条件的偶然性(PR § 324 附释),同时也在精神的发展中获得了必然性的内涵。因此,国家在理念现实化的过程中褪去了自然形态而过渡到伦理形态之中,进而在世界历史的进程中成为自由精神的作品。

区别于康德的"永久和平",黑格尔反对运用"君主联盟"调节争端(PR § 324 补充),他的理由明确,因为国家作为个体性的精神本质上具有否定性、排他性的特征,即便国家之间组成一个家庭式的组织,这种特殊结合也必然招致另一个对立面产生。在黑格尔看来,战争有助于保持伦理有机体的稳定与健康。战争具有内聚力,能够防止内部骚动并巩

---

① Georg Wilhelm Friedrich Hegel, Gesammelte Werke Band 26 (1), Vorlesungen über die Philosophie des Rechts. Nachschriften zu den Kollegien der Jahre 1817/18, 1818/19 und 1819/20. hrsg von Dirk Felgenhauer, Hamburg: Felix Meiner Verlag, 2013。在这一卷的 3 次讲义中,其中,国际法作为外部国家法在瓦纳曼(Peter Wannenmann)编辑的 1817—1818 年版与霍梅耶尔(Carl Gustav Homeyer)编辑 1818—1819 年版中用了五节的篇幅,而令格尔(Johann Rudolf Ringier)编辑的 1819—1820 年版则仅用了一个段落。

② Georg Wilhelm Friedrich Hegel, Gesammelte Werke Band 26 (2), Vorlesungen über die Philosophie des Rechts. Nachschriften zu den Kollegien der Jahre 1821/22 und 1822/23. hrsg von Klaus Grotsch, Hamburg: Felix Meiner Verlag, 2015; Georg Wilhelm Friedrich Hegel, Gesammelte Werke Band 26 (3), Vorlesungen über die Philosophie des Rechts. Nachschriften zu den Kollegien der Jahre 1824/25 und 1831. hrsg von Klaus Grotsch, Hamburg: Felix Meiner Verlag, 2015。在这两卷的 4 次讲义中,其中未具名人士(Anonymus)编辑的 1821—1822 年版以及施特劳斯(David Friedrich Strauss)编辑的 1831 年版没有提及,霍托(Heinrich Gustav Hotho)编辑的 1822—1823 年版与格里斯海姆(Karl Gustav Julius Von Griesheim)编辑的 1824—1825 年版有所展开,尽管公开出版后的讲义提供了一些诸如标题等有益提示,但就精神的逻辑进路而言,并无过多助益。

固国家内部权力,对内将国家权力组织起来抵御外力。① 早在《德国法制》的撰写中,黑格尔就提出了战争具有民族防腐的积极功效,以及通过整个民族的运动来保存伦理健康。为国家利益目的而牺牲乃是公民的普遍义务,但是正式服务于此的是英勇(Tapferkeit)等级即军人。不过黑格尔称之为"形式的德行",并给出了这种转变的理由,英勇本身是抽象的(PR§327),它可能出于个体的不明动机与情绪,也可能仅仅是暴虎冯河式的匹夫之勇。法哲学中对爱国主义以及政治意向的建构宣告了这位"启蒙之子"明确拒绝了无所限制的康德式的共和国制度,同时也十分警惕法国大革命中罗伯斯庇尔式的恐怖德行。真正的英勇乃是作为国家成员或受教化的民众为国家主权的荣誉牺牲自身(PR§327补充),现代世界对于军人英勇的要求不再是个体的勇猛,而是作为战斗集体的机械性的推进。或者说,黑格尔将现代战争视为一种国际关系,即为追求和平所采取的暂时措施,它不再以中世纪欧洲公法战争中"敌意""荣誉"以及"正义"等原则为依据,也不以个体的激情与牺牲为评判准绳,而是以作为伦理整体的国家为依据。② 黑格尔自信地认为,古代的尚武政治已经在现代战争悄然退场,因为现代战争无关乎私人福利,敌对双方之间并无私人仇恨,为国牺牲仅仅是尽到公民义务(PR§328附释)。

只有主权在对外关系的决定中,君主的"实君"形象才通过王权得以彰显,外交政策位于"王权"的权能之中。③ 黑格尔明确提到了王权的职能在于统帅武装力量,通过使节等维持连通其他国家的关系,宣战媾和以及缔结条约(PR§329附释)。对此,他在《论英国改革法案》(1831)中关于君主与政府权力(议会)的讨论中也重申了这一主张。事实上,由于单个国家相对于其他国家来说是一个独立的主权个体,它必须由一个现实的个体来执行统一的决断,这一主观性的决断由君主来承担,但是黑格尔特别强调这一决断并非偶然性的神谕,譬如苏格拉底的神灵之声,它乃是属于理念(现代国家)的一个必然性环节,国家个体通过自由精神施行自我规定的确信从而达到真正的现实性(PR§279附释)。

---

① 与康德废止常备军的思路不同,黑格尔认为国家有义务建立常备军并为战争做准备。关于康德与黑格尔国际法的具体比较,见 Ludwig Siep, Kant und Hegel über Krieg und Völkerrecht, Gerechter Krieg, The Netherlands:Mentis, 2017,S.103。

② 黑格尔对于战争伦理性的辩证讨论远比克劳塞维茨的更为广阔,因为战争被黑格尔视为自由理念实现的特定环节。见 Youri Cormier, *War as Paradox:Clausewitz and Hegel on Fighting Doctrines and Ethics*, Montreal & Kingston / London/Chicago:McGill-Queen's University Press, 2016, pp.149‑151。

③ "Die fürstliche Gewalt"现有两个中文译本,范扬、张企泰(商务印书馆,1961年)译为"王权",邓安庆(人民出版社,2016年)译为"君王权",由于在国际关系的语境中做出决定的乃是附属于王权或君王权的个别性环节即君主,为避免混淆,本文采用"王权",与"君主"加以区分。

（三） 特殊性精神：国际法

如上所述,国际法是在独立国家之间的关系中产生的,由于个体主权国家具有特殊的不确定性,因此黑格尔断言国际法中自在自为的东西保存着应当(Sollen)的形式,因为它的现实性是以享有主权的各个不同意志为根据的(PR§330)。黑格尔认为,国际关系是独立主权国家间的关系,尘世上没有比国家更高的理念存在,因此国际的签订条约、协议,无法绝对限制主权国家的行动。换言之,即便国际法的最高原则作为国际条约必须得到尊重,也只是一种形式上的、空洞的,甚至是虚伪的义务,它是由实际的权力平衡和个别国家的任意决定来决定的。

在国际关系中,个体国家的实力必须足以使其他国家承认,才能彰显国家主权独立。也就是说,获得一个民族尊严的首要条件是主权国家登场世界舞台,否则它仍然属于抽象的国家,这与伦理体系中的个人一样,只有在与他者发生联系的情况下才具有现实性。但与之不同的是,如果一国的实力足够强大,他国的承认又变得无足轻重,因为实质上他国也无从否定其独立主权的地位,正如拿破仑豪言:"法兰西共和国是不需要承认的,正如太阳不需要承认一样。"(PR§331附释)[1]黑格尔认为,国际关系采取的是主权国家之间的契约形式,但是这种契约形式的丰富性不如市民社会(PR§332)。实定条约作为国际法的基础成为国家间应该履行的义务,形式上应予以遵守。但是国际关系实质上处于自然状态,并不存在一个普遍的超国家的强权,国家之间只有调停者,没有裁判官,或者说,国际法始终处于"应当"状态。[2] 国际联盟的组织基于道德、宗教以及其他要素,但是终究难以摆脱主权国家的特殊意志及其偶然性。实体性福利(das substantielle Wohl)是个体主权国家对他国关系中的最高法律,其中国家行动与战争本质以及正义条约等理解都以此原则为出发点。可以说,此观点与当今的现实主义国际关系学派的思想不谋而合。[3] 因此,

---

[1] 显然个人之间的"承认的斗争"的内涵并不完全适用于国家之间,因为个人之间的斗争能够在法权国家内部得到解决,然而国家之上却并无更高的法权存在。在当今国际法中,承认国家的独立主体地位在于内部国家的法律制度体系的建立,而非其他国际法主体对其承认。Ludwig Siep, Aktualität und Grenzen der praktischen Philosophie Hegels, München: Wilhelm Fink Verlag, 2010, S.243 – 245；Otto Kimminich&Stephan Hobe, Einführung in das Völkerrecht, 7 Auflage, Tübingen/Basel: Francke Verlag, 2000, S.74 – 77。

[2] 黑格尔将国家间的关系视为一种知性的"质的推论",譬如各国在外交谈判、强占土地以及继承权等情形时,都各执一词。在质的推论中,个别东西的主词通过一种质与另一个普遍规定性相结合,但是就规定性而言,"质的推论"属于偶然性,因为中项(medius terminus)作为抽象的特殊性仅为主词的任意规定性,它可以由不同的特殊性推出彼此相反的规定,借由此推论无法求得真理(W6,S.351)。

[3] 国家是国际政治的主要行为者构成了现实主义国际关系理论最核心的命题,并且这些行为者是理性的国家。Hans-Martin Jaeger, "Hegel's Reluctant Realism and the Transnationalisation of Civil Society", *Review of International Studies*, 2002,28(3),p.499。

黑格尔反对康德的永久和平联盟的正义性,国际关系的最高裁判官是普遍的绝对精神即世界精神(PR§339附释)。

在国际法的最后部分,民族精神作为个体的主权国家构成了世界历史(法)的主体,在交互关系中实现了彼此的命运与事迹,然而这种关系被判定为偶然性的特殊物即特殊精神,只有通过有限的民族精神的辩证发展才能产生出普遍的世界精神,①因此,在作为世界法庭的世界历史(法)中,精神获得了高于一切的权利(PR§340)。至此,自由精神成为伦理法权与精神法权的运动中心,前者通过表象的辩证法在单个国家内形成有自然的伦理实体的自由意识,开始让民族精神成为被意识到的主体;后者则将这"实体—主体"的自我认识视为自由精神的活动,从而有限的辩证法成为绝对精神自身显示的辩证法。当然,世界精神作为外在的普遍精神也只是绝对精神在时间中的外在化显现,在历史的时间之外还存有概念的时间,即作为绝对知在精神自身中的绝对在场。

(四) 普遍性精神:世界历史法

作为康德历史哲学的继承者,黑格尔采纳了《伦理形而上学》中对"公共法权"三分方式,然而黑格尔并未照搬康德将最后环节定义为世界公民法(ius cosmopoliticum),而是以世界历史法(Die Weltgeschichte)取而代之。虽然康德与费希特都将法权与道德以及历史相关联,但只有黑格尔才将世界历史(法)的发展历程作为抽象法原则的现实化领域,这也促使他的法权思想势必与政治哲学或历史哲学相关联,并且必然体现在其中。毋庸置疑,黑格尔法哲学的结构是逻辑性的,如奥托曼(Henning Ottomann)所言:"黑格尔法哲学的推论是历史哲学。"②但世界历史(法)却并非新的推论的开端,而是作为普遍精神的定在,即现实性的精神通过家神、市民社会与民族精神获得理想性的存在,然而精神作为理性的自为存在是以知识的形态出现,因此,世界历史(法)被视为理性诸环节从自由精神的概念引出的必然发展(PR§342),这种发展隶属于"自由精神的自我意识及其实现"。③ 也就是说,普遍精神必须使自己成为世界精神,作为其意识的对象,以便能够发展

① 虽然黑格尔强调了民族精神作为世界精神的自然原则是有限的,并在世界历史法(PR§§346-347)部分有所拓展,但是鉴于法哲学的理论面向,关于民族的有限自然的诠释集中体现在历史哲学与精神哲学之中。Ulrich Thiele, Verfassung, Volksgeist und Religion: Hegels Überlegungen zur Weltgeschichte des Staatsrechts, Berlin: Duncker&Humblot GmbH, 2008, S.74-80。

② 奥托曼指出了这一点,但同时也误读了这一点,世界历史法作为主权国家的理念推论并非对应了"抽象法",而是对应了普遍性环节的世界精神,这一点他忽略了。Henning Ottomann, "Die Weltgeschichte(PR§§341-360)", in hrsg von Ludwig Siep, Grundlinien der Philosophie des Rechts, Berlin: Akademie Verlag Gmbh, 1997, S.275。

③ 富尔达洞察到,黑格尔的世界精神作为理性本身具有意识和自我意识的统一性,这要求具有自我意识的主体必须首先将自身置入一个中介(精神)中并作出决定。Hans Fulda, Geschichte, Weltgeist und Weltgeschichte bei Hegel, in Annalen der Internationalen Gesellschaft für Dialektische Philosophie — Societas Hegeliana(2), 1986, S.83-84。

它的自我意识,然后回复其自身。简言之,普遍精神的"实质最终也应该是自由的"。① 在世界精神的范围内,个人、民族以及国家按照特殊的原则致力于国家制度与生活状况的事业,并使之成为世界精神的事业的工具与机关(PR§344),在其中,诸民族代表特殊精神向着世界精神实现"自由意识的进步"。②

如果我们以全书体系为参照,精神哲学将自由理念的逻辑结构加以主题化,世界历史(法)在全书体系的结构上占据枢纽地位,因为以国家法为基础的历史哲学解释一方面完善了客观精神的自身建构,另一方面它又"导向了绝对精神"。③ 这种自由的内在逻辑则是以精神概念的基本决定为前提的,其逻辑内容不是"纯粹思维",而是"特殊思维"。④ 进而言之,战争赋予国际法的理论根据被上升到精神层面并加以考察,战争作为一种中介性的手段成为《精神现象学》中所描述的"绝对精神之受难地"(Golgotha)⑤,这种方式被托尼森(Michael Theunissen)判归"上帝与世界及其自身和解"的运动过程。⑥ 然而毋宁说,黑格尔是用哲学概念的阻抑过程来说明,战争不仅成为伦理法权中恢复理性主体的平等身份的外在强权,更成为精神法权中规定民族国家的平等主权概念的内在精神。所以,就不难理解黑格尔为什么声称战争中蕴含着和平的可能性,或者战争本身被规定为一种应该消逝的东西(PR§338)。

五、国际法作为"应当"

与《精神现象学》的"道德世界观"以及《法哲学原理》中的"道德(法)"部分相似,法哲学中的国际法部分再次出现了"应当"这一逻辑学范畴。⑦ 实际上,黑格尔对于"应当"的理论批判源于早期神学手稿中对于康德与费希特的道德哲学或伦理神学的反思,然而彻底完成对这种形式主义二元论的批判却是由逻辑学的"概念论"完成的。"应当"关联

---

① Adriaan Peperzak, Selbsterkenntnis des Absoluten. Grundlinien der Hegelschen Philosophie des Geistes, Stuttgart: Frommann-Holzboog, 1987, S.28.ff.

② W12, S.32.

③ Oscar D Brauer, Dialektik der Zeit: Untersuchungen zu Hegels Metaphysik der Weltgeschichte, Stuttgart: Bad Cannstatt, 1982, S.20.

④ Alfredo Bergés, Der freie Wille als Rechtsprinzip: Untersuchungen zur Grundlegung des Rechts bei Hobbes und Hegel, hrsg von Walter Jaeschke&Ludwig Siep, Hamburg: Felix Meiner Verlag, 2012, S.389.

⑤ W3, S.591.

⑥ Michael Theunissen, Hegels Lehre vom absoluten Geist als theologisch-politischer Traktat, Berlin/Boston: De Gruyter, 1970. S.68.

⑦ 位于道德法中的特殊性环节——"意图"与"福利"再次现身于外部国家法(PR§§335-336)的国家间关系中,见 Okochi Taiju, Krieg und Internationle Anerkennung Hegel und Ralws zum Völkerrecht, Hegel-Jahrbuch, 2011(1), pp.423-425。

了黑格尔对于"可能性—现实性"以及"有限性—无限性"的逻辑性重塑,并将真无限实施一种有限化的处理。康德的道德主体及其实践理性被黑格尔赋予了全新的伦理行动的场域即伦理(Sittlichkeit),用以克服"应当"(Sollen)与"行为"(Tun)的两难境地。黑格尔给出的方案是,"应当"的现实性就在于精神性个体在理论教化与实践教化的过程中认识自身与解放自身的过程,这也诠释了为何"应当"频频出现在他的理论哲学与实践哲学的特殊性环节之中。通过上文的描述,全书体系中的法权自身的动态发展过程提供了客观精神向绝对精神过渡的图景,客观精神作为法或者意志的存在,在思维理性与存在理性之间存在难以逾越的界限,对这种界限的过渡就是精神获得现实性的动态发展的过程。鉴于此,黑格尔通过两个三段论的推论结构使得个体性法权获得逻辑学意义中理念的现实性,即法权从抽象的普遍性向形式的普遍性以及具体的普遍性生成。其中,"应当"在"存在论"与"概念论"中扮演了介导或者特殊性环节的角色,法权获具抽象存在与具体理念的双重发展。

"应当"出现在《逻辑学》"存在论"的第二章的"定在"中,"有限性"的"限制与应当"部分(2.B.β),这一方面直接涉及了逻辑学中"定在"与"应当"构成的有限性结构,另一方面间接涉及了应用逻辑中的国家概念。对于后者,上文已有提及,不再赘述。对于前者,逻辑学论证了有限的事物都在其自身之内具有"应当",而"应当"作为一种根本性的限制要求对事物自身进行扬弃。某物在界限之内或之外才成为其所是以及某物没有界限就不具有定在这一事实,也即是说,界限规定了某物的有限性存在。限制(Schranke)与界限(Grenze)相对立,限制意味着对自身束缚的同时扬弃自身,因此"存在"在"应当"中开始了自身的有限性的扬弃并向无限性过渡。

当某物将自身固有的界限设定为一个本质上的否定物,此界限就不仅仅是界限本身,而是限制。然而作为否定而设定的东西不仅仅有限制,否定是一把双刃剑,因为通过否定而设定的东西是界限。界限是某物与他物的共同之物,也是规定本身的自在存在的规定性。因此,这一自在存在,作为否定的关联,关联于也与它相区别的它的界限,关联于作为限制的它自身,就是应当。①

然而正如黑格尔所强调的:"理念并非如此无力,以至于仅仅应当存在。"②或者说,有限物不仅仅应该只是有限的,它需要过渡到作为有限物的他者中即无限物,才能完成自身

---

① W5,S.143 – 144.
② W8,S.49.

的同一性。借此,黑格尔批判了康德与费希特宣称的"应当是解决理性矛盾的最高方案",①因为这种立场仅仅固守于有限性与矛盾之中。对于黑格尔而言,有限性"不是幻象而是坚实、不可逃避的实在。然而,与此同时,在不可化约地是有限的过程中,事物不应当仅仅是有限的,它们也应当作为环节参与到非有限的或者无限的存在中去"。② 这也意味着,有限物在它们的有限性中形成了"无限性",③这种无限物由(a)处于单纯规定的有限物,(b)处于交互规定的片面的无限物,以及(c)真正的无限物构成。这种无限性的基础结构蕴藏了法权体系的生成,它对应了国家的概念逻辑(PR§259补充)。因此对于后者,在伦理法权中,"存在"对应了"抽象法","应当"对应了"道德(法)",它的无限的实现则在"伦理(法)"中。而在精神法权中,"存在"对应了"国家法","应当"对应了"国际法",它的无限则在"世界历史(法)"之中。因此,黑格尔揭示了民族精神作为法权个体获得了逻辑意义上的存在,它的现实性需要进入世界历史(法)的进程中得以实现,通过类属(建立国家法)向精神的过渡就成为具有精神性个体国家的必然性。总而言之,国际法中的"应当"既表达了它在逻辑上成为必然性的根据,也表达了作为主体的民族国家势必遭遇他者共同地角逐在世界精神的大地。

表3 对外主权的推论

对外主权	端项	中项	端项
1. 质的推论	E1——国家	B1——国际	A1——世界(史)
2. 反映推论	A2——国际性	E2——活动	B2——关系
3. 必然推论	B3——国际(法)	A3——世界(法)	E3——国家(法)

(1)在质的推论(E-B-A)中,个别性(E1)指代单个的主权国家,通过其特殊性与普遍性相连接。其中特殊性(B1)作为中项指代诸多单主权国家(E1)构成的国际,它的特殊利益与外部特殊情况附属于普遍性(A1)即世界史。

(2)在反映推论(A-E-B)中,普遍性(A2)指代国际语境中的伦理性(国家)本质,个别性(E2)指代现实性伦理国家的活动,特殊性(B2)指代关系的现实性即国家的对外主

① W5,S.148.
② [英]斯蒂芬·霍尔盖特:《黑格尔〈逻辑学〉开篇:从存在到无限性》,刘一译,北京:中国人民大学出版社,2021年,第425页。
③ 显然,黑格尔并没有将有限性的不断生产视为真无限,只是将其视为有限物的无限性而出现的。真无限则意味着理念或者精神的"自我规定"或者"有限物与它们之间关系的整体"。参见 W.T.Stace, *The Philosophy of Hegel* (*1924*), New York: Dover Publications, 1955, p.146; Charles Taylor, *Hegel*, Cambridge: Cambridge University Press, 1975, p.241。

权与国际法,(E2)作为中项使得推论 1 的国际关系的抽象性转向形式的普遍性。

(3)在必然推论(B－A－E)中,特殊性(B3)指代国际法,个别性(E3)指代单个主权国家,普遍性(A3)指代世界历史(法)作为实质的中项,单个主权国家(E3)及其特殊性的国际法(B3)在世界历史(法)的影响实现相互调节。

此外,"应当"还对应了"概念论"中第二环节的反映推论,由特殊性(B1)国际构成的中项不仅是抽象的规定性还是个别性的主词,这使得我们得到了全称推论。在质的推论中,归纳推论的中项是所有个体的全部列举,但是这种直接经验的个别性(国家)尚未达到概念的普遍性,因此又要继续转向反映推论,此推论的中项是被了解为具有本质的普遍性与规定性以及类的个体。我们将文中表 3 的中项(E2)视为进行伦理国家活动的所有个体,但是即便个别性(E2)的国家活动与普遍性(A2)的国家本质经历了反映推论,但是它仍需要预设一个代表自身规定的普遍性或者类的个体性,即象征着世界历史(法)的普遍意志,从而进入必然推论的中项完成"理念的全体结构"。① 只有如此,民族国家才最终获得普遍精神的规定。

六、余论

尽管黑格尔引用席勒之名言——"世界历史作为世界法庭"来作为国际法争端的最终判官,然而更为准确的表达应该是,世界精神才是世界法庭。"修昔底德陷阱"所指涉的国家间关系的内容集中在黑格尔对国际法的阐释中,国家间纷争的审判权被指派给承载普遍精神的世界历史(法)。既然在国家之上已无更高强权,因此国际法更像置身于自然状态的"法外之地",世界历史也由此貌似一架无情的绞刑台,民众之幸福、国家之智慧和个人之美德都被无情地祭奠其中。反之,黑格尔的信念则是,"修昔底德陷阱"乃是精神之陷阱,它是个体性精神自为的必然产物。依据逻辑学的教诲,国际法是民族精神向普遍精神发展的特殊环节,它是一种必然性的"应当",并要求个体(主权国家或民族精神)在绝对精神的指引下实现自身的生产。这种生产活动不仅促使个体走出自身并回归自身,同时也促成了个体认识自身与解放自身的双向运动。正是在精神自身的运动过程

---

① 在反映推论中,通过全称推论、归纳推论以及类比推论的形式克服了"质的推论"的缺点,但是大前提假定了结论的规定又成为新推论的缺点。反映推论成为黑格尔批判康德与费希特使用"归纳"知性思维的着力环节,个别性与普遍性的直接统一被黑格尔称为一种"永恒的应当"(perennierendes Sollen)。W,S.386; Georg Sans, Die Realisierung des Begriffs: Eine Untersuchung zu Hegels Schlusslehre, Berlin: Akademie Verlag GmbH, 2004, S.181 - 182。

中,自我与他者实现了和解,精神由此成为"神圣的历史"。① 就此而言,黑格尔在历史哲学的建构中挣脱了古代政治思想与基督教神学的藩篱,世界进程取代了上帝的救赎,理性的狡计取代了莫测的神意。

康德把"永久和平"看作未完成而终将达成的终点,而在黑格尔看来,这无疑降低了绝对精神的目的并仅仅将其作为满足尘世幸福的手段。黑格尔要说明的是,"永久和平"不是一个"应当"的可能性理念,而是一个拥有绝对精神的现实性理念,它不仅拥有"地上之神"中的历史图像,还有创造自身、理解自身的精神形象。也即是说,人类历史进程中种种冲突的解放之路就寓居于人类自身宝贵的"自由精神"之中。② 虽然黑格尔断言现代世界的战争应当是人道主义的,但从其身后百年世界历程中的斗争状况而言,显然过于乐观。也许这位辩证法大师会辩解说,那些世界精神的代言人还难以符合他的哲学原则。但是在自由精神的光照下,只在黄昏起飞的密涅瓦猫头鹰仍然能够窥见马背上的精神,如同理性终将在人类伟大的历史进程中凯旋。只要我们相信现实与理性的一致!

"Thucydides without Traps"
—Hegel's Notion on International Law and Its Logical Foundations

WANG Siyuan

【Abstract】 Hegel's notion of international law is not a sequel to his Philosophy of Right, but a necessary link between the individual state as an objective spirit and the return of the absolute spirit through the world history of reality. Since Hegel's notion on international law involves two complete logical corollaries, namely ethical right, the former refers to "abstract right, morality and ethical life(Sittlichkeit)", while the latter refers to "state, international law and world history". Accordingly, Hegel's early thinking on international law was confined to the level of war between sovereign states, which appeared as a negative force of ethical life, but the path to the absolute spirit was still confined to art, religion and philosophy. It is not until the system of Encyclopedia is formed that Hegel sketches a dialectical picture of the spiritual formation of the world through the spirit of the nations that symbolise the sovereign state in which spiritual right can be rationally established. In this

---

① W17,S.214.

② Christoph Menke, "Hegels Theorie der Befreiung", in hrsg von Gunnar Hindrichs&Axel Honneth, Geist und Geschichte, Band 1, Frankfurt am Main: Vittorio Klostermann,2013, S.302-305.

context, war becomes the spiritual impetus that gives equal provision to the subjects of international law, so that perpetual peace is not an idea of 'should' (Sollen) in Hegel's notion on international law, but rather a process of movement in which the free spirit perceives itself and liberates itself.

【Keywords】 Thucydides, Hegel, International Law, Logic, Spirit

"思"与"诗"视角下的自然与自由的关系
——关于《庄子哲学沉思》的两个评论

王 齐[①]

2022 年初夏一个清冷的日子,我收到了赵广明的新书《庄子哲学沉思:自由儒学奠基》,立刻开始阅读,其间为书中提出的新鲜且令人激动或令人困惑的想法激动,当时就萌生为这本书写份评论的心愿。我的评论将建立在"欣赏式批评"的基础之上,这个说法是一些西方哲学同道为建设拥有良性批评机制的学术共同体而提出的。我欣赏赵广明的治学精神和方法,敬佩他以西方哲学学者出身但勇闯传统中国哲学领域的决心和信心,书中所讨论的问题为我清理了哲学上的很多困惑,当然在解惑的过程中又滋生出了新的困惑,正因为如此,整个阅读和思考的过程是愉快而有收获的。德勒兹不相信有真正的哲学讨论,他说当这样的讨论进行时,哲学家总把骰子扔到其他的桌子上,实际上大家是在玩"内在性平面"转移的游戏,在为那些未曾讨论的问题创造新概念。[②] 这个激进说法使我进一步确信,追求普遍性的哲学是一桩高度个人化的事业,每个人提出问题和处理问题的方式不同,恰恰是哲学之思才能最大限度地包容差异。哲学讨论的目的不是为了"万众归一",而是为了百花齐放;唯其如此,哲学事业才能生生不息。

一、引子:关于方法论

在《庄子哲学沉思》出版之前,赵广明的论著主要集中讨论柏拉图、康德和尼采的思想。在《庄子哲学沉思》中,赵广明的思想视野明显更加开阔,康德和尼采依然是其思想根基和底色,阿伦特、列维纳斯、巴塔耶甚至萨德都以不同的方式现身于哲学思想的场域。

---

① 作者简介:王齐,中国社会科学院哲学所研究员,主要研究方向为存在哲学、基督教哲学。
② 参见 Gilles Deleuze and Félix Guattari, *What is Philosophy?*, Hugh Tomlinson and Graham Burchell trans., Columbia University Press, 1994, p.28。

相比之前的作品,始终未变且更加突出的是对"自由""情感"和"信仰"问题的思索,是"思"和"诗"两条线索的交织融合。赵广明爱诗,1998 年在参加叶秀山先生主持的博士入学面试时,赵广明就对海子的诗发表了看法;在他的《尼采的启示》一书中,诗的激情流溢在字里行间。随着时间的推移,"诗"与"思"这两条线索渐渐融为一体,形成了他独特的思考和写作风格,这中间赵广明渐渐开始像科耶夫,能够把诸多不同源流的思想资源整合在对问题的讨论之下。若追溯这种相似性背后的原因,我认为大概可归诸科耶夫和赵广明采用的跨文化的阅读和思考方式。

"跨文化"是近年来的热点,在《跨文化漩涡中的庄子》一书中,主编何乏笔提出了"跨文化转向"(transcultural turn)和"跨文化批判"(transcultural critique)的说法,意在突破"比较哲学"(comparative philosophy)的狭隘框架。① 今天的哲学研究中充斥着各种"转向",对此本能的警惕使我更愿意把"跨文化"作为视域和方法论,因为这样可以把"跨文化"的时间线拉得更长,范围推得更广。不夸张地说,作为方法论,"跨文化"的出现完全可以上溯至佛教的传入和佛经的翻译;因为只要有了异域文化的输入,就有了"跨文化"的可能性,虽然方法论的自觉是相当晚近的事。随着清末民初和 20 世纪 80 年代两次"西学东渐"运动的热潮,"跨文化"渐渐成为中国学人阅读和思考的方式,只是自觉程度不仅存在个体差异,而且还存在着代际的不同。

以中国学界对西方哲学的接受为例。贺麟这代学人开始接触西方哲学时是以传统中国文化为底色的,所以贺麟在黑格尔与阳明学之间找到思想关联就是自然而然的事。叶秀山这一代接受了唯物主义与唯心主义两条路线斗争刻画之下的哲学史,他们毕生需要以拨乱反正的态度回归经典,同时还要努力追踪现当代哲学的发展。我们是伴随着改革开放成长起来的一代人,我们的思想背景是对中国文化传统的革命性否定,对西方思想的接受又是以非正常地压缩时间空间的方式完成的。与从学术渊源的正途步入学界的新生代相比,我们这一代是从一个人为的横切面走入哲学的,然后依个人兴趣和悟性向前补课,向后追踪。我们差不多是从误解当中学习,沿着问题线索上下求索,在穿越误解和弯路的过程中,我们在问题导向和现实关怀之间养成了"无问西东"的视域融合的特点。所有的思想资源都可以在问题视角之下得到统合,主要目的不是为正本清源,而是为让不同的思想资源相互对照或质疑,以达到相互的补充和校正。在问题导向之下,任何一方提出的问题都应得到多方的解答,而当原有思想资源中并无直接答案的时候,我们将代作答,

---

① 何乏笔主编:《跨文化漩涡中的庄子》,台大人社高研院东亚儒学研究中心,2017 年,"编者序"及"导论:庄子的跨文化潜力"。

最终使不同文化的问题域都得到丰富和修正。

冒着遗漏特例的风险对"跨文化"方法做出上述概括只是想说明，《庄子哲学沉思》的"跨文化"阅读和思考的策略是充分且成功的。赵广明对庄子哲学的沉思不是传统经学式的，他对康德和尼采的解读也未必能完全符合康德和尼采研究专家的心愿，但这一点恰恰是这本书的思想优势之所在。面对一本内容丰富的书，我们首先需要从整体上提炼出一个核心问题，就《庄子哲学沉思》而言，这个问题就是自然与自由的关系。正因为有了这个问题，康德、庄子、尼采才能被放置在同一个平台之上，从"思"的线索出发，赵广明把自然与自由的关系这一康德问题推向庄子，"逼迫"庄子去回答；更从"诗"的线索出发，让庄子和尼采展开灵魂对话。此举的意义堪比赵广明对庄子与惠施对话的评论——二人虽不在一个频道上交流，"但让超乎寻常的思想火花，在这种异频对峙中闪现，正是庄子如此安排对话的目的所在"。[①]

下面的评论将围绕书中对自然与自由的关系问题的讨论而展开。因对庄子素无研究，我的评论将全盘接受赵广明对庄子的解读。

二、自然与自由的关系之"思"

（一）概念对接

自然与自由的关系是一个经由康德批判哲学的厘析而进一步明晰起来，贯穿西方哲学史的问题。赵广明在2015年发表的《康德政治哲学的双重根基》一文中即已重视和讨论过这个问题。赵广明指出，"先验自由与自然之间关系的复杂性，关乎康德哲学的核心考量，这种考量充分体现了康德对欧洲启蒙传统特别是英国启蒙思想的观照，其中康德与亚当·斯密的关系尤其值得重视"。[②] 这个结论的得出根据集中体现康德政治哲学思想的《关于一种世界公民观点的普遍历史的理念》《论永久和平》等短论，它可以修正桑德尔在其《公正》课程和著作当中把以边沁为代表的功利主义和以康德为代表的绝对道德两条路线截然对立的刻画，这无疑是对康德思想进行整体理解的深化。更重要的是，自由与自然的关系问题不仅仅触及了康德政治哲学的核心，它更是直抵哲学的根本问题，极具洞见性地打开了理解西方哲学的一条通道。

在康德哲学研究领域，赵广明接续了叶秀山先生对《判断力批判》的重视。在《"一切

① 赵广明：《庄子哲学沉思——自由儒学奠基》，北京：社会科学文献出版社，2022年，第74页。
② 赵广明：《自由、信仰与情感——从康德哲学到自由儒学》，北京：社会科学文献出版社，2018年，第71页。

哲学的入门"——研读〈判断力批判〉的一些体会》一文的开篇处,叶秀山指出:"康德《判断力批判》的地位在康德'批判哲学'系统中是明确的,它是《纯粹理性批判》和《实践理性批判》所涉两个独立'领域'的'桥梁',是'沟通'着两个完全不同的'立法''王国'的一个特殊的环节。"①接下来,叶秀山论证了"第三批判"之所以特殊的原因。《纯粹理性批判》处理的是"知性"为"自然"立法的问题,它通过规定感觉经验使"自然王国"成为可知的对象,成为一个"科学"的"世界"。而《实践理性批判》通过"理性"自己规定自己的方式为"自由"立法,它面对的是"道德"的"世界"。相比之下,《判断力批判》虽然体现了作为人的"心智能力"之一的"判断力",尤其是"反思判断力"为"自己"、为"主体"的立法,但它却没有自己独立的"领地",只有人的"生活场所",即现象学所说的"生活世界"。

叶秀山以"一切哲学的入门"来定位《判断力批判》,但在行文过程中,他仍然是把《纯粹理性批判》中对知识的处理作为"批判哲学"的奠基,并由此提出三大"批判"及一些短论可以当成"一部(大)著作"。② 相比之下,赵广明牢牢抓住《纯粹理性批判》B868 中的一段话:理性立法的两个对象自然和自由一开始是在两个不同的体系中,但最后要统合为"一个唯一的哲学体系里"。由此出发,赵广明把《判断力批判》视为批判哲学的"核心角色",判断力在自然与自由这两个没有直接因果关系的概念之间承担起统合功能,因为判断力是人类独特的"整体性认知把握能力"。③ 不仅如此,赵广明还把自然与自由的关系从康德语境推至整个哲学语境,并且大胆地把这个问题作为"理解庄子哲学及其道德、宗教思想的关键所在"。④ 可以说,自然与自由的关系问题以一种内在的方式在康德与庄子之间建立了对话的可能性,他们二者的对话亦构成了《庄子哲学沉思》的华彩乐章。

当中西哲学展开对话的时候,首先遇到的麻烦就是同一个概念可能具有不同的内涵和外延,因而导致名实之间的差异。在康德《纯粹理性批判》当中,"自然—自然王国"就是"经验王国",是"知识王国",凡可以感觉经验的事物都在这个范围内,受知性的规定,从而成为科学知识的对象。那么,这里首先需要追问的便是:庄子语境中的"自然"跟康德《纯粹理性批判》中的"自然"是否是同一个东西?

对庄子"自然"概念的研究有很多,这里仅围绕赵广明对庄子文本的分析和解读,并从中梳理出庄子语境中关于"自然"概念的两层含义。根据《庄子哲学沉思》,"自然"的第

---

① 叶秀山:《启蒙与自由——叶秀山论康德》,南京:江苏人民出版社,2013 年,第 3 页。
② 同上书,第 5 页。
③ 赵广明:《庄子哲学沉思——自由儒学奠基》,北京:社会科学文献出版社,2022 年,第 101 - 102 页。
④ 同上书,第 32 页。

一层含义是指万物自生、自在、天然的状态,如成玄英注疏所云,"夫天者,万物之总名,自然之别称"。① 赵广明认为这个"自然"可与英文"nature"相对应。庄子"自然"的第二层含义是"天性自然",赵广明很精辟地指出这是一种经过现象学还原后的"虚己"状态,是"无伪纯真率性"的"吾"的状态。这个意义上的"自然"不再与"nature"对应,而应与"spontaneity"对应。值得深思的是,康德表达绝对自发性的先验自由所用的恰好也是"Spontaneität"一词。②

面对第一层面的"自然",中西思想差异立见。庄子对于万物自生、自在的"自然"的态度或可用"天地有大美而不言"来概括,这一点又能够与孔子"天何言哉"的感叹对观。中国古代传统对万物、对自然持有一种本能的敬重,因此"格物致知"的想法不占主流。而在西方思想脉络之下,虽然赫拉克利特早有言曰"自然喜欢躲藏起来",康德的"知识王国"之外亦有一个"物自体",但在整体上人们相信,建立一个关于自然的知识体系是可能的。回到康德的问题,知性虽有自己的界限,但这并不等于它止步不前。知性能够在反思判断力的"范导"作用下,不断扩展自身的工作,也就是扩大"知识王国—自然王国"的范围。

面对第二层面的"自然",赵广明尖锐地把"天性自然"与儒家所强调的"血缘种性"的"自然"相比照,认为儒家的"自然"是一种"狭隘的自然"。③ 事实上,"血缘种性"是人无可选择的"被抛状态",按"自然"的第一层含义,血缘才是人的自然存在状态。如此,庄子所说的"天性自然"实际上就是一种形而上的存在状态,事实上它已经是"自由"了,赵广明正是用"更高的自然"来指称,因此可以写成"自然—自由"。对这个"自然—自由",《庄子哲学沉思》中厘析出了两层含义:对于物与事而言,"自然—自由"指的是物与事的各安其分,各称其能,所有的物都得到无条件的尊重,他者得到了无条件的尊重。④ 在这个问题上,赵广明认为重要的不是格物,而是"自己对待物的方式和态度"。由此便转到了"自然—自由"的第二层含义——针对人而言,那就是人通过"自虚"而达到"至人"境界,这是"逍遥自由"。赵广明指出,"这种虚、无的本性,应该成为哲学、宗教、道德、政治的根基与底色",也是人性的根基和开端。⑤ 我们看到,赵广明通过康德"理性自己规定自己"的自由观的逼问,把庄子的"逍遥自由"提升到了哲学和宗教的根本的高度,提升到了

① 赵广明:《庄子哲学沉思——自由儒学奠基》,北京:社会科学文献出版社,2022 年,第 19 页。
② 同上书,第 32 – 33 页。根据赵广明,葛瑞汉正是用"spontaneous"来译庄子的"自然"。
③ 同上书,第 73 页,第 128 页。
④ 同上书,第 170 – 171 页。
⑤ 同上书,第 178 页。

人性根基和开端的高度,这是一个深刻的洞见。不过回到自然与自由的关系问题,庄子的"自然"与康德《纯粹理性批判》当中的"自然"并不是同一个东西,它或许与《判断力批判》中作为自由游戏的"自然"的含义有相通之处。这也就是说,在很大程度上,自然与自由的关系问题的一极在庄子这里被消解了,只剩下了"自由"的独舞。对于这个结果我认为赵广明是有所意识的。在讨论《齐物论》时赵广明强调,"庄子齐物的问题,是物与是非的问题,是人的自由问题",而且这个问题在根本上成为"人如何看待、处理与物的关系问题,是如何在这种关系中确立自己的主体地位及其主动性、自主性的问题"。① 哲学概念在创造的时候往往是成组成对出现的,因此,我的疑问是:一个只有"自由"的独舞而没有与客体发生交集的主体会不会只是一个空集呢?

这个疑问同样延伸至对庄子情感问题的讨论。赵广明发现,庄子的"无情""虽然与外物相关,但主要强调的乃是自己与自己的情感关系,是自己去其好恶是非偏好之扰,自我克服,'无'掉自己的喜怒哀乐之情,使自己心如止水明镜,由此回复自己的天性自然"。② 这里的问题是,这种"自己与自己的情感关系",或者更进一步如赵广明所说的至为纯粹的作为"先验之情"而在的"未发之情",③虽然反思能够保证"先验之情"的必然可靠性,但归根到底这种"情"只是一种自相关性,它对超出主体之外的客观世界、对于他者无计可施。再进一步,倘若没有康德式的"自然—经验—知识"的维度,如何保证"先验之情"走在正途之上呢?

(二)"合一"还是"为二"?

在辨析了庄子与康德"自然"概念的可对照性之后,再来看自然与自由的关系。

对于康德而言,自然与自由在"概念王国"存在着和谐的可能性。叶秀山对这个问题做出过清晰的解释。在《试析康德"自然目的论"之意义》一文当中,叶秀山指出,理性为"自然"和"自由""立法",实际上是为"自然概念"和"自由概念""立法",康德所说的"王国"或"领地"都是"概念王国"。④ 康德所说的"自然"和"自由"指的是作为有理性者的人所面对的"有序的"世界,该世界因其拥有必然的根据而成为可理解的、可解释的。顺着这个思路,实践理性虽无权为"自然"立法,因为"自然"有自己的法则,但实践理性对"自然"具有"范导"作用,从而使"自然"与"自由"有和谐的可能性。⑤ 但是,倘若令康德的

① 赵广明:《庄子哲学沉思——自由儒学奠基》,北京:社会科学文献出版社,2022 年,第 51 页。
② 同上书,第 69 - 70 页。
③ 同上书,第 59 页。
④ 叶秀山:《启蒙与自由——叶秀山论康德》,南京:江苏人民出版社,2013 年,第 44 页。
⑤ 同上书,第 10 - 11 页。

"有序的"世界"下降"到纷繁复杂的现实世界,自然与自由的关系该当如何呢? 这个问题叶秀山并未直接作答,但他在 2007 年完成的《欧洲哲学发展趋势与中国哲学的机遇》一文结尾处对"内圣外王"所做的新解似乎可以被视为一种解答。叶秀山说:"'王者'以'法''制'天下,使社会按'必然'之'律'运行而不悖;'圣者''崇自由'而'尚智慧',遂使'思''通''古今之变。'"①这是康德思路的继续,从"知识王国"走出来到社会层面,"自然"与"自由"仍将"各行其道",和谐相处。

赵广明对这个问题做出了自己的思考和判断。赵广明敏锐地指出,康德对自然与自由的和谐关系的可能性的展望是囿于"概念王国"的。一旦走出"概念王国",则"自然(好恶,偏好,自然情感)"与"自由(理性,普遍法则,上帝,天,道)"之间持续有着一种"张力和对峙",这种张力关系始终困扰着人类。② 这是赵广明提出的又一深刻洞见,我认为其根源在于赵广明对康德与英国启蒙思想之间的关联的体察和把握。自然与自由之间的张力关系堪与克尔凯郭尔在基督教思想背景下提出的个体在"有限与无限、时间与永恒"的持恒张力对观。在克尔凯郭尔看来,生存就是一场持续的斗争,个体生命不息,斗争不止。

但赵广明似乎还不满足于自然与自由的张力关系的持存,在列维纳斯关于爱的主张的启发下,他大胆提出了"和谐为二"的观点。他说:"爱是天与人、形而上与形而下、自由与自然、崇高与自然和谐为二的然与所以然。"③"为二"而不是"合一"的观点是赵广明试图弥合康德理论哲学与实践哲学的脱节的大胆而有益的尝试,这个想法跟我近来的思考相契合,因此我愿意在此补充巴迪欧在《爱的礼赞》当中"爱是二"的观点。根据巴迪欧,爱始于两种"差异"的"相遇",而"相遇"具有"事件"的"准形而上"性质。因而"相遇"的发生有神秘的因素这一点并不重要,重要的是"相遇"之后,爱将从"二"而非"一"的立场出发去建构生活。也就是说,"二"的立场是一个"去中心化的立场",它不是对一方的冲动的保存或对一方身份的再确认。④ 列维纳斯对一元主义和总体性始终保持警惕,巴迪欧亦熟知历史上"一"对"二"的"终极复仇"。可以说,自然与自由将保持"为二"的关系是一个深刻的观点,但"为二"就意味着一种张力关系,而张力关系是否需要,并且可能保持"和谐",这将会是一个问题。再进一步,如果当代哲学家迪特·亨利希在研究康德哲

---

① 叶秀山:《哲学的希望——欧洲哲学的发展与中国哲学的机遇》,南京:江苏人民出版社,2019 年,第 17 页。
② 赵广明:《庄子哲学沉思——自由儒学奠基》,北京:社会科学文献出版社,2022 年,第 60 页。
③ 同上书,第 94 页。
④ 参见 Alain Badiou, Nicolas Truong, *In Praise of Love*, Peter Bush trans., Serpent's Tail, 2012, pp.22, 28 - 29.

学体系时提出康德"作为二元论开始的体系正在成为多维度的"的观点值得重视的话，①那么，"和谐为二"的可能性就需要更多的论证。

不仅如此，在"一"还是"二"的问题上，我似乎还能感觉到赵广明的犹豫。在《康德政治哲学的双重根基》这篇重要论文当中，赵广明一方面点破了康德政治哲学的先验自由与自然的双重根基及其紧张关系，另一方面又无法舍弃对先验自由的钟爱，强调"先验自由根本上乃是理性的自因"。② 而且，受康德"德福配享"理想的鼓舞，赵广明指出康德哲学有自由与自然合一的面向。"对康德来说，人是理性的和自然的本性的绝对的统一体，是自由与自然的合一。自由与自然合一，亦即德性应该配享幸福的至善概念，是康德道德哲学的转折点，意味着人在立足纯粹内在自由世界的同时，应该转向人与人相互行为关系的外在自由的世界。"③如此一来，康德政治的双重根基似乎在某种程度上遭到了消解，其理论哲学与实践哲学之间的裂隙仍然没有得到有效解决。"自由与自然的合一"问题移至中国语境就是儒家的"天人合一"。一方面，赵广明肯定了这个理想，认为"人类所有伟大的文明都会以所谓'天人合一'为指归和理想，关键在于谁能将这种理想变成现实"。④ 另一方面，他又明确指出，儒家在"天人合一"问题上是失败的。"《中庸》合天与人、性与情、无情与情的尝试并不成功。两种'自然'想实现沟通，达到天人合一，困难重重。"⑤于是我们似乎可以追问，作为"指归和理想"的"天人合一"将如何与"和谐为二"的主张自洽呢？之所以不愿放弃"一"的理想，我揣测赵广明是受到了庄子"天地与我并生，而万物与我为一"的境界的吸引。赵广明说，庄子的境界是"个体的命运与'自然''自在'之无尽江湖汪洋的命运成为同一个命运，造物者和造物合一于自身"的境界。⑥ 这个境界也就是康德所说的"无目的的合目的性"。但，这是恩典的荣耀时刻，这个时刻的到来取决于神。在人的世界里，自然与自由之间"为二"的紧张关系或许更现实、更具创造力。

三、自然与自由的关系之"诗"

令庄子与尼采展开"灵魂对话"是受木心启发。赵广明指出，庄子与尼采的精神可遥

---

① 参见［德］迪特·亨利希：《在康德与黑格尔之间：德国观念论讲座》，乐小军译，北京：商务印书馆，2020 年，第 125 页。亨利希的理由在于，康德在感性和知性之间的区别与理性和知性之间的区分具有不同的结构；感性是被动的，知性和理性是主动的；"心灵诸能力"有所区别；理性与判断力有所区别。
② 在这个问题上可参见赵广明：《自由、信仰与情感——从康德哲学到自由儒学》，北京：社会科学文献出版社，2018 年，第 72 - 73 页。
③ 同上书，第 80 页。
④ 赵广明：《庄子哲学沉思——自由儒学奠基》，北京：社会科学文献出版社，2022 年，第 4 页。
⑤ 同上书，第 58 页。
⑥ 同上书，第 222 页。

相呼应,尤其是在反思、解构和重估流行道德价值以及重建价值方面,呼应的关键在于二者的自然观。① 可以说,庄子与尼采的对话是从"诗"的视角出发对自然与自由的关系问题的讨论,对话彰显出的更多是庄子和尼采在精神品格和气质方面的差异。

赵广明认为,庄子作为"天地宇宙强阳之气的化身"的"至人",无异于尼采作为"强力意志化身"的"超人",因为"至人""一气贯通,绝对无待,仅仅是他自己,具有无穷生命力的自己"。② 这个说法似乎有违直观,庄子的"至人"追求"虚"心、"无己",而尼采的"超人"突显强力意志,二者天差地远,如何能等同待之? 赵广明对此的回答是,用尼采所说的"创造之心"将二者勾连起来。"至人之心,无己而虚,无己者强力,虚者自然入化,无己而虚的至人之心,正是尼采所谓的创造之心。"③

尼采身上的创造精神比较容易理解。当查拉图斯特拉说出"道路原是不存在的"这句话的时候,尼采就是要去试探前人未曾走过的道路,他因这种试探和追问而注定与孤独相伴,但他不会因此退缩。尼采的"超人"的创造性具体表现在"超人是大地"以及"人类是某种应当被克服的东西"的宣言之上。④ 在展开尼采思想时,赵广明特别着力于"大地"概念。根据"超人"说,人类尚未完成精神的进化,生命意志不允许人类从进化史当中脱落。同时由于"上帝死了",人类的进化便不能脱离"大地";而回归"大地",就是回归自己和自由,为此赵广明引用了《善恶的彼岸》第 41 节的一句话"展翅高翔是危险的",指出"天堂和地狱都不是尼采喜欢的词汇,欧洲和人类的天空已经被道德和宗教的雾霾重度污染,早已不适合人类的翅膀和自由。人的自由,人的自己,需要无比坚实深厚的根基和怀抱,这个根基和怀抱只能是大地。"⑤这个精辟分析切中尼采思想的要害。更有趣的是,赵广明还把"展翅高翔是危险的"这句话推给了庄子,认为在大鹏这只神鸟的眼中,说出此言的尼采"无异于蜩与学鸠"。⑥ 这个评论对于尼采来说或失之偏颇。尼采只是指出了展翅高飞的潜在危险,但这并不等于他害怕高处。相反,在《查拉图斯特拉如是说》当中不难发现"登高"是其中经常出现的意象,表现登高、向上的主题的文本很多,比如这一段——"生命本身,它意愿用石柱和阶梯往高处筑造自己:它意愿眺望广阔的远方,遥望福

---

① 赵广明:《庄子哲学沉思——自由儒学奠基》,北京:社会科学文献出版社,2022 年,第 198 页。
② 同上书,第 168 页。
③ 同上书,第 249 页。同时可参见第 240 页。
④ [德]弗里德里希·尼采:《查拉图斯特拉如是说》,孙周兴译,上海:上海人民出版社,2018 年,第 8 - 9 页。下加圆点为原文所有,下同。
⑤ 赵广明:《庄子哲学沉思——自由儒学奠基》,北京:社会科学文献出版社,2022 年,第 201 页。
⑥ 同上书,第 199 页。

乐的美景,——因此它需要高度!"①查拉图斯特拉本人更是一个"漫游者和登山者",②因为生命需要战胜自己,人类需要不断进化。此外,"登高"对于尼采还意味着摆脱视角主义、向多视角发展的可能性,"登高"意味着一个人可以看得更多、更远,例如下面这段文本:

> 为了观看大量,就必须学会撇开自身:这样一种坚强是每个登山者所必要的。
>
> 可是你,查拉图斯特拉啊,你却意愿观看万物的基础和背景:所以你就必须上登,越过你自己,——上去,上升,直到你的星辰也落在你之下!③

对"展翅高翔是危险的"这句话不应只做单面的理解,因为这个理解与对"超人是大地的意义"的理想密切相关。当尼采说要忠实于"大地"的时候,他的意思是说人应该摒弃"背后世界"的念头,与蔑视尘世生活、轻视身体的想法决裂,立足眼前的世界。不过,"超人"的含义还是在与"末人"的对照之中突显出来的,"末人"以一连串反诘句"什么是爱情?什么是创造?什么是渴望?什么是星球?"出场,并且"眨巴着眼睛"。④ 在"末人"的衬托下,"大地的意义"还意味着人要独立自强,要向上攀登、奋斗、创造并最终实现自我进化。在这个意义上,守住"大地"和向上攀升并不矛盾,这一点也能够充分解释为什么查拉图斯特拉把鹰和蛇视为是自己的动物,它们一个天上、一个地下,但都是自由的、不听摆布的、高傲的动物。

现在再来看庄子的"至人"。赵广明很敏锐地发现:"庄子逍遥旨在无己,而尼采的'不要依赖……'则相反,旨在为己,以证明自己、保护自己、确立自己。而换个角度看,庄子的逍遥无己须无待,尼采此处反复强调的'不要依赖……'也有'无待'、独立、自主的意思,只是比较起来看显得'经验'了些,没有庄子的无待那么'先验'和超凡绝俗。"⑤这段描述比较符合我们的直观感受,问题是,庄子的"无己而虚的至人之心"如何能够与尼采的"创造之心"等同起来,既然创造意味着"赋予事物意义、价值和重要性"? 赵广明把庄子的思想主旨正确地归为"精神",指出"逍遥的精神恰恰在'精神'二字";"无己之'虚'

---

① [德]弗里德里希·尼采:《查拉图斯特拉如是说》,孙周兴译,上海:上海人民出版社,2018 年,第 149 页。
② 同上书,第 227 页。
③ 同上书,第 229 页。
④ 同上书,第 17 页。
⑤ 赵广明:《庄子哲学沉思——自由儒学奠基》,北京:社会科学文献出版社,2022 年,第 199 - 200 页。

何谓？梦也,精神也,思也"。① 前面说过,强调纯粹的"思"和"诗"是赵广明思考的两条主线,"思"就是目的而非工具,哲学之"思"是文明的根基,类似鼓舞人心的说法在书中不止一次出现。形而上之"思"事关"自由",按照康德的说法,"思"对于"自然"只能起"范导"作用,正如"理论"所对应的希腊文"theoria"意味着一种观察方式而且多半是新的观察方式,"思"开启的是现实的可能性。如此我们可以问,自由之"思"是否能够,以及如何能够"介入""自然"？纯粹之"思"或者"精神"是否要"道成肉身"？赵广明又一次敏锐地指出,庄子和尼采都对梦情有独钟:"这是寝卧于大地的至人和投身埃特纳火山的狄俄尼索斯与你一起在做的万世大梦,这梦还需要醒吗?"②这个设问问得好！如果人要进化,要创造,这梦就必须醒。查拉图斯特拉提出精神要经过"三种变形"——精神要变成骆驼,因为骆驼能负重;骆驼要变成狮子,狮子有强力把"你应当"变成"我意愿";最后,狮子还要变成小孩,开始新的生命轮回。③ 这是尼采之思的"道成肉身"。相比之下,庄子的"逍遥自由"停留在个体精神的层面之上,它并无"道成肉身"的意向,而是表现为一种向内心的沉潜。

至此可以说,尼采跟庄子都反对现有的知识和道德,都追求自由,但二者在精神气质上迥然有异。庄子的理想是在"无何有之乡、广莫之野"之上"躺平",是梦与醒纠缠不清、不知"谁在谁的梦里"的智者境界——庄子是在从人生的漩涡中抽身,退回到自身。而尼采的理想则是"攀登又攀登","梦想又梦想",他要用"勇气"杀死面临深渊的眩晕,杀死同情,并且面对悲剧的人生高呼"再来一次"。④ 窃以为,与其在庄子的"躺平"和"梦"与尼采的"创造之心"之间画上等号,不若令庄子与尼采就生命的价值展开相互询问甚至质问的对话,揭示其同与不同,这方面的工作仍有提升的空间。

结语

在由《庄子哲学沉思》引发的关于自由儒学和汉语形而上学的讨论会上,赵广明说他的工作旨在抛砖引玉,让更多的同道加入对传统的反思和改造工作当中。同样,上面的评论只是我的读书感想,倘若能够起到一丁点旁敲侧击的效果,我也就心满意足了。

---

① 赵广明:《庄子哲学沉思——自由儒学奠基》,北京:社会科学文献出版社,2022 年,第 248－249 页。
② 同上书,第 248 页。
③ [德]弗里德里希·尼采:《查拉图斯特拉如是说》,孙周兴译,上海:上海人民出版社,2018 年,第 29 页。
④ 同上书,第 235－236 页。

何种优绩？谁之暴政？
——驳迈克·桑德尔的《优绩的暴政》①

谢宝贵②

迈克·桑德尔(Michael Sandel)的新著《优绩的暴政》(*The Tyranny of Merit*)(下文简称《暴政》)对以优绩(merit)为基础的优绩制(meritocracy)进行了尖锐的批判。他甚至把优绩制给以美国社会为代表的当代社会带来的负面影响称之为"暴政"。不过,该书名用"暴政"这一修辞稍显夸张。而且在后面我们会指出,即便有"暴政",主要也不是由真正的优绩制带来的,而是由貌似优绩制而实则是"伪优绩制"所带来的。

一、优绩与优绩制

在讨论桑德尔对优绩和优绩制的批判之前,有必要对这两个概念稍微做一些澄清。"merit"这个概念作名词时,指的是人或事物的优点。卓越的性能、良好的性格、艰辛的努力、杰出的贡献、优良的品行等都可以算得上是"merit"(优绩)。总之,"merit"作为名词都是指好的、正面的东西。而"merit"作动词时,可以翻译成值得、配得或应得,因此与"deserve"这个词的意思很接近,这两个词在很多语境中可以互换。而基于"merit"这个词,英国社会学家迈克·杨(Michael Young)造出了"meritocracy"(优绩制)这个词,并用在他于 1958 年出版的一本书的书名中:*The Rise of Meritocracy*(《优绩制的崛起》)③。从字面上就不难看出,"meritocracy"这个词的意思指的是基于人们的某些优点来分配各种社会益品(social goods)的一种分配机制。优绩制所分配的社会益品不限于直接的物质利益,还包括有利的资格、机会,比如入学名额、工作岗位等。作为一种分配机制,优绩制自然而然与正义概念联系起来了。因为优绩制主张者通常也认为它是一种正义的分配机制,优绩制的实现也意味着分配正义的实现。

这种优绩制的分配正义观实际上又与基于应得的正义观在本质上是一致的。桑德尔

---

① 本文是贵州省 2020 年度哲学社会科学规划一般课题"公共福利制度困境下的道德辩护研究"(课题编号:20GZYB62)研究成果之一。作者系该课题主持人。

② 作者简介:谢宝贵,贵州中医药大学人文与管理学院副教授,哲学博士,主要研究方向为政治哲学和伦理学。

③ Michael Young, *The Rise of Meritocracy*, Harmondsworth, UK: Penguin Books, 1958.

在《暴政》一书中就是把应得正义观与优绩制当成本质相同的思想来讨论的。这两者的相同之处其实不难理解。应得正义观(the desert-based conception of justice)是一种既朴素又被广为接受的常识性正义观。它的核心主张可以归结为：正义在于每个人都得到各自所应得的。人们所应得的东西是基于各自的应得基础，有好有坏。而优绩制强调的恰恰也是每个人的所得要是其所应得的，只不过优绩制突出的是人们对好东西的应得。当然，与应得正义观一样，人们想通过优绩制获得好东西也必须有特定的应得基础，而且这个应得基础一定是人们某方面的优点、优势、长处等，它们可以被统称为优绩(merits)。优绩制认为人们只能基于各自的优绩才应得各种社会益品，而且只有通过这样的方式分配社会益品才是正义的。不妨说，优绩制是一种特殊的应得正义观。从另一个角度来看，优绩制又相当于一种机会平等的正义观。因为"对于一种优绩制而言，重要的是每个人都有平等的机遇去攀爬成功之梯"①。至于平等的机会最终给人们带来什么样的结果，不论平等与否，都被视为人们各自所应得的，是正当的而无可厚非的。桑德尔正是对作为应得正义观和机会平等正义观的优绩制发起了强烈的批判。

二、桑德尔对优绩制的批判

公正地说，桑德尔对优绩制也不是全盘否定。他恰当地指出，把成功"看成通过我们的努力与奋斗而争取到的东西，这是优绩制伦理(meritocratic ethic)的核心……这种思考方式是令人鼓舞的。它鼓励人们去相信他们是能够为自己的命运负责的，而不是不可控的力量的牺牲品"②。在传统的等级制社会里，人们会由于阶级、种族、种姓、宗教、性别等因素的不同，而处于不同的社会等级，具有不同的人生发展机会，进而导致他们各自命运的截然不同。而且人们截然不同的命运之间存在难以逾越的鸿沟，人们想单纯通过努力和才能几乎是不能改变自身命运的。但从优绩制的角度看，人们只有通过各自不同的努力和才能获得不同的命运，这才是公平合理的。因此，在传统的等级制社会中，因阶级、种族、种姓、宗教、性别等因素给人们造成的巨大不平等，都是不公平、不合理的，都应该被取消。事实上，这样的不平等目前基本上也处于被逐步缩小或瓦解的状态。可以说，这是优绩制给当代社会带来的一种重要进步。

对于优绩制光明的这一面，桑德尔并不否认。不过，他要强调的是优绩制鲜为人知的黑暗面。优绩制伦理会在赢家与输家之间催生出道德上的负面情绪和态度，"它会让赢家

---

① Michael Sandel, *The Tyranny of Merit*: *What's Become of the Common Good*, London：Allen Lane, 2020, p.122.
② Ibid., p.59.

感到傲慢(hubris),会使输家感到羞辱和怨恨"①。赢家与输家这些不同的情绪正好是针锋相对的。赢家觉得自己的成功都是自己的努力和才能所挣得的,因此,就会情不自禁地对输家表现出傲慢这种情绪。而输家面对赢家这种居高临下的傲慢,也难以避免地会感到羞辱,进而对赢家感到怨恨,甚至愤怒。很显然,如果赢家与输家之间这种情绪上的对立广泛而深厚地存在于一个社会之中,那么它势必会造成社会内部的撕裂,从而破坏整个社会的团结和共同善好(the common good)。而这恰恰是桑德尔所说的"优绩的暴政"的关键之所在。桑德尔把当下美国民粹主义(populism)的兴起也归咎于"优绩的暴政"。民粹主义主要根源于,在全球化的过程中作为输家的底层民众对作为赢家的上层精英的强烈反感和怨恨。桑德尔认为底层民众的这种情绪是可以得到辩护的,因为技术进步和全球化实际上只给少数精英带来了巨大的利益,对于广大工人阶级而言,他们得到的往往是失业、贫困、工作尊严的丧失。造成如此悬殊的结果,统治精英难辞其咎。

需要指出的是,当桑德尔在批判全球化和技术进步给美国社会带来了巨大的经济和社会不平等时,他不是在批判优绩制本身,而是在批判优绩制的理想在美国社会没有得到真正实现。至少在他看来,在美国"今天的优绩制已经僵化成一种世袭的贵族制"②。因为精英阶层可以通过各种手段(甚至包括非法手段)把父母在经济和社会地位上的优势传递给他们的下一代。原来声称任何人通过努力工作和才能就可以在人生的道路上不断得到晋升的美国梦,不再符合实际情况了。桑德尔在《暴政》的导论部分就介绍了美国名校的招生丑闻:为了让自己的孩子能顺利进入名校,一些富有的美国家长不惜采取作弊、贿赂等非法手段来达到目的。这样的丑闻无疑是对美国梦(本质上就是优绩制的理想)辛辣的讽刺。当然,桑德尔并不否认,如果优绩制的理想在美国得到实现,那么这样的美国社会肯定是要优于优绩制远没有被实现的当前美国社会。可问题不止于此。即便优绩制得到了完美的落实,这样的社会也远非他心目中的美好社会。因为其中包含着前面提到的优绩制的黑暗面:社会各个阶层的人们充满着彼此对立的负面情绪和态度,譬如傲慢、羞辱、怨恨等,而它们又会破坏社会的团结和共同善好。在桑德尔看来,所有这些不良后果都是优绩制所带来的,都属于他所说的"优绩的暴政"。

对立的负面情绪和态度、社会的撕裂、共同善好的腐蚀,固然都不是什么好事情,但桑德尔把这些属于黑暗面的东西都甩锅给优绩制,这真的合理吗?

---

① Michael Sandel, *The Tyranny of Merit: What's Become of the Common Good*, London: Allen Lane, 2020, p.25.
② Ibid., p.24.

三、桑德尔的"优绩制"概念

桑德尔之所以批评优绩制会破坏社会的团结和共同善好,主要还不是基于优绩制在当今社会没有得到真正的落实这一事实,因为即便是他所设想的完美优绩制得到了完全的实现,也无法避免"优绩的暴政",而现实中很不完善的优绩制就更是如此了。如果我们追问一下,他为什么会这样看呢? 其根源在于,他并不看好优绩制对减少不平等所具有的效果。因此,即使是他所设想的完美优绩制得到完全落实,他也会觉得不可避免地将带来人们之间的经济和社会的不平等,甚至是巨大的不平等。毕竟,优绩制作为一种机会平等的正义观,强调的只是起点的平等,而非结果的平等。一旦人们之间的不平等达到一定的程度,社会的分裂将在所难免。成功者难免表现出傲慢和鄙视,而失败者则往往感到羞辱和怨恨。更严重的是,这两拨人会逐渐形成两个不同的甚至对立的阶级。而这两个阶级在生活的各个方面都缺乏交集。身处当下美国的桑德尔敏锐地发现:"收入和财富的不平等是如此突出,以至于它们把我们引向了截然不同的生活方式……我们在不同的地方居住、工作、购物和玩耍;我们的小孩上不同的学校。"①这两个阶级之间日积月累的对立的不良情绪和态度,以及截然不同的生活方式势必会给社会团结和共同善好带来重大冲击,这难道不是显而易见的吗?

面对这种所谓的"优绩的暴政",我们该如何是好呢? 按常理来说,我们首先想到的最主要的解决办法应该是尽可能地缩小贫富差距,极力弥合经济和社会不平等的鸿沟。然而,桑德尔给出的回答,本质上不过是进行一些伦理上的呼吁。为了实现共同善好和社会的团结,他呼吁公民同胞们投身于民主的公共生活,让各行各业、各个阶层的人们在共同的公共空间里相遇,协商、讨论重要的公共议题,容忍差异。与此同时,他还呼吁社会上的成功者要认识到他们自己的成功包含着种种人生的好运:他们天生具有某些特别的才能是一种偶然,而他们所生活的社会格外奖励他们所具有的这些才能同样也是一种偶然。认识到他们成功中的运气成分,成功者们才能学会谦卑(humility)。而学会谦卑则是缓解社会分裂局面的开始。尽管桑德尔进行这些伦理上的呼吁本身并没有什么错,但在严峻的现实面前,这对实现社会的团结与共同善好是无济于事的。因而,这样的呼吁显得很苍白无力,就好像面对黑暗的现实,唱出"只要人人都献出一点爱,世界将变成美好的人间"这样的歌词一样的苍白无力。

---

① Michael Sandel, *The Tyranny of Merit*: *What's Become of the Common Good*, London: Allen Lane, 2020, p.226.

当然,桑德尔无疑也是希望缩小人们在经济和社会上的不平等的。但是,很显然,他提出的那些呼吁对于缩小贫富差距而言基本上是于事无补的。在我们看来,更好地落实真正的优绩制要远比他提出的那些呼吁更有助于不平等的减少。可惜的是,他对优绩制能减少不平等这一点深表怀疑。所以他才会说:"优绩制的理想关注的是流动性而非平等……(它)不是对不平等的一种纠正,而是对不平等的一种辩护。"①在某种意义上来说,桑德尔的这句话说得很在理。然而,需要澄清的是,说优绩制是为不平等辩护并不意味着它就一定不能减少不平等。优绩制并非为所有不平等辩护,而只为那些合理的、应得的不平等辩护。从优绩制的观点看,只有源于人们的努力和才能的不平等才是合理的、应得的。那些源于人们的种族、肤色、性别、宗教、阶级等因素的不平等则是不合理的、不应得的,因而是得不到辩护的。从实际的历史来看,与过去相比,当今社会中源于种族、肤色、性别、阶级等因素的不平等无疑是在减少的。而这一结果不能不说与优绩制在当今社会得到了一定程度上实施是有很大关系的。同样的道理,在未来社会,更加完善的优绩制的落实应该也可以进一步减少一些不合理的因素对人们经济和社会地位的影响,从而进一步缩小人们在经济和社会上的不平等。只不过,这是一种理想的优绩制,而且与桑德尔所设想的优绩制是不一样的。虽然他质疑优绩制所容许的不平等的正当性,还谴责"优绩的暴政",可实际上这些问题往往发生在他所设想的优绩制之上,而不是发生在我们所要主张的真正的优绩制之上。

桑德尔所说的优绩制,本质上是指一种比人们通常所想象的机会平等更公平一点的机会平等的制度。它不但要求消除通往成功的各种传统的不公平的障碍和特权,比如基于民族、性别、宗教、肤色等因素的障碍和特权,甚至还要求消除或抵消由家庭背景的差别所造成的机会不平等。显而易见的是,家庭背景对每个人的成长和发展都是至关重要和影响深远的。因此,不同家庭背景会对各自在其中的孩子的前途产生巨大的不平等影响。当代一个富有的家庭能给予自己孩子的各种有形、无形的优势是极为广泛而重大的,这完全是贫困家庭甚至一般家庭的孩子所无法想象的。然而,根据优绩制,由家庭背景的差异而带来的不平等是不公平的。因为这种不平等并不是基于人们在努力与才能上的差异。不过,要消除或抵消由家庭背景所带来的不平等,桑德尔也深知其中的困难。哪怕再好的税收制度和教育制度,也难以让一个来自贫困家庭的孩子与一个来自富裕家庭的孩子拥有完全平等的通往成功的机会。不过,这种"完美的"优绩制在操作层面如何实现,不是桑德尔关注的重点。他关注的重点落在即便这样"完美的"优绩制在得到彻底实现之后

---

① Michael Sandel, *The Tyranny of Merit: What's Become of the Common Good*, London: Allen Lane, 2020, p.122.

结果是否正义这一问题上。他的回答是倾向于否定的。理由在于,即便人们的所得完全是基于各自的努力与才能,也不足以说明人们各自的所得都是他们各自所应得的。下面来看看他给出的解释。

首先,就才能而言,人们具有什么类型的、什么程度的天生的才能,与人们自己的努力无关,而只是一个运气问题。此外,人们碰巧具有的才能在他们所生活的社会中可以获得什么样的利益,这本身也是一个运气问题。一个天赋再高的篮球运动员,如果生活在古罗马而不是当今的美国,也无法凭借这种天赋获得巨额财富。而一个人生活在哪个时代和社会,也完全是运气问题。如果一个人天生的才能以及它们在他所处的时代和社会能给他本人带来什么样的好处,只是来自偶然的运气,那么就很难说他应得他所具有的才能,而且他基于其才能的所得,也难以被看成他所应得的。

其次,更进一步的是关于努力的问题。如果才能无法作为应得的基础,那么努力是否可以呢?有两种情况需要考虑。关于第一种情况,桑德尔实事求是地指出,虽然人们成功的确是才能与努力相互作用的结果,但是,在很多情况下,一些人的成功往往是天赋大于努力的结果。例如,在体育比赛中,一位训练不及其他运动员刻苦但却天赋极高的运动员最终获得了世界冠军。在这样的情形下,我们还是会把金牌颁发给他,而不是其他训练更加刻苦的运动员。但是这却违背了优绩制的原则。因为这个运动员得到金牌不是基于其努力而是基于其才能。而才能,如前所述,只是运气的结果。如此一来,基于努力的应得在此也难以成立。接下来我们再来考察关于努力的另一种情况。即便两个才能相同的人,如果各自付出的努力不一样,那么他们因此具有各自不同的所得似乎可以看成他们各自所应得的。可是罗尔斯却很客观地指出:"看起来很显然的是,一个人愿意做出的努力受到他天生的能力、技能和向他开放的选项的影响"①,"甚至做出努力、尝试,因而能够在日常的意义上获得应得资格的意愿本身,也依赖于快乐的家庭和社会环境"②。这也就意味着,即便是个人的努力也并不完全取决于自己,其中也掺杂着运气的成分。因此,基于努力的应得主张似乎也难以成立。

既然才能与努力都难以作为应得的基础,那么桑德尔所设想的"完美的"优绩制基本上就被否定了。因为这种"完美的"优绩制恰恰要求的就是只能以努力工作和才能作为应得基础。可是如前所述,就算人们只是基于他们各自不同的努力与才能而使他们获得了各不相同的一切,这种不平等结果依然受到了不可控的偶然性(运气)的干扰,所以也

① John Rawls, *A Theory of Justice*, Cambridge, M.A.: Harvard University Press, 1999, p.274.

② Ibid., p.64.

很难说这种结果是公平的、正当的。桑德尔所说的"优绩的暴政"似乎因此得到了印证。然而,这只是一种误解。

四、真伪优绩制

之所以说桑德尔所谓"优绩的暴政"的主张是一种误解,理由在于,他所论述的优绩制并不是真正的优绩制,而是"伪优绩制"。真正的优绩制与桑德尔所说的优绩制在内涵上不尽相同,至少存在着如下三个方面的差异。

首先,桑德尔所说的优绩制虽然要求消除或抵消家庭背景给人们带来的不平等,但是却并不要求消除或抵消运气给人们带来的在天生才能与付出努力上的不平等。更进一步说,他所说的优绩制并不一般性地要求消除或抵消由运气给人们造成的不平等。而我们主张的优绩制则要求尽可能地抵消由运气导致的不平等。也许在桑德尔看来,优绩制只能消除人为制造的不合理的不平等。譬如,古代社会基于人们种族、肤色、性别、宗教、阶级等因素的不同,而人为规定了他们具有不平等的社会经济地位和机会。这种人为制造的不平等的规定是比较容易消除的。但是非人为的也即偶然的运气产生的不平等的影响就难以甚至无法消除或抵消。在当今美国社会,没有任何人为制度规定不同身高、长相、性别、肤色或才能的人们享有不同的权利和机会。即便如此,这些由自然造成的偶然差异实际上的确会给人们的发展带来不平等的影响。然而,虽然人们在生理上的天生差异是难以甚至是无法改变的,但是由这些差异所带来的不同影响却是可以改变和弥补的。既然桑德尔认为"完美的"优绩制应该想方设法尽可能去抵消不同的家庭背景给各自不同的小孩未来的发展造成的不平等的影响,那么同样地,这种优绩制也应该尽可能去抵消由人们的不同天赋这种自然偶然性所导致的他们在经济与社会方面的不平等。因为人们出生在何种家庭背景之中也是一种偶然性,只不过它属于一种社会偶然性而已。可不管是自然偶然性还是社会偶然性,它们给人们造成的不平等影响都应该被最大限度地抵消。这是真正的优绩制的应有之义。

可桑德尔所说的优绩制并不具有这层含义。由于人们的才能与努力都包含着一定程度的不可控的运气成分,桑德尔据此就认为优绩制会导致不合理的不平等,进而也否定了优绩制作为一种正义观的合理性。然而,他的论证真正能否定的最多只是他自己所说的优绩制,而不可能否定真正的优绩制。真正的优绩制对于因人们在才能与努力中包含的运气成分而造成的不平等,是要尽可能去抵消的。更何况,人们的才能与努力只是在一定程度上受到不可控的偶然性的影响,除此以外,它们更多地取决于包含着自由意志的人们的选择。也就是说,在很多时候,努力是人们自由地做出的,而才能是他们自己后天努力的结果。基于人们这样的才能与努力,根据真正的优绩制,其结果是人们所应得的,如果其结果还存在着不平等,那么这种不平等也并非是不正当的。

其次,桑德尔所说的优绩制与真正的优绩制的另一个差异在于,各自与"运气平等主义"(luck egalitarianism)的关系不一样。桑德尔把运气平等主义与优绩制看成两种不同的正义观,前者是对后者的一个替代选项,但是他对两者都是持批判态度的。而真正的优绩制则把运气平等主义看成对优绩制的一种补充,尽管这两者也并非完全一致。为了进一步讨论这两种优绩制的这一差异,就不得不先就"运气平等主义"的概念稍作解释。运气平等主义作为一种正义观,借用桑德尔自己的话来说,它要求"对人们所有类型的厄运(bad luck)进行补偿——生而贫困、残疾或才能微薄,或生命中遭受意外事故和不幸"①。换言之,它要求尽可能抵消运气(当然也包括才能与努力中的运气)给人们带来的不平等的影响。这往往是通过一种再分配机制去实现:从好运者身上转移一部分利益到厄运者身上。如前所述,这样的要求恰恰是真正的优绩制的应有之义。可桑德尔并不这样认为。在他看来,运气平等主义是拒斥优绩制的,因为优绩制不可避免会受到运气的影响,会造成人们在利益与负担分配上的不平等,而且这样的不平等是不正义的。然而,他对优绩制与运气平等主义之间的关系的理解是有问题的。原来优绩制的倡导者,包括"优绩制"这个词的创造者迈克·杨在内,所想到的优绩制仅仅是要求消除以往的一些不合理的机会不平等,典型的例子就是人们由于种族、肤色、性别、宗教、阶级的不同而具有不平等的发展机会。在这些不合理的不平等消除之后,这些倡导者就以为,此时的人们凭借各自的努力与才能都具有了平等地追求成功的机会。但结果并非如此。他们没能像运气平等主义者那样更进一步地想到,人们的命运,包括他们的才能和努力还是会受到运气的干扰而变得不平等的。因此,哪怕人们只是基于各自的才能与努力,他们的发展机会也可能并不是完全平等的。优绩制所渴望的机会平等的理想在这种情况下是不可能实现的。然而,换一个角度看,运气平等主义对运气在人生中的巨大影响的重视,可以被视为对原来的优绩制不足的一个重要补充。这个补充会更有助于优绩制理想的实现。

此外,运气平等主义还为优绩制引入了"相对应得"的概念。原来的优绩制所说的"应得",主要是指具有优先和主要地位的"绝对应得"。所谓"绝对应得",是指无须与其他人进行比较就可以确定一个人应该得到什么这样一种"应得"。比如,一个努力工作的

① Michael Sandel, *The Tyranny of Merit: What's Become of the Common Good*, London: Allen Lane, 2020, p.146.

工人应得他的工资,这种应得在一定程度上无须和他人比较就能知道。但是从更加彻底而根本的运气的视角来看,"绝对应得"面临着一个难题:就构成人之为人的身心及其社会关系而言,每一个人的诞生都是一个偶然事件,每一个人有形和无形的一切从一开始都不是每一个人自己努力的结果,因此也没有任何一个人应得他自己的一切。正是在这一意义上,埃里克·拉科斯基(Eric Rakowski)才会说:"当一个人有自我意识地登上了自己的人生舞台之时,没有哪个人应得生而为他所是的那个人。"①如果是这样的话,那么"绝对应得"几乎变得没有意义。

可是,倘若我们还想坚持使用"应得"这一概念,似乎就只能从"相对应得"的意义来使用了。"相对应得"意味着任何一个人的应得,只有参照其他相关的人的应得才能得到确定。既然没有人应得出生时的一切,那么正如罗尔斯(John Rawls)说的,也"没有人应得他在自然禀赋分布中的地位,就如没有人应得他在社会中的初始起点一样"②。在罗尔斯的基础上,特姆金(Larry Temkin)进一步提出,"一些人并非由于他们自己的过错(或选择)而过得比别人差,这是坏的——是不正义或不公平的"③。特姆金的这一观点其实就属于典型的"相对应得"主张:没有人由于非其本人自己的过错(或选择)而应得比他人差的生活。换言之,除非由于人们自己的过错(或选择),他们应得平等的生活。这样的主张显然与运气平等主义的基本原则也是一致的。通过对"绝对应得"与"相对应得"的分析,不难发现,真正的优绩制所涉及的"应得"概念就不可能再赋予"绝对应得"以优先和主要地位,这样的地位只能被赋予"相对应得"。既然每个人从一开始所具有的潜能(包括做出努力的潜能)就不是人们努力的结果,那么从根本的意义上而言,人们从一开始就无法真正谈论"绝对应得",而只能谈论"相对应得"。"相对应得"蕴含着一个平等的前提,即每个人都应得一个平等的起点。从这个平等的起点出发,并且还要排除"单纯运气"(brute luck)④对人们后来的不平等的影响,在这样的情况下,才能说人们基于不同的选择⑤相对应得不平等的生活状况了。如果人们的初始起点不平等,或是后来的单纯运

① Eric Rakowski, *Equal Justice*, Oxford: Clarendon Press, 1993, p.115.
② John Rawls, *A Theory of Justice*, Cambridge, M.A.: Harvard University Press, 1971, p.104.
③ Larry S. Temkin, *Inequality*, New York & Oxford: Oxford University Press, 1993, p.13.
④ 德沃金(Ronald Dworkin)区分了两种不同的运气:"单纯运气"(brute luck)与"选项运气"(option luck)。简而言之,这两者的区别在于,对当事人而言,前者的发生是无法选择的,而后者的发生是可以选择的。某个人被一颗陨石砸中,这就属于单纯运气。如果他因炒股而赔了钱,这就属于选项运气。参见 Ronald Dworkin, *Sovereign Virtue: The Theory and Practice of Equality*, Cambridge, M.A. and London: Harvard University Press, 2000, p.73.
⑤ 这里说的"选择"包括人们的努力以及通过努力发展而来的、非天赋的才能。因此,说"基于不同的选择"就相当于说"基于不同的努力和非天赋的才能"。

气对人们的影响也不平等,根据包含运气平等主义基本原则真正的优绩制,这样的不平等就是不应得的,应该尽可能去抵消。比较而言,由于桑德尔对"应得"概念缺乏反思,所以他没有挖掘出运气平等主义与他所说的优绩制在思想上相契合的方面,以至于他所说的优绩制是过于陈旧和落伍的。

最后,真正的优绩制与桑德尔所说的优绩制还有一个差别,而且这个差别依然与"应得"概念息息相关:真正的优绩制强调的是前制度性应得(preinstitutional desert),而桑德尔所说的优绩制强调的则是制度性应得(institutional desert)。区分这两种"应得"的关键在于应得与正义在逻辑上孰先孰后。如果认为在逻辑上应得优先于正义,那么这种"应得"就是前制度性应得。反过来,如果认为正义在逻辑上优先于应得,那么这种"应得"就是制度性应得。前制度性应得在逻辑上事先规定了什么样的行为、事态是正义的。例如,"某些特定的行为应得(deserve)惩罚,而另一些特定的贡献配得(merit)奖励,如果某些制度依据这些应得的形式来分配利益与负担,那么它们就是正义的"①。制度性应得则在逻辑上事先规定了什么样的制度是正义的,然后再根据这些正义的制度来确定人们各自应得什么。制度性应得与前制度性应得在有些情况下是一致的。盗窃应得惩罚,努力工作应得报酬。这无论在前制度性应得还是在制度性应得的意义上都是正义的。然而在另外一些重要的情况下,这二者并不一致。比如,炒股者都应得他们炒股的收益或损失吗? 在制度性应得的意义上,如果涉及炒股的各种社会经济制度是正义的,那么炒股者就应得他们炒股的收益或损失,而且这种利益的分配并不是不正义的。在资本主义社会,可以说主流的看法都会认为炒股是正当的活动,炒股的得失都是人们所应得的。这种看法暗含着资本主义社会的另一个主流看法,即认为这种股票制度本身是正当合理的。但是,从前制度性应得的角度来看,对炒股者应得他们炒股的收益或损失这一点是有质疑的:这种股票制度以及很多相关的社会经济制度本身是正义的吗? 股票市场产生的分配结果难道严格地或者哪怕是大体上反映了人们诚实劳动的差异吗? 同理,对于炒房客是否应得他们炒房的收益或损失这个问题,制度性应得观和前制度性应得观的结论也是不一致的:前者倾向于肯定,而后者倾向于质疑甚至否定。

然而前制度性应得观最大的质疑远不只是针对股票市场和房地产市场,而是针对整个资本主义制度。资本主义社会之所以被称为资本主义社会,关键在于资本在这个社会中占据着压倒性的地位。在资本主义社会中,资本相对于劳动在整体上处于绝对的支配

---

① T. M. Scanlon, "The Significance of Choice", Sterling McMurrin ed., *The Tanner Lectures on Human Values VIII*, Salt Lake City: University of Utah Press, 1988, p.188.

地位。因此,在资本主义社会中,财富与收入的分配是高度不平等的。对于资本主义社会的特点,经济学家托马斯·皮凯蒂(Thomas Piketty)有着敏锐的观察和分析:"资本方面的不平等总是大于劳动方面的不平等。资本所有权(及其收入)的分配总是要比劳动收入的分配更加集中……前 10% 的劳动收入的分配一般只占到总劳动收入的 25%—30% ,而前 10% 的资本收入的分配在全部财富的占比中则超过 50%(在有些社会中这个比例高达90%)。"①不难看出,造成资本主义社会贫富悬殊的根本原因,并不是运气平等主义所强调的运气因素所造成的②,而是资本主义制度本身造成。面对资本主义社会如此巨大的不平等,制度性应得观可能会坦然接受。因为它会认为资本主义制度本身是无可厚非的,所以资本主义制度所产生的分配结果也是正当的。很多优绩制的主张者就是持这种看法。桑德尔所批判的优绩制实际指涉的"应得"概念就是制度性应得。这种基于制度性应得的优绩制在现实中不但常常无助于缩小资本主义社会的不平等,反而沦为既有的巨大不平等的保护伞。有鉴于此,桑德尔对这种优绩制痛加批判当然是很有道理的。可问题是,他为什么要把优绩制建立在制度性应得的基础之上呢? 优绩制完全可以建立在前制度性应得的基础之上。这种基于前制度性应得的优绩制可以在根本上对资本主义制度的正当性提出质疑:为什么资本的所有者可以攫取整个社会大部分的财富和收入,而劳动者只能获得小部分呢? 在某种意义上,那些获取巨额资本收入的资本所有者难道不是在不劳而获吗? 这种如此巨大的不平等难道是人们应得的吗? 这种不平等难道不就是马克思所批判的资本主义剥削所造成的吗? 这种剥削难道是正当的吗? 按道理来说,如果真正落实基于前制度性应得的优绩制,资本与劳动之间这样巨大的不平等就应该尽可能缩小乃至消除,甚至可以进一步说,以生产资料私有制为基础的资本主义制度本身就应该取消,转而实行以生产资料公有制为基础的社会主义,收入分配主要基于按劳分配的原则来实施。这些要求只有真正的优绩制才可能提出来,而桑德尔所批判的优绩制无论如何也不可能提出这样的要求。

通过上述对桑德尔所批判的优绩制与真正的优绩制之间的比较,我们发现,前一种优绩制并没有把运气因素纳入其考虑范围之内,因此它会对由运气给人们在收入与财富分

① Thomas Piketty, *Capital in the Twenty-first Century*, Arthur Goldhammer trans., Cambridge, Massachusetts: The Belknap Press of Harvard University Press, 2014, p.244.
② 我们并不是在否认运气会导致人们之间的不平等,而是想指出纯粹源于运气的不平等在整个资本主义社会的不平等体系中是次要的。譬如,桑德尔也正确地指出:"赚钱上的成功与天生的智力没有太大的关系,如果真存在天生的智力这回事的话。平等主义的自由主义者把收入不平等的一个主要来源锁定在天生的才能上,他们夸大了它的作用,也无意间扩大了它的声誉。" Michael Sandel, *The Tyranny of Merit: What's Become of the Common Good*, London: Allen Lane, 2020, p.151.

配上造成的不平等持一种放任不管的态度,而真正的优绩制则不会如此。此外,前一种优绩制把运气平等主义当成对优绩制的一种替代性立场,而真正的优绩制则把运气平等主义看成一种补充。最后,更重要的是,前一种优绩制强调的是制度性应得,它是以肯定资本主义剥削制度或者说不承认资本主义存在剥削作为前提的,而真正的优绩制强调的是前制度性应得,它从根本上是质疑资本主义剥削制度的。这三个区别足以表明造成所谓"优绩的暴政"的并非真正的优绩制,而是桑德尔所批判的可以称作"片面优绩制"或"伪优绩制"。因此,他对优绩制的批判是不能成立的,属于无的放矢。

余论

桑德尔对优绩制的批判在很大程度上源于他对美国社会一些突出的负面现象的切身观察和体会。这些负面现象包括成功者常常充满了傲慢和自负,失败者则往往倍感羞辱与怨恨,贫富差距的不断扩大导致不同阶级在生活上的彼此隔离,更严重的是造成了整个社会的撕裂和对抗,备受推崇的社会团结几乎荡然无存。对于这些现象,不只是桑德尔,很多一般的公民无疑也是深感痛心的。然而,把这些现象产生的主要原因归咎于优绩制,即所谓"优绩的暴政",这就很成问题了。

虽然真正的优绩制也是有缺点的,因为正如桑德尔所指出的,哪怕是真正的优绩制也会导致社会成员之间产生一些不利于社会团结的负面情绪和态度。但是,它的这一缺点远不足以造成桑德尔所痛心的社会撕裂和对抗的情况出现。恰恰相反,造成这种社会局面的罪魁祸首是冒充优绩制的"伪优绩制"。桑德尔所一直批判的优绩制并不是真正的优绩制,而是"伪优绩制"。美国社会及其他许多资本主义社会真正落实的也是这种打着优绩制的名义四处横行的"伪优绩制"。这种"伪优绩制"不仅把人们靠运气所得的利益当成应得的,更严重的是,它把人们靠资本剥削劳动的所得也当成应得的。可正是这两个因素造成了整个资本主义社会收入和财富的巨大不平等。照目前的趋势,这种不平等不但没有缓和的迹象,反而愈演愈烈。因此,根据这种分析,桑德尔所批判的当今社会的"暴政"绝不是"优绩的暴政",而只能说是"伪优绩的暴政"。要消除这种"暴政",就得消除"伪优绩制",进而实现真正的优绩制。按照真正的优绩制,资本对劳动的剥削不是应得的,人们通过运气的所得也不是应得的。如果把原来这两个方面存在的不平等都消除了,那么显而易见的是,整个社会的将不可能存在像今天这样巨大的贫富差距,这一差距会变得非常之小,而且这样的差距也更能反映出人们在"优绩"上的真正差异。桑德尔的一个重要失误就在于,他低估了实现真正的优绩制对于消除贫富差距的巨大作用。可以合理地预见,在实现了真正的优绩制因而贫富差距也变得极小的社会里,成员之间很难出现在态度和关系上广泛而深厚的对立,整个社会自然而然会呈现出团结互助的景象,因而社会的共同善好也将得到最大限度的实现。这样的社会即便还存在一些负面情绪和态度,那也是极其微弱的,无损于社会的团结与共同善好。在某种意义上,甚至可以说,这样的情绪和态度也是无可厚非的。

哲学与文学
——关于两者关系的思考

［美］维托里奥·赫斯勒①（著）

詹芷彦　田润雨　吕润洋　向奕雯　阿依达娜·巴哈提别克②（译）

黄超然　胡　蔚③（校）

【摘要】本文旨在探讨哲学与文学两者之间丰富而复杂的关系，为此首先对哲学和文学两个概念进行定义，探讨其交互重叠关系，并进一步区分传达既有哲学观念的文学作品和先于哲学展现思辨的文学作品。从哲学的角度来看，哲学是文学研究及其他人文科学的必要基础，为文学研究阐释和评价提供支持。而从文学的角度分析，则需要注意文学体裁虚构性这一文学所特有的本体论问题，即意味着研究文学作品所表达的可能的世界，需要生成美学和接受美学作为方法，而研究文学作品本身则需要以艺术作品美学为纲，尤其是包含了形式主义文学研究。但此类"纯粹"的文学科学研究通常会忽略作者的表达意图，而文学情感力量的关键在于其中文学世界的真实性，现实世界作为文学来源的真实性以及通过文学虚构来揭示现实世界真实本质所唤起的与读者的共情，这便是哲学对于文学研究的功用。

【关键词】文学，哲学，人文科学，虚构性，真实性

文学与哲学的关系显然是双向的——文学对哲学的影响不亚于哲学对文学的影响。但是，哲学和文学真有明显的区别吗？大多数哲学家不是都写文章吗？他们不也因此创作着文学作品吗？如果众所周知难以定义的哲学被视为研究现实基本原则的学科，那么这不也适用于伟大的文学吗？黑格尔曾将艺术、宗教和哲学归入"绝对精神"（absoluter Geist），都是解释现实基础的精神活动。

这表明有必要对哲学和文学这两个概念进行区分和定义，但这并不容易，必须通过哲

---

① 作者简介：维托里奥·赫斯勒（Vittorio Hösle），著名哲学家，美国圣母大学 Paul Kimball 讲席教授，圣母大学人文高等研究院创始院长。
② 译者简介：詹芷彦、田润雨、吕润洋、向奕雯、阿依达娜·巴哈提别克，北京大学外国语学院德语系 2022 级硕士生。
③ 校对者简介：黄超然，北京大学外国语学院德语系助理教授，研究方向为近现代德语文学、德语游记文学、中德文学文化关系。胡蔚，北京大学外国语学院德语系主任，研究方向为德语抒情诗传统、德语自然书写、德语自传。

学思考努力达成。① 我暂且仅作以下说明：任何文献都可以归入"文学"，包括数学、自然科学或哲学论著。但这里涉及的"文学"概念，也就是具有审美价值的文学，②范围要窄得多——它是更广义文学概念的一个从属概念。（固然，从某种意义上说，它也不是一个从属概念，因为在这个狭义文学概念中也包括重要的口头文学③——即使这种说法忽略了"文学"一词在词源上指的是字母，因此也指文字）。要说明具体是什么产生了狭义上的文学审美特质，绝不是一件容易的事，我们能想到的各种标准如下：

（1）对语言材料的艺术构造；

（2）虚构性；

（3）情感的感染力；

（4）需要特殊阐释的信息；

（5）艺术作品内部的丰富关系。

这些标准绝不是必然同时存在的。例如，第一条标准也适用于散文体的学术文章，除了数学以及其他以数学为基础的学科之外；第三条标准也适用于历史作品。但第二条标准与学术性的要求是不相容的。

但是，如果这些标准都不存在，就如在亚里士多德的《前分析篇》(*Erste Analytik*) 中那样，那么谈论狭义的文学（以下我们直接使用"文学"一词时，指的总是狭义的文学）就没有意义了。反过来说，仅仅言及哲学基本问题的文本并非构成哲学文本的必要条件，而更需要对相关问题进行系统论证。

即便是这种并不充分的区分，也能让人立刻明白这两个领域之间可能存在重叠。柏拉图的"哲学对话录"因其语言、对话情境的虚构性、感染力、阐释难度及其有机性，往往具有很高的文学价值。争论《会饮篇》(*Symposion*) 更多地属于文学还是哲学，是多余之举。相反，但丁《炼狱篇》(*Purgatorio*) 和《天堂篇》(*Paradiso*) 中教谕诗 (Lehrgedicht) 部分

---

① 理查德·舒斯特曼 (Richard Shusterman) 认为，哲学被归入"文学"这一体裁之下，但哲学本身却拥有定义文学的特权，这实际上是"一种尴尬的循环论证"(Shusterman, "Philosophy as literature and more than literature", G. L. Hagberg, W. Jost eds., *A Companion to the Philosophy of Literature*, Chichester：Wiley-Blackwel, 2010, S. 7–21)。但是，这与逻辑学意义上的循环论证关系不大，正如作为自然一部分的人类认识到并定义了自然。这绝不意味着舒斯特曼关于哲学不仅是文学写作，而是一种生活方式的论点是错误的；然而，这一论点不能以他提出的方式来证明。

② 早先，这种文学通常被称为"美的文学"(schöne Literatur)，但自从发现了丑作为艺术对象和表现手段所带来的美学硕果之后，这个词基本上已经过时了。关于丑的美学，这本新书作了基本说明，参见 Roche, *Beautiful Ugliness. Christianity, Modernity and the Arts*, Notre Dame：University of Notre Dame Press, 2023.

③ 关于口头文学与书面文学之间的关系，见 New, *Philosophy of Literature. An Introduction*, London / New York：Routledge, 1999, S. 5 ff. 本书作者为书面文学的首要地位提供了两个论据：首先，原本是口头的东西现在也可以通过书面形式留存；其次，有一些书面文学无法以口头形式存在的。

的说理论证是如此详尽,某些地方在思想上又是如此新颖,以至于很难将《神曲》(Commedia)排除在中世纪哲学史之外。但这并不能改变格里美尔斯豪森(Grimmelshausen)的《痴儿西木传》(Der abenteuerliche Simplicissimus)不属于哲学,康德的《形而上学导论》(Prolegomena)不属于文学的事实。

但是,不同领域之间也存在交互勾连的关系,而且往往是相互的。首先是形式的勾连,即文学对哲学的参照,这里也需要做一些区分。有一些文学作品有意识地将传递哲学思想作为任务。我们会立即想到教谕诗这一体裁,想到巴门尼德、恩培多克勒或卢克莱修的作品所具备的特点。然而,前两者的哲学思想在当时无疑是具备独创性的,尤其巴门尼德是划时代的。他们注重传播哲学思考甚于文学审美,所以他们主要被归类为哲学家。反观卢克莱修的作品,几乎没有什么哲学上的独创性;但传播伊壁鸠鲁学派为真实学说的愿望之强烈,胜过精巧语言所带来的快乐。这部作品当然不是虚构。("教谕诗"是传递作者言说的意图,而不是指内容的真实客观;否则过时的科学文献也应算作虚构。)因此,大多数人将卢克莱修归入哲学史而非文学史,并不仅仅是因为《物性论》(De rerum natura)恰好成为现存最长的古代伊壁鸠鲁主义著作,每一位希腊哲学史家都必须对其进行深入研究。除了这本书之外,卢克莱修什么也没写,至少没有除伊壁鸠鲁主义学说之外的文本流传下来。近现代最重要的教谕诗《人论》(Essay on Man)的作者则完全不同:亚历山大·蒲柏(Alexander Pope)是一位多面的作家,教谕诗不是他擅长的体裁;因此,与卢克莱修不同,他更有可能被归类为具备哲学天分的作家,而不是擅长文学创作的哲学家。

在这方面,请注意,我绝不同意克罗齐(Benedetto Croce)的观点,他认为美学或诗学的固有特点,与智识的反思和传播知识的愿望最终是不相容的。克罗齐将美与真、审美与逻辑对立起来,这归根结底是浪漫主义的遗产,蒲柏由此受到不公正的批评,克罗齐亦不恰当地将席勒归为聪明、可敬的作家,却认为他是二流诗人。这类作者兼具哲学思考,心理学、社会学和科学观察,同时其作品也是崇高、具有教益、令人愉悦的。[①] 当然,认知与审美的关注点性质不同,但这并不意味着,审美一流的文笔和清晰成熟的世界观不可兼得。教谕诗与抒情诗一样,都是合规的诗歌体裁,这两种诗体都可以取得审美的成功或失败。没有形式结构,事实上就没有文学,形式上的构造几乎适用于任何主题,适用于哲学思想,也适用于个人情感。

---

① Croce, *Poesia e non poesia. Note sulla letteratura europea del secolo decimonono*, Bari: Laterza, 1923, S. 32.

是的,甚至存在玄学派诗歌(metaphysische Lyrik)——尽管"玄学派诗人"(metaphysical poets)一词并非是 17 世纪被归属为这类诗人的英国诗人最先发明的,而是由塞缪尔·约翰逊(Samuel Johnson)于 1779 年在《考利生平》(Life of Cowley)中首次创造,更多带有批评和贬低的意思。① 一般来说,这个词可以用来形容那些与形而上学问题撕扯的作家,这些问题从根本上困扰着他们,未得到解答。今天,这类作品比教谕诗更吸引人,原因在于对完整世界观的深重怀疑,这是我们这个时代的特征——也许在下个世纪又会过时。怀疑论(Skepsis)(怀疑论本身就是一种世界观)对完整世界观持保留态度,甚至还具备一种美学基础。毫无疑问,间接委婉地传递信息是伟大艺术作品的一个重要特征,而在美学上,没有什么比将哲学纲领甚至政治纲领宣传式地"翻译"成艺术作品更令人不满的了。

然而,从艺术表现形式的多层次、神秘和矛盾性就推断,文学家的世界观并非封闭完整时,这个正确的批评方式就得出了一个错误结论。但丁的《神曲》最有力地证明了这是一个错误结论:尽管《神曲》的接受解释史已跨越 7 个世纪,但文学研究者们仍在不断发现其中的新内容,因为诗人巧妙隐藏了其中的许多内容。然而,但丁世界观的系统性和连贯性是毋庸置疑,他虽然师从于当时一位伟大的经院哲学家,却提出了一个复杂综合的世界图景。相反,让-保罗·萨特的《苍蝇》(Les mouches)诗学价值却很低,因为它是对《存在与虚无》(L'être et le néant)中哲学观点的逐一照搬。苍蝇固然是良心谴责的有力象征,这种内心的谴责折磨着人类,但即使萨特的形而上学和元伦理学思想不那么毫无根据,《俄瑞斯忒斯》最后一幕的宣言也不会有什么文学上的吸引力,因为它们并不神秘。重读一部作品时是否发现了新的东西,虽然这不是文学质量的内在标准,而只是接受美学的标准之一,但它绝不是一个无用的标准;哪个聪明的读者再次翻阅《神曲》时,不是总能发现新的东西,从而因此会去以全新的眼光来阅读它呢?② 另一方面,即使是像贝托尔特·布莱希特的《阿图罗·乌伊可阻挡的崛起》(Der aufhaltsame Aufstieg desArturo Ui)这样精心编排的作品,谁在第二次阅读时不会感到厌倦呢? 这部作品有许多精彩的场景,如第十三场在吉沃拉花店里的片段,但作品完全是意识形态的宣传:希特勒的崛起主要归咎于大资本

---

① Johnson, *The lives of the most eminent English poets*; *with critical observations on their works*, 2 Bd., Vol. I, Charlestown: Printed and sold by Samuel Etheridge, Jun'r, 1810, S. 13.

② 参见 Calvino, *Perché leggere i classici?*, Milano: Mondadori, 1991, S. 11 - 19。卡尔维诺认为存在一种相反情况,即使是第一次阅读也会因经典的名气而产生期待,这也是一种重读。

家①,该剧把这一理论变成了一则寓言;与莎士比亚的悲剧和历史作品相比,人们从该剧中学到的有关获得权力的真正机制的知识要少得多。更恼人的是剧中人物的刻板性——无论是道格斯伯勒(Dogsborough)还是达尔菲特(Dullfeet),都没有表现出他们的历史原型保罗·冯·兴登堡(Paul von Hindenburg)和恩格尔伯特·陶尔斐斯(Engelbert Dollfuß)那样的道德复杂性。

正如先前所说,必须区分两种情况:一种是希望在文学作品中表达已经存在的哲学世界观;另一种则是在文学作品中与哲学问题搏斗,而这些哲学问题在概念上还没有达到清晰的程度。几乎在所有文化中,在抽象哲学出现之前,都会出现围绕世界观问题的复杂诗歌,尽管是以神话的形式——我想起了《梨俱吠陀》(Rigveda)第十卷第 129 首赞歌、赫西俄德的《神谱》(Theogonie)或《女巫的预言》(Vǫluspá)。但是,即使在真正的哲学出现、科学的世界观兴起很久之后,人们仍然可以在文学文本中发现一些思想见解,而这些见解在很久之后才得到哲学家的论证支持。在这方面,文学无疑是哲学的先驱——它关注尚未得到充分思考的现象,对这些现象的思考有时会对整个哲学产生深远的影响。例如,人类面对工业带来的环境破坏时的行为在 19 世纪的亨里克·易卜生和威廉·拉贝那里已经充分得到了分析,尽管环境哲学直到 20 世纪下半叶才独立出现。甚至汉斯·约纳斯(Hans Jonas)所阐述的预防原则,也可以在席勒那里找到,即便席勒没有明确将其用于环境伦理学。再举一个例子:我们如何规避肉身的有限性,是海德格尔 1927 年出版的《存在与时间》(Sein und Zeit)的核心主题,但他的许多详细分析在列夫·托尔斯泰 1886 年发表的《伊凡·伊里奇之死》(Смерть Ивана Ильича)中已经以文学的形式得到了预先说明。② 因此,我们不得不将这篇小说归入哲学层面,因为它虽然有具体的描述,但却涉及一个核心的存在问题,即人类与死亡的关系。

在另一重意义上,当文学出现明确的哲学对话时,我们可以称其为哲学文学(philosophische Literatur)。由于它是文学,它对这些对话的展演维度(performative Dimension)的呈现就一定不少于对其内容的呈现。即便没有明确的哲学讨论,文学也可以展现出重大意义问题:赫尔曼·梅尔维尔(Herman Melville)的《白鲸记》(Moby-Dick;

① Turner, *German Big Business and the Rise of Hitler*, New York: Oxford University Press, 1985.这本书指出,与马克思主义的假设相比,实际为希特勒崛起提供了资金的主要是不那么富裕的人,因而人数要多得多。在这个问题上,即使是非马克思主义者往往也不反对马克思主义理论,因为马克思主义能够在这个问题上为大多数德国人开脱罪责。
② 马丁·海德格尔只在第 51 节的脚注中简略地承认了他对托尔斯泰作品的依赖,参见 Heidegger, *Sein und Zeit*, 15., an Hand der Gesamtausg. durchges. Aufl. mit den Randbemerkungen aus dem Handex. des Autors im Anh., Tübingen: Niemeyer, 1979, S. 254。

or, *The Whale*)是一个很好的例子,尽管它表面上是关于捕鲸的寓言故事,但实际上展现了病态的人类意志与自然的非道德性之间的关系。反过来,也有可能作者并非特意追求作品的哲学维度,但在作品中描写了对哲学感兴趣的角色的思辨,这种情况虽然也是可以想象的,但比较罕见,因为在这种情况下,哲学观点的整合会变得没有重点。托马斯·曼的《魔山》(*Der Zauberberg*)就是一个在双重意义上都属于哲学小说的经典例子——它围绕时间性、死亡性和爱展开,世界观讨论是其情节非常重要的一部分。①

如果一种文化是在其不同表现形式中显现出来的统一体,那么哲学和文学在同一时代往往会传达相同的思想。我不仅仅是指诗人和哲学家互相接受和相互影响,即彼此之间存在互动。诗人阅读了某些哲学文本,这使他能够发现哲学家之前未曾注意到的现象,从而激发后来的思想家进行更深入的分析。② 即使在没有明确的相互影响的情况下,在想象力和抽象思维的不同媒介中,也表达了相似的精神方向。所以,意识流或内心独白的写作手法——比如乔伊斯(James Joyce)的《尤利西斯》(*Ulysses*)的结尾,或者施尼茨勒(Arthur Schnitzler)的《古斯特少尉》(*Lieutenant Gustl*)——与胡塞尔的现象学(Phänomenologie)是大致同时发展起来的,这绝非巧合。显然,这两种发展都源自相同的精神——对主体性的新的关注,但与此前的时代不同的是,如今并不是要理想化这种主体性,而是力图准确捕捉其独特本质。即使作家忽视哲学,或者相反,某一哲学方向对艺术不感兴趣,甚至对自己时代的艺术也不感兴趣,也并不意味着文学和哲学不会无意识地表达相同的精神氛围。早期的分析哲学以数学和自然科学为导向,不关注美学。但是,克里斯汀·博伊斯(Kristin Boyce)却正确地指出两者之间共同的动机,尤其在于"语言怀疑"(Sprachskepsis)中:"如果我们比较两者对日常语言进行的精密而带有焦虑的审视,就会最为清晰地发现现代主义文学和哲学之间的联系。在文学以及哲学中,人们感受到语言衰退的危险,从而引发了对日常表达形式深刻而持久的担忧。"③

要试图将不同历史时期的文化形式,特别是在所有文化形式中(包括但不限于文学和

---

① 参见 Mitias, *The Philosophical Novel as a Literary Genre*, London:Cham, 2022. 其中写道:"因此,哲学小说可能包含也可能不包含以辞说方式呈现的哲学内容。"(第 47 页)但是,作者在这里并没有对这个概念进行进一步的区分或解释。

② 参见 Newton, *Narrative Ethic*, Cambridge, Mass. / London:Harvard University Press, 1995. 其中写道:"文学作品能够通过呈现新的视角,从而拓宽和发展某一哲学问题。"(第 67 页)

③ Boyce, "Analytic philosophy of literature", N. Carroll, J. Gibson eds., *The Routledge Companion to Philosophy of Literature*, New York:Routledge, 2016, S. 58 ff. 关于作为经典现代的重要时刻的语言危机,参见 Kiesel, *Geschichte der literarischen Moderne*, München:C. H. Beck, 2004, S. 177 ff.; King, „Sprachkrise", in:Feger (Hrsg.), *Handbuch Literatur und Philosophie*, Stuttgart / Weimar:De Gruyter, 2012, S. 159 ff.

哲学)所体现的精神原则和情绪,按时间顺序排列,并探究为何它们以这种特定的时间顺序出现,这将是一个颇具雄心的计划。这本身就是一个哲学性的,更确切地说是历史哲学性的计划,有点像黑格尔《精神现象学》(*Phänomenologie des Geistes*)的一部分内容,我们在这里显然无法深入探讨。然而,艺术先于哲学产生的观点不仅是一个无可争议的历史事实(因为存在没有哲学但却有艺术和文学的人类高级文化),而且同样也需要哲学上的解释。答案很简单:在人类思维的演化中,抽象的反思出现得比感性认知更晚。自维柯(Giambattista Vico)以来,我们就知道神话并不是有意将哲学思想转化为抽象形式的产物,反而是在哲学诞生之前,古代人类用来探讨诸如事物起源等哲学问题的唯一方式。叙事元素是每个神话的组成部分,使其特别适合于文学,即使文学具有额外的特质,但这些特质并不妨碍文学借鉴神话,同时又确实将文学与神话区分开来。神话式的世界观充满了更为强烈的情感波动,这是科学和哲学所不具备的,科学和哲学只有将情感的力量置于理性的控制下才能前进。这也正是为什么艺术家如维柯、赫尔德(Johann Gottfried Herder)、约赫曼(Karl Gustav Jochmann)和尼采从最接近神话的原始艺术中看到了美学的最高成就。尼采还在瓦格纳音乐剧中看到了对神话的重新演绎。虽然文艺复兴时期普遍认为维吉尔胜过荷马,①但维柯则认为,荷马的野蛮性恰恰体现了其伟大之处。

这表明了美学与历史哲学之间的重要关系,这一点在当今的分析哲学中几乎总是被忽视。这是一个令人遗憾的缺陷,即使我们承认对于"历史早期和晚期,哪个时代的文学更优越"这个问题没有简单的答案。但它们之间确实存在着本质差异,这与我们和现实的联系在概念上的深度有关。我们很难否认,《伊利亚特》(*Ilias*)或《尼伯龙人之歌》(*Nibelungenlied*)中充满了一种强烈的激情,这种激情在古罗马诗人维吉尔的《埃涅阿斯纪》(*Aeneis*)或埃申巴赫的沃尔夫拉姆(Wolfram von Eschenbach)的《维勒哈尔姆》(*Willehalm*)中是找不到的——但我们也必须承认,《埃涅阿斯纪》或《维勒哈尔姆》中艺术化语言处理和细腻的道德感知明显超越了前两部史诗。在《伊利亚特》和《尼伯龙人之歌》中,阿基琉斯(Achill)的骄傲,他对帕特罗克洛斯(Patroklos)的爱,以及对赫克托尔(Hektor)的仇恨——甚至演变成食人的威胁,布伦希尔德(Brünhild)的性别角色被简化为力量上的悬殊,克里姆希尔德(Kriemhild)虽有高度内省的人格,却仍然怀揣野蛮和病态的复仇计划,这都揭示了人类本能冲动的根源。而到了《埃涅阿斯纪》和《维勒哈尔姆》,埃涅阿斯(Aeneas)对宗教历史使命的自我屈从,以及吉布尔格(Gyburg)②细致的宗教讨论

---

① 参见 Vogt-Spira, „Warum Vergil statt Homer? ", in *Poetica* 34 (2002), S. 323 ff.

② 《维勒哈尔姆》中的角色,主角维勒哈尔姆的妻子。——译者注

和她用人道主义立场制止战争的态度,则表现了一种缓慢的道德进步,对这种进步作出贡献是诗歌的荣誉之一。这里值得关注的是,虽然《伊利亚特》和《埃涅阿斯纪》之间隔了好几个世纪,使用的语言和所处文化也发生了变迁,但《尼伯龙人之歌》和《维勒哈尔姆》却是在同一语言中编写的并在时间上非常接近。毫无疑问,如果没有法国的范例和在法国产生的宫廷小说,就无法解释埃申巴赫的沃尔夫拉姆的作品,但令人惊讶的是,霍亨斯陶芬王朝的中古高地德语文学是如何在同一时期呈现出"不同时期"的特征的[如果还考虑戈特弗里德(Gottfried von Straßburg)的《特里斯坦》(Tristan),这一点印象更会加深]。这意味着与神话的亲近程度并不能简单地根据著作的时间来衡量——换言之,虽然英雄史诗可能比宫廷小说创作更晚,但前者仍比后者更具古风。

如何权衡不同的评价标准,这个问题往往难以回答,特别是在美学领域可能更难决定。当有人只承认一个标准,把他心爱的诗人推上巅峰时,我们应保持怀疑。这类评价通常更多地反映出评价者而非被评价者的观点,因为它们往往是对自身弱点的代偿:迷恋原始而粗犷魅力者,往往自身软弱而非坚韧,对古风和神话的渴望通常是一个文化发展后期的症状,它们本身存在问题:比如瓦格纳的歌剧《尼伯龙人的指环》(Der Ring des Nibelungen)。此外,文化后期对古老事物的再次接纳不可避免地会与原作的意涵有所不同,往往也不会对原作有利。

历史哲学对文学发展史的贯穿同样涉及文学体裁的生成时间顺序,在古典西方文学中,主要体裁的形成顺序大致是:史诗(Epos)—教谕诗—抒情诗(Lyrik)—悲剧(Tragödie)—喜剧(Komödie)—田园诗(Idyll)—讽刺文学(Satire)—小说(Roman)—自传(Autobiographie)。① 当然,还存在一些混合体和交叉形式,因为这些体裁是表现现实的不同视角,可以相互吸收,比如喜剧和讽刺小说。除了认为体裁是"不可或缺的理想类型"的辩护之外,自席勒和弗里德里希·施莱格尔(Friedrich Schlegel)以来,还有人寻求对于不同体裁生成顺序的合理解释。不过我们在这里不探讨艺术的历史哲学问题。

我更想简要讨论一下文学的哲学问题,这些问题可以从历史维度中抽象出来,因为这能更清晰地说明为什么哲学具有超越文学研究的任务。在文学哲学中主要有两个维度,这两个维度不能简单地交由文学研究处理。是哪两个维度呢?文学研究首先是一门人文科学(Geisteswissenschaft),也就是理解性科学(zum Verstehen)。它的特点在于它的研究领域是语言艺术作品。在过去,文学研究首先试图理解(verstehen)这些作品,其次对其进

---

① Eldridge ed., *The Oxford Handbook of Philosophy and Literature*, Oxford: Oxford University Press, 2009.其中的第一部分专门介绍并按此顺序列出了文学体裁——但重要的是,缺少了教谕诗。

行评价(bewerten)。我想从"评价"开始谈起,因为后者更明显地表现出哲学作为基础的必要性。评价是一种不同于单纯的描述的活动,不能简单归纳为描述:众所周知,仅从描述性命题中无法得出评价性或规范性的命题。在文学评价中,评价性命题一部分属于美学,一部分属于伦理学。前者很好理解——诗学是美学的一部分,并假定了既有一般美学准则,又有适用于文学的特定准则。所以我们要问,难道文学研究不就是不断处理这些准则吗?它为什么还需要哲学的帮助?每个人内在地进行评价并不意味着他一定拥有一个理论为其辩护,同时我们也不清楚在没有明确的哲学基础的情况下,当代的文学研究是如何能够做出规范性判断的。因为文学研究也有着人文科学的共同命运,即自 19 世纪以来逐渐脱离价值判断,在 20 世纪更甚。越来越多的人认为,如果我们要对历史上实现的全部价值采取理解态度,那么我们就必须付出这样的代价。① 当然,在这样理解这种无价值性之后,包括文学研究在内的人文科学仍然可以试图理解适用于某一种文化或某一个单独作者的价值观。在这种意义上,无价值偏见的文学研究者当然也可以将他所解释的文本与文本所在时代的价值体系联系起来。因为理解价值观并不意味着肯定价值观,甚至不意味着持有某种立场。受过人文科学教育的德语文学研究者很快就会意识到,在解释席勒的作品时,了解康德是有用的,但只要他的能力是完全的人文科学性质的,他就不会对康德的伦理学和美学进行评价,并且会将如康德的理论是否相对前人的理论构成了进步这类问题视为无法回答。

脱离了价值评判的文学研究始终认为,它只能运用描述性的阐释学方法研究文学生产和接受过程。这样,它就要避免文学中的等级问题,将研究扩展到过去被蔑称为"通俗文学"的领域,并且,倘若它仍坚持经典的概念存在的话,它还要令经典的概念与把特别成功的作品定义为经典这一规范性要求脱钩。② 在现实历史中,质量优秀与经久不衰之间确有一定的相关性,尽管概念上并非绝对,但由于时间范围可被任意限定,由于不难想象在人口和市场发展的基础上,当代的垃圾作品实际上会比遥远过去的复杂的杰作拥有更多的读者,社会学意义上的经典概念就绝不会等同于其规范性概念。应该强调的是,这一切只在以下情况下才会发生,那就是文学研究未能与一种不仅依赖人文学科方法,也建基于具体的哲学方法之上的规范性美学理论构建相联系。

---

① 参见 Hösle, „Was sind und zu welchem Ende studiert man Geisteswissenschaften? ", in Joas, Noller (Hrsg.), *Geisteswissenschaft:Was bleibt? Zwischen Theorie, Tradition und Transformation*, Freiburg / München:Verlag Karl Alber, 2020, S. 104 ff. 在本文中,我解释了为什么哲学绝不是一门精神科学(Geisteswissenschaft)。

② 关于经典的规范性概念与社会学概念之间的区别,参见 Hösle, „‚Great Books Programs.' Die Rolle der Klassiker im Bildungsprozeß", in Benedikter (Hrsg.), *Kultur, Bildung oder Geist?*, Innsbruck:Studien-Verlag, 2004, S. 117 – 133.

当涉及伦理问题时,哲学参与就更有必要。但是文学研究为什么要对伦理价值感兴趣呢? 这与以下事实有关:首先,伟大的文学对认知提出要求;其次,这种要求也正是指向道德内容的。我会回来再谈文学对真理的诉求,这是绝不仅限于道德内容的。但正因如此,道德内容才占据了特殊的地位,因为文学审美体验的情感强度有赖于此。成功地描绘自然能够打动读者,但它抓住读者的程度不如展现道德冲突,因为我们更容易与有道德的行动者而非一片瀑布共情。如果没有接受过伦理学训练(与对道德的敏感性不同,伦理学训练需要哲学),文学研究者一般无法对大多数文学作品中的道德问题进行精确的分类。但诗歌难道不应该与修辞学相区别,道德说教难道不是有损于作品的审美价值吗? 这是毋庸置疑的——前面已经说到过政治宣传文学。修辞活动确实可作为一流文学所表现的对象[想想莎士比亚《凯撒大帝》(Julius Caesar)中马克·安东尼的演讲吧],但它们并不是文学艺术作品产生影响的方式。然而这绝不意味着道德信息就与审美艺术作品格格不入。这意味着它们要以一种间接的方式表达,这种方式一部分要求接受者努力思考,另一部分则如此回报接受者,令其从未感到自主性受威胁,这后一部分与聆听演讲时的情形不同,即便是优秀的演讲。合格的阐释不能忽视这一道德维度。不过,成功地对文学世界的道德立场进行分类并不意味着解读者必须同意作者的价值判断。但只有当解读者在他自己概念重建的过程中不贬低作者利用直观材料所做的分类,他才有资格对作者进行批评。而他不仅通过完全无视道德问题来实现这种贬低,或许更令人不安的是,他还滥用文学文本,要么将自己从时代精神中汲取的价值观投射到文本当中,要么正相反,对文本尚未上升到阐释者同时代人所达到的道德水平表示愤慨。因为即使此前人们已经获得了个别新的见解,他们的道德水平也往往不如伟大文学作品之中所写的,因为他们的认知通常会削弱其中对道德多面性的细微描写。

即使很难否认美学和伦理学等哲学学科与文学评价的相关性,但哲学对于文学研究的首要任务即理解而言似乎并非必要;或许当代文学研究应仅限于这一任务,而抛弃评价——正如前文所言。但这也行不通。首先,理解与评价之间的关系并不像乍看之下那般片面。当然,我们只有在对文学作品进行了解读从而也实现了理解的情况下,才能对其作出适当的评价。但解读一部艺术作品比解读一篇报刊文章要困难得多;文学研究的争议之所以出现,就是因为不同解读的假设互相竞争和冲突。有各式各样的标准用以评估其有效性,在此无法一一列举和讨论;但其中一个尤其用于评价重要的艺术名人的作品的标准就是,所提出的解读是否提高了作品的审美价值。当然这并不是唯一的标准;即使某种解读假设赋予了文本最大的审美价值,也必须存在反驳它的可能——否则,人们就可以在任何文本中都读出自己看重的审美价值。究其根本,艺术作品的理解与评价之间的关系与文本批评与理解之间的关系是类似的。解读在此自然也是以文本为前提的——否则解读者就会按照自己的意愿来塑造文本了。然而在诸如现存文本不完整或某一段落几乎无法辨认等情况下,优先选择能使文本更好理解并赋予其意义的文本复原是合理的,往往也是不可避免的。这在现存文本不是作者本人所记录的情况下基本都适用。但即使是这种情况,我们有时也宁愿接受书写错误,而不接受愚蠢甚至荒谬的想法,把责任归咎于手而非精神。

这已表明,即便理解也并非是在某些人想象的脱离价值评判的空间中进行的。但这还不是全部。不仅理解的认识论——阐释学(Hermeneutik)——是一门规范性学科;它对有效理解和无效理解的区分也是一种规范化,尽管其与审美理解或伦理理解的性质不同。即使是那些天真的理解者,没有进行阐释学的具体思考,也必须本能地假定阐释是有意义的——我提醒你们注意我刚才关于文本批评所说的话。唐纳德·戴维森(Donald Davidson)非常令人信服地指出,如果没有"宽容原则"(principle of charity),即不去假设存在尽可能多的真理和联系,对另一个精神存在的理解就不可能起步。① 因为只有在宽容原则之下,我们才有可能打破一个怪圈,即我们只能通过他人的表达来了解他们对某一命题的态度,而只有将表达与对命题的态度联系起来,对其的理解才是可想象的。因此,阐释学包含了逻辑,任何不曾至少出于本能掌握逻辑的人都很难去理解或解读。哲学由是被证明是所有人文学科不可或缺的。

如果我们想把物质对象或过程解释为某种精神的表达,那么如何进入陌生灵魂这个无法回避的问题就不仅是一个认识论(epistemologisch)问题,它也是一个本体论(ontologisch)问题,因为它与两个不同的存在领域即物质和精神领域以及它们之间的联系有关。只有这时我们才能理解语言:当我们一方面将语言符号建立在意识行为的基础上,另一方面又将这些行为理解为意向性的,即与意向性对象相关的行为,而意向性对象并不总是真实的事物或事实——因为也存在妄想。此外,如果一种语言要为多人所共享,那么特定符号与特定意向性对象之间的关系就不能有太大的个体差异;尽管语言只产生于个体行为之中,但它自身因此却获得了一种社会存在,并对个体产生规范性力量,尽管这始终要归功于其他个体的行为。

即使是文学,在其发展初期也不容易区分有时甚至跨越数代完成的集体创作和个人

---

① Davidson, *Inquiries into Truth and Interpretation*, Oxford:Clarendon Press, 1984. 对这一理论的延续参见我的作品:Hösle, *Kritik der verstehenden Vernunft*, München:C. H. Beck, 2018。

的具体贡献。诚然,从我们的角度来看,不同的人对不同的中间阶段分别负有全部的艺术责任,因为他们要为每个作为整体的中间阶段做担保,对他们进行区别也就不可避免。但在前个人主义时代,尤其是口头的史诗作者会毫无顾忌地将自己的作品融入此前的作品或加以补充,因为他带着这样的意识,即视自己为一种传统的有机组成部分。这并没有改变文学研究的任务,即分离出个别的发展阶段,并将其归属于都一样是匿名但各不相同的个人;然而,这种做法很少像在《尼伯龙人之歌》的研究中那样取得成功,在《尼伯龙人之歌》中交融的北欧两大传说平行流传下来,使重建中间阶段变得相对容易。①

要清晰明了地分析这一切,本身就需要精细的概念工作。但是文学研究的本体论问题超过了语言学或社会学等普通人文学科,因为它面临着另一个本体论问题——即虚构性的问题。如前所述,每一种关于人类意识的理论都必须将那些没有任何真实事物与之相对应的意向对象考虑在内。但这首先只是观察者眼中的情况——古希腊人绝不相信宙斯只是想象出来的。然而幻想是一种普遍存在的人类能力,其现象学特征包括了解幻想对象的不真实性。文学艺术作品与普通幻想的不同之处在于,它的意向对象(intentionales Objekt)②具有内在一致性,这种一致性不仅远远超越了普通幻想对象的一致性,甚至似乎超越了大部分现实世界的一致性。它构成了一个自己的虚构世界,其吸引力(显然不是使虚构世界,而是)使表现这个世界的语言结构在社会现实中变得异常有影响力。没有人的虚构性就没有艺术,而借用赫尔穆特·普莱斯纳(Helmuth Plessner)的人类学术语来说,虚构性与离心定位(exzentrische Positionalität),即人有能力从世界、从自己的身体,甚至从

---

① 安德烈亚斯·赫斯勒(Andreas Heusler, 1865—1940)清楚地指出,在 1160 年左右应该已经有了一个我们的《尼伯龙人之歌》第二部的前身(Heusler, *Nibelungensage und Nibelungenlied: die Stoffgeschichte des deutschen Heldenepos*, Dortmund: Ruhfus, 1921, S. 60 ff.)。他将贝希拉恩的吕狄格(Rüdiger von Bechelaren)这一双重角色的引入——"他不朽的特许"(第 71 页)归于这部失传史诗的奥地利作者。如果这一前身得以保留,我们可能会认为它比《尼伯龙人之歌》更具原创性(尽管它对布伦希尔德和尼伯龙人两大传说的融合就让这个论断变得不可能)。同理,现存的《伊利亚特》的作者无论叫什么名字都不应被赋予最高的诗人桂冠,因为《伊利亚特》的第十卷"多隆篇"(Dolonie)是后来添加的,并非出自那位构思了一种全新的、更有机的和心理上更符合逻辑的形式来叙述一个古老英雄传说的作者之手,即使他是在一个已有数百年历史的口头史诗传统的基础之上进行创作的。

② 意向行为(Noesis)与意向对象(Noema)之间的明确区别可以追溯到埃德蒙·胡塞尔。正是他的学生罗曼·英伽登(Roman Ingarden)率先将这一观点用于艺术作品(包括但不仅限于文学作品)的本体论并取得卓越的成果,尽管他没有使用可能世界的理论,且大规模忽略了具体的美学问题(后者在建立理论之初不仅是合理的,而且在很大程度上是必要的)。英伽登的怀疑是合理的,即勒内·韦勒克(René Wellek)和奥斯汀·沃伦(Austin Warren)的重要且极具影响力的著作《文学理论》(R. Wellek, A. Warren, *Theory of Literautre*, New York: Harcourt, 1949)——其中对文学的外在研究和内在研究进行了经典性的区分——受其主要著作的影响比读者所了解的要大。(Ingarden, *Das literarische Kunstwerk: mit einem Anhang von den Funktionen der Sprache im Theaterschauspiel*, 4. unveränd. Aufl., Tübingen: Niemeyer, 1972, S. XX ff.)

白己的灵魂中反映出自己,有很大的关系,①而幽默等大部分具体的人类特征正是基于这种能力产生的。

实际上,艺术作品的本体论问题是,艺术作品本身是一种书面语言表达,将作者的命题行为以一种普遍可理解的语言表示出来,它是现实世界时空连续体的一部分。但是艺术作品所表达的对象是一个可能的世界,并不是我们现实的一部分,因此与现实没有因果关系。堂吉诃德主宰着他的世界,他既不是我们这个世界任何事件的原因,也不是这个世界任何事件的后果,因为他不属于这个世界——而《曼却郡敏慧的绅士堂吉诃德的生平及事迹》(*El ingenioso hidalgo Don Quixote de la Mancha*)和作为小说人物的堂吉诃德对欧洲现代文学产生了不可估量的影响,这要归因于塞万提斯。

这说明文学理论需要两种截然不同的方法。生成美学(Produktionsästhetik)和接受美学(Rezeptionsästhetik)是研究各种因素与人类精神成果之间的因果关系的传统人文学科。② 生成美学研究艺术作品(广义上的艺术作品,包括文学作品)的产生条件。这些条件部分是个人的,部分是社会的。前者包括作者的性格特征、生活经历和艺术修养等,后者包括作者所属的文化历史阶段,作者所处时代的语言发展水平、受到认可的文学流派、讨论文学的社会机构以及图书市场等。虽然要具体说明某部文学艺术作品构思的充分条件是不可能的,这一点可能与当前学术水平无关。但是寻找文学作品构思的必要条件是文学心理学和文学社会学的重要任务。既然作者不可避免地希望被接受,那么作者就几乎总是至少隐含地考虑到读者;但这仍然属于生成美学范畴内的条件,因为它涉及对接受的主观预期。实际接受才是接受研究的主题。当然,这两门学科是相互联系的,因为对早期作品的接受几乎总是新作品产生的原因之一。

生成美学和接受美学是历史性的人文学科,但它们甚至也可以是历史研究的主题和辅助工具。一方面,作品的产生和接受是历史事件,历史学家从作为历史学家的视角出发,可以像关注战役和经济危机一样关注它们,而不必考虑具体的美学问题(正如语言学家将荷马史诗作为重建希腊语语法和句法发展的采石场,而不必关注其内容一样)。另一方面,来自遥远过去的文学作品有时是某些史实的唯一来源。其中一些通过明确的表述

---

① Plessner, *Die Stufen des Organischen und der Mensch*, 3. unveränd. Aufl., Berlin / New York: De Gruyter, 1975, S. 288 ff.

② "生成美学"和"接受美学"这两个术语容易引起误解,因为研究艺术作品的生成和接受,可以不考虑其审美价值,在这里,我关注的正是这种脱离。虽然我认为"对生成感兴趣的文学研究"(an Produktion interessierte Literaturwissenschaft)或"对接受感兴趣的文学研究"(an Rezeption interessierte Literaturwissenschaft)更为贴切,但也过于繁琐。

提供史实依据,比如但丁的《神曲》,另一些史实则是从作者的无意之中,有时甚至是在违背作者意愿的情况下从作品中推导出来的。当经验主义态度取得优势地位时,例如德国唯心主义崩溃后,实证主义(Positivismus)占主导地位时,向生成美学和接受美学的退却是显而易见的,此时人们对规范性问题就不屑一顾了。当然,传记分析、资料研究和接受研究需要技巧与能力,它们极大地丰富了 19 世纪以来的文学研究。与前后不一的后现代理论相比,它们无疑更为可取,后现代理论往往放弃甚至鄙视实证主义特有的对客观有效性的追求。

相比之下,分析文学作品本身则需要完全不同的方法:艺术作品美学(Kunstwerkästhetik)按照其自身的逻辑分析可能的世界,而忽略生成过程或者是艺术家生平中对其没有任何启示的部分。它关注的是艺术品的有效性,而非其起源。只有当后来的接受要以对早期作品在艺术作品美学方面的有效见解为基础时,它才会对接受过程感兴趣。因为一个好的解读者应当不仅要研究既往的文学解读,以免忽略已经取得的成就;如前所述,几乎每部艺术作品都会对先前的作品做出反应(通常是隐含的),因此解读者还应当关注后世的艺术作品,其对先前作品的否定往往包含了对正在被解读的作品的批评。这基于一个有充分根据的假设,即作家对文学的阐释绝不比文学研究者差。当然,作家和文学研究者一样可能出错,而且作家在影响的焦虑之下拥有了额外的动机,但他们的文学创造力通常足以弥补这一点。

作品创造了一个不受现实束缚的文学世界。这是一种自由,却绝不意味着为无规则敞开大门。诗歌受制于严格的规则,语言绘画(Sprachmalerei)甚至在某种程度上抵消了能指与所指之间关系的普遍任意性,尽管是以一种极具独创性的方式。即使是散文作品,其语言风格通常也与日常用语大相径庭。当然,规则是由人的思维创造的,巧妙地修改先前有效的规则永远是文学创作者的特权。但是,对形式的修改必须与作品的内容客观地联系起来,因为对作品内在一致性的要求是不可或缺的。美学上的连贯性并不仅仅意味着文学作品本身必须是连贯的(尽管如果是以自相矛盾的连贯的形式表现混乱,文学作品也可能是不连贯的)。它应该像古希腊罗马以来人们反复拿出来比较的有机体一样,具备特殊强度的内部关系,其各部分相互指向,同时也指向整体,只是看似独立。这就解释了为什么文学作品的内在文本密度如此之大,以至于只有当读者把握了整体之后才能领会——就像听音乐时一样,他们此时才会明白那些在作品中途展开的主题其实在一开始就已经出现了。这使得艺术作品与非审美现实相区别,但同时使得一个艺术作品与其他艺术作品相联系。它将其他艺术作品视为同类,明确地或暗含地参照它们,这就是互文性

（Intertextualität），这是文学艺术的重要组成部分。作品的影响属于生成审美范畴，而互文性与之不同，属于艺术作品美学的范畴。当然，互文性以先前的影响为前提，但它超越了影响，成为艺术作品意义的一种属性。

这些都能说明文学理论中形式主义（Formalismus）的魅力，它关注语言、内部结构、体裁的使用和变化、互文引用和虚构世界中的事件。与以生平和生成为导向的方法不同，形式主义正确地坚持认为，艺术作品创造了一个自足的世界，是自律（autonom）的。所以，一首诗的抒情自我并不等于作者本人。例如，在歌德 1818 年的诗作《午夜时分》（*Um Mitternacht*）中，抒情自我"前往父亲的家，牧师的家"。但我们知道，歌德的父亲并不是牧师。实证主义文学研究倾向于忽视特定的文学性，将艺术作品淹没在历史发展的大流中，或至少淹没在个人传记中；而形式主义则冒着相反的风险，在双重意义上将艺术作品与现实完全割裂开来。汉斯·凯尔森（Hans Kelsen）的《纯粹法理论》①将法理学同伦理学与社会学分离开来。因此可以将形式主义文学理论称为"纯粹"的文学科学研究（reine Literaturwissenschaft）。凯尔森与社会学的决裂对应的是对生成的研究的否定，尽管艺术作品的存在依赖于生成。凯尔森对伦理学的否定对应的是对艺术作品形式的专注，完全忽视了艺术作品的认知需求。形式主义的发现与实证主义的发现一样令人钦佩。形式主义在很多方面是 19 世纪在法国得到发展的"为艺术而艺术"（l'art pour l'art）的美学纲领在科学上的对应。它的重要先驱是伊曼努尔·康德及其《判断力批判》（*Kritik der Urteilskraft*），因为康德在很大程度上已经将艺术与形而上学和伦理学分离开来，从而使艺术具有了自律性。

尽管西奥多·阿多诺的《美学理论》（*Ästhetische Theorie*）具有独创性和巨大影响力，但其并未被视为美学领域的最伟大经典。这一点可从其迅速过时的情况中看出，比如在使用矛盾概念时缺乏逻辑精确性，以及在政治上极其含混的展望性表述，这不仅令当今的读者感到恼火，还招致他们的取笑。但这并不应该削弱对阿多诺的认可，因为很少有人像他一样，看到并阐明了艺术作品的"作为自律和作为社会事实"，"既是自律的存在——诚然其自律性仍由社会决定——又是社会的存在"的双重特性。② 作品既是"社会劳动的产物"，又"受制于其形式法则或生成法则"。③ 因此，这就使得艺术作品的评价标准摇摆不

---

① Kelsen, *Reine Rechtslehre*：*mit einem Anhang*：*das Problem der Gerechtigkeit*, 2., vollst. neu bearb. und erw. Aufl., Wien：Deuticke, 1960.

② Adorno, *Ästhetische Theorie*, Frankfurt am Main：Suhrkamp, 1974, S. 16.

③ Ibid., S. 337.

定："自律的作品使得人们对社会现实漠不关心，最终变得冒犯反动；但反过来，那些明确的、在言辞上对社会进行评判的作品则否定了艺术本身，同时也否定了它们自己。"①阿多诺对弗兰克·魏德金德（Frank Wedekind）承认，艺术的闭关自守会威胁作品，使之贫瘠；因此，艺术需要外部视角，"以免它神化了自身的自律性"。② 因但是，如果艺术成为娱乐产业的一部分，其本性也同样受到威胁，例如咖啡馆中灌输给人们的音乐，这种音乐期待听者分散注意力，正如"在其自律性中期待听众集中注意力"。③ 对于音乐，他如此写道："贝多芬的交响乐不适合那些不理解其中所谓纯粹音乐进程的人，正如它不适合那些无法察觉其中法国大革命的回声的人。"④这一点也适用于《埃涅阿斯纪》：只有理解其韵律和语言艺术，以及其中对罗马帝国主义的复杂态度的人才能真正理解它，甚至还要能够凭借语言材料重现诗人的立场。

　　纯文学研究通常忽略了很重要的一点，那就是诗人创造的虚构世界并非悬浮在空中——借由它，作者要表达。当然，戏剧在某种意义上是"匿名"的，因为作者并不直接说话；同时，小说的叙述者，尤其但不仅仅是第一人称叙述者，或者抒情自我，也属于虚构的世界。但从此得出作者因此没有立场是荒谬的。《李尔王》（King Lear）的作者更看重考狄利娅而不是高纳里尔和里根，《远大前程》（Great Expectations）的作者在皮普的成长中看到了经历一段混乱后达到道德成熟的某种东西，他绝不仅仅是第一人称叙述者。这些观察可能不像直接陈述那样易于阐释，但并不失合理性，甚至可能更合理。因为即使是直接的、自诩非虚构的陈述也经常未经思考，甚至是谎言。没有人会费力创作如此复杂的悲剧或修养小说而不认真对待他所要表达的意思，而如果某人不知道普通读者会如何对作者操控情感的行为做出反应，他也不会成为杰出的艺术家。即使在《午夜时分》（The Midnight Hour）中，特别是在第二和第三节中，我们也能对歌德本人有所了解；即使他并非牧师之子，但诗歌第一节中与他自身生平相背离的部分仍有助于我们了解他真实的主观想象。由于他被按照路德教的方式教养长大，而他那一代的德国诗人中确实有许多是来自牧师家庭，因此他也完全有可能在牧师家庭中长大，而他以后的人生也不会有根本的不同。这首诗虽然只是诗人的幻想，但这个幻想作为他生活的主观事实，因此可以以完全不

---

① Adorno, *Ästhetische Theorie*, Frankfurt am Main: Suhrkamp, 1974, S. 368.
② Ibid., S. 459.
③ Ibid., S. 375.
④ Ibid., S. 519.

同的方式宣称对现实的主张,而不同于小说或戏剧中明显虚构的说法。① 但文学作品难道不能故意拒绝对某个问题做出表态吗? 当然! 但这正是关键。在路伊吉·皮兰德娄的《是这样,如果你们以为如此》[*Così è（se vi pare*）]的结尾,我们不知道芙罗拉夫人和彭察先生谁是疯子,但毫无疑问,作者与兰贝托·劳迪西一样对这个问题的可解性持怀疑态度。而皮兰德娄自己的观点如此明显,以至于无论其可信度如何,都显著降低了这部作品的阐释难度,从而也削减了其美学价值。黑泽明的《罗生门》（ *Rashomon*）得到了相对主义的解读,一方面证明了电影的复杂性,另一方面也证明了那些解读者的肤浅。

文学艺术作品的创作者想要表达某些内容。他当然想通过审美上吸引人的方式来表达,因此不是直接陈述,而是通过创造遵循自身法则的虚构世界来表达。但这并不改变他想要表达某种意图的事实,而文学研究者的任务就是要努力确定他想表达的是什么。当然,文学和文学研究一样,如果不能像关注"说什么"那样关注"如何说",就肯定无法完成自己的任务;如果愿意,我们可以用克罗齐的方式来定义美学,将其与形式而非陈述联系起来(在这种情况下,我更喜欢称其为形式美学)。但是,文学研究的任务除了分析审美内容之外,还要分析认知内涵,就像实质性的法学并不只是研究法律本身是否合法,还必须涉及其实质的公正性。我们可以,而且应该承认一件艺术作品的表现力和形式上的精湛,即使它传达了荒谬或不道德的意识形态,但这并不意味着它能与那些同样有表现力,而且可以主张真理的艺术作品相媲美。也许并非偶然,即使只是从形式美学的角度来看,极权文化中也并没有太多杰出的作品。②

艺术如何具备认知内涵呢? 对此有两种不同观点:第一种观点,强调艺术作品的情感影响,这与理性主义的解释相抵触;第二种观点,强调艺术的虚构性,这与真实性相对立。对于第一种观点来说,艺术的情感主义理论确实指出了一个特定的审美感受,超越了认知行为。一个作品如果没有引起观众的情感变化,可能会显得理智,但却不是一个好的艺术作品。但这种让步难道不是让美学陷入了主观主义吗? 因为不同人的情感反应是不同的,难道这不是因考虑接受的事实性而背弃了艺术作品的美学性? 只有当情感被视为天

---

① 参见 Hamburger, *Die Logik der Dichtung*, 2. Aufl., Stuttgart: Klett, 1968, S. 227。有关"抒情自我的特性",即寻求一种在传记主义和虚构化抒情自我之间的折中途径,见该书第 217–232 页。

② 一件在美学形式上略逊色的作品在道德上可能会比另一件作品要明显优秀,而要将这两种品质合理地结合起来并不容易。埃里希·玛利亚·雷马克在《西线无战事》（ *Im Westen nichts Neues*）中准确描述了第一次世界大战中骇人的荒谬景象,远胜于恩斯特·荣格（Ernst Jünger）的《钢铁风暴》（ *In Stahlgewittern*）,但这改变不了下述事实,即荣格的描写之精确、语言之清晰,胜于摇摆于表现主义（Expressionismus）和新客观主义（Neue Sachlichkeit）之间的雷马克。

然事实（bruta facta）时才会如此。但这并不是必要的。大多数人更认可情感与情境的匹配度。从道德上讲，对一项重大成就表示钦佩要好于表示妒忌；在一出精彩的《李尔王》演出结束时，从美学和道德上讲，感到震惊要好于大笑。（尽管有这样的类比，但并不是说对生活中的悲剧和舞台上的悲剧的情绪反应是一样的——例如，情境的虚构性消除了帮助的冲动）。所涉及的是这些规范化的情感；作家不仅应该，而且必须针对这些情感。文学理论的任务依然是通过内在的艺术品分析来解释悲剧的审美特质，进而借此解释其效果。

文学之所以比哲学更具情感力量，确实与其邀请读者进行身份认同有关，这种认同只能通过在具体人物身上阐明普遍原则来实现。人们无法直接将自己与康德的绝对命令（kategorischer Imperativ）直接联系起来，但可以与席勒的马克斯·皮柯乐米尼产生共鸣。然而与历史叙述不同的是，在文学中引发这种认同的是虚构人物，他们的虚构故事也是认知体验，也就是真实经验。这是如何实现的呢？这是文学哲学中最困难的认识论问题，而在这篇简介中只能进行一些暗示。显然，可以从三个层面在文学中谈论真实。

第一，文学世界本身具有真实性，即虚构中的真实性。[1] 但这并不总是作品中明确表达的内容，原因有二：一是即使是全知叙述者也会更喜欢暗示某些事情，让读者自行领悟；二是存在不可靠的叙述者，从《奥德赛》以来，在被叙述的世界中就有不可靠的叙述者，而在第一人称叙述中也涉及叙述整体的可靠性（我指的是对事实不可靠的报告，而不仅仅是不可靠的评价）。但这并未改变这个事实：在虚构世界中，某些命题必须被视为真实，即使读者并不总能弄明白它们是什么。

第二，文学不仅教导我们虚构世界中的真实性，也教导我们现实世界中的真实性。它可以通过例如历史小说中展现的多个事实论断来呈现，这些论断在我们的世界中也是真实的。[2] 拿破仑入侵俄国，他在博罗季诺战役中虽然损失惨重但获胜，莫斯科在法国占领期间被焚毁，所有这些在我们的世界和列夫·托尔斯泰的《战争与和平》（Война и мир）这个文学世界中都是真实的。虽然小说并非直接讨论我们的现实世界，而是描写一个虚构世界，因为它所描写的事件在我们现实世界中可能并未发生；但某些陈述的形式特征，如对地点、文化特征等的描写，即使并非故事发展的必需元素，却往往会使人得出结论，即作

---

[1] 在这方面，这篇文章作了基础说明，参见 Lewis, "Truth in Fiction", *American Philosophical Quarterly* 15（1978），S. 37 – 46。

[2] 参见 Reicher, "Knowledge from Fiction", J. Daiber, Eva-Maria Konrad, T. Petraschka et al. eds., *Understanding Fiction. Knowledge and Meaning in Literature*, Münster: Mentis, 2012, S. 114 – 132。

者是以与现实世界相通的事实真理为前提的。

第三，文学本身的真实性所指的恰恰不是这类事实真理——人们可以在非虚构作品如历史或地理类著作中对此进行查证——文学涉及本质真理。而悖谬的是，这些真理却是通过虚构来传达的，也就是通过一些不涉及我们世界的陈述。与拿破仑不同，《战争与和平》中的皮埃尔·别祖霍夫、尼古拉·罗斯托夫和安德烈·博尔孔斯基在我们的世界中都没有具体的对应；但在他们身上集中了19世纪初俄国贵族的许多本质特征，以至于这本书往往能比历史著作更好地告诉我们关于那个时代的信息。当然，历史著作也必须从无尽的事件中选择最相关的事件；但它不可以将未发生的事情作为事实呈现出来。三个不同的人物，他们的特征是兼容的，甚至在一个人身上结合起来可以更清晰地展现出它们的内在联系，但在历史著作中，它们必须出现为三个不同的个体。而作家却可以将它们融合成一个人。然后，作家会将他同另一个人对比，这两个人的差异之大，在现实中绝不常见，通过这种对比来特别清楚地展现出不同类型的人。但是这样一位伟大的作家比起接近于历史学家，难道不更接近于研究理想典型的心理学家和社会学家吗？在某种意义上是的，因为他像心理学家和社会学家一样关注一般事物。但不同于心理学家和社会学家的是，作家通过一些个人和具体的东西来呈现一般事物，这些个人和具体的东西也许会产生与真实的人相似的共鸣，而不同于社会科学的典型，这是通过具象而不是抽象来实现的。对我们而言，伟大的文学形象经常显得比现实中的人更接近真实，因为它们几乎完全由本质特征构成，而偶然特征则大多被抹去，因为它们只会分散我们对真实事物的注意力。因此，伟大的文学作品教会我们，要从经验现实中理解本质，就像研究肖像画也可以增进对人物的了解，即使肖像在很大程度上描绘的是理想化的形象。并且伟大的文学作品还可以培养我们的道德感，这点前面已经提到。例如，最好的悲剧教会我们理解和体验道德困境的本质，最好的喜剧让我们观察和嘲笑恶习的自我扬弃。

我是从历史小说出发讨论这个问题的，这类小说虽然轻微改动了历史进程，但并不会动摇我们世界的自然法则（包括精神和社会法则）。但是难道不也有奇幻文学，描述着逻辑上固然可行，却与我们世界的自然法则不相容的世界吗？我所指的并不是科幻小说，它们通常只是基于我们世界中现有但尚未被利用的自然法则来预测未来的技术发展（即使有时候预测是错误的，但它们的意图仍然是现实的，并且这也是评价一部作品是否可以被归类为教谕诗的重要标准）。在奇幻文学中，人应当如何理解认知元素的真正意义呢？在这里，认知的要求显而易见；因为一切理论上不可能的文学作品，也只是违反了我们世界的某些规则，而且几乎总是为了更清晰地突出我们世界的特质。生物并不会转变成其他种类;所以奥维德的《变形记》(*Metamorphoses*),弗朗茨·卡夫卡(Franz Kafka)的《变形记》(*Die Verwandlung*)和欧仁·尤内斯库(Eugene Ionesco)的《犀牛》(*Rhinocéros*)都描绘了与自然法则不相容的世界。但当奥维德笔下嗜血的莱卡翁变成一只狼时,他只是显现出了他的真正本质;当格雷戈尔·萨姆莎变成了一只甲虫,那只是显现了他一直以来存在的异化,而他的环境对他的态度表现出来的还要远比巨大的甲虫更加非人;当贝朗热周围的人都变成了犀牛,这不仅更加凸显了贝朗热的孤立无援,还展示了个体尚且可以保持人类尊严。总之,文学的认知核心,特别是它价值判断的真实性要求,是不容置疑的,而在文学挖掘这一点的过程中,哲学有其功用。

不过,除了文学和文学研究中的哲学,还有一种对哲学的文学研究。这种研究对哲学文本进行文学分析,它可以在不同的维度进行——尤其是风格和文学体裁。构建关于哲学所使用的文学体裁的形式学说,这是一项重要的文学研究任务。而哲学自身可能也会试图将文学研究分类的形式多样性归结为更普遍的原则。①

我仅以一个对文学感兴趣的哲学家的视角,尝试将哲学与文学之间丰富而复杂的关系简单化,并从理论上表达出来。当然,另一个更高尚的任务是将文学与哲学之间的古老争论本身变成文学作品。但这个任务远远超出了我的能力——尽管我非常希望其他人能够着手解决这个问题。

---

① 参见 Hösle, „Die Philosophie und ihre literarischen Formen — Versuch einer Taxonomie", in Wandschneider (Hrsg.), *Das Geistige und das Sinnliche in der Kunst*, Würzburg: Königshausen & Neumann, 2005, S. 41 – 55。

图书在版编目（CIP）数据

作为生活艺术的哲学与康德式美德伦理 / 邓安庆
主编. — 上海：上海教育出版社，2024.6. —（伦理学
术）. — ISBN 978-7-5720-2732-1

Ⅰ. B82

中国国家版本馆CIP数据核字第2024Y77D49号

责任编辑　戴燕玲

封面设计　周　亚

伦理学术

作为生活艺术的哲学与康德式美德伦理

邓安庆　主编

出版发行　上海教育出版社有限公司
官　　网　www.seph.com.cn
地　　址　上海市闵行区号景路159弄C座
邮　　编　201101
印　　刷　上海叶大印务发展有限公司
开　　本　787×1092　1/16　印张 18.75　插页 1
字　　数　349 千字
版　　次　2024年8月第1版
印　　次　2024年8月第1次印刷
书　　号　ISBN 978-7-5720-2732-1/B·0066
定　　价　68.00 元

如发现质量问题，读者可向本社调换　电话：021-64373213